# ひながた紀行

天理教教祖伝細見

道友社

天理市三昧田《さんまいでん》の教祖のご生家　教祖誕生殿とも
呼ばれる　大和屋根が美しい　教祖70年祭の前
年(1955年)に修復工事が施された　［→第１章］

夕日に映える大和——教祖ひながたの舞台は、大和を中心に
繰り広げられ、海越え山越え「世界一れつ」へと展開される

機織り機、糸くりぐるま、綿くり機などの暮らしの道具（教祖誕生殿の内蔵）［→第１、２章］

教祖誕生殿の内部、仏間の裏（北側）の納《なん》戸《ど》にあたる３畳半の部屋　ここが教祖お生まれの場所といわれる　［→第１章］

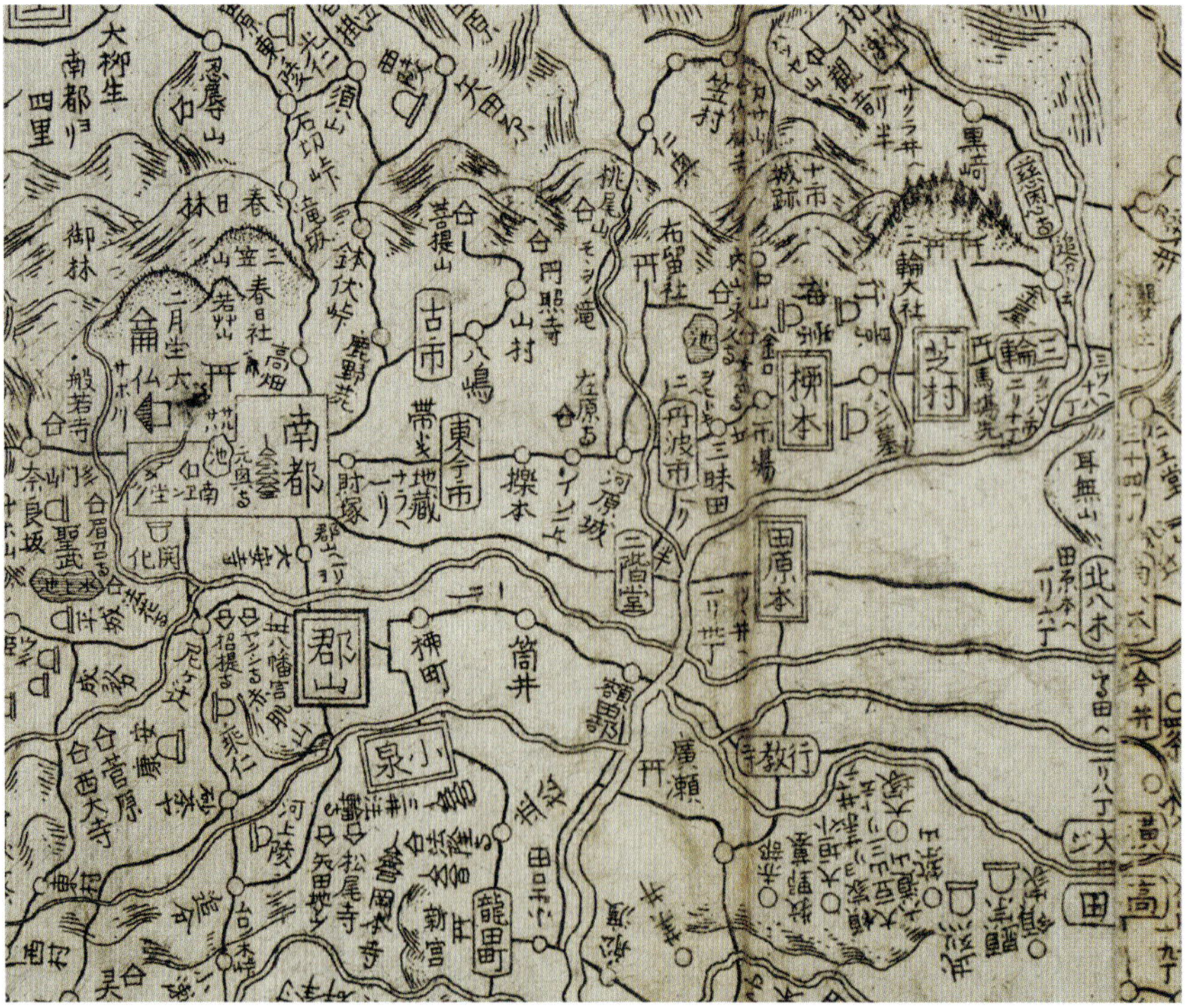


慶応２年（1866年）の『畿内近州掌覧図』（部分・天理図書館蔵）　左が北、奈良方向

# はじめに

天理教では、教祖が「月日のやしろ」となられてから、現身《うつしみ》をかくされるまでの五十年の道すがらを、「ひながた」と称しています。それは、教祖が、口や筆で教示された親神様の教えを、みずから身をもって実証された道であります。

この「ひながた」は、陽気ぐらしの生き方の手本と教えられており、われわれの信仰は、「ひながた」の道をたどることにほかなりません。そこにこそ、教祖「ひながた」の意義があります。

今日、われわれは、『稿本天理教教祖伝』(天理教教会本部編)によって、教祖のご事跡をうかがい知ることができます。この『稿本天理教教祖伝』に基づきながら、石崎正雄、中島秀夫、早坂正章、澤井義則の四氏に討議していただいたものを編集部でまとめ、「ひながた紀行」と題して、『みちのとも』平成元年四月号から翌二年十二月号まで、二十一回にわたって連載いたしました。本書は、その内容に加筆し、一冊にまとめたものです。

教祖百十年祭を目指し、この書が、「ひながた」をたどるうえで、いささかなりともお役に立つならば、編者として望外の喜びであります。

立教百五十六年四月十八日

編　者

# 目次

写真・的場　啓

## ●凡例

一、本文中の太文字（ゴシック体）は『稿本天理教教祖伝』（天理教教会本部編）の引用文であり、末尾の（　）内は同書のページを示す。

一、本文中の「　」のお言葉は、主に『稿本天理教教祖伝』『稿本天理教教祖伝逸話篇』に基づく。

一、主な参考文献は次のとおり。

中山眞之亮（初代真柱）著『稿本教祖様御伝』『教祖様御伝』
中山正善（二代真柱）著『ひとことはなし』（全五巻）『こふきの研究』『おふでさき概説』
天理教教会本部編『おふでさき註釈』
天理教教義及史料集成部編『復元』各号
諸井政一著『正文遺韻』
高野友治著『御存命の頃』『神の出現とその周辺』
天理大学おやさと研究所編『天理教事典』

ひながた紀行

# 第一章

# 瑞光……ご誕生と生いたち

寛政《かんせい》十年四月十八日の、その日その時はどうであったのか、
ご幼少のころのようすはどうであられたのか――。
ご誕生から、文化七年のご入嫁まで、
教祖の生いたちと、その背景をたずねながら、
教祖ひながたのすがすがしい〝瑞光《ずいこう》〟を仰ぎみたい。

## ●ご誕生

**教祖《おやさま》中山みきは、寛政十年四月十八日朝、大和国山辺郡三昧田《やまとのくにやまべごおりさんまいでん》に生《うま》れられた。**(1)

（十一ページ）

四月十八日――。昭和九年（一九三四年）以降、教祖のご誕生祭がつとめられるようになった現在では、教祖のご誕生といえば、春四月を思い浮かべるが、その日その時はどうだったのであろうか。

その日、寛政十年（一七九八年）の四月十八日は、旧暦（陰暦）によるものであ

(1) ご幼名るいとの説もある。ご誕生の日について、諸井政一著『正文遺韻』などには「寛政の十年四月四日」とある。この説は、丹波市町役場の明治の旧戸籍台本に「四月四日」と記されているからであろうが、明治の初めまではいわゆる宗籍をもって戸籍としていたのを、維新政府になってから

り、いまの陽暦では、六月二日にあたる。(2) 六月といえば、初夏。教祖ご誕生の時候を、花四月、陽春のころとするのも気持ちがピッタリするが、風薫る初夏のころとみても、それにふさわしい思いがひろがっていく。

時刻については、「夜のほの〴〵と明けはなる丶頃《ころ》」（『正文遺韻』）とか、「丁度《ちょうど》朝の八時頃」（『御教祖伝史実校訂本　上』(3)）とも言われている。

前者は、日の出のころのことであろう。日の出の時刻と合わせてつとめられる教会本部朝づとめが、六月は午前五時であるから、だいたいその時刻と思われる。後者の午前八時ごろとの説は、「〝朝の五時〟といふのを〝朝の五ツ時《どき》〟と考へて、それならば辰《たつ》ノ刻即《こくすなわ》ち午前八時に当《あた》ると早合点したもの」（『教祖様御伝稿案　一』(4)）とも推察できる。

初夏の候の朝明けは、なべてすがすがしいもの。ご誕生の朝の空模様を「教祖御誕生祝歌」(5)に、「空に五彩《ごさい》の雲たなびきし」と歌われているように、ご誕生といえば五彩、つまりご生家である前川《まえがわ》家の屋根にたなびいた五色《ごしき》の雲(6)を連想するが、これについてはいろいろと伝えられている。

「教祖出生の時、前川の家の上に不思議なる雲（五色の雲）ありたりと近所の人々申居《もうしお》りたり」
（初代真柱著『教祖様御伝』）

「五色の瑞雲《ずいうん》が産室の側《かたわ》らの松の樹《き》から、その屋根にかけて棚引《たなび》いた」
（大正14年、前川静子談(7)）

「夜のほの〴〵と明けはなる丶頃、五色の雲とも云《い》はる丶、あやしの雲が、屋根

整理されたのであり、その際に書き誤りがあったようである（『復元』第2、29号）。

（2）明治5年、それまでの太陰暦から現行の太陽暦へ移行されることになり、同年12月3日をもって明治6年1月1日とされた。

（3）『復元』第29号所収。

（4）『復元』第2号所収。

（5）昭和11年3月発表。作詞・木村光枝（当時天理女子学院1年、のち福原光枝）、作曲・内田甚太郎。

（6）（西方《さいほう》）極楽浄土に往生《おうじょう》する吉兆とされる種々の色（たとえば陶磁器の上絵ぐすりでは赤、青、黄、紫、碧《みどり》）の雲。瑞雲ともいう。

（7）教祖の弟・前川半兵衞の娘。大正15年81歳で出直す前年の14年に山澤為次氏が「教祖様御伝稿案」の資料として聴取したもの。

のあたりに厚くたな曳《び》いて」（『正文遺韻』）

いずれにせよ、それが先に述べた午前五時ごろの明け方であれば、すがすがしい朝空に彩雲がたなびいていたであろうことも、容易に想像できる。

また、六国史《りっこくし》の一つ『三代実録』の貞観五年（八六三年）の六月二日のくだりに、「大和国の石上《いそのかみ》神宮(8)の南に五色の雲を見る」とある。ご誕生の瑞兆《ずいちょう》として、彩雲が見えたという伝承があっても、決して不思議ではない。

●

教祖がお生まれになった前川家は、おぢばから南へ約三キロの三昧田にあり、現在でもその名残があるが、農業中心の閑静な集落であったようである。そのころは、西三昧田と東三昧田に分かれていて、西が藤堂《とうどう》藩、東は織田《おだ》藩の管轄(9)。前川家の東側を走るわずか二メートルほどの道路が、その境界線であった。

三昧田という地名の由来として、いろいろな説(10)もあるようだが、奈良の春日神社文書に平安時代の土地売買の記録の一つとして「弥勒寺《みろくじ》三昧田」という表記がみられる。三昧田という地名の起こりは、その寺の三昧田に由来するのではないかとも考えられる。

現在、三昧田の隣に福知堂という寺名の集落があるが、「大乗院記録」（『大和《やまと》志料《しりょう》』上巻）に「弥勒寺福智堂」とあり、室町時代まではこの寺が存在していた。いまでは寺の痕跡も残っていないが、文書には条里制による「十三条六里二十三坪」と記されてあり、前川家の西北にある春日神社(11)の西方にあたる。

（8）現天理市布留《ふる》町、おぢばの東南約1キロにある旧官幣大社。

（9）西三昧田と東三昧田は、明治15年に合併し、現在の「三昧田」となる。

（10）『奈良県山辺郡誌』に、「三昧田は往古散米田と云《い》ふ、其所以《そのゆえん》は大和《おおやまと》神社に散米を献ずる田ありしを以《もっ》てなり。……其後《そのご》（大和神社の）東方にある東池は墓地なりしを発掘して溜池《ためいけ》となせしより、是《こ》れ穢水《おすい》を灌漑《かんがい》するものなりとて三昧田と改む。……三昧田は古《いにし》へ一帯の墓地なりしに、南北朝時代の落武者此地に住せしより、終《つい》に一部落をなすに至ると。其墓地なりしことは疑ひなし。三昧田とは梵語《ぼんご》にして、印度《インド》に於《おい》ては墓地を三昧と云ふ。……福知堂の三昧田にはあらざるか。福知堂は臨済宗にして規模最も大なりしこと、今猶《なお》想像するに足れり」とある。

（11）三昧田の鎮守。境内の石灯

三昧田という名称からして、田が多いようにも思えるが、文禄《ぶんろく》の検地帳では、水田はなくて全部、畑であった。当時は、それほど水の便がなかったようである。

### 三昧田村（明治12年ごろ）

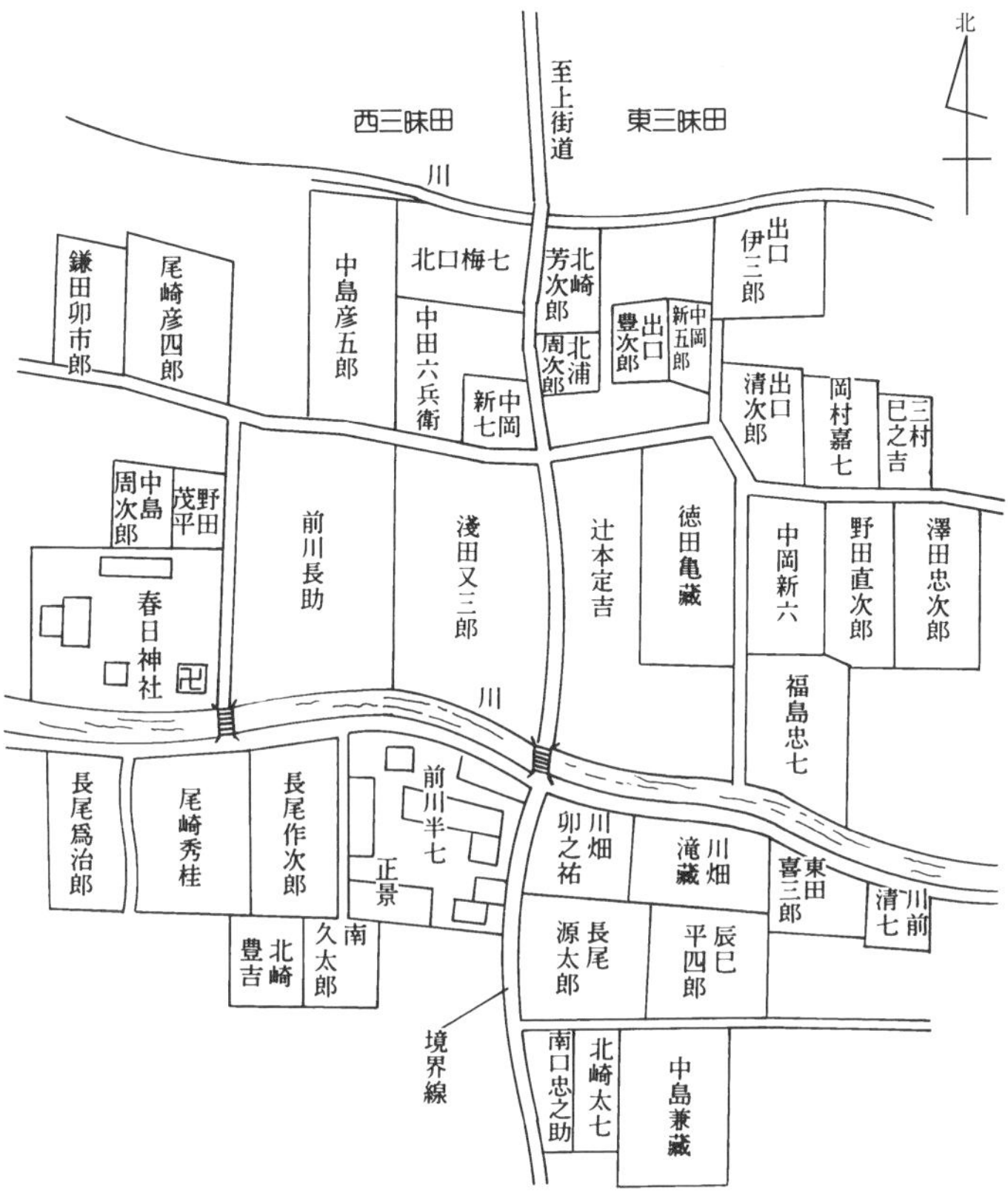


辻本定吉氏の考証により上田嘉成氏が昭和20年5月に調査作成したもの（『復元』第2号所載）。前川半七正景とあるのは、教祖の兄杏助の子息・光造氏のこと。

三昧田の鎮守・春日神社境内地の石灯ろう「天保十三年寅正月吉日　藤堂家御武運長久　願主前川杏助」とある。

ろうに教祖の兄・前川杏助《きょうすけ》の名が彫られてある。

教祖誕生殿の間取り

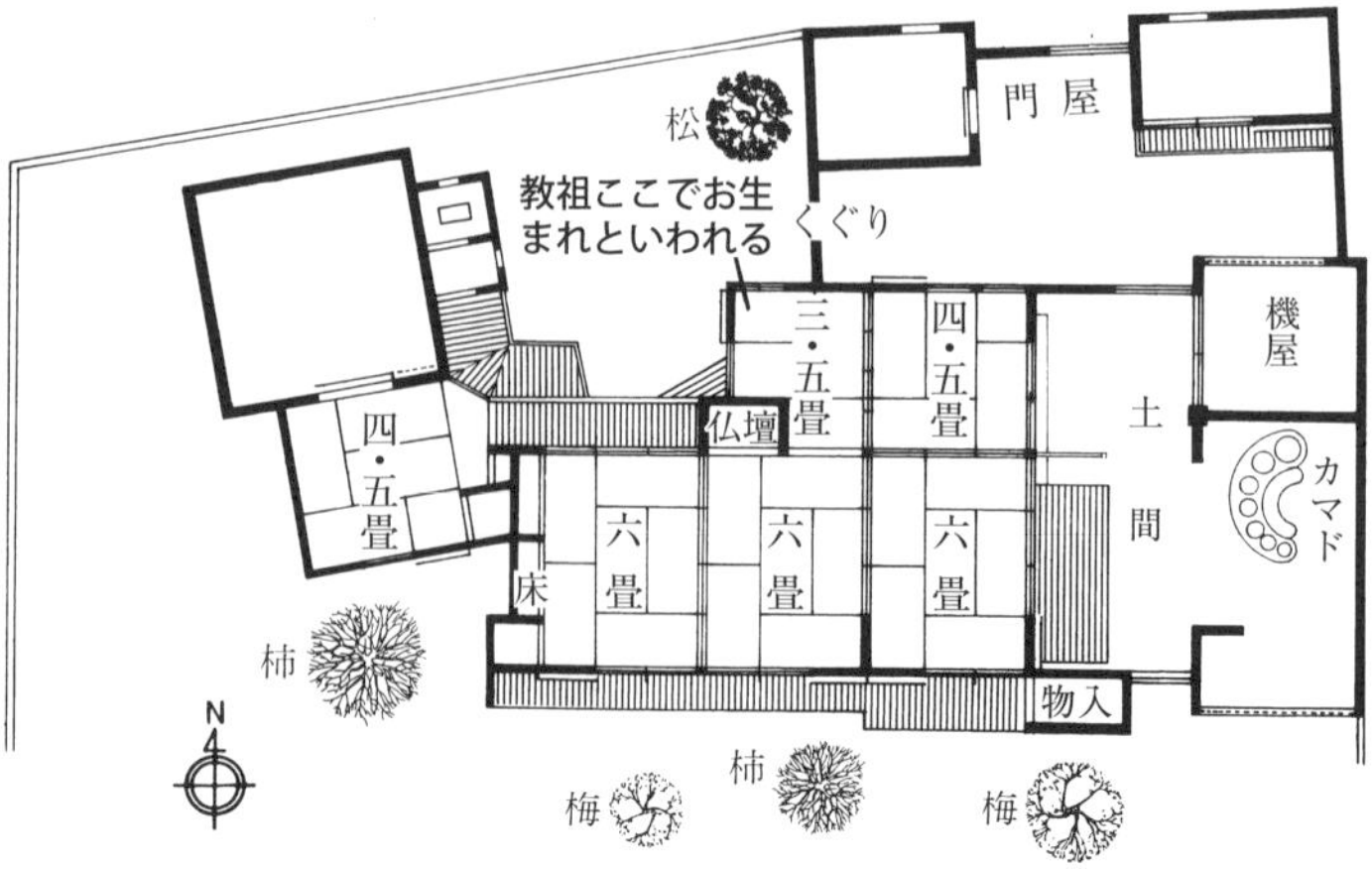

教祖誕生殿の仏間（中央右の扉内が仏壇）

お生まれの場所は、三昧田の地に現存する「教祖誕生殿[12]」の内、北側にある三畳半の納戸《なんど》（収納部屋）とされている。お産は納戸でおこなわれるのが、当時の一般的

（12）昭和10年10月命名。これより先、昭和6年12月13日に三昧田宣教所（現分教会）設置。現在の天理市三昧田町四四三番地。

な習慣であった。

門屋(13)が北側にあるため、座敷を南側に設ける必要から、納戸が門に近い北側になり、玄関の隣になる。大和棟《やまとむね》、高塀《たかべい》造り(14)の大和特有の民家の間取りからすれば、変則的にみえるが、古い民家では、このような間取りも多いという。座敷はふた間続きに建てられ、お客は庭を通って招き入れるようになっている。そのため、納戸は多少狭めて柱が建てられてある。前川半七(正信)が無足人《むそくにん》になったころに、多少改築したとも考えられるが、定かでない(15)。

●

ご誕生祭が初めておこなわれたのは、昭和九年(16)の四月十八日。以来、毎年、全教あげてつとめられるようになったが、なぜそれまで、ご誕生祭がもたれなかったのであろうか。不思議といえば不思議でもある。

多くの宗教では、開祖の誕生、立教、死去の三つを記念して、大きな祭典がつとめられているようである。ところが、天理教では誕生に関するものがなかった。

昭和九年の初めてのご誕生祭祭文のなかで、二代真柱《しんばしら》は、「今日の日まで遂《つ》ひうか〱と御誕生御祝の儀を粗漏《そろう》に過《すご》して参りましたことは全く何とも申訳《もうしわけ》の言葉が御座いません」と述べられている。

なぜつとめられなかったかということについては、民俗的な習慣との関係があるようにも考えられる。

戦後、満年齢制(17)が施行されるまでは、一般には、毎年、誕生日を祝うという習慣

(13) 左右に男衆《おとこし》などの部屋と農具を納める部屋がある。

(14) 奈良盆地特有の建築様式。勾配《こうばい》の急な草葺切妻屋根の片方、あるいは両方に緩い傾斜の瓦葺落棟を持ち、裕福の象徴とされた。高い塀のことではない。66ページ参照。

(15) 無足人とは、名字帯刀を許され、武士の待遇を受ける郷士のことで、切米扶持《きりまいぶち》などを受けた。半七正信が（一代限）無足人になったのは、文政10年10月。前川家が属した藤堂藩では、士分に準ずる郷士を無足人と称し、一般農民と区別した。前川梅造談によると、教祖の祖父（半七）が持ち山の用材で建てたものという。

(16) 現在の教祖殿ができた翌年。さらに翌10年から教祖御誕生慶祝旬間（昭和60年まで）が定められる。

(17) 昭和25年施行。

はなかった。初誕生と初節句(18)だけが祝われ、年齢は、正月を迎えるたびに、一つずつ年をとる数え年齢で、いわば正月がみんなの誕生日でもあった。教祖のご誕生祭のなかったのも、そうした習わしによるものと思われる。

寛政十年のその日その時、五色の雲がたなびいたことに、なにかしらの瑞兆を感じた人もあったであろうが、多くの村人たちは、ただ、前川家に一人の女児が誕生した、と受けとめたに過ぎなかったのではなかろうか。

しかし、天保九年（一八三八年）の立教を経て、その後、お道が現在に至る間に、教祖のご誕生という事象が年とともに特異の光を放ってきたとみれば、親神が陽気ぐらし世界実現のためにつけられた〝しるし〟の一つが、寛政十年その日その時であったといえるのかもしれない。

## ●生いたち

教祖は、三歳の頃《ころ》から、なさる事が他《ほか》の子供と異《こと》なっていたので、近所の人々も、人並優《ひとなみすぐ》れた珍《めずら》しいお子やと言いはやした。六歳の頃には、針を持ち始め、糸紡ぎをまね、網巾着《あみきんちゃく》を編み、糠袋《ぬかぶくろ》を縫うては(19)、好んで近所の子供達に与えられた。

七歳の時には、近所の子供が泣いて駄々《だだ》をこねているのを見て、自分が親から貰《もろ》うた菓子を与え、その泣き止《や》むのを見て喜ばれた。八、九歳には、忙しい秋の収穫時《とりいれどき》など、近所の小さい子供達を遊んでやられたので、その親達も、教祖のな

(18) 生まれて初めての節句。女子は3月3日の「上巳《じょうし》」（陰暦3月最初の巳《み》の日）、男子は5月5日の「端午《たんご》」の節句で祝う。

(19) 糸紡ぎとは、綿、繭《まゆ》を糸くりぐるまにかけて繊維を引き出し、よりをかけて糸にする作業。網巾着とは、口に緒《お》をめぐらして引きくくるようにした網状の袋。糠袋とは、糠を入れる布袋。入浴の時、肌を洗うのに用いた。

（十一〜十二ページ）

**され方に感心せぬ者は無かった。**

ものに触れ、ことにあたっての言動、そのお心にどこまでの深さがあったのか、その全容を推し量ることはできないが、常に相手の立場に立たれ、そして何事もつき詰めて考え、行動される、という点が強く感じられる。

「人並優れた珍しいお子」と述べ[20]てあるように、教祖は元初まりのいざなみのみことの魂をお持ちのお方であるから、やはり他の子供との違いはあったとみても不思議ではない。

しかしそれは、われわれの価値観でもって、すぐれたとか、まれだとか、というような言葉では表現できないそれである。

その一つに、ご幼少のころから、よく近所の子供の面倒をみられるなど、母親的な面が強く出ていることも見逃してはならない。現在のように託児所などない時代のこと、子供たちはもちろん、農繁期の多忙な時期の親たちは大いに喜び、感心し、感謝の思いさえ抱いたことであろう。

村の長ともいえる家柄の、しかも長女という立場がそうさせたのであろうか。幼いながら物心ついたころから、そのご行動には、すでに人類の母親としての一つの芽生えをみることができよう。

（20）「御教祖は伊弉冊命《いざなみのみこと》の御魂で、人間元創《もとはじま》りの親様であらせられる」（『御教祖伝史実校訂本上』＝『復元』第29号所収）

**針仕事は、師匠につく事なく、母の膝下《ひざもと》でひとりでに上達されたが、一度見たものは、そのまま型《かた》をとって細工物に作り、十二、三歳の頃には、大巾木綿《おおはばもめん》(21)を裁《た》って、思うままに着物を仕立てられ、機織《はたお》りも、人並優れて織りこなされた。又、信心深い家風の中に育つうちに、いつしか習い覚えて浄土和讃《わさん》(22)を暗誦《あんしょう》されたのも、その頃である。**

（十二ページ）

父親より読み書きの手ほどきを受けられた教祖は、寺子屋へは九歳から十一歳まで通われただけであった。裁縫や機織りなどは、当時の農家の娘ならだれもが、ひと通りはたしなんでいたであろうが、ただ、教祖の場合は、そのなされる技《わざ》が、ことに秀でておられたようである。後年のお手づくりの品々に、そのご器用のほどがうかがえる。

前川家は、代々浄土宗の熱心な檀家《だんか》であった。朝夕念仏に明け暮れる家風のなかに育つうちに、幼いながらもお経や和讃を暗唱されるようにもなり、次第に、浄土へのあこがれがつのって、ついには、十二、三歳のころ、尼になることを熱願されるに至った。

それは、けがれない世界に対する一種のあこがれともみられるが、むしろそれを超えた、より深い内面の世界に根差したものと考えたほうがよかろう。

一般に、求道生活を志す動機としては、何か現実に満たされないものを信仰の世界に求めようとする場合が多いようである。では、教祖の場合はどうであろうか。

(21) 普通、木綿織物の幅は、鯨《くじら》尺《じゃく》9寸5分(約36センチ)であるが、それより幅が広い反《たん》もののこと。したがって、裁つ作業は困難とされる。

(22) 仏教歌謡の一つで、教えや高僧の行跡などを日本語で賛歌したもの。七五調風に自由に連ねていく。左はその一つ、花和讃《はなわさん》。

帰命頂《きみょうちょう》らい花わさん
　花も紅葉《もみじ》もひとざかり
花のやうなる子を持《もち》て
　蝶よ花よとそだてしに
無常の風にさそはれて
　さいの河原のめいどうへ
なげき悲しむ両親《ふたおや》は
　余り我子のかあいさに
みだのじよどへ心ざし
　我子に似《に》る子をみれば
なみだと共にふた親が
　つきのついたち十五日
寺へまいりて花みれば
　開《ひらき》しはなはちりもせず

庄屋の家に生まれ、物質的にも豊かで、村人からも尊敬されるなど、あらゆる面で恵まれた環境にあったと思われる。普通の子女であれば、信仰の世界にその解決を求めなければならないような事情は、なに一つなかったのではなかろうか。

しいていえば、生来、あまり体が丈夫でなかったところから、浄土へのあこがれを持たれたものか。また、当時の天明の飢饉《ききん》に次ぐ、寛政の改革という大きな社会変動が、幼な心にもなんらかの影を落としたのかもしれない（左コラム参照）。

いずれにせよ、あの当時、尼を志望するということは、尋常ではなかったと思われる。十三歳の時には、このことを理由に、中山家との縁談を渋ってもおられる。

### 当時の社会背景

天明二年から七年（一七八二〜八七年）にかけて起きた江戸時代における最大の全国的大飢饉は、大和にも影響をもたらした。特に七年の米価は平年の四倍以上に上がり、丹波市など各地で打ちこわし（米騒動）が起こった。

こうした社会不安を一掃するため同年七月、十一代将軍家斉《いえなり》が老中《ろうじゅう》松平定信を登用して幕政の改革を実施。農業政策の成果も上がり、しばらく豊作だったが、寛政十年（一七九八年＝教祖ご誕生の年）には六月上旬から三カ月以上の日照りが続き、十一年にも夏場の大干ばつで米作も綿作も大凶作となった。岩室《いわむろ》村（現天理市）では代官所が打ちこわされ、大和各地で強訴《ごうそ》や一揆《いっき》が続発した。その後も不安定な時代が続き、享和二年（教祖五歳）の大凶作では、東三昧田など柳本織田藩領の百姓が重税に対して陣屋に押しかけ、鉄砲を打ちかけられて死傷者を出している。三昧田の西方の法貴《ほっき》寺でも百姓一揆が起こり、京都領所に属する山辺郡百姓二万人が強訴した。文化二、三年（教祖八、九歳）も大凶作となり、同八年と十二年には大洪水にも見舞われた。

蕾《つぼみ》のはなのちるをみて
　あはれ我身もあの如《ごと》く
なき子に引《ひか》され寺詣《まい》り
　わが身のつみも消滅し
なむあみだぶつ　あみだぶつ

晩年の教祖お手作りのはごろもの羽根　（大縣《おおがた》大教会・増井家蔵）

庄屋敷《しょやしき》村の中山家には叔母にあたるきぬが嫁いでいた。善兵衛との縁談は、そのきぬが、姪《めい》の人並みすぐれた人柄を見込んで勧めたことであった。

嫁して夫に仕えてこそ清浄な婦道(23)であると、懇《ねんご》ろに諭される両親の言葉に、「そちらへ参りましても、夜業《よなべ》終えて後《のち》は、念仏唱える事をお許し下さる様に」との、条件ともとれる希望を添えて承知されている。

嫁のほうから嫁ぎ先に条件を申し出ることは、当時としては、異例のことと思われるが、それにもかかわらず、たっての中山家の懇望は、よくよくその人柄を見込んだうえでのことと考えられる。

**かくて、文化七年九月十五日、振袖《ふりそで》姿で駕籠《かご》に乗り、五荷《か》の荷《に》(24)を持って、庄屋敷村の中山家の人となられた。時に、教祖十三歳であった。**

（十三ページ）

西三昧田村と庄屋敷村は、同じ藤堂藩の管轄内、同じ石上《いそのかみ》組内(25)であり、両家とも村役を務める家柄(26)であるので、つりあいのとれた縁談だったと思われる。数え十三歳という年齢は、若すぎるようにも感じられるが、当時としては普通だったようである。大和にも、以前は「足入れ」といって、正式な披露はせず、内祝儀《うちしゅうぎ》だけで嫁が婿方《むこがた》へ移り住み、その後、期間を置いてあらためて披露の宴を挙げるという風習があった。

文化七年（一八一〇年）の九月十五日に中山家へ嫁入りされているが、当日は石

(23) 父母、夫に従順に仕えるなど、家を治めるための女として守るべき道。江戸から明治にかけて「女大学」と称する教訓書が流布した。

(24) 嫁入りの時の荷で、たんす2本、長持《ながもち》2差《さし》、両掛《りょうかけ》1荷《か》の計5つ。

長持

両掛

上神宮の秋祭り(27)の日。村役も務める中山家にとって、めでたい二つの行事をともにこなすことができたかどうか、多少疑問も残る。この日は足入れの日であって、ご入嫁は後日であったのではないか、とも推察される。

それはさておき、この縁談のきっかけともなった叔母きぬについては、親神が、すでに前もって中山家へ嫁がせておかれた、とみることができるかもしれない。

こうして、教祖は中山家の人となられ、庄屋敷に住まわれることになった。元初まりの魂のいんねんあるお方が、元のやしきへ帰られたのである。

ここに、「教祖魂のいんねん」「やしきのいんねん」「旬刻限の理」という立教の三大いんねんのうちの、二つがととのった——。

## 前川家の系図

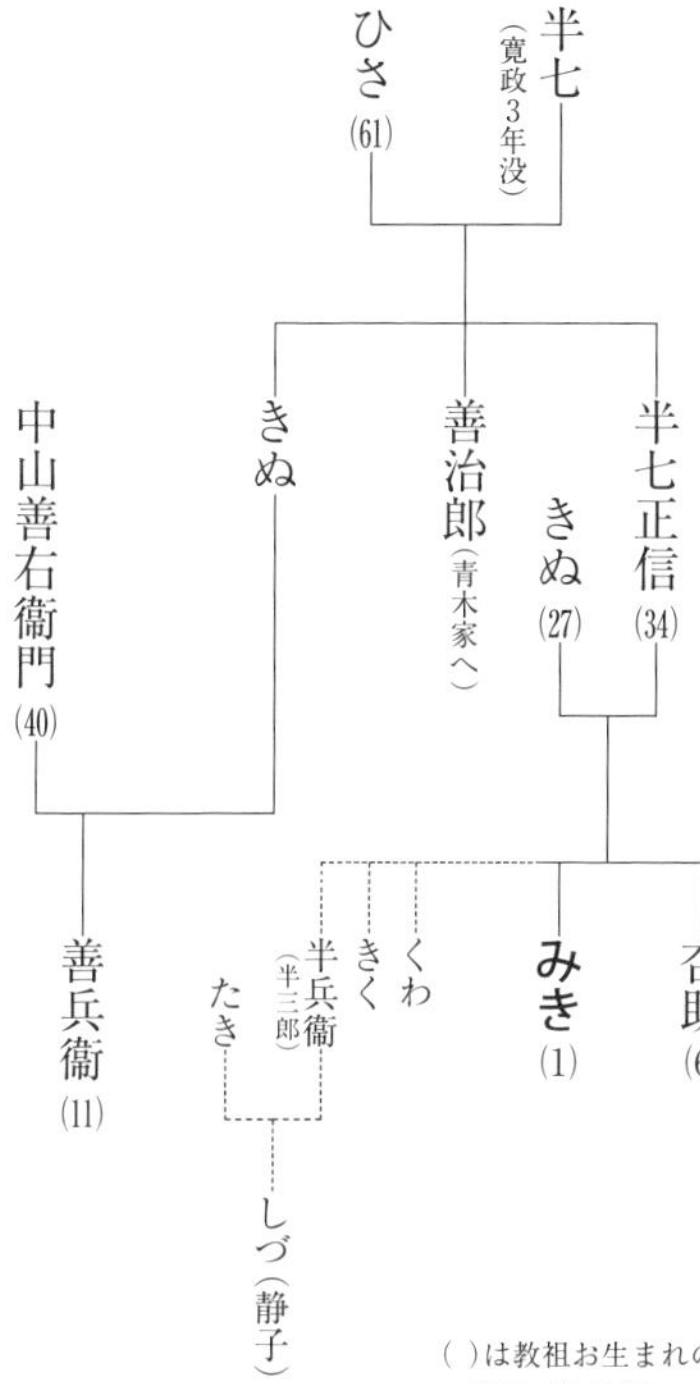


（ ）は教祖お生まれの時の年齢（数え年）

(25) 藩の管理の必要から十数カ村を一つの単位として大庄屋を置いて治めさせた。これを村組、または郷組という。時代によって村の数に多少の出入りがある。その組の呼び名は大庄屋のいる村名を冠して丹波市組、別所組、庄屋敷組、石上組などと変化している。

(26) 当時、中山善右衛門は年寄役（庄屋役とも）、前川半七は目付庄屋役を務めていたようである。村役には庄屋、年寄、組頭、百姓惣代があった。

(27) 「布留祭」「田村渡り」ともいう。現在では10月15日におこなわれている。

## 三味田村から庄屋敷村への道のり

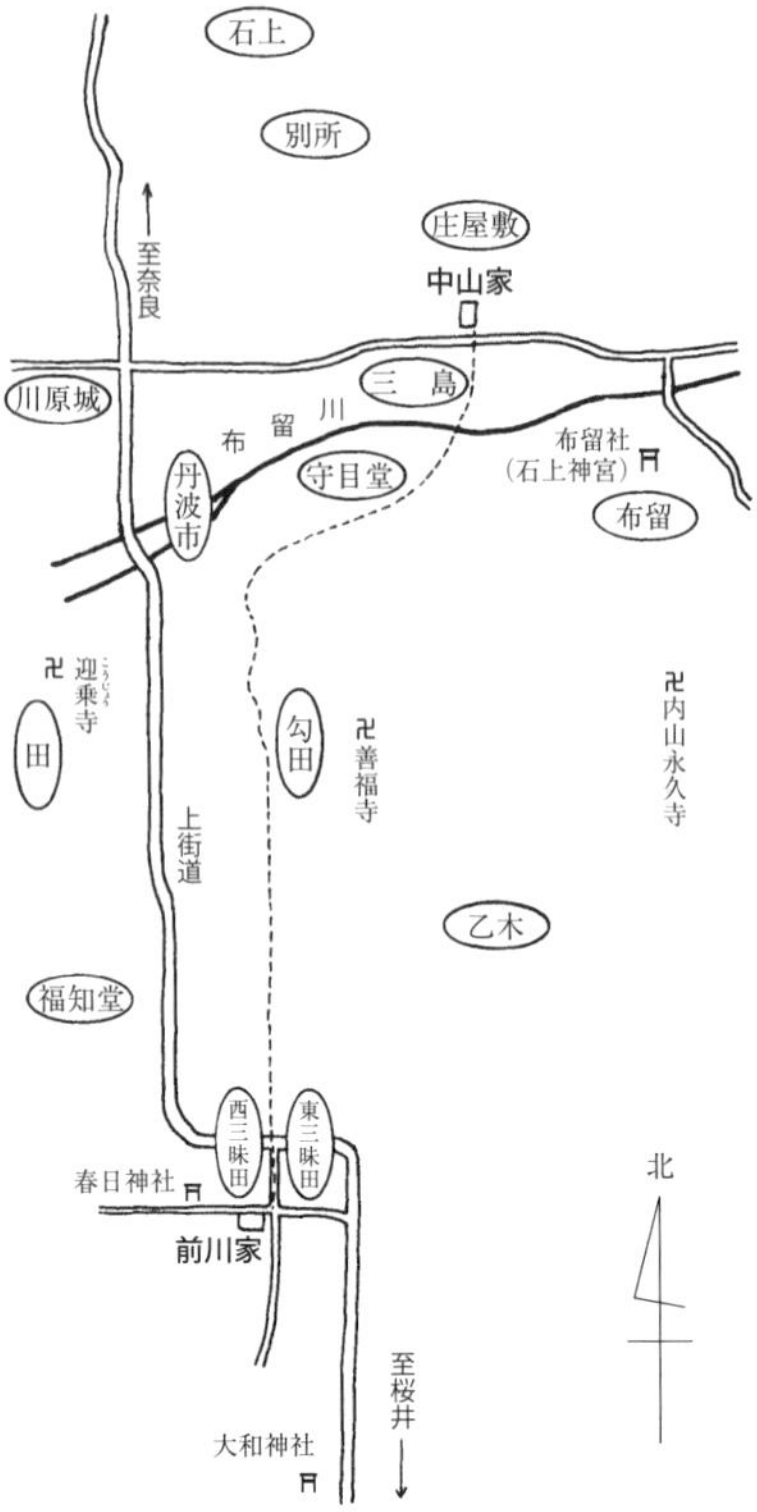


三味田—庄屋敷は約3キロメートル

## 三味田村を中心とした政治的村結合

（前川半七が西三味田の目付庄屋をしていたころの例を示したもの）

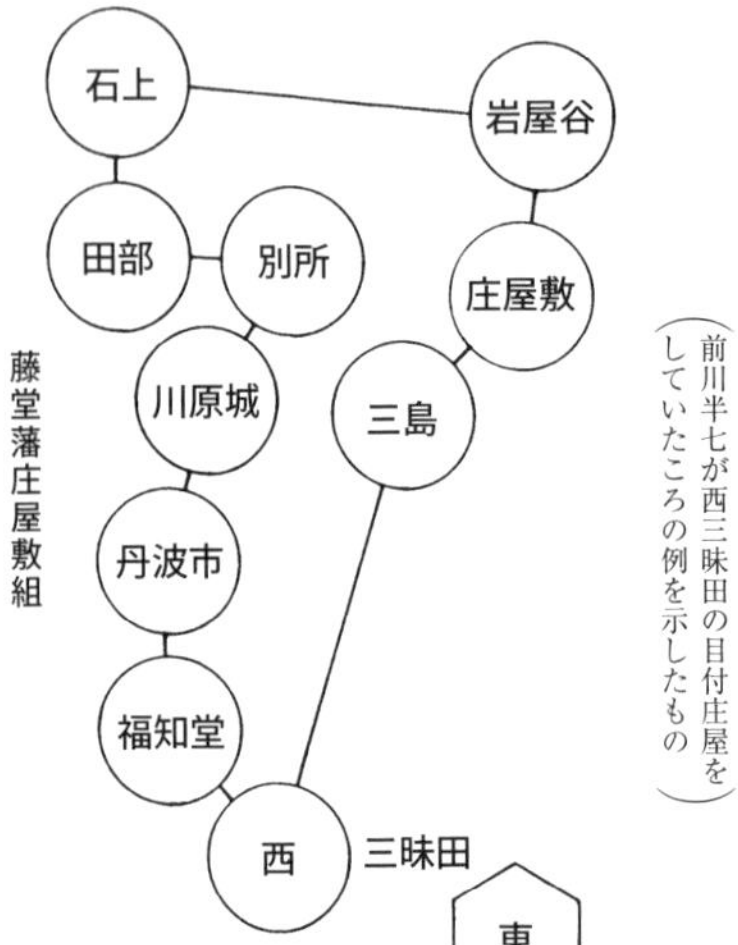


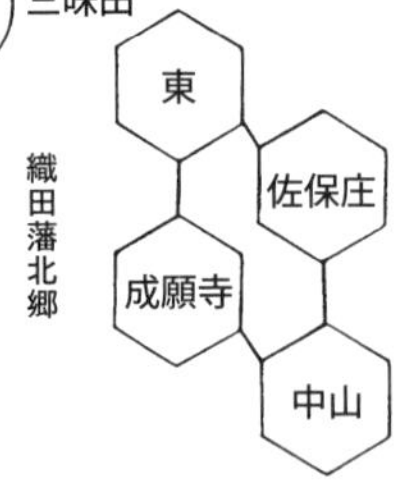


『郷村高辻帳』によると、前川家のある西三味田は藤堂藩(36万石)、東三味田は織田藩(1万石)で、同じ三味田でありながら年貢の取り立てがちがったようである。前川家の東側を南北に走る道は、三味田村を西と東に分ける境界線であった。

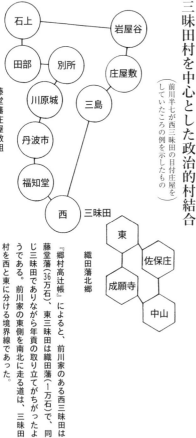

# 第二章

# 昇華……家の母・村の母

魂のいんねんある教祖が、元のやしきに帰られたことにより、人類の母親としての〝しるし〟は次第に輝きを増していく。
それは、さらに旬刻限の到来へ向けて、教祖のお心、ご行動のなかに、いっそうはっきりとした展開をみることができるようになる。
たとえば、家の母・村の母としての道をのぼりつめていかれる姿――。

文化七年（一八一〇年）九月十五日、ご入嫁。教祖は、庄屋敷《しょやしき》村の中山家の人となられたわけであるが、元初まりのいんねんあって嫁がれた中山家と庄屋敷村のことについて、まず触れてみよう。

庄屋敷村は、もともと三島村の支郷であった。(1) 三島村については、記録のうえからは養和《ようわ》元年（一一八一年）に奈良の春日神社の荘園としてあらわれている。(2) 江戸時代には、三島村に包合、あるいは独立が繰り返されたが、明治十年（一八七七年）五月に三島村に合併され、(3) 現在に至っている。

庄屋敷の地名の由来としては、荘の屋敷地であったからとか、庄屋の屋敷であったからなどといわれるが、定かではない。また、庄屋敷の「庄」の字に、「正」や

（1）支郷とは本村から分かれた子村というほどの意。中世の荘園解体により新しくできた村落の共同体を郷村、惣といい、江戸時代の村数カ所を合わせて郷と呼ぶ。

（2）春日神社文書に「山辺郡北郷三島庄」とある。

（3）合併当時、庄屋敷、三島両村とも戸数31戸、計62戸あった。

## 庄屋敷村の中山家周辺図（天保9年ごろ）

（おやしき変遷史図から）

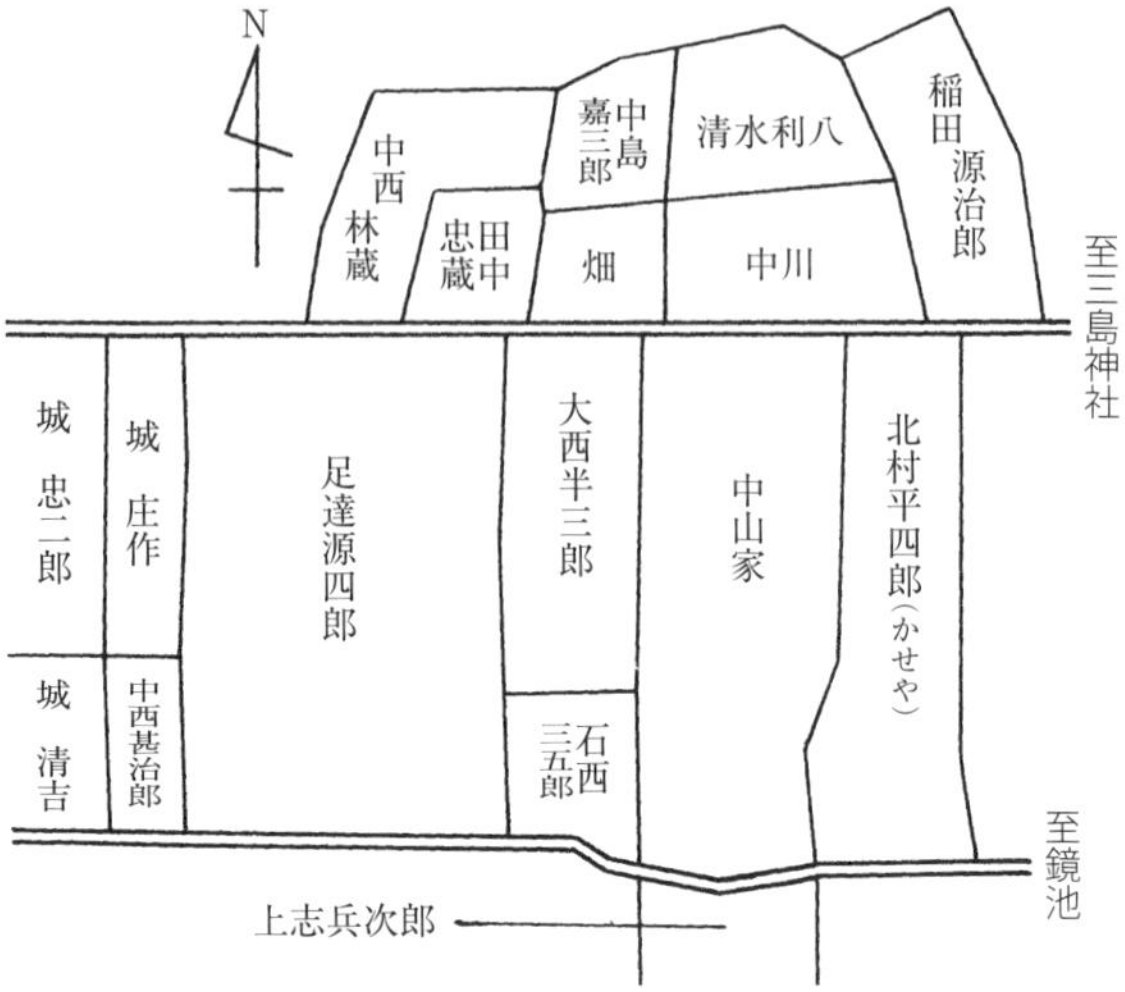

「生」を当てる説もあるが、これは後年、おやしきの発展とともに生じてきた一種の信仰的解釈と思われる。

そのころの庄屋敷かいわいの里謡《りよう》に、

庄屋敷小在所西から見れば
足達金持ち
善右衛門さん地持ち
はなのカセ屋は妾《めかけ》持ち（4）

とうたわれているところからして、中山家は、この近辺ではかなりの田地持ちであったことがわかる。（5）

また、寛政七年（一七九五年）三月の文書に「庄屋敷村年寄　善右衛門」とあり、天保三年（一八三二年）九月の水利権の条約書に「庄屋敷村庄屋　善兵衛」、同十年の宗旨御改帳にも「庄屋敷村庄屋　善兵衛」と記されている。中山家の戸主は、代々善右衛門と善兵衛とを交互に名乗り、村役を務めていたことがうかがえる。

中山という姓については、石上《いそのかみ》神宮の天保十年（一八三九年）建立の石灯ろうに

（4）金持ち、地持ち、妾持ちとは、富豪、豪農、かい性のほどを指すほめ言葉とされていた。

（5）中山家の所有地については、当時の庄屋敷村の所有関係を示す帳簿が現在のところ見当たらないので不明であるが、藩の金融関係を務め、「金持ち」とうたわれた足達家が三町四反（約4ヘクタール）の土地を所有していたという（文政12年＝一八二九年の記録）から、「地持ち」とうたわれた中山家はそれと同じか、それ以上の土地を持っていたと考えられる。1反は約10アール。

（6）この灯ろうには「三昧田村前川杏助」の文字もみられる。

石上神宮の石灯ろう

「庄屋敷村　中山善右ヱ門」とある。(6) 当時、姓は、藩主の許しがあってはじめて公式の場合に名乗ることができたようであるが、この中山の姓は、通称として用いられたものなのであろうか。

## ●家の母

**嫁がれた教祖は、両親にはよく孝養を尽《つく》し、夫にはよく仕《つか》えて些《いささ》かも逆《さか》らうこと無く、一家睦《むつ》まじく楽しく暮《くら》された。**

（十四ページ）

教祖はよく仕え、よく働かれた。当時、女性としてのあるべき道を説いた『女大学』(7)と称する教訓書が、江戸から明治にかけて流布していたが、そのなかに、「妻は朝は早く起き、夜は遅く寝て、昼は昼寝をせず、家の内のことに心を用い、機織り、裁縫や綿打ち、糸紡ぎをおこたってはいけない……」とある。

教祖は、朝は早くから起き、炊事、洗濯、針仕事、機織りの家事から、田植え、草取り、稲刈り、麦刈りの農事に至るまで、男の力仕事とされた荒田起こしと溝掘り(8)を除いては、何でもなされた。しかも、二人分ぐらいの量をこなされた。綿木引きの農作業は、一日に男は二反《たん》、女は一反半が普通のところを二反半、機織りも、二日かかるものを一日で織り上げられたという。

初代真柱の『教祖様御伝』によると、「教祖ハ百姓の仕事ハ如何《いか》なる事でもなし

(7) 儒学者貝原益軒（一六三〇～一七一四年）、または妻東軒の著とされる当時の女子教訓書。

貝原益軒『女大学』（天理図書館蔵）

(8) 荒田起こしは、早春の田起こしの時、土を粉砕せず固まりのまま掘り起こす作業。溝掘りは畑作などで畝《うね》と畝の間に溝を掘り、掘った土を畝に高く盛る作業をいい、田んぼに水を引くための溝を掘る作業をいう場合もある。

たれども只致《ただ》さぬものハ溝掘りと荒田をこしてある仰せ玉へり」とある。これが教祖の暮らしぶりであった。

こうした教祖の日常は、当時の女性のあり方としての一つの手本、鑑《かがみ》であり、あるいはそれ以上の通り方であったといえるかもしれない。そこに、のちの「朝起き、正直、働き」というお道の教えに通じるものを見いだすことができる。

**その上、親族知人や隣近所の気受《きうけ》もよく、家においた人々には、いつも優しい言葉をかけて労《いたわ》り、仕事休みの時などは、自ら弁当を作って遊山《ゆさん》(9)に出してやるなど、到《いた》れり尽《つく》せりの行き届き方であった。両親もこの様子を見て、十六歳の年には、全く安心して所帯を任せた。**

（十五～十六ページ）

嫁して三年、しかも数え十六歳という年齢で、一家の所帯を任されるということは容易なことではないと思われるし、いささか早すぎる感がないではないが、はたして、当時としてはどうなのであろうか。

一般に、所帯を任せるということは家長権の譲渡を意味するが、家長権とは家の代表権、財産権、祭祀《さいし》(10)権の三つである。この三つを全部譲ってしまえば、いわゆる完全な隠居となる。しかし現実には、家の代表権は譲っても、財産権、祭祀権は譲らないというように、いろいろな場合がある。

教祖が所帯を任されたということもさることながら、夫善兵衛の家長権について

(9) 花見や紅葉狩りなど、山野に遊びに出かけること。気晴らしに外出すること。

(10) 家の神事や仏事をつかさどる権利。一般には隠居すると、位牌や仏壇を隠居部屋に移して仏事を行い、神事は本宅で行う習慣があるとされるが、庄屋敷周辺での実情は不明である。

(11) 中国の唐の文献『法苑珠林《ほうおんじゅりん》』に「人間五十歳」とある。戦国時代の武将細川頼之の漢詩に「人生五十　功なきを愧《は》づ……」、織田信長の桶狭間の戦いに際してうたわれた歌謡に「人間五十年　下天の内をくらぶれば……」という一節があり、人の一生の短いことを言うたとえとして用いられる。ちなみに、教祖が数え90歳で現身《うつしみ》をかくされた明治20年ごろの内閣統計局による平均寿命は、男42・8歳、女44・3歳となっている。

はどうであったのだろう。

当時、善兵衛は二十六歳、舅《しゅうと》の善右衛門は五十五歳。「人生五十年」(11)といわれている時代である。善右衛門が隠居してもなんらおかしくはない年齢であるし、善兵衛が家長として跡を取っても決して若すぎることはない。教祖に所帯を任せられたとされる年から四年後の文化十四年の記録に、「庄屋敷村年寄　善兵衛」とある。(12)したがって、これ以前に舅善右衛門は家の代表権を善兵衛に譲っていたことになる。

教祖が所帯を任されたということは、姑《しゅうとめ》から主婦権を譲られたということであろう。姑きぬの年齢はよくわからないが、当時四十九歳であった里の父・前川半七正信の妹であるから、まだ所帯を任せて隠居せねばならないほどの年であったとは思えない。しかし、善右衛門の隠居にともなって、教祖に主婦権の譲渡があったものと考えられる。

それにしても、子供がまだ授かっていなかったにもかかわらず、(13)しかも、十六歳という年齢で所帯を任されたということは、やはり平凡なことではなかろう。このことは、それ以上に教祖が、嫁として主婦として抜きん出ておられたことの証《あかし》でもあり、姑の目から見ても、安心して主婦権を譲れるだけの資質を認めたからであろう。

また教祖は、働きに明け暮れるそのなかにあって、時たま行われる説法の座に連なり、寺参りのひと時を無上の喜びとされていた。文化十三年の春、十九歳の時、勾田《まがた》村の善福寺(14)で浄土宗の奥義とされる五重相伝(15)を受けられている。このことは、ご幼少のころ浄土にあこがれ、尼になることを望まれていた教祖の信仰的歩みとし

(12) 三島区の文書には、文政5、6、7年にも「年寄　善兵衛」の記載がある。

(13) 当時、子供がないことは、舅・姑に仕えない、嫉妬深い、淫乱、悪疾、多言、盗難と並んで、嫁の離縁の条件「七去《しちきょ》」とされていた。

(14) 当時の中山家の檀那《だんな》寺（その家が帰依して檀家となっている寺）。『善福寺縁起』によれば、中世のころ真言宗に属していた当時は頭光《ずこう》寺と称し、寛永のころ浄土宗知恩院の末寺になると頭光山仏性院善福寺と称したようである。

善福寺

て、当然の帰結かもしれない。

**その頃《ころ》、かのという女衆《おなごし》があって、善兵衛の寵《ちょう》をよい事に、日増しに増長して勝手の振舞《ふるま》いが多く、終《つい》には、教祖をないものにして、我が身が取って替わろうと企て、ある日の事、食事の汁のものに毒を盛った。**

（十六ページ）

中山家は、家族ばかりでなく、使用人などを抱えた大所帯であり、かのという女性もその一人であったようである。教祖は何も知らず召し上がられたところ、やがて激しく苦しまれた。息も絶えだえの下から、「これは、神や仏が私の腹《おなか》の中をお掃除下されたのです」と言って、居合わす人々の怒りをなだめ、かのを許されている。

当時の婦道を説いた『女大学』に「七去《しちきょ》」というのがあり、その一つに「嫉妬《しっと》を慎むべきこと」という個条がある。しかし、ここに見られる教祖の態度は、このような一般の倫理道徳の枠を超えたものであった。相手のすべてをつつみ込む広い温かな心、つまり母親としての愛である。その愛につつまれて、かのは自ら犯した罪の意識に目覚め、進んで身を引くに至った。この、かのの件については、いろいろにいわれている。確かに、歴史的事実の追究が必要であることはいうまでもない。しかし、それとともに、あるいはそれ以上に、伝承されている事柄に含まれる信仰的真実の存在は、切り捨てることなく大切にしていきたい。

文政三年（一八二〇年）六月、舅の善右衛門が六十二歳で出直し、一年後の七月、

（15）浄土宗における宗義の秘奥を授ける儀式。五重（機・法・解・証・信の5回の講義と修行）を受ければ、誉号の戒名を授けられるというもの。善福寺の記録では、文化14年3月5日入行、11日正伝法となっており、この時は教祖を含めて19人の参加者があったといわれる。

教祖は二十四歳で待望のお子を、しかも男児をご出産され、善右衛門（のちの秀司）と名付けられた(16)。嫁して十一年目の長男誕生は、舅が亡くなったあとの寂しかった中山家に、明るさをもたらしたことであろう。次いで、文政八年四月には長女おまさが、同十年九月には二女おやすが次々と生まれ、一家の喜びはいっそうふくらんでいった。そうしたなか、翌十一年四月、姑きぬが出直した。舅に十年、姑に十八年、孝養の限りを尽くされた教祖であった。

こうして、名実ともに一家の主婦となられた教祖は、夫に子供に、そして屋敷に出入りする小作人や使用人に至るまで、家の母としての情愛を惜しみなく注がれていくのであった。

(16) 中山家の戸主は、代々善右衛門、善兵衛を交互に名乗り、秀司は善兵衛の長男であったので、善右衛門と命名された。明治の初めごろ、丞《じょう》、助、衛門、兵衛などの名が禁止されたため秀司と改名したようである。

中山家の系図

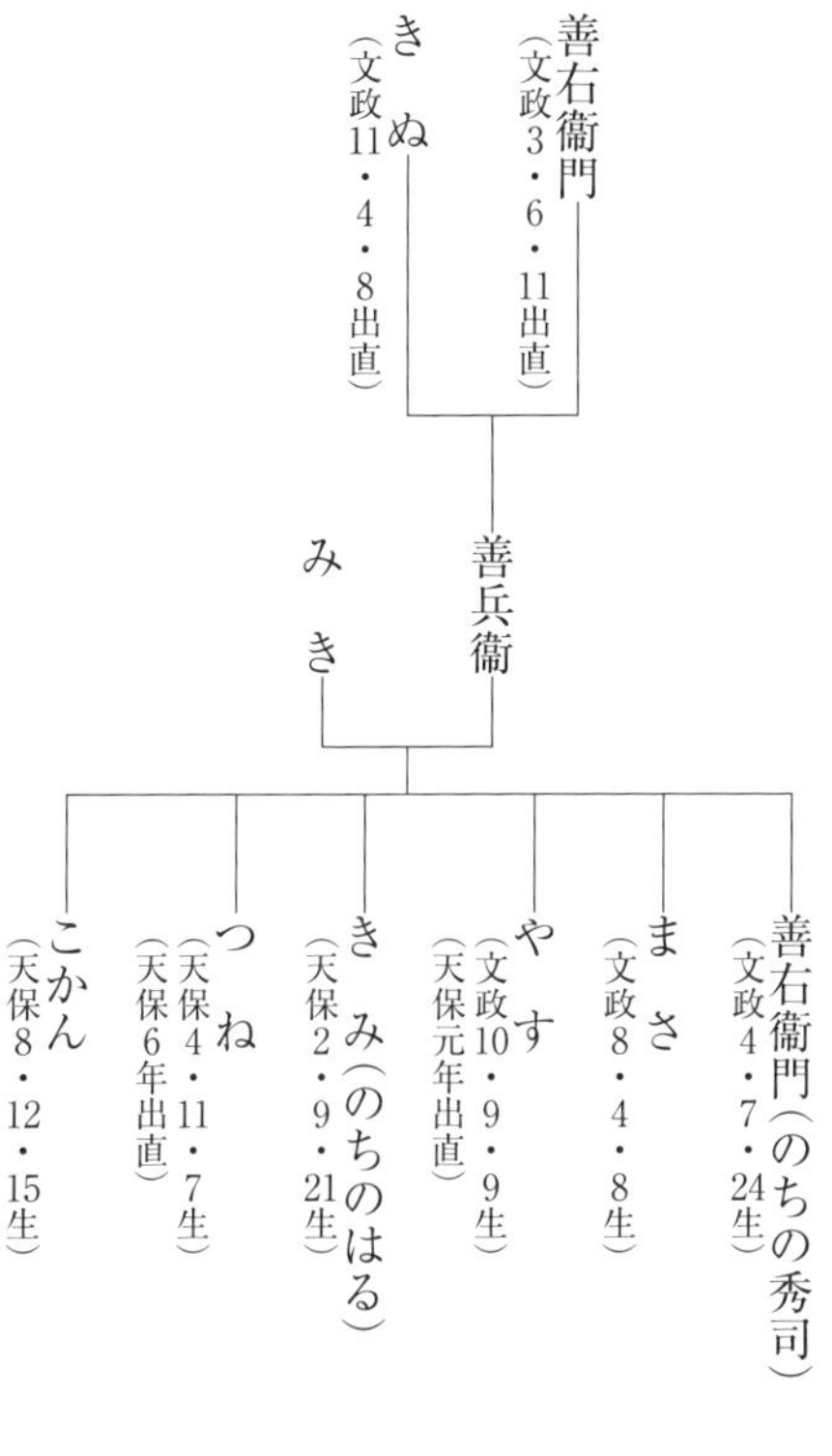

### 当時の社会背景

教祖が十三歳で中山家へご入嫁された文化七年（一八一〇年）から、爆発的な伊勢神宮への「おかげ参り」の行われた文政十三年（一八三〇年）までの二十年間は、歴史上「化政時代」と呼ばれる江戸文化の華やかな時期である。

大和では、この二十年間に凶作の年は文政四、六、九年の三カ年だけで、同十一年の全国的な凶作に見舞われた際にも、平年作程度の収穫をあげている。

こうした順調な天候もあって、表面的には世情は穏やかであった。しかし、貨幣経済の発展は、商人に財力が集中し、幕藩の財政は窮乏をきわめ、一応は、新しい商品経済の波に乗った財政政策によって、この窮状を切り抜けているように見えた。

十一代将軍徳川家斉《いえなり》は、大奥中心のぜいたくな生活に明け暮れたという。上層部の奢侈《しゃし》の風は、町人の財力に支えられていたのであるが、世情はまことに天下泰平というありさまであった。その一方では、農村にも商品経済の波は及び、富農と貧農との階層分化はますます進んでいた。

このような矛盾は、天保三年（一八三二年）以降の大凶作によって、幕府の屋台骨を揺さぶることになる。

## ●村の母

**又《また》、慈しみ深い方で、好んで他人《ひと》をたすけられた。**（十九ページ）

中山家は代々、村の年寄役や庄屋役(17)を務めていたようであるが、江戸時代の村々

(17) 多くの場合は村の旧家が世襲した。年寄役は、その補佐役。

では、年貢《ねんぐ》のとりたてから、村の治安や村人のもめごとの解決、さらには農業の奨励、貧民救済や飢饉《ききん》の対策に至るまで、すべてその責任は庄屋に負わされていた(18)。そうした社会的役割を果たす中山家の主婦として、つまりは家の母として一家の所帯を守り、治めるだけでなく、教祖は、いわば村の母としても村人たちに広く慈愛をもって接していかれた。

ある夜のこと、米蔵を破って米を運び出そうとする者があったときなど、「貧に迫っての事であろう。その心が可愛想《かわいそう》や」とおおせになって、犯した罪を責められなかったばかりか、米を与えてお帰しになっている。米を盗んだことよりも、盗まざるをえなかった人間のかなしさに同情を寄せておられるのである。

しかし、そのころの米は、いまと違って経済生活の基本であった。村々には郷蔵という村の米蔵があったが、文化十三年に、丹波市の蔵米を盗んだ男が打ち首になっている。こうした米にまつわる当時の事情を考えれば、教祖のとられたご行動は、同情のひと言では片付けられない。当時の常識では考えられない慈悲そのものであったということを、あらためて認識させられる。

また、ある年の秋の取り入れどきには、一向に働こうとしない怠け者の作男に対して、教祖はいつも「ご苦労さん」と声をかけられた。おそらく、「ご苦労さん」という言葉は、勤勉な人にも、怠け者にも、だれにでも、いたわりと思いやりの心情を込めてかけられていただろう。この温かい言葉に、作男は次第に感化され、のちには人一倍の働き手になったという。教祖は、決して相手を責めることをなさっ

(18) 江戸時代最初の寛永の大飢饉に際して同20年(一六四三年)正月に藤堂藩から出されたお触れには、「村々の百姓が首をくくったり自害などした場合は、その者の親類、親子、兄弟並びに、その村の庄屋、組頭は火あぶりに処する。飢えた者があれば、村中として養いなさい。……もし富裕の者が飯米を貸してやらないようであれば、公儀に申し出なさい」(『宗国史』より口語訳)とある。享保の大飢饉の際にはこれほどの重刑はないが、「村役人の力の及ばないときには、支配の大庄屋が力を添えること。もし餓死者が出たことが後日知れれば、村役人の落ち度となる」(同)とされていた。

ていない。常に、ご自身の事柄として受け止められ、相手を見捨てることなく、親心でもってつないでおられる。そこに、この世に余計なものはないとする精神、すべてを生かしていく心のきらめきが感じられる。

ある秋の末、一人の女こじきがあかにまみれた乳飲み子を背負い、中山家の門口に立った。大和の晩秋は、かなり冷える。教祖は着る物と粥《かゆ》をお与えになった。しかも、粥を温めて。この粥を温めるという、なにげないご行動に、義理や習慣ではない、単なる慈悲の心を超えたものを感ぜずにはおれない。そのうえ、教祖は背中の子供も腹をすかしているだろうと、その子を抱きとり、ご自身の乳を含ませられた。当時、社会的身分差の意識が強かったころのこと、これとても容易にできる行為ではないような気がする。

その女こじきが村の者なのか、他国からやって来た者なのかはわからないが、女こじきにしろ、怠け者にしろ、村人たちからのけ者扱いにされていた人たちであろう。しかし、教祖は自他の区別なく、そうした人たちにも変わることなく接し、慈愛をもって尽くされている。

こうしたあらゆる場面での教祖のお心遣いやご行動に、村の母としての姿、その限りない親心のほどが伝わってくる。

**三十一歳の頃、近所の家で、子供を五人も亡《な》くした上、六人目の男の児《こ》も、乳不足で育てかねているのを見るに忍びず、親切にも引き取って世話しておられた**

**処《ところ》、計らずもこの預《あず》り子が疱瘡《ほうそう》に罹《かか》り、一心こめての看病にも拘《かかわ》らず、十一日目には黒疱瘡《くろぼうそう》(19)となった。**

(二十〜二十一ページ)

文政八年(一八二五年)には長女おまさ、同十年には二女おやすが誕生し、教祖はそのたびにお乳が十分にあったので、村の乳不足の子供たちに、だれかれとなく乳を与えられたという。文字どおり村の母の姿がほうふつとして描き出されてくる。

このようななかで、思いがけずもこの事件が出来《しゅったい》した。

教祖が預かっておられた子は、五人が次々と夭逝《ようせい》し、たった一人残った家の跡継ぎの男児であった。(20)ところが、その子が現在でいう天然痘になってしまったのである。まだ種痘(21)のない当時、黒疱瘡は生死にかかわる重病と恐れられていた。医者が見放したとなれば、あとは神仏に頼るしか道はない。教祖は、「我《わ》が世話中に死なせては、何《なん》とも申訳《もうしわけ》ない」と、氏神に百日のはだし参りをされ、さらには、「男子一人を残し、娘二人の命を身代《みがわ》りにさし出し申します。それでも不足で御座いますれば、願満ちたその上は私の命をも差上《さしあ》げ申します」と一心に祈願された。その他、近在で子育ての神様とされている奈良の二月堂や稗田《ひえだ》の大師、武蔵の大師にも参られたという(35ページ地図参照)。

人はだれしも、わが子はかわいいもの。そのかわいいわが子を、しかも命を身代わりにするということは、現在の常識では理解しがたいことである。しかし、当時の「家」中心の考え方は絶対であった。家の存在を考えたならば、中山家としても

(19) 疱瘡とは、いわゆる法定伝染病の一つとされる天然痘のことで、高熱を発し、死亡率も高かった。万一治っても黒いあばたが残ることから、病状が進むと黒疱瘡と呼ばれたようである。

(20) 足達源右衛門とおとくの子・照之丞と伝えられる(『御教祖伝史実校訂本 上』=『復元』第29号所収)。

(21) 一七九六年、英国のジェンナーが発見した天然痘の予防接種。日本には嘉永2年(一八四九年)に伝わったとされている。教祖の黒疱瘡の一件の約20年後のことである。

家の跡継ぎを亡くするわけにはいかない。それゆえの、「男子一人を残し、娘二人の命を身代りに……」という痛切な祈願になったものと思われる。(22)

教祖の捨て身の願いが通じたのか、預かり子はまもなく全快。先方の両親は、家の跡取り息子が一命をとりとめ、さぞ喜んだことであろう。

その喜びの反面、教祖の心中にはある種の緊張感が生じはじめたのではなかろうか。いつ、娘二人を、さらには自らを迎え取られるかという、生と死の背中合わせの緊張の日々が続いたものと察せられる。(23)

そうした家の事情をかかえながらも、教祖の村人たちへのご慈愛のほどは、ますます深く広く、凶作、飢饉と相次いだ天保のころには、その施しの度合いも、いっそう激しさを増していったという。

こうして教祖は、家の母・村の母としての道をひたすら歩き続け、ついには人倫の極限にまでのぼりつめていかれたのである。そこは、常識と非常識との接点のような境位といえるであろう。

(22) 明治32年2月2日夜のおさしづ（前に一同揃いの上願い出よとのおさしづに付、本部員残らず打ち揃い願い出おさしづ）で、この一件に触れ、「たすけ一条の台という、こら諭さにゃならん」「救《たす》けた心は天に適《かな》い、これは諭さにゃならん」と語られている。

(23) 「その後天保元年、次女おやすは四歳で迎《むかえ》取りとなり、翌二年九月二十一日夜、三女おはる、同四年十一月七日、四女おつねと相次いで生《うま》れたが、同六年おつねは三歳で迎取りとなった。同八年十二月十五日には、五女こかんが生れた。後日のお話によると、願《ねがい》通り二人の生命《いのち》を同時に受け取っては気の毒ゆえ、一人迎え取って、更にその魂を生れ出させ、又迎え取って二人分に受け取った、との事であった」（『稿本天理教教祖伝』21～22ページ）

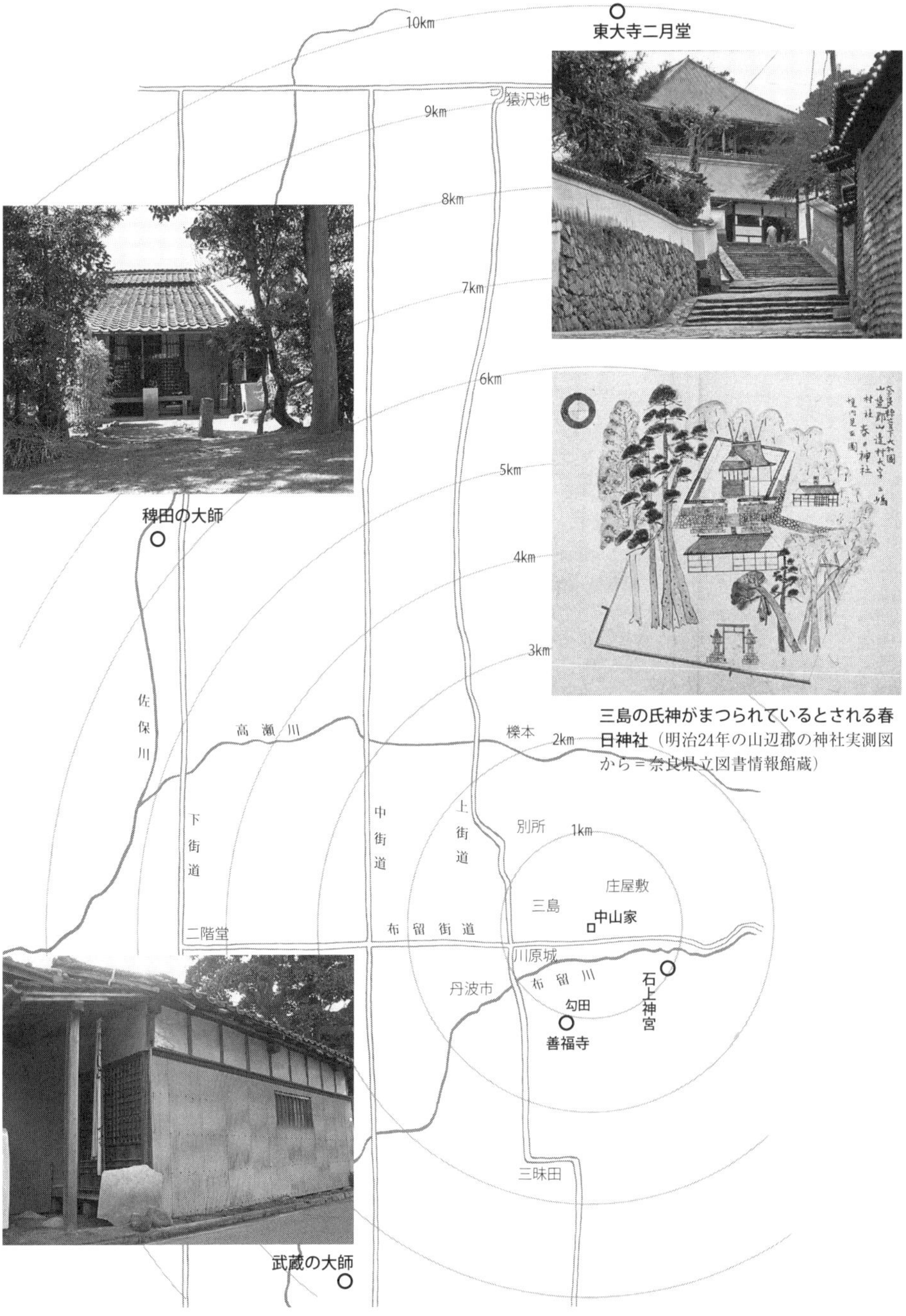


**三島の氏神がまつられているとされる春日神社**（明治24年の山辺郡の神社実測図から＝奈良県立図書情報館蔵）

## 庄屋敷村歴代村役人表

| 年　代 | 庄　屋 | 年　寄 | 組　頭 | 百姓惣代 |
|---|---|---|---|---|
| 寛政2(1790) | 清　吉 | 伊右衛門<br>善右衛門 | | |
| 4(1792) | 清　吉 | 善右衛門 | | |
| 文政5(1822) | 宗右衛門 | 善兵衛<br>平三郎 | 武　助<br>(組頭惣代) | |
| 6(1823) | 宗右衛門 | 平三郎<br>善兵衛 | 伊三郎 | 嘉　助 |
| 7(1824) | 宗右衛門 | 平三郎<br>善兵衛 | | 伊三郎 |
| 〃(〃) | 惣右衛門 | 平三郎<br>善兵衛 | 伊三郎 | 嘉右衛門 |
| 天保3(1832) | 善兵衛<br>(目附庄屋加役 | 平三郎<br>清　蔵<br>萩別所村 | 藤　蔵<br>(組頭惣代)<br>萩村健次郎) | |
| 10(1839) | 善兵衛 | | | |
| 安政3(1856) | 重　助 | 惣右衛門<br>庄　作 | 忠兵衛<br>佐四郎 | 金　蔵 |

五重相伝のようす

劇画『教祖物語』(中城健雄画)から

「このたびハ神がをもていあらハれて　なにかいさいをといてきかする」(おふでさき第一号　3)　天保９年(1838年)10月26日、月日のやしろと定まられた教祖により、親神の永遠の真実が説き明かされることになった「ひながたの道」の始まりでもある　　　　　　　[→第３章]

本教最初の普請、元治元年(1864年)着工の「つとめ場所」　その後、増改築と移築を重ね、いくらか趣《おもむき》を変えたが、150年前の真実のにおいは今も消えない(本部教祖殿北庭の記念建物)　[→第6章]

つとめ場所普請の折、瓦を仕入れた瓦屋「瓦幾《かわらいく》」 支払いができずに飯降伊蔵が節季に断りに回った 義理堅い伊蔵は、その後もずっとここの瓦を使ったという 現在、蔵だけが残る（天理市守目堂町） ［→第６章］

つとめ場所棟上げの翌日、大豆越《まめこし》村へ行く途中にあったのが大和《おおやまと》神社（天理市新泉《にいずみ》町）であった 明治７年（1874年）の神祇問答の舞台になったのもこの神社であり、大和一国の尊崇をあつめる由緒ある神社とのかかわりの中で、数々の「話の台」が生まれる［→第６、10章］

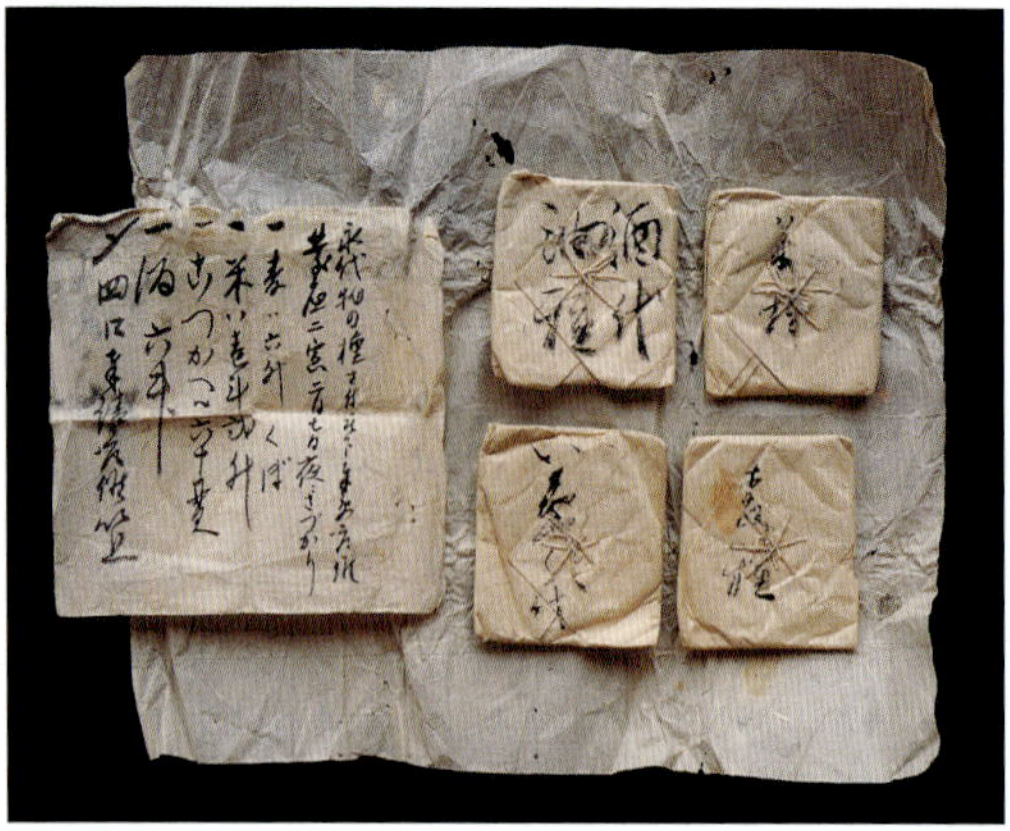

慶応２年（1866年）、山中忠七が教祖から頂いた壺（高さ12.9cm）には、「永代の物種」として、「麦六升　米一斗二升　小遣い銭六十貫　酒六升」の目録とともに、「麦種」「米種」「いやく代」「酒代・油種」の４つの物種が納められていた（大和眞《やまとまこと》分教会蔵）　[→第６章]

「をびや許し」を道あけに、庄屋敷の生き神様のうわさが高まるにつれて、迫害干渉も頻繁になり、慶応２年には藤堂藩の古市代官所からの呼び出しを招くに至る（左の蔵は同藩の金庫を復元したもの＝奈良市古市町）　[→第７章]

迫害干渉を避けるため、教祖の長男秀司は、当時、神道界を取り仕切っていた京都の吉田神祇管領に公許を願い出た（写真は現在の吉田神社＝京都市左京区）　[→第７章]

# 第三章

# 顕現……時満ちて

天保九年陰暦の十月、時満ちて、約束の日を迎える。
教祖魂のいんねんに、やしきのいんねんと、順次ととのえられていく
そのうえに、旬刻限の理の、三つのいんねんが合わさり、
永遠の真実が説き明かされることになったのである。
同時にそれは、教祖をやしろと定められた親神の〝顕現〟であった。

## ●予兆

天保八年（一八三七年）十月二十六日。折からの麦まきの畑仕事に出ていた中山家の長男秀司《しゅうじ》の左足を、にわかに激痛が襲った。

傍らにあった駒ざらえ(1)をつえ代わりに、わが家にたどり着くや、村の医師源助に薄荷薬《はっかぐすり》などの手当ての限りを尽くしてもらうが(2)、痛みは治まらない。家の跡取りの身に、もしものことがあってはと、人の勧めるまま、長滝村の中野市兵衛という修《しゅ》験者《げんじゃ》(3)に祈とうを依頼することになった。

立教の〝予兆〟ともみなされているこの事件が、教祖ご自身にではなく、なぜ長

（1）土を砕き均《なら》したり、落ち葉をかき集めたりするための農具。歯が多く柄が長いのが特徴。

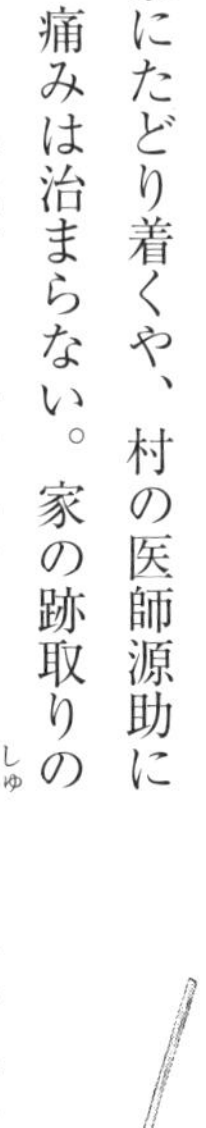

（2）医師源助は庄屋敷村の乾源助（後述）とも伝えられるが、定かではない。薄荷薬はハッカを原料にした漢方薬。

男秀司の身に起こったのであろうか。

ここに興味ある事実の一致を見いだすことができる。この時の秀司の年齢は、数えの十七歳。十七歳という年齢で、直ちに思い起こすことがある。それは、のちの嘉永六年（一八五三年）、末女こかんが教祖の指示に従って繁華な浪速《なにわ》の地で神名を流した、と伝えられていることである。その時のこかんの年齢も十七歳。そこへ重ねるように、現在別席を運べる年齢は満十七歳からと定められている。はたして、この十七歳という年齢に、どんな意味があるのであろうかと考えずにはおれない。宗教学的研究からもこの年齢は「回心《かいしん》」の多い時期とされている[4]のも興味深い。

またひとつは、当時の社会に「家」中心の考え方があったからではなかろうか。家の跡継ぎの身に起こる異変により、戸主善兵衞をはじめ、家中の者がみんなの問題としてとらえることになる。だからこそ、おそらく命には別条なかったと思われる足痛にさえ、平癒《へいゆ》の祈とうをするに至ったのであろう。

病気の治癒《ちゆ》を祈とうにゆだねるということは、現代人一般の感覚からすれば、なじみのないことかもしれない。しかし、当時としては、病気になった場合、まず医者に診てもらい、医者の手に負えないときには、祈とうに頼るのが当たり前であったようである。

当時、大峰山《おおみねさん》を修行の場とする修験者による加持祈とうは、民間に強い影響力を持っており、市兵衞もそうした修験者の先達《せんだつ》の一人であった[5]。

市兵衞に依頼したいきさつは、『稿本天理教教祖伝』に「人の勧めるままに」と

（3）長滝村は、おぢばから東へ約8キロにある山辺郡福住村大字長滝（現在の天理市長滝町）。修験者とは日本古来の山岳信仰に仏教が結合してできた修験道の修行者、いわゆる山伏《やまぶし》のこと。

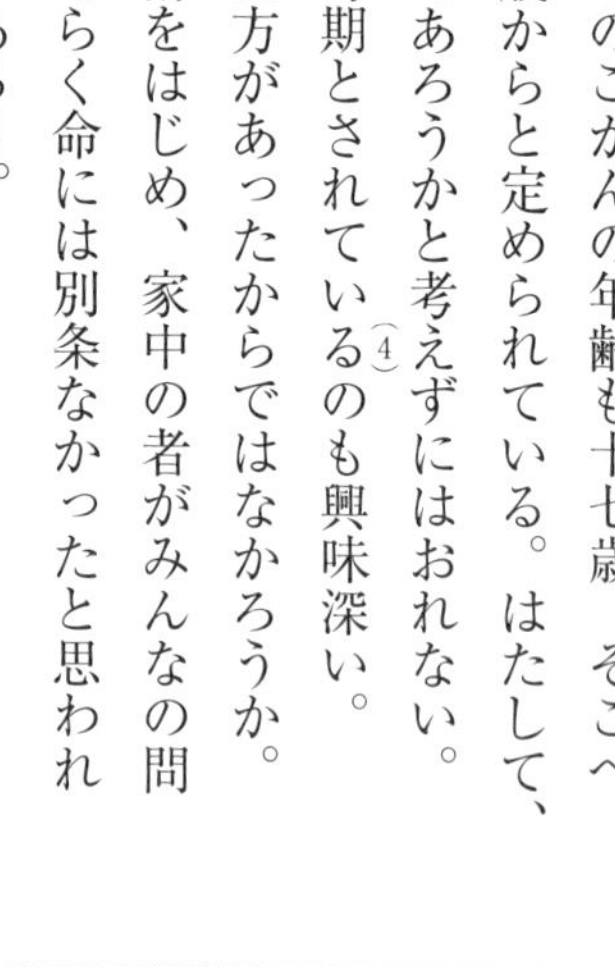
長滝の中野宅付近

（4）「回心《かいしん》（conversion）」とは、突発的に起こった激しい宗教体験により、それまでの不安定な心身の状態が安定に転じて宗教的自我が発見されるような心理的・身体的変化をいう。スターバック（一八六六〜一九四七年）やコー（一八六二〜一九五一年）の宗教学者の研究によると、その標準年齢は16・4歳とされている。

あるから、積極的に市兵衛との関係がもたれたとは思われないし、それ以前になんらかの関係があったとも思えない。中山家と同じ庄屋敷村に住む乾《いぬい》源助の親戚筋にあたる人であるから、その乾家からの勧めによるものであったのかもしれない。

祈とうによって、いったんは治まりをみるが、しばらくすると、また痛みだすので、そのたびに祈とうが繰り返された。しかし、それでも治まらないので、善兵衛が折り入って市兵衛に相談に行くと、護摩《ごま》をたいて寄加持《よせかじ》(6)をしようということになった。

現在の修験者・山伏(大峰《おおみね》山で)

御嶽《おんたけ》講の託宣のようす。当時の憑加持《よりかじ》はこれに近いものと察せられる。(写真=藤田庄市氏提供)

(5) 大峰山は奈良県吉野から和歌山県熊野にわたる山岳地帯をいい、最高峰は一、九一五メートル。修験道の根本道場として有名。先達とは峰に入り何度も修行を積んだ人をいい、市兵衛は十二先達と称される中の一人と伝えられる。寛政4年生まれ、天保8年当時、数え47歳であったとされるが、定かではない。

(6) 真言密教の密法の一つで、人間のぼんのうと罪を焼きつくすとされる護摩をたいたりして祈る儀礼。修験道では、主として病人に憑《つ》いている憑きもの(狐《きつね》など)や祟《たた》り神を加持台の幣《へい》にとりつかせ、その理由を聞き、その願いをかなえさせることによって病気を治す加持祈とうのことを憑加持という。寄加持と憑加持との異同については不明。明治6年に禁止されている。201ページの注(1)参照。

寄加持に際しては、相当の経費がかかったようであるが、[7] 中山家では一年の間に九回も行っている。経費もさることながら、事態の深刻さが察せられる。

医者に頼んでも、祈とうしても、寄加持を何回やっても、どうにもならない。やれるだけのすべてのことをやってみたが、秀司の足痛は治まらなかった。

この一年間にみられる度重なる秀司の足の痛みについては、これまで〝予兆〟であるとか、あるいは〝陣痛期〟という見方がなされているが、それにしても何故に、一年間という期間が必要だったのであろうか。

これは、中山家の家族に、事の重大さを納得させたいという親心からであり、心を定めるために必要な期間であったとみるべきではなかろうか。やがて迫りくる立教への条件づくりであったとも考えられるが、無論、この時点で、家族のだれ一人として、わかるすべもなかった。

この期間は、親神のはからいをいよいよ納得しなければならない境地に至るまでの準備期間、いわゆる陣痛期であり、心が定まるまでの覚悟の期間ともいえよう。

親神のお働きの発動は、突如、にわかに、ということはない。そこには、常に予兆を伴っているように思える。それが子を思う親心の配慮というものであろう。

天保八年十月から始まる不思議な出来事も、立教という事態へ向けてのそれであり、繰り返し行われた寄加持の数、九回が、次に来る新たな展開を象徴しているかのように思われる。また、その九回という数に、何か示唆的なものをも感ぜずにはおれない。

(7) 集まった近所の人々への酒飯の振る舞いや施米のため、一回の費用にはおよそ銀四百目かかったという。目は江戸時代の銀貨の単位である「匁《もんめ》」のことで、1匁は小判一両の60分の1。

**亥《い》の子の祭り**
(『図録農民生活史事典』)から

その間、次第に潮が満ちてくるように、家人の精神的緊張の度合も高まっていき、やがて、これまでに経験したことのない歴史的瞬間へと近づいていく。

そうしたなか、翌天保九年十月二十三日の夜四ッ刻《どき》、つまり午後十時、秀司の足痛に加え、今度は善兵衛は眼、教祖は腰と、一家のかなめが三人そろって身の障りとなった。

この日は庄屋敷村の亥《い》の子《こ》の日(8)にあたり、例の市兵衛も親戚である乾家に来ていたので、さっそく夜明けを待って、寄加持がなされることになった。しかし、いつも加持台(9)になる勾田《まがた》村のそよは(10)、あいにくの不在。市兵衛の頼みにより、やむなく急きょ、教祖がその代わりとして加持台に立たれることになった。それほど切迫した事態だったのであろう。

寄加持が行われ、市兵衛は一心に祈とうした。その最中のこと、思いもかけぬ事態が起こった……。

## ●啓示

**「我は元の神・実の神である。この屋敷にいんねんあり。このたび、世界一れつをたすけるために天降《あまくだ》った。みきを神のやしろに貰《もら》い受けたい。」**

**神々《こうごう》しい威厳に充《み》ちた声に、身の引緊《ひきし》まるような霊気がその場に漲《みなぎ》った。**

**戸主の善兵衛も、修験者の市兵衛も、親族の人々も、誰一人頭を上げようとす**

(8) 亥《い》の月(旧暦10月)の亥の日(月に2、3度ある)に行われた亥の子の祭りのことで、無病息災・子孫繁栄を祈って亥の子の餅《もち》を食べたりする。秋の収穫を祝う秋祭りのようなもの。市兵衛が乾家に来ていたのは、そうした亥の子の席に招かれてか、祈とうを頼まれたからであろう。

(9) 寄加持に欠かせぬ役で、主に女性が幣《へい》を持って務めた。修験道でいう憑巫《よりまし》(修験者が神霊を憑《よ》りつかせて託宣を得る霊媒)のことも推測される。憑巫の場合、多くは8、9歳から15歳ぐらいまでの子供や、朴《ぼく》とつで信仰心のあつい男性や女性(修験者の妻であることが多い)が務めた。

(10) 勾田村は現天理市勾田町。そよについての詳細はわからないが、『稿本教祖様御伝』(『復元』第33号所収)に「勾田村ソヨナル者ハ九良兵衛ノ娘」とある。

**る者もない。それは、今までに聞いた事もない神であり、思いも寄らぬ啓示《おつげ》であった。**

（一ページ）

いよいよ親神の〝おつげ〟が発せられたのである。

冒頭の「我は元の神・実の神である……」とのお言葉は、『天理教教典』第一章「おやさま」(11)の初めにもみられる。このお言葉は、種々の記録や口伝が散見されるなか、教典編さんの際に整理されたもので、その元になっているのは初代真柱による『教祖様御伝』である。(12)

それによると、「市兵衛が加持台に向かって、どちらの神様が降りられたのでしょうかと尋ねると、天の将軍である、とおおせられた。市兵衛が重ねて天の星様でございますかと尋ねると、いや、元の神である、このやしきにいんねんあって、世界の人をたすけるために天《あま》くだった、とのおおせがあった」(13)という内容の記述がみえる。

この第一声のために親神は、秀司の足に、さらには善兵衛の眼に、教祖の腰にと身の障りをみせ、また、いつも加持台になるそよを他所《よそ》へ行かせて不在にし、教祖がその役を務めざるを得ない状況を設定していかれたものと思わずにはおれない。

当時の一般的な〝神降ろし〟の形態(14)がとられたからこそ、たとえ真実は不明であっても、一応、神の出現と理解されたものと考える。つまり、この舞台設定がなかったら、おそらく単なる気の間違いととられてしまったかもしれない。親神の周到

（11）昭和24年10月26日発行。

（12）中山慶一氏による「御伝講話」（『みちのとも』昭和34年2月号所収）に、その経緯、および意味合いが述べられてある。

（13）「市兵衛御尋ね申上《もうし》げしニ、天の将軍なりと宣《のたま》へり。市兵衛重ねて御尋ね申すニ、天の星様で御座り升《ます》か。否《いな》、元の神である。此《この》屋敷に因念《いんねん》あり、美支《みき》の心見すまし、世界の人を助くる為めニ、天下《た》りた、此屋敷親子諸共《もろとも》神の社《やしろ》ニ貰《もら》ひ受けたい、返答せよと宣玉《のたま》ふ」とある。

（14）当時の神降ろしでは、病や事情に対して、なんらかの祟《たた》りであることを告げ、その原因を除くことを教示するのが普通であったから、このおつげはまったくの予想外のものであった。

な心配りが感じられてならない。

ところで、善兵衛はじめ居合わせた人々にとって、「世界一れつをたすける」とのご宣言は場違いともとれる大理想であり、「元の神・実の神」という神には、まったくなじみがなかったとみてよい。

なぜなら、このたびの寄加持は、三人の身の障りを治めるためにおこなったものであり、「世界一れつ」などということは、気が遠くなるほど無縁なテーマであったろうし、この言葉に込められた神意は到底理解できるものではなかったと思われるからである。

思いもかけない「みきを神のやしろに貰い受けたい」とのおおせを、善兵衛は家の事情(15)なども考え合わせて断り、市兵衛も「お昇《あが》り下さいませ」と願った。

しかし、そのお言葉、様子は、ますます激しさを増し、すでに長年、場数を踏んだ修験者市兵衛でも、その力の及ぶところではなかった。寄加持は止まり、事態は予想を超えて深刻なものになった。

この事態は、市兵衛の祈とうではなく、「教祖魂のいんねん」「やしきのいんねん」「旬刻限の理」の、三つのいんねんの合わさりのなかで、親神のはからいによって起こったということを理解しなければならない。したがって、市兵衛の力の範囲の外にあったのは至極当然のことである。

善兵衛はしばらくの猶予を願い、なんとか退いていただく手段はないかと、親族の者を呼び集め、市兵衛も加えて協議を重ねてみたが、やはり辞退するしかなく、

(15) この時の中山家は、善兵衛(数え51歳)は村役を務め、子供は長男秀司(同18歳)、長女おまさ(同14歳)、3女おはる(同8歳)、5女こかん(同2歳＝満11カ月)という状況であった。

「早々にお昇り下さい」と懇願した。

するとー段と厳しく、

「誰が来ても神は退かぬ。今は種々《いろいろ》と心配するは無理でないけれど、二十年三十年経ったなれば、皆の者成程と思う日が来る程に」

とのおおせ。「二十年三十年経ったなれば……」と諭されるのであるが、これとても善兵衛にしてみれば、途方に暮れるような話としか受けとれなかったであろう。

「とても二十年も三十年も待っている訳には参りません」とお断りしているが、現実にいま、自分たちがたすかりたいと願う善兵衛の心境からすれば、もっともな返事である。のち、実際に周辺から人々がおやしきに慕い寄るようになるのは、二十年も経ってからのことであり、嘉永六年（一八五三年）に善兵衛が出直してから五年も後のことであった。

それも断ると、今度は、

「神の言う事承知せよ。聞き入れくれた事ならば、世界一列救《たす》けさそ。もし不承知とあらば、この家、粉《こ》も無いようにする」

と、納得と決断を迫られた。

三日間にわたる緊張の押し問答が繰り返され、即答しかねたということは、それほど善兵衛が真剣に考えあぐねたということであろうし、その反面、なんとか退いてもらいたいという思いもあったからであろう。それゆえに、これだけの時間が費やされたものと推測する。

一見、親神は人間に無理難題を持ちかけているかのようにもみえるが、人間の側からの自発的な承諾の言葉を最後まで求めておられるのである。強制ではなく、あくまでも承知をさせてもらい受けようと。納得しかねるような状況を設定して、しかもそのなかに、心定めを待たれる。つまり、いっぱいいっぱいのところで真実の心の治まりを求められているのであろうか。

人間創造の元初まりの時も、引き寄せられた、いわゆる道具に対して、最初に産みおろす子数の年限が経ったなら、宿し込みのいんねんある元のやしきに連れ帰り、神として拝をさせようと約束し、承知をさせてもらい受けられている(16)。

元初まりの時と同じ親神の設定であり、問答であり、あくまでも承知をさせてもらい受けたいとの親心がうかがえる。

決して、問答無用ということではない。どこまでも、人間の心の自由を尊重し、談じ合いの結果としての心定めを、じっくりと待っておられるのである。それは、「たすかりたい」という心から、「たすけたい」という親神の思召に近づいていくための決断の過程と言えるであろう。もっと言えば、「自分自身がたすかりたい」から、「人をたすけたい」心へ、と――。

延々と問答が続くが、善兵衛の心は、なおも定まらない。一方、親神も迫る旬刻限からお退きにならず、ますますお急《せ》き込みは激しくなった。食事もとらず、床にも休まずの昼夜の別ない不眠不休の教祖の疲労と緊張は極限に達し、善兵衛は教祖の身上を案ずるうえから、承服せざるを得ない状況に迫られる。

(16)「どろ海中《うみなか》を見澄《みす》まされると、沢山《たくさん》のどぢよの中に、うをとみとが混《まじ》つている。夫婦の雛型《ひながた》にしようと、先《ま》ずこれを引き寄せ、その一すじ心なるを見澄ました上、最初に産みおろす子数の年限が経つたなら、宿し込みのいんねんある元のやしきに連れ帰り、神として拝をさせようと約束し、承知をさせて貰《もら》い受けられた」(『天理教教典』第3章「元の理」)

そして、三日目の朝。万策尽きた善兵衛は、あらゆる人間思案を捨てて、ついにおおせのままに従う心を定め、その旨を申し出るに至った。

## ●地上の月日

**二十六日、朝五ッ刻《どき》（午前八時頃）、堅い決心の下に、**

**「みきを差上《さしあ》げます。」**

**と、お受けした。この時、それまでの激しい様子初めて鎮まって、中山みきは神のやしろと定まりなされ、親神の心入り込んで、その思召《おぼしめし》を宣《の》べ、世界たすけのだめの教を創《はじ》められた。**

（八ページ）


善兵衛のこの承諾の言葉があってはじめて事態が終息した。

こうした三日三夜《みっかみよさ》の緊張した事態ののちに、事の治まりをみたという事実は、元初まりの時、三日三夜に宿し込んだという話と重ね合わせてみずにはおれない。何事においても、三日三夜に真実込めて新しい御守護の展開を待つお互いの信仰を、ここに基礎づけて考えることができる。

元初まりにおける最初に産みおろされた子数の年限(17)、つまり約束の年限が、この日この時であり、単なる偶然の時ではない。この時を境に、教祖は月日親神のやしろと定まられた。やしろとは、「社」であり(18)、神が入り込む所という意味であろう。

(17)「かくて、雛型《ひながた》と道具が定《さだま》り、いよいよここに、人間を創造されることとなつた。……月様は、いざなぎのみことの体内に、日様は、いざなみのみことの体内に入り込んで、人間創造の守護を教え、三日三夜《みっかみよさ》の間に、九億九万九千九百九十九人の子数を、いざなみのみことの胎内に宿し込まれた」（『天理教教典』第3章「元の理」）

教祖が月日のやしろに定まられたということは、教祖を通して、あるいは教祖における、教祖のみ、にみられる親神の顕現をいう。教祖は地上の月日となられたのである。(19)

天保九年十月二十六日(20)の朝五ッ刻、元初まりの時の約束に基づく旬刻限の到来とともになされた善兵衛による心定めを機に、教祖を通して、永遠の真実が説き明かされることになったのである。

時満ちて、親神の顕現――。それは、教祖の「ひながたの道」の始まりでもあった。

(18) やしろは「屋代」で、古くは仮屋の意。祭りに際し、神を迎えるために仮の建物を設け、終わると撤去した。時代につれ、常設の社殿が設けられるようになる。

(19) おふでさきにも、「にんけんをはじめだしたるやしきなり そのいんねんであまくたりたで」(四 55)、「このもとをどふぞせかいへをしへたさ そこで月日があらわれてゞた」(十三 31)、さらに、「しかときけくちハ月日がみなかりて 心ハ月日みなかしている」(十二 68)とある。

(20) 西暦一八三八年の12月12日。

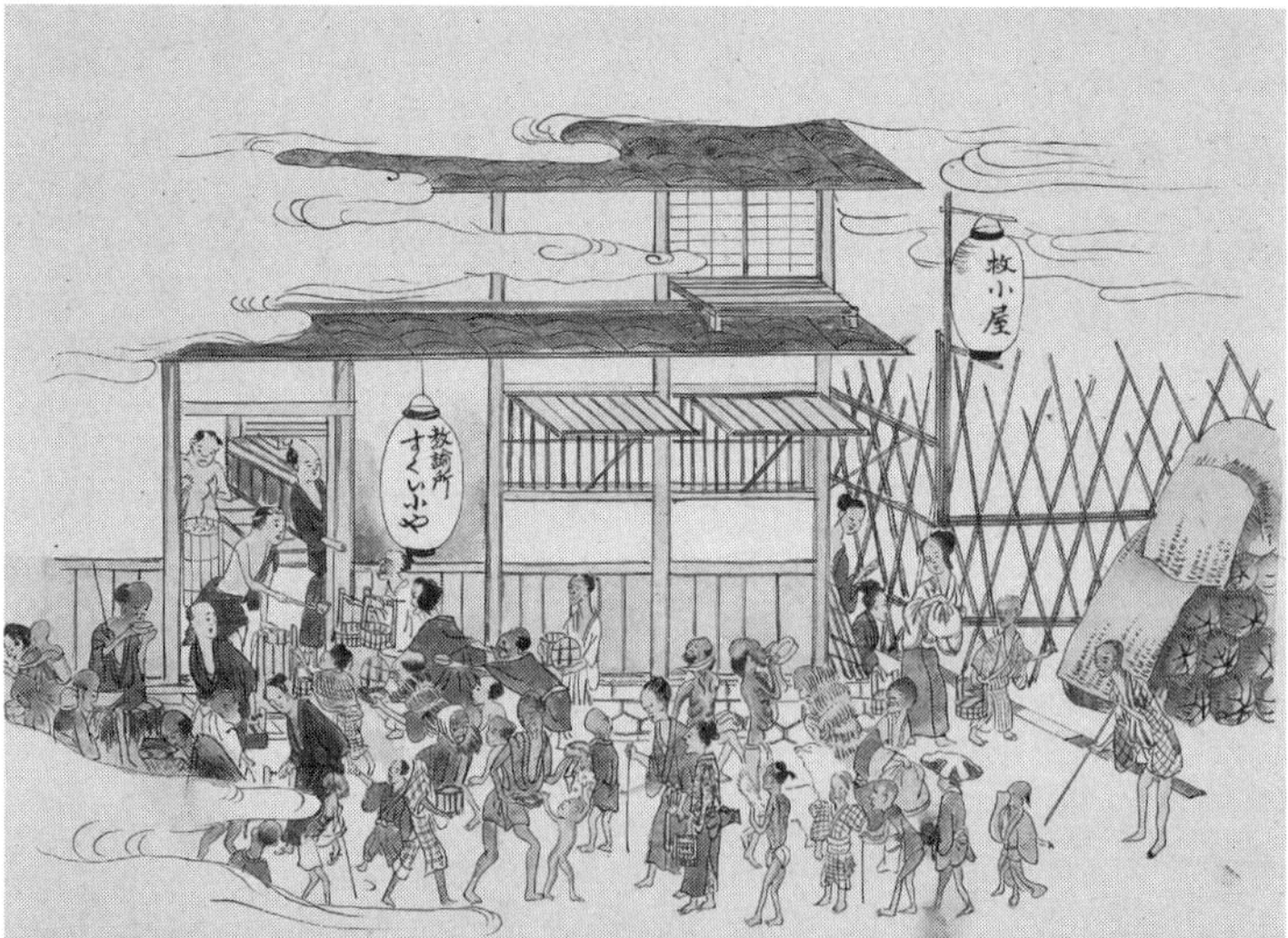


**『荒歳流民救恤図《こうさいりゅうみんきゅうじゅつ》』**（天理図書館蔵）　天保７年から９年にかけて京都三条河原で流民のために建てられた御助《おすくい》小屋の様子で、天保９年に渡辺崋山が描いた画を模写したもの。飢饉のため故国を捨て、食物を求めて流浪する人々をここで救済した。天保の大飢饉の模様を『奈良県山辺郡誌』には「天保７年の夏は連日の大雨、その上７月17日には霜まで降り、作物は大凶作となった。人々は飢えて糠《ぬか》や木の実、ついには草の根までも食べた。餓死する人は路傍に満ちた」という内容が記してある。

## 当時の社会背景

幕府、諸藩の経済基盤は農民からの年貢米であるが、新しい貨幣経済社会の中では、農民と武士の中間に介在する商人が、両方から巨額の利益を吸収した。その商人の経済力で文化文政時代の華やかな文化生活が営まれたのである。武家はぜいたくな生活を維持するために、農民に重税を課したり、特権商人からは賄賂《わいろ》や御用金を命じたりしたが、結局は多大な借金をかかえることになった。豊作の続く間は商品作物や増産技術によって幕藩の重税に耐えていた農村も、いったん凶荒に見舞われると、堤の水が切れたように崩壊した。それはそのまま幕藩体制の危機につながっている。天保三年（一八三二年）ごろからの全国的な天変地異は、いわゆる天保の大飢饉をもたらした。

天保八年の二月、もと大坂町奉行の与力《よりき》であった大塩平八郎が起こした乱は、「天下の台所」と言われた大坂での事件であっただけに、一般の百姓一揆や打ちこわしとは異なった、格段の衝撃を幕府や社会に与えた。乱そのものは、すぐに鎮圧されたが、飢えた農民たちの救済よりも、商人と結託した役人らが私腹を肥やすことだけに執着していることを激しく非難した大塩の檄文《げきぶん》は、「天より下さる村々小前《こまえ》の者に至るまで」と表書きした大神宮の落とし文の形をとって配られ、人々の大きな共感を呼んだ。

この年には、チフスの大流行に加えて、米価は高く、こじきや小盗人《こぬすっと》が大坂の町に群れていた。幸いに全国的な豊作に恵まれて秋には米価は下がったが、それでも米商人の買い占めによって平常の倍の値であった。大和は、水害のため米も麦も不作だった。

翌九年、いったん下がった米価は、再び急騰。大塩平八郎は生きているという風説も立ち、三月十日の江戸城西の丸の炎上は大塩らが行ったといううわささえ流れた。その江戸城復旧のため、諸大名に御用金の達しが出され、藤堂藩には四万八千五百九十両の割り当てがあった。他に米数万石、畳表一千枚が献上されている。それらの費用は、そのまま領民の肩にのしかかってくるわけである。前年の家斉《いえなり》から家慶《いえよし》への将軍代替わりに伴う諸国巡見使が四月、大和にみえ、丹波市に宿泊のため、随行者九十五人の宿泊場所や、人足、馬、かごなどの調達にと、村民挙げての大騒ぎとなった。

閏《うるう》四月の二十五、六日は大雨で大洪水に見舞われ、以降天候不順で綿作は大不作、稲作も不作を見越して、米価はうなぎのぼりに上がっていった。

こうした世情の不安の中、親神の顕現の時は、次第に迫っていたのである。

（参考文献＝『澤井家年代記』『福知堂年代記』『浮世の有様』『吉川文書』など）

# 第四章

## 神命……家形取り払え

教祖がたどられた「ひながたの道」は、まず、貧に落ち切ることからはじまった。その行き着くところは、母屋《おもや》取りこぼちであるが、そこに至るまでに、次々と下される神命。その第一声が、「この家形取り払え」であった。

**月日のやしろとなられた教祖は、親神の思召のまにまに、「貧に落ち切れ。(1)」と、急込《せきこ》まれると共に、嫁入りの時の荷物を初め、食物《たべもの》、着物、金銭に到《いた》るまで、次々と、困っている人々に施された。**（二十三ページ）

教祖の施しが次第に常識を超えていき、ご自身の嫁入りの際の荷物がなくなると、婚家、中山家の財にまで及ぶようになった。

教祖は、一家の主婦ではあるが、あくまでも中山家に嫁してきた身である。他家から嫁に来た者が自分の持参した物を手放すことはまだ理解できるとしても、「家」

（1）『稿本天理教教祖伝逸話篇』にも、「貧に落ち切れ。貧に落ち切らねば、難儀なる者の味が分からん。水でも落ち切れば上がるようなものである。一粒万倍にして返す」とある（「四　一粒万倍にして返す」）。

中心の考え方が厳然として存在した当時、嫁ぎ先の物にまで手をつけるということは、社会通念の外に出たご行動であった。だから、そのことが、夫善兵衛をはじめ周囲の者の目には、全く奇異としか映らなかったのも当然である。気でも違ったのではないか、何かにとりつかれたのではないかと心配し、「憑《つ》きものならば退散せよ」と攻めたてたこともあった(2)が、もとより何の効き目もなかった。そうしたなか、なおも施しは続き、それとともに世間の嘲笑や非難は、次第に厳しくなっていった。

当時の社会規範に照らしてみると、離縁されても不思議ではない状況にあったと思われる。しかし、善兵衛は離縁しなかった、というよりは、それができなかったということは、単なる夫婦の絆《きずな》うんぬんの議論だけでは尽きない。おそらく、旬刻限における「みきを差し上げます」との親神との約束が、重く善兵衛の心をとらえてはなさなかったためであろうか。

最初は好意的に心配していた善兵衛の役友達や村人たちの間に、あざけりや非難の声が高まる一方、「この家へやって来る者に、喜ばさずには一人もかえされん。親のたあには(3)、世界中の人間は皆子供である」と、ますます教祖の施しは激しくなり、「地持ち」とうたわれた中山家のどの蔵も、ついには空になった。

## ●「家形取り払え」

**こうして、家財道具に至るまで施し尽《つ》くされて後《のち》、ある日の刻限話《こくげんばなし》に、**

(2) 当時、狐《きつね》などの憑《つ》きものを払う方法として、松葉をくすべたり、修験者《しゅげんじゃ》に頼んで護摩《ごま》を焚《た》いたりした。

(3) 「たあ」は大和の方言で、「親にとっては」というほどの意味。おふでさきにも、「せかいぢうわをやのたあにハみなこ共……」(十四 52)とある。

**「この家形《やかた》取り払え。」**

**と、仰せられた。**

（二十五ページ）

「家形」とは、この場合、中山家の母屋《おもや》ということであろう。施す物がなくなったので、家を処分してまで施せ、との神命なのであろうか。

家を取り払うことは、いつの世にも容易ならぬこと。先祖伝来のものを大切に守り、それを子孫に伝えることが、何よりの孝道であるとされていた当時にあって、まして、村の庄屋役まで務めた家がその家形を取り払うというのであるから、戸主善兵衞にしてみれば、しのびえない事態であったであろう。

それまで、家の蔵を空にするほどの施しに、何とか耐えに耐えてはきたが、事が母屋の取り払いともなると、さすがに承諾の返事はできなかった。一家の主《あるじ》として、できるはずがなかったといってもよい。

善兵衞が承知できずにいると、教祖は身上の悩みに伏して二十日間も食事をとらず、床についたままとなられた。

そこで、親族の者一同を呼び集め、相談したうえで、神意をうかがうと、

「今日より、巽《たつみ》の角《すみ》の瓦下ろしかけ」

とのおおせがあった。

巽といえば、南東の方角。中山家の母屋の間取りでいけば、入り口の部分にあたり、母屋の中では、もっとも人目に付くところである。

「家形取り払え」の第一歩として、この方角の瓦を下ろせ、ということは、つまりは、家の玄関としての意味をなくすことになるわけで、このことは「表門構え玄関造りでは救《たす》けられん」(4)との思召につながるものと思われる。

教祖の身上が迫るので、やむをえず、前川半三郎(5)らが瓦を下ろしかけると、不思議と、教祖の身上は即座に治まった。

この場面で、里の弟半三郎が瓦を下ろしているのは、本来は中山家の長男秀司がすべきところであろうが、秀司は足痛の名残があったからか、半三郎が代わりに屋根へ上ったのだろう。三昧田《さんまいでん》の前川家のほうでは嫁に出した責任上、このたびの事態を、かなり重く見て駆けつけていたのではなかろうか。

半月ほど経って、またしても教祖の身上に異変があらわれた。声も出ず、耳も聞こえず、目も見えないという容体である。

再度、親族を集め相談のうえ神意をうかがうと、今度は、

「艮《うしとら》の角より、瓦下ろせ」

とのおおせであった。

艮は、北東の方角。母屋の間取りでは、炊事場にあたる。炊事場の瓦を下ろせば、雨や風が入り、炊事ができない事態にもなりかねない。

これを聞いた親族の者は、「世界一れつをたすける」神が、家を取り払うような難儀を人間にさせるはずはないと、納得いかず、お言葉には従わなかった。

しかし、重体の教祖に、どんなに手当てしても効き目はなく、苦しみはますます

(4)『稿本天理教教祖伝逸話篇』に、「流れる水も同じこと、低い所へ落ち込め、落ち込め。表門構え玄関造りでは救けられん。貧乏せ、貧乏せ」とある(「五　流れる水も同じこと」)。

(5) 教祖の弟半兵衛、のち半三郎正安と改名。久しく嫡子《ちゃくし》がなかった兄杏助《きょうすけ》の準養子となり、前川家の家督を相続している。

激しくなる。親族の者は口々に愚痴をこぼしながらも、しかたなくお言葉どおりに瓦を下ろした。そのとたん、教祖の身上の悩みは、すっきりなくなった。

嫁して以来、嫁の鑑《かがみ》とまでいわれてきた教祖の、こうした言動の変わりように、夫善兵衛は、ただただ戸惑うばかりであった。しかし、「貧に落ち切れ」との神意はとても理解できるものではなかったにしても、その反面で、このような事態の推移を通して、本当に神様が入り込まれているのではないかという思いは、次第に深まっていったのではなかろうか。

そうしたある日、またも突如として、

「明日は、家の高塀《たかべい》を取り払え」

とのお言葉があった。

「高塀」とは、一般には屋敷の周りを取り囲む高い塀のことであるが、この地方では大和棟の切妻《きりづま》の端の大壁のことで、当時、その家のシンボルともいえるものであった（66ページコラム参照）。

大和棟の構造上、高塀を取り払えば、座敷内に雨風が吹き込んできて、日常の生活空間や寝る所さえなくなる。座敷としての機能をはたさなくなるのである。

親神の思召は、まず玄関、次に炊事場、そして座敷と、順次、家形取り払いに向けて進められているように思える。

高塀は、その家の誇り。それを取り払うということは、先祖伝来の家の没落を意味することになり、中山家にとっては重大事である。当然、親族も友人たちも、前にも増して強く反対した。

この時も、人々が反対すればするほど、教祖の身上の悩みは増すばかり。思召に従えば親族たちの親切を無にすることにもなり、だからといって思召に従わなければ、教祖の容体はますます悪化する。教祖の苦しまれるさまを見るにしのびず、ついに善兵衛は高塀を取り払う決心をするのであった。

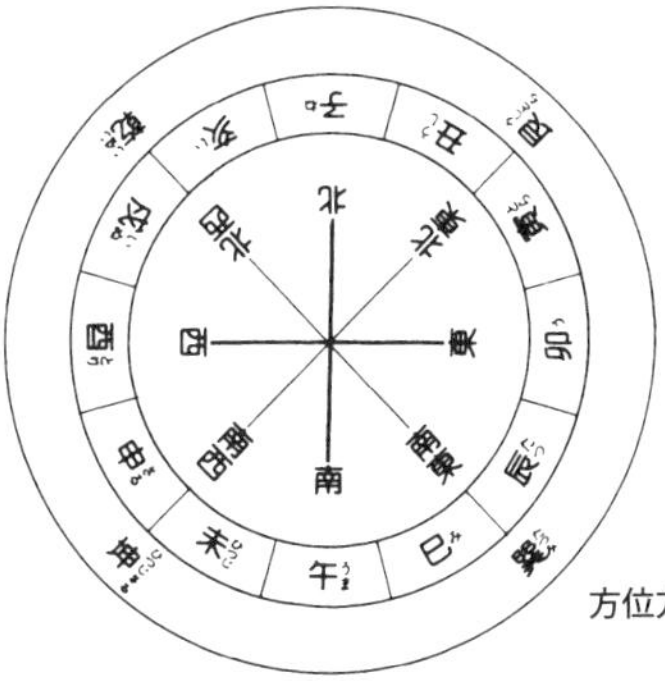

方位方角関係図

中山家母屋《おもや》の間取り図（おやしき変遷史図から）

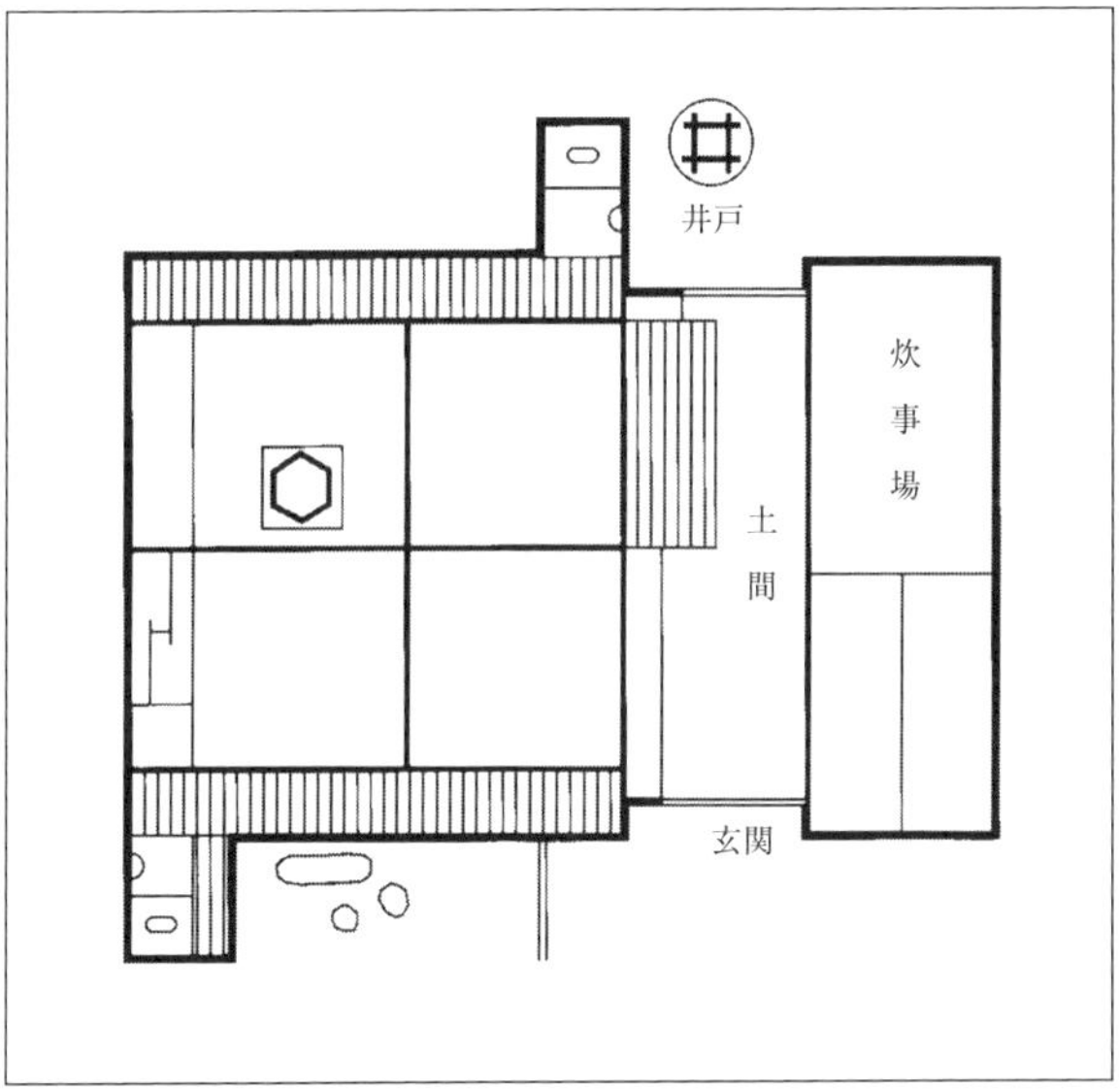

## 恥とわらい

一般に、日本文化は「恥の文化」といわれる。恥をかくことを好まず、世間のわらいものにされることを何よりの恥と考えるわれわれの行動には、確かに、自分の意志よりも世間体や世評に対する意識が強く働いていることが多い。

地縁的なつながりの強い村落共同体では、そこにみられる一般的な行動様式や慣習、掟といった習俗を自らのものとして引き受けることによってはじめて、共同体の一員とみなされる。その行動様式や習俗は、共同体内において反復されることにより、内面化された行為規範として、個人の行動を外的に規制している。

それを逸脱することは、恥であると同時に、世間の嘲笑の的となり、それが極度に過ぎると、「村八分」という社会的制裁を受けることになる。したがって、そうした社会では前例のないことはしないほうが無難とされ、逆に見えをはることが助長されがちである。

こうしたことはどこでもみられるが、特に、古くから都のあった大和などでは、今日なお「家」の観念に基づく社会的習俗が多く残存しており、家の造りや冠婚葬祭などの習俗に、世間体や見えを重んじる土地柄の一端を垣間見ることができる。

善兵衛にしてみれば、親戚とか近所の人々の批判や嘲笑がなかったら、苦悩を一人で飲み込んで消化することもできたかもしれない。しかし、周囲の非難はそれを許さないところがあった。結局、板挟みの苦悩のなかで高塀を取り払ったのであろう。大和では、傍《はた》からわらわれるということが一番の恥であるとされ、当時の村という共同体のなかで、人からわらわれるということは、村八分(6)と同じ意味を含んでいたともいわれる。まさにその時の中山家は、村人や親戚のあざけりの的であっ

(6) 江戸時代以降、村民に規約違反などの行為があった時、全村が申し合わせにより、その家との交際や取引などを断つ慣習。「はちぶ」については、喪事と火事の二つの場合だけは例外とするところから、そういうとする説や、「はずす」「はじく」の語からきたとする説などがある。

たと思われる。付き合いをやめてしまうがよろしいか、と意見する者さえあり、高塀を取り払ってからは、善兵衛は甲斐性《かいしょう》なしとの烙印《らくいん》が押され、親族友人たちとの交流は断たれてしまったようである。

●

そのころの中山家の村での立場とか家庭内の状況は、どうであったのであろうか。ここで、立教直後の中山家の様子から振り返ってみよう。

立教の翌年、天保十年（一八三九年）の宗旨御改帳に「庄屋敷村庄屋　善兵衛」と記されてある。が、同じ年に建立された石上《いそのかみ》神宮の石灯ろうには、「三昧田村前川杏助」などの名とともに、「庄屋敷村　中山善右ヱ門」の名が刻まれている。(7)

中山家は代々、善兵衛と善右衛門を交代で名乗っているので、「善右ヱ門」とあるのは秀司のことであろう。そうだとすれば、この二つの記録からみて、中山家の戸主善兵衛は、公の場では庄屋敷村の庄屋を務めていたようであるが、氏子であった石上神宮の祭りの役からは身をひいたのではなかろうかと推測される。

立教の前年、天保八年の十月に秀司が足痛に襲われた時、修験者《しゅげんじゃ》中野市兵衛は石上大明神のたたりであるとしたが、(8)一年後の立教当時すでに、石上の神とは異質の、世界たすけの元なる神が天降《あまくだ》ったといううわさが近郷にも広がっていたと考えられる。そうした信仰上の問題もあって、石上の祭りの役から身をひくことになったのではなかろうか。異質の神の顕現ということが、善兵衛の胸のなかには、重圧となって存在したものと想像される。

（7）「前川杏助」とは、教祖の兄杏助正経（のち杏次と改名）のこと。なおこの石灯ろうについては、24ページ参照。

（8）「其《その》足ノ痛ミハ石上大明神ガ洗ヒ場ノ石ノ上ニ居玉《いたま》ヒシ処《ところ》ヲ踏ミシ故其祟《ゆえそのたた》リニ斯《か》ク痛メリ」（『稿本教祖様御伝』＝『復元』第33号所収）

まったく別の見方をすれば、慶応三年（一八六七年）に秀司が吉田神祇《じんぎ》管領に布教公認の出願をするにあたって、添書を古市代官所に願い出た文書に、「善右衛門」と書くべきところを「善兵衛」と誤記しているから[9]、石上の灯ろうも、あるいは誤記ではなかったかとみることも可能である。しかし、やはり、先の理解の仕方が自然であろう。

善兵衛の胸中には、そうした受け止め方とともに、一方、先祖に対して申し訳ないという思いや、子供たちの将来を案ずる気持ちなどが入り乱れて、ときに、白刃《しらは》を抜いて教祖に迫るというような場面も出てくるのではなかろうか。

やがて嘉永元年（一八四八年）になると、「お針子《はりこ》をとれ」との神命のままに、教祖は裁縫の師匠をなされている[10]。これは、教祖が、決してつきものでも気の間違いでもないことの証でもあった。また、秀司も寺子屋を開き、村の子供たちに読み書きを教えている。いくらご幼少のころから器用で、裁縫がお上手であったからといって、村人との付き合いが薄くなった状態のなかで、お針子を募られても、そう簡単には集まらなかったとも思える。しかし、隣村、豊田村の辻忠作[11]の姉おこよが習いに来ていることからして、おそらく、そんななかでも、家の母・村の母としての面影を宿す教祖にひかれるものがあったのであろう。

そのおこよが縁となり、父忠作の仲人で、嘉永五年に教祖の三女おはるが、櫟本《いちのもと》村の梶本惣治郎に嫁いでいる[12]。おはるの結婚が整ったということからも、このころまでは、中山家に対する社会的信頼は、まったく地に落ちるところまでには至って

(9)『稿本天理教教祖伝』（100ページ）の「註一　古市代官所へ提出した文書の控」参照。吉田神祇管領への出願については第7章「たすけに出る」に詳しい。

(10) お針子とは裁縫を習う女子のこと。教祖がご幼少のころから裁縫に堪能であられたことは、第1章「瑞光」ですでに述べた。

(11) 天保7年1月、豊田（現天理市豊田町）生まれ。文久3年3月、妹くらの気の病から入信。祖父・父と三代続いて忠作を名乗った。

(12)『稿本天理教教祖伝逸話篇』「六　心を見て」参照。櫟本（現天理市櫟本町）の惣治郎の母きみは辻忠作の叔母にあたり、おはるは入嫁を機に、それまでのおきみからおはると改名している。

いなかったとみてよい。

この間にも、教祖は田地まで手をつけて、施しは続けられ、その施しの範囲は、庄屋敷周辺はもちろん、大和以遠にも及んでいたようである(13)。


人々に対する教祖の施しは、以前にも増して激しくなる。そのなかにあって、「物を施して執着を去れば、心に明るさが生まれ、心に明るさが生まれると、おのずから陽気ぐらしへの道が開ける」と教えられている。

## ●「世界のふしんに掛かる」

このように、貧に落ち切る道を急がれる明け暮れのなか、嘉永六年二月二十二日、善兵衛が出直した。数え六十六歳であった。

戸主善兵衛が亡くなった後、数え三十三歳の跡取りの秀司を中心にして家の再興をはかるのが世間一般の常識であったのであろうが、教祖はここにきて、いよいよ母屋を手放される。

**母屋《おもや》取毀《とりこぼ》ちの時、教祖は、**

**「これから、世界のふしんに掛《かか》る。祝《いお》うて下されや。」**

**と、仰せられながら、いそいそと、人夫達に酒肴《さけさかな》を出された。人々は、このような陽気な家毀ちは初めてや。と、言い合った(14)。**

(三十四ページ)

(13) 国立療養所栗生楽泉園《くりゅう》(ハンセン病療養所、群馬県草津)園長・小林茂信氏は、著書『中居屋重兵衛とらい』(一九八七年・皓星社刊)の中で、当時救らい活動に功績のあった中居屋重兵衛に、嘉永5年2月、夫善兵衛との連名で援助した資料があることを報告している。

(14) おさしづにも、「この道始め家の毀《こぼ》ち初めや。やれ目出度《めでた》い〳〵と言うて、酒肴を出して内に祝うた事を思てみよ。変わりた話や〳〵。さあ〳〵そういう処《ところ》から、今日まで始め来た〳〵。世界では長者でも今日から不自由の日もある。何でもない処から大きい成る日がある。家の毀ち初めから、今日の日に成ったる程と、聞き分けてくれにゃなろまい」(明治33・10・31)とある。

母屋を取り払うということは、一般にその家をつぶすにも等しく、中山家の崩壊、没落を意味する。それゆえに、これまで善兵衛は身を賭《と》して拒んできたのであろう。しかし教祖は、それを意図的に断行されている。

先祖代々、大事に守り続けてきた、いわば世俗的な財や権威を放棄し、つまりは、従来の社会的観念に基づいた「家」そのものを根底から取り払われたのである。秀司にしてみれば、家の跡取りとしての前途を打ち砕かれたような心境であったにちがいない。

世俗的な家の象徴である母屋の取りこぼちは、世界たすけのための神のやかた建設への準備であり、のちの元治元年（一八六四年）のつとめ場所の普請に至る。つまりそれは、聖なる世界のふしんにかかるための、いわゆる〝やしきのそうじ〟の段階であったと考えられる。だからこそ、「祝うて下され」とまでおっしゃっているのである。

一度にすべてを手放すこともできたであろうが、それを約十五年もかけておられるところに、むしろ重要な意味があるように思える。つまり、心のふしんを進める基礎づくりの過程でもあったとみることができよう。

教祖の程を越した施しは、貧に落ち切るための一つの手段であったともとれるが、同時に、施しということを通して、救済の第一段階を実践していかれたものとも理解できる。しかし、それ以上にそれは、あくまでも、たすけのための〝そうじ〟であり、積極的なたすけの姿勢の表現であると考えるべきかもしれない。

嘉永6年当時
中山家の家族構成
（ ）内は数え年

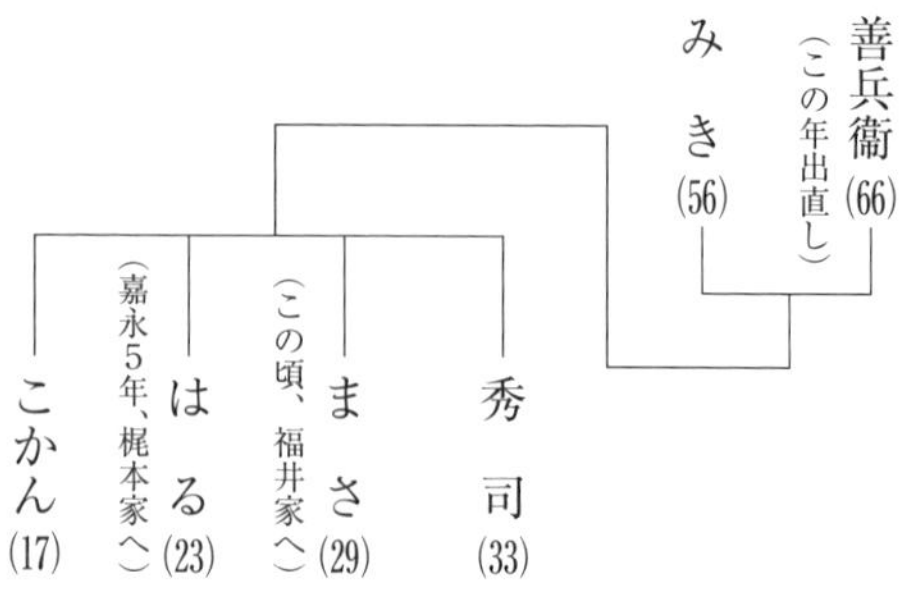

同じ嘉永六年、末女こかんに命じて、浪速の街で神名を流さしめられている。貧に落ち切り、人間的な支えを全部取り払って、ゼロにしたところで、そこから積極的に外へ向かって働きかけていかれたのである。こかんが十三峠を越えて、いわゆる浪速布教におもむいた(15)ことは、そのことを象徴する事実の一つであろう。この年、奇しくもアメリカのペリーが浦賀に入港。日本は、いや応なしに二百三十年の鎖国の夢を破られ、世界の表舞台へと引き出されていく。

考えてみると、嘉永六年という年は、天理教史のなかでも際立った意味を持つ時であったと言わなければならない。

世界たすけの実働が、こうして、いま始まった――。

(15) 十三峠は、奈良と大阪の県境にある生駒山系の峠の一つ。この時、忍坂《おつさか》村の又吉ほか二人がこかんに同道したと伝えられる。忍坂村の西田伝蔵に、教祖の実妹・くわが嫁いでおり、又吉はそこの子である。

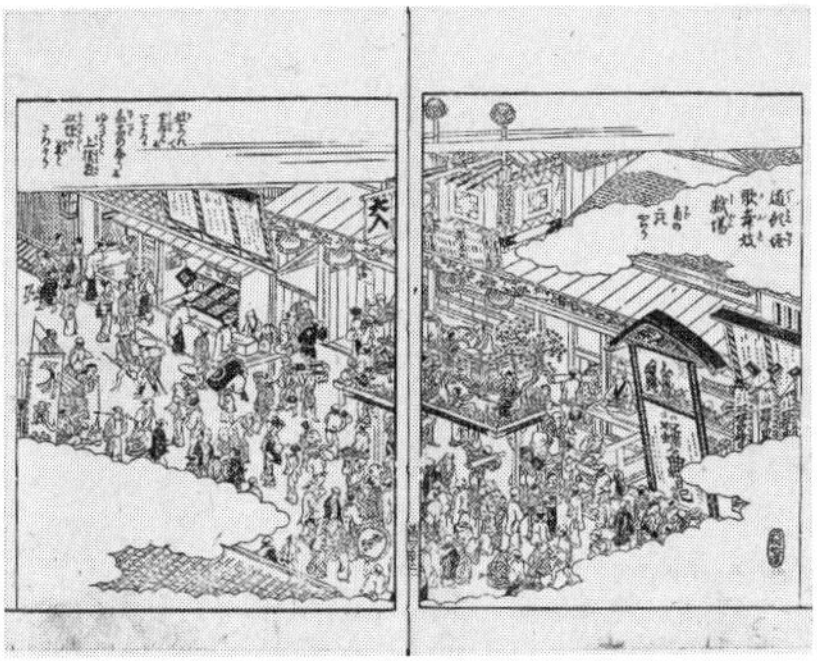

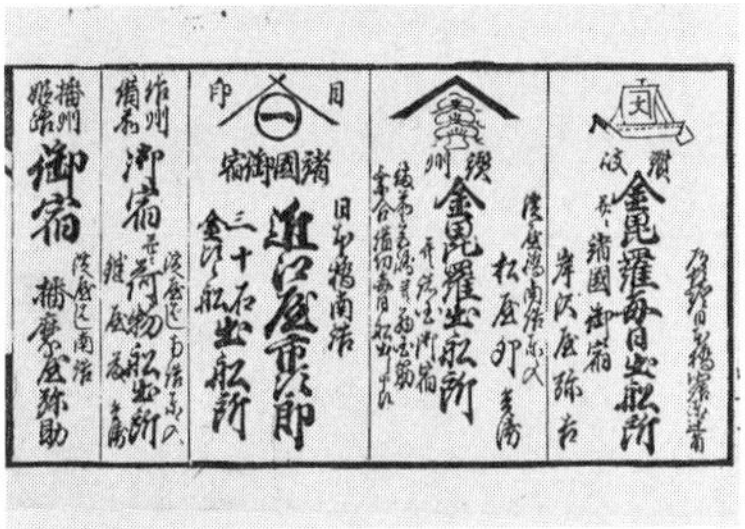

寛政のころの道頓堀のようすを描いた『摂津名所図会』(上写真)と、こかん一行が宿をとったと伝えられる道頓堀東の「岸沢屋」(『御教祖伝史実校訂本　中一』)の文字がみえる『浪花買物独案内』(下写真)　(いずれも天理図書館蔵)

# 高塀《たかべい》あれこれ

教祖誕生殿＝天理市三昧田町

天理市岩室町

當麻町竹之内（現・葛城市）

高塀とは、大和盆地に広く見られた民家の屋根の形式で、高塀造り、大和棟造りとも呼ばれる。

一般的形態は、急勾配《こうばい》の麦あるいは茅《かや》などの草葺《ぶ》き屋根と、一段下がった緩勾配の瓦屋根で構成される。草葺き屋根の両端に二、三列ぐらい瓦が葺かれ、その片方の落ち屋根の下は土間になっており、かまどなどがある。草葺き屋根と一段低い瓦屋根との接続部分の切妻は三角形の白壁に塗られ、瓦屋根には煙抜きと呼ばれる小さなやぐら屋根がついている。

高塀の役割は、この煙抜きを通して出るおそれのあるかまどの火の粉から、草葺き屋根をまもる防火壁のためとか、あるいは風雨から保護するためともいわれている。

この防火壁の役割のこともあって、高塀のことを「うだつ」と呼ぶこともある。これは、京阪地方などで、隣家との境などにつける「卯《う》」の字型の防火壁のことで、ところによっては、鬼瓦の上の飾りをいう場合もある。うだつにも諸説あるが、概して、ステータスシンボル的要素が含まれているようである。「うだつが上がる（上がらない）」のことわざも、そこからきているとされる。

## 当時の社会背景

天保の大飢饉《ききん》による社会不安は、大塩平八郎の乱（天保八年＝一八三七年二月）に象徴されるように、世直し待望の大衆運動を展開していった。

それは一方では、百姓一揆の性質を変え、打ちこわしの様相を示してくる。貧農はまず、富農の蔵を破って、米を奪うようになる。しかし、この期間はむしろ、宗教的な仮面を被った様式のほうが顕著である。

天保十年は、九州・中国地方から伊勢参宮する者が多かった。大和では連年不作であったが、西国は豊作であったからという。京都から始まって畿内一円に爆発的に流行した豊年踊り（蝶々踊りともいう）は、富家の座敷へ土足で踏み込んで踊り狂った。十二月二十六日には、丹波市、守目堂、前栽《せんざい》、長柄《ながら》（いずれも現天理市）の伊勢参宮の連中が、松明《たいまつ》の火で山火事を出している。

天保の改革は九年からであるが、十二年、大御所家斉《いえなり》の死去とともに、水野忠邦による本格的な大改革が始まった。

彼自身が、「今の日本は瀕死の重病人のようなものであるから、命とりになるかも知れないが、劇薬を用いなければならない」と上書しているように、その施策は激烈をきわめた。

「……雲がくれ（家斉の死去）ありてより、やがて世の中、眉《まゆ》に火のつけるがごとく、俄《にわ》かに事あらたまりて、士農工商おしからめて、おののくばかり」（『寝ぬ夜《ねむれ》のすさび』）といわれたほどの恐慌政治であった。

しかし、江戸、大坂周辺の私領を幕府の直轄領に取り上げる上知令に対して、大名、旗本幕閣内の反対派、農民、町民各層の反対運動により、彼の改革は失敗し、わずか二年余で幕閣を追われることになった。

他方、西洋諸国の日本進出に対して、文政八年に発令した異国船打払令も、天保十一年のアヘン戦争の結果、緩和せざるを得なくなった。

十三年には、外国船に石炭、食糧、水を与えて去らせることにした。しかし、イギリス、フランス、アメリカ、デンマークなど諸外国の通商要求のための来航は次第に多くなり、水戸藩をはじめとした攘夷《じょうい》論と外国の圧力の板挟みのなかで、幕府は苦境に立った。

嘉永六年、ペリーの来航により、日本も世界への扉を開かざるを得ないことになった。

嘉永年間の大和は、ほとんど不作であったが、六年の五月から六月にかけての〝ほうき星〟の出現やアメリカ船の来航を、『福知堂年代記』は不安を込めて記している。

立教の前年天保八年から嘉永六年に至るまでの約十五年間を中心とした世間の事情は、まさに、内憂外患、悲喜こもごも至るという状況であった。

# 第五章

# 道あけ……道は谷底から

嘉永六年、教祖は、母屋《おもや》を取りこぼちになり、末女こかんに浪速で神名を流させられたが、翌七年には「をびや許し」をはじめられる。外へ向けての世界たすけの実働が積極的に開始され、道は〝谷底〟を通り抜けて次第にあけていくのである。

## ●道あけ

嘉永七年、教祖五十七歳の時、おはるが、初産《ういざん》のためお屋敷へ帰っていた。その時、教祖は、

「何《なん》でも彼《か》でも、内からためしして見せるで。」

と、仰せられて、腹《おなか》に息を三度かけ、同じく三度撫《な》でておかれた。これがをびや許しの始まりである。

（三十五～三十六ページ）

櫟本《いちのもと》の梶本惣治郎に嫁いでいた三女おはるが、初産でおやしきへ帰って来た時の

（1）この日の大地震を伝える大坂で出された「かわら版」による

ことである。今日でも、第一子は実家で産む慣習があるように、おはるもこの習わしに従ったのであろう。この時、教祖は、

「内からためしして見せるで」

とおおせになっているが、これより以前、教祖四十四歳の時、自ら〝ためし〟をなされている。この場合の「ためし」とは、いわゆるテスト、試みという意味より、証拠をみせるという、証拠試しのことであろう。

嘉永七年（一八五四年）十一月、おはるの出産当日、折からの大地震(1)で、産室の壁が落ちかかったりしたが、おはるは事無く男児を産んだ。この時生まれたのは、長男亀蔵。のち数え七歳で迎え取られるが、慶応二年（一八六六年）に三男眞之亮として生まれかわってくる(2)。

その翌日、出産祝いに来ていたのだろうか、村人の清水惣助(3)の妻ゆきは、出産後間もないおはるが元気に立ち働いている姿を見て驚き、後日、自分が懐妊した際、をびや許しを願い出ている。しかし、

「人間思案は一切要らぬ。親神様に凭《もた》れ安心して産ませて頂《い》くよう」

との教祖のお言葉に、十分にもたれきることができずに、毒忌み、凭れ物など、昔からの習慣に従うと、産後の熱で伏せってしまった。この時、教祖は、

「疑いの心があったからや」

とおおせになっている。

出産は人生の一大事であり、当時、様々な習俗やタブーがみられた。これは単に

---

と、「五日より昼夜かけて又々はげしく、先に残りたる家みなみなくづれ、郡山大体同様の大地震也《なり》。逃《にげ》る人幾千とも数しれず、たびたびの大地震ゆへ、其《その》混乱筆につくしがたし」と記してある。82ページ写真参照。

（2）亀蔵は安政7年（一八六〇年）1月29日出直し、眞之亮は慶応2年5月7日出生。眞之亮の誕生に際して教祖は、「先に長男亀蔵として生《うま》れさせたが、長男のため親の思いが掛《かか》って、貰《もら》い受ける事が出来なかったので、一旦《いったん》迎え取り、今度は三男として同じ魂を生れさせた」（『稿本天理教教祖伝』67ページ）とおおせになっている。

（3）天保9年の立教当時のおやしき周辺の地図（「おやしき変遷史図」）によると、中山家北方の清水利八宅が惣助宅としてある（24ページ地図参照）。後日、ゆきがをびや許しを頂いたのは安政5年、2度目は翌6年と伝えられる。

## お産は生死をかけた大役（厄）

当時、恵まれた環境にあったと思われる将軍家でも、お産がもとで亡くなる産婦や夭折する新生児も少なくなかった。

十一代将軍徳川家斉《いえなり》（一七七三〜一八四一年）は、十五人以上の側室と、五十人を超える子女がいたとされるが、記録によると、うち四人の側室、十八人の乳児が、その年あるいは翌年に亡くなっている。なかでも側室の一人お梅の方は寛政六年五月に端正院を出産したが、端正院はその日のうちに、お梅の方自身も翌六月に没している。

また、現在のように医療機関や技術の充実していなかった昭和十年の記録（「昭和五年以降男女年齢別主要死亡率に関する調査」＝厚生省）でも、一歳未満の人口一万人に付き千百五十人強が死亡しており、女性（35〜39歳）の死亡総数一万六千弱のうち約七百人が妊娠中毒や産後の患い、つまりお産がもととなっている。

妊婦自身だけではなく、家族全体にもかかわるものであったから、ゆき自身が教祖のおおせに従おうとしても、家族が納得しなければできないことでもある。

もしそうだとすれば、そこに信仰の道をまっすぐに歩むことの難しさがあるともいえよう。このことは、をびや許しに限らず、親神を信じ、親神にもたれて通るという、本来あるべき信仰の足取りを進めるうえで考えさせられるものがある。

●

ところで、をびや許しとは、人間宿し込みの親里である元のやしきから出される安産の許しのことである。ここでいう「許し」とは、人間を創造された親神、元の神・実の神にしてはじめて言えることであって、誕生という人生の出発にあたり、

（4）「『神のいふ事うたがふて、うそと思へばうそになる。真実に、親に許して貰《もろ》ふたと思ふて、神のいふ通りにする事なら、常の心のよし、あしをいふやない。常の悪しきは別にあらはれる。産に付《つい》ては疑《うたご》りの心さへなくして、神の教へ通りにすれば、速《すみや》かに安産さす。常の心に違ひなくとも、疑つてあんじた事なら、あんじの理がまはるで』と御聞かせ被下《くだされ》まして……」（『正文遺韻』）

常の心の善し悪しは問わず、無条件に許す（4）という親心にほかならない。人間元初まりの話を、そして元なるぢばを、このをびや許しによって、いまに伝えられたと思案する。（5）

胎内へ宿るのも、生まれ出るのも、みな親神の守護によるのであって（6）、「をびや一切常の通り、腹帯いらず、毒忌みいらず、凭れ物いらず、七十五日の身のけがれも無し」（7）と教えられている。

当時、一般にお産はけがれと信じられており、産後七十五日の間は忌みに服さなければならないとされていた。出産後の産婦は子供に対しては母であるが、それ以前に、夫に対しては妻、舅《しゅうと》や姑《しゅうとめ》に対しては嫁という立場にあったから、実際問題としては、一日でも早く床を上げなければならない状況にあったであろう。だから、そうしたお産にまつわる種々の忌みごとを無用のものとする教祖の教えが、大きな恵みとして人々に受け入れられていったのも、ごく当然のことである。それほどに、をびや許しは、当時にあって画期的な守護であったといえる。

しかし、それ以上に、新しい生命の誕生である出産は、母子ともに生死をかけた大役であり、常に、そこには喜びと不安が付きまとっていた。お産は、新しい生命の誕生という女性の大役である反面、それに伴う忌みごとも多くみられ、生死をかけた大厄でもあった。

をびや許しは、そうした人々の不安をいっさい取り払い、鮮やかな守護をまのあたりに感得させることによって、親神の顕在の証《あかし》とされたものといえよう。

（5）おさしづにも、「本づとめをして、元のぢばなる事を伝え、をびや許しを出す」（明治20・2・25）、「元の神、元のをやの理に、人間生《うま》れる処《ところ》、人間生れ代々続く。そうしてどうじゃ、人間生れるをびや許し。……すっきり常の通り〳〵。さあどうじゃどうした、常の通り産をして了《しま》う。常の通り毒は要らず。……皆世界一時、そのまゝ常の通り、これが第一をや人間始め証拠」（明治22・9・23）とある。

（6）おふでさきに、「たいないゑやどしこむのも月日なり　むまれだすのも月日せわどり」（六　131）とある。

（7）「高枕《たかまくら》もせず、腹帯もせんでよいで。それから、今は柿の時やでな、柿を食べてもだんない（気にしなくてもよい）で」（『稿本天理教教祖伝逸話篇』「一五一　をびや許し」）とも。

## お産の風習

大和だけでなく、お産にまつわる言い伝えや習俗は全国各地にみられる。昔のお産の様子を『稿本天理教教祖伝』に出てくる事項を中心にさぐってみると――

大和では懐妊したことが判明すると、別段際立った行事はないが、その後、次第に妊婦のたしなみが要求されはじめる。嫁の里方から、母子ともに健やかにという願いを込めた祝いが贈られ、近所にも配られたりした。嫁の労働力が家人や近隣の共同作業に求められている時代にあって、出産前後の間だけでも特別の配慮を依頼するあいさつも兼ねたものが、この種の祝いとされ、その際、酒や肴《さかな》とともに届けられるものの一つに腹帯《はらおび》があった。

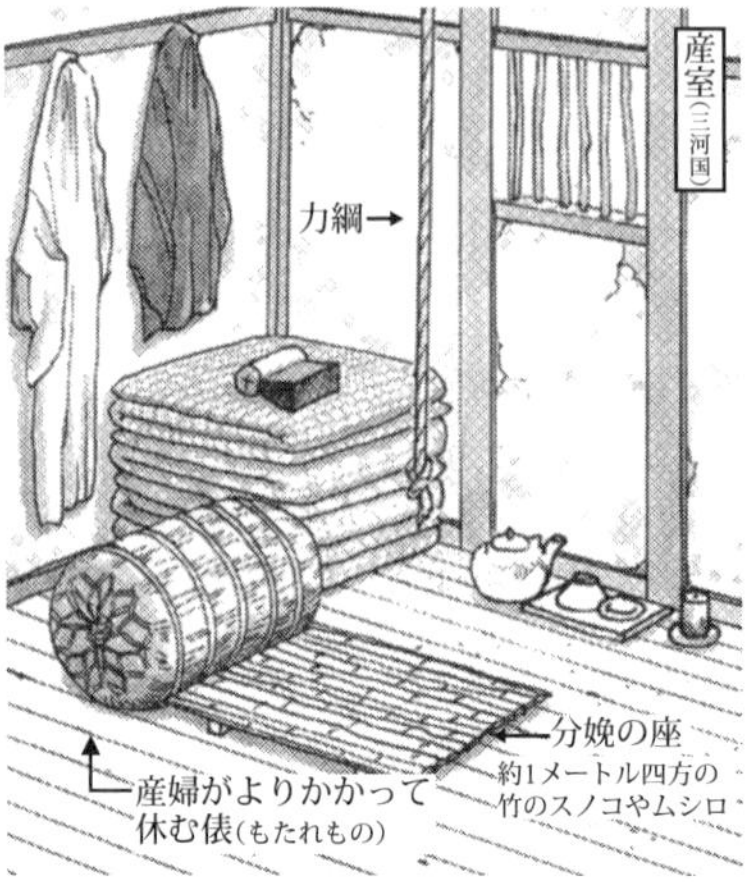


※「図録農民生活史事典」を参考にしました。

**◎腹帯**　妊婦の下腹に巻く帯のことで、安産を願う儀式として種々の帯の祝い事や着帯式が、今日でも各地でみられる。大和に限らず、一般に、妊娠五カ月目の戌《いぬ》の日（月に二、三度ある）に帯を着ける。戌（犬）はよく子を産み、またお産が軽いという俗信から戌の日が選ばれたようである。帯の着け方や効用は、地方により伝承が異なり一様ではないが、一般にその目的として、胎児が太り過ぎて難産にならないように胎児の成長を抑制するものであるとされ、岩田帯あるいは斎肌《いはだ》帯とも呼ばれている。そうした目的からすれば、いったん出産を終えると、腹帯は不要のようにも思えるが、母体の無事の回復を願ってか、出産直後にも腹帯を着ける習わしもあった。

『稿本天理教教祖伝逸話篇』「一五一　をびや許し」〈71ページの注（7）参照〉には、「これは、産後の腹帯のこと、岩田帯とは別のもの」との註がある。

腹帯を着けはじめるころから、妊婦は他の家族とは異なる忌《い》みの生活に入ることになる。忌みは日常生活全般にみられたが、毒忌みはその最たるものであった。

**◎毒忌み**　本来、服薬の際、その薬の障りとなるものの飲食を禁じることをいったが、転じて、禁忌《きんき》の意となっている。安産と産後の肥立《ひだ》ち（日を追って回復すること）の順調なことを望む栄養的配慮もみられるが、迷信の類いも少なくない。

　大和では、妊娠中にエビやカニを食べると、コセ（クサより軽い皮膚病の一種）の子が、茶を飲むと色の黒い子が生まれてくるなどの言い伝えがあり、特に鶏やウサギは、生まれてくる子供の体に奇形を及ぼすと言って、つつしまれた。出産後にも、イワシやサバの背の青い魚、シイタケやホウレンソウの精の強い野菜、油濃いものは口にしてはいけないなど、また、柿は腹を冷やし、その渋が毒になるとして、避けられた。

櫟本北の楢神社

帯解の子安地蔵

**◎凭《もた》れ物**　いよいよ出産となると、分娩《ぶんべん》方法もいまと異なり、納戸《なんど》などが産室にあてられ、畳をあげて床の上にムシロを敷き、ワラ束や布団などを設けた。妊婦は、この凭れ物に寄り掛かって分娩にのぞんだ。今日では想像もつかない悲壮なお産状況だったと思われる。衛生状態の悪かった当時、生まれてくる子供だけでなく、身ごもった母体の生命をも落としてしまうことも少なくなかった。産じょく熱で死に至る妊婦もあったし、産後の肥立ちが順調にいかない場合も少なくなかったようである。

　出産後、なおも忌みは続けられ、妊婦は無事分娩がすんでも、まだ床をあげることはできなかった。産後も凭れ物にもたれていなければならないとされ、地方によって、床上げの日数は違うが、この床上げが、忌み明けともされていたようである。

**◎七十五日の身のけがれ**　産婦のけがれが完全に解消するのは、七十五日目とされた。「オビヤアケ」「オビアキ」「イミアキ」とも呼ばれ、所によっては、六、七日目ごろを「ウブヤアケ」と称し、十一、二日目には台所に出ることが許される地方もあったようであるが、ほとんどが、七十五日の間は、針仕事や木綿織りもしてはならず、神仏に参ることも許されなかった。この日を境に、産婦は普通の生活にもどることが許された。地域によっては、村に産屋を設け、ある期間、そこで生活させたようである。

　このほか、周辺に点在するお産の神様と称される神仏の民間信仰もあった。庄屋敷周辺では、櫟本《いちのもと》近くの楢《なら》神社、帯解《おびとけ》の子安地蔵（帯解寺）などが有名である。楢神社にちなんだ「楢太郎」「楢蔵」「楢糸」など、「楢」の字の付く人の名前も多い。

## 「月のものはな、花やで」

『稿本天理教教祖伝逸話篇』によると、当時、不浄のもの、けがれたものと、タブー視されていた女性の生理現象に関しても、教祖は、「南瓜《かぼちゃ》や茄子《なす》を見たかえ。大きい実がなっているが、あれは、花が咲くで実が出来るのやで。花が咲かずに実のなるものは、一つもありゃせんで。そこで、よう思案してみいや。女は不浄やと、世上で言うけれども、何も、不浄なことありゃせんで。男も女も、寸分違わぬ神の子や。女というものは、子を宿さにゃならん、一つの骨折りがあるで。女の月のものはな、花やで。花がのうて実がのろうか。よう、悟ってみいや。南瓜でも、大きな花が散れば、それぎりのものやで。むだ花というものは、何《な》んにでもあるけれどな、花なしに実のるという事はないで。よう思案してみいや。何も不浄やないで」

と教えられている。

●

翌年、再び懐妊したゆきは、今度は決して疑いませんと誓い、再度をびや許しを頂いた。今度は、教祖のおおせをしっかり守り、親神にもたれきっていたところ、お産も軽く、案じていた産後の経過も順調であった。

一心に親神にもたれていれば、少しも心配なく、産後にも何の懸念もないことを、まず自らの身にためし、そして身内のおはるに及ぼして、親神の自由自在《じゆうようじざい》の守護を証明されたのである。同時にそれは、内から外へのたすけの始まりでもあった。

おはるやゆきの出産の成り行きを知る村人たちの間に、をびや許しで安産したという話が伝わっていった。そして人々は、教祖が親神のやしろであるとまではわからないながらも、常人ではないということに、ようやく気づきはじめる。

このようにして、をびや許しが突破口となって、庄屋敷村には安産の生き神様がおられるらしいといううわさが口から口へ、四方八方へと広まっていき、そうした話が、初産を前に心配している人や、産後の患いで床に伏せっている人、かねがねお産のたびに苦しんでいた人々の耳に入り、あちらからこちらからと、不思議なたすけを願って、おやしきへ寄り集うようになる。

文字どおり、をびや許しを機として、よろづたすけの道があけていくのである。その一方で、教祖は、なおも求めて、貧に落ち切る道を歩んでいかれた……。

## ●谷底

**教祖の五十六歳から凡《およ》そ十年の間は、まことに容易ならぬみちすがらであった。働き盛りの秀司も、娘盛りのこかんも、一日として、これはと言う日もない中を、ひたすら、教祖の思召《おぼしめし》のままに素直に通《とお》った。**

（三十九ページ）

教祖五十六歳といえば嘉永六年（一八五三年）、母屋《おもや》を取りこぼたれた年である。落ちるところまで落ちたのち、二年後の安政二年のころには、残っていた三町歩余の田地も年切質《ねんきりじち》に書き入れられている（次ページコラム参照）。

それまでの支えであった家財産を手放し、世俗的権威のすべてを放棄し、極貧のなかに身を置いて、そこから世界たすけの道をつけかけていかれたのである。

## 年切質のこと

年切質とは田地を年限を切って質入れすること。当時、土地の売買は禁止されていたが、質流れの形式で実質上の売買が行われていた。そのため、幕府は、十年以上の質入れを禁じた。初代真柱による教祖伝の片仮名本では「八年」、平仮名本では「十年」の年切質と記されている。

なお、質入れした田地の耕作方法や支払い方法については数種の形式があった。

この時の三町歩余（約300アール）の年切質の書き入れの件に関して、諸井政一著『正文遺韻』に、「この時分には只今とは違ひまして、この庄屋敷、及三島の領地などは、まことに下等の田地で有りまして、買手所《かいてどころ》ではない。もらひてもなかつた位でござります。……なか〳〵売るといふても、買つてくれる人がない。そこで少し斗《ばか》りの金をかりては書入《かきいれ》て、……悉《ことごと》く人手に渡してしまふて、その金も皆施しておしまひになりまして、のこるのは家屋《や》しき斗りとなりました」とある。

家族の者は田畑に出るときにも、教祖のおおせを守り、常に、木綿の紋付(8)を身につけていたが、なかでも長男秀司は、その姿で青物や柴《しば》を売り歩いたので、村人たちから「紋付《もんつき》さん」と呼ばれていた。親しみを込めての呼称であったかもしれないが、その奇妙ないで立ちに、あざけりの気持ちも多少は含まれていたのではなかろうか。

働き盛りの秀司や娘盛りのこかんにしてみれば、とても教祖のおおせには素直についていけないという場合も、時にはあったかもしれない。しかし、そうした生活のなかでも、あえて紋付という当時の正装を身につけさせられたということは、おやしきでの生活そのものが、どれもこれも、みな親神の御用であり、すべてが世界

（8）中山慶一著『私の教祖』によると、「金気《かなけ》の井戸の底を掘ってそこから出る泥を染料として、親子で染め上げられた檳榔子（ビンロージ）色の粗末な紋付」とある。ビンロージ色とは、暗黒色に近い色のことで、『稿本天理教教祖伝逸話篇』「一四　染物」に詳しい。

たすけの局面であることを教え、そこへ導き、それを自覚させるための深い思召によるものであったといえよう。

母屋《おもや》を取りこぼたれたのち、隠居所が残っていたにもかかわらず、教祖はあえて、掘立て小屋に移り住まわれたと伝えられる。(9) 一見みすぼらしい住まいであったかもしれない。しかし、あえてそうした道を通られたということのなかにこそ、世界一れつの親としての真実の姿を拝することができる。

住居だけでなく、衣食にわたる日々の生活すべてが、貧そのものであった。夜になっても灯《とも》す油もなく、月の明かりを頼りに糸紡ぎの夜なべまでされ、また、三十年来の寒い冬にも燃やす薪《まき》すらなく、枯葉や小枝で、かろうじて暖をとるというほどであった。(10)

そのようななかでも、秀司は青物などの商いをしているし、こかんや教祖自らも、仕立て物や糸紡ぎをされているので、細々ながらもある程度の経済的な生活の基盤はあったとも推測される。それが、なにゆえ、そのような極貧の生活を通られたのであろうか。

それは、自らの生活を犠牲にしてでも、手元にある物はことごとく施し尽くされたからではなかろうか。飲まず食わずの日も少なくなかったようである。

こかんが、食べる米がないことを告げると、教祖は、

「世界には、枕もとに食物《たべもの》を山ほど積んでも、食べるに食べられず、水も喉《のど》を越さんと言うて苦しんでいる人もある。そのことを思えば、わしらは結構や、水を飲め

(9)「先《ま》づ、落《おち》切るには形からと思召され、日常お住居《すまい》になる所を土蔵から、六畳と八畳の建物へと、お移しなさいました。これは、誠に、見すぼらしい、建物で御座いましたがこれぞ、教祖様が世界一列の親として、御苦労下さるに最も相応《ふさ》はしい神の館《やかた》で有りました」(『御教祖伝史実校訂本　中一』=『復元』第30号所収)

(10) おさしづに「話を楽しませ〱、長い道中連れて通りて、三十年来寒《さ》ぶい晩にあたるものも無かった。あちらの枝を折りくべ、こちらの葉を取り寄せ、通り越して来た」(明治29・3・31)とある。

ば水の味がする。親神様が結構にお与え下されてある」と諭し、また、

「どれ位《くらい》つまらんとても、つまらんと言うな。乞食《こじき》はささぬ」

と励まされている。

決して、我慢せよということではない。どのような状況にあっても、常に心のなかに感謝と喜びを見いだすように促しておられる。

「水を飲めば水の味がする」とのおおせは、お互いの日々の生活がことごとく親神の限りない守護に包まれているということを、あらためて見つめ直すお言葉として、深い味わいを感ぜずにはおれない。

また、どんな貧の境遇にあっても、人からもらう、受けるという心で通るのではなく、人に尽くす、施すという積極的な心の姿勢を、「乞食はささぬ」というお言葉に示されているように思える。

物質的に恵まれている現在の生活に比べれば、当時は、かなりの人々が飢えに近い状況に置かれていたという。そこで、裕福な者は施しをしなくてはならないという世間的な風潮もあり、施せば、褒美《ほうび》がもらえるような制度も一部にはあったようである。(11) しかし、そういう社会の常識内の施しと、教祖のなされた常識を超えた施しとの間には、たとえ行為そのものは同じでも、それに至る心の姿勢という点では、明らかな違いがあったはずである。

教祖は、ある時は、ようやくの思いで手に入れた五合の米(12)をも、なんの惜しげも

(11) 享保の飢饉《ききん》(享保17年＝一七三二年)の際、飢人に施したり、種々の処置を行った大庄屋に銀1枚を、百姓にも褒美を下している(『宗国史』)。同様のことは、飢饉のたびに、常に行われていたものと思われる。文久元年(一八六一年)には、施行米資金を調達した富豪に対して、銀3枚から10枚が賞与されている(『津市史』)。

(12) 一合は、約180ミリリットル。

なく困っている人に与え、冬など、寒さに震える人を見ては、身につけていた着物すら脱いで与えられている。

ここに、わが子のためならばわが身どうなってもと、すべてをささげ尽くす母親の愛にも似て、貧にある人々の苦しみを、わが心の痛みとし、施しを受けた人々の喜びを、わが喜びとされる、人類の親としての教祖のあつい親心を感じとることができる。

有り余るなかから出すのではなく、無いなかから、なおも出し尽くしておられる。無いからできないということはなく、真実の心さえあれば、いかなる境遇にあっても、ささげ尽くすことができるということを示唆しておられるように思える。親心の真実というものは、常に、そうしたものではなかろうか。

貧窮のぎりぎりの局面、極限の状況にあっても、親神の守護に、「わしらは結構や」と、いま生かされて在ることに対する感謝の心いっぱいで通られる。

教祖のひながたの道は、常に喜びに満ちみちているように思える。そこには少しの欲もない。みえるのは、ただあふれるばかりの親心のみである。

確かに、われわれの問題として考えてみても、欲望が限りなくゼロに近ければ、無限大の喜びを味わえる。反対に、欲望が大きければ大きいほど、それだけ喜びは小さくなる。

こうして、われをも省みず、持てる物、手にした物をことごとく施し続けられるがゆえに、貧窮の日々はなおも続いた。だからといって、教祖の教えに耳を傾けようとする者は、まだあらわれてきてはいない。このころの道中は、まさに〝谷底〟のご苦労の日々であったといえる。

しかし、そうしたなかにも、先に糸口をつけておかれた、をびや許しを道あけとして、ようやくかすかな光明が差しはじめる。ある日、四合の米を持ってお礼に来る人が、初めて出てきたのである。その後も、教祖に召し上がっていただきたいと、時々の珍しいものを持ってお礼参りに来る人もあったが、教祖は、その品物よりも、その人の真心を喜ばれるのが常であった(13)。

やがて、お産だけでなく、何の病でもたすけてもらえるといううわさが近隣一帯に広がり、不思議なたすけを願う人々が、教祖のもとへ寄り来るようになっていった。また、人々がおやしきへやって来るだけでなく、文久二年(一八六二年)には、産後の患いで危篤状態にあった病人のおたすけに、教祖自ら、安堵《あんど》村(14)まで出向いてもおられる。庄屋敷のお産の神様の名が広まり、高まるにつれ、稲荷《いなり》下げ(15)など、教祖をいわゆる同業者とみる人々からの、ねたみやそねみの妨害もあったようである。

そうした妨害にもかかわらず、それ以上に親神の御名はいよいよ広まっていった。のちに教祖の手足となって務めることになる人々が次々とおやしきへと引き寄せられるのは、この文久年間からのことであった。

この間、落ち切るまでに約十五年、施し続けて、さらに十年。その道中は、実に二十五年間に及んでいる。『稿本天理教教祖伝』のページのうえでは、この間の教祖の足跡は全体の約一割に満たない叙述なので、ややもすれば見過ごしがちだが、

(13)『稿本天理教教祖伝逸話篇』「七 真心の御供《おそなえ》」参照。

(14) 現在の奈良県生駒郡安堵町。おやしきの西方約8キロ。

(15) 狐《きつね》下げ、稲荷降ろしとも呼ばれ、祈とうにより、その病人に憑《つ》いているとする狐などの憑きものを追い払ったり、託宣をする祈とう者。

ひながた五十年の道すがらの半分を、この谷底の道に費やしておられるという事実を、しっかりとかみしめなければならない。

嘉永六年に母屋を取りこぼち、行き着くところまで落ち、社会的、人間的な支えを手放し、足場を失ったところで、倒れ、消えてしまうことなく、すべてを無にしたところから、同じ嘉永六年のいわゆる浪速布教、また、翌年のをびや許しを道あけとして、内から外へ向けての世界たすけの実働が始められていったのである。

教祖のひながたの道は、人間の知恵や力によって成ってきたものではなく、この世をはじめられた親神によってつけられた道だからこそ、真実誠の道だからこそ、立つべくして立ち、光るべくして光ってきた道であるといえよう。

## 母屋取りこぼち後の中山家の平面図

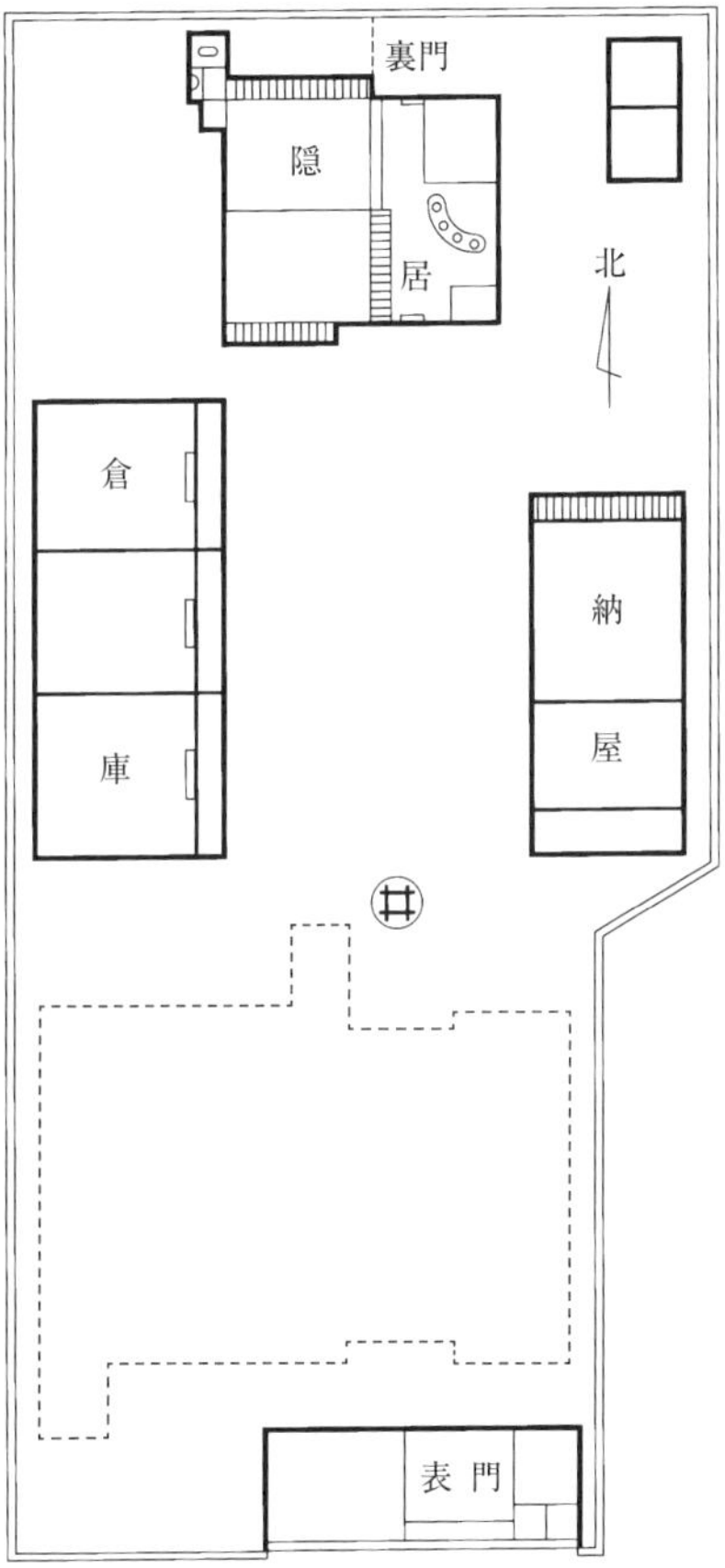


東の納屋が、移り住まわれたという掘立て小屋であろうかと推測される。

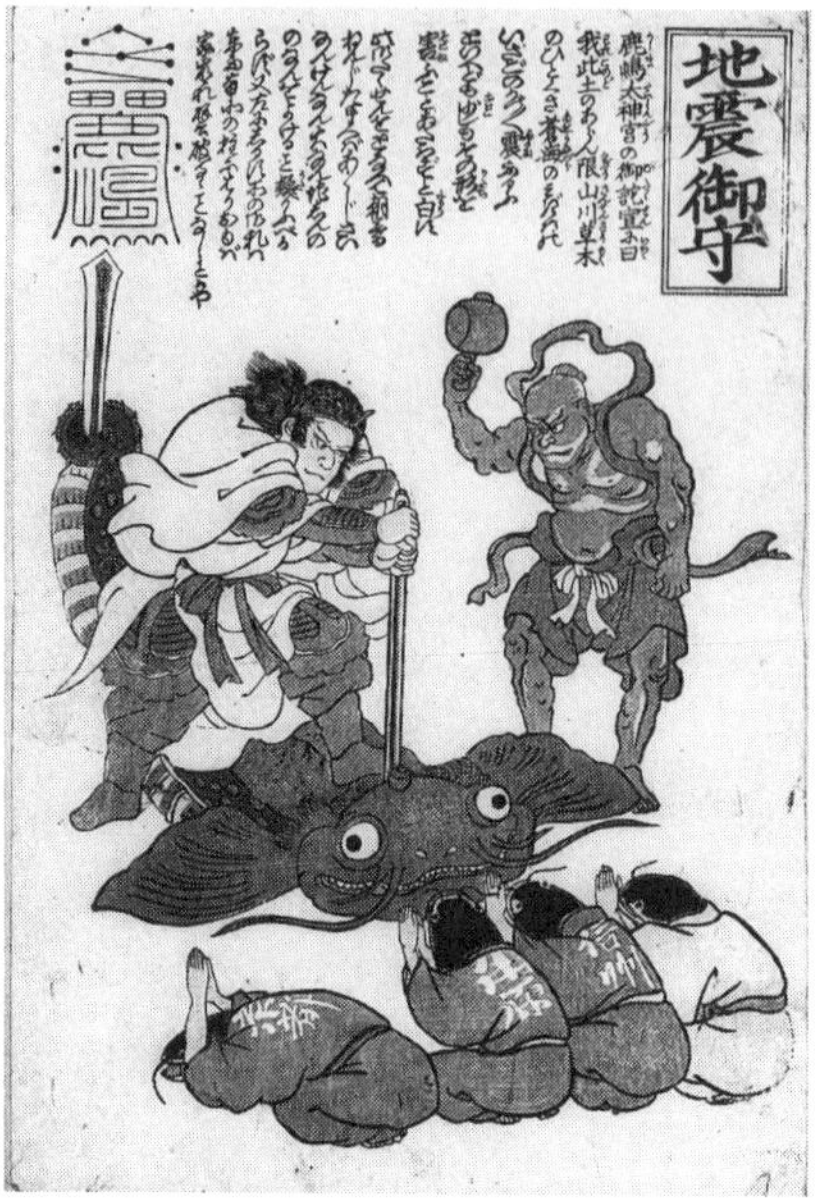


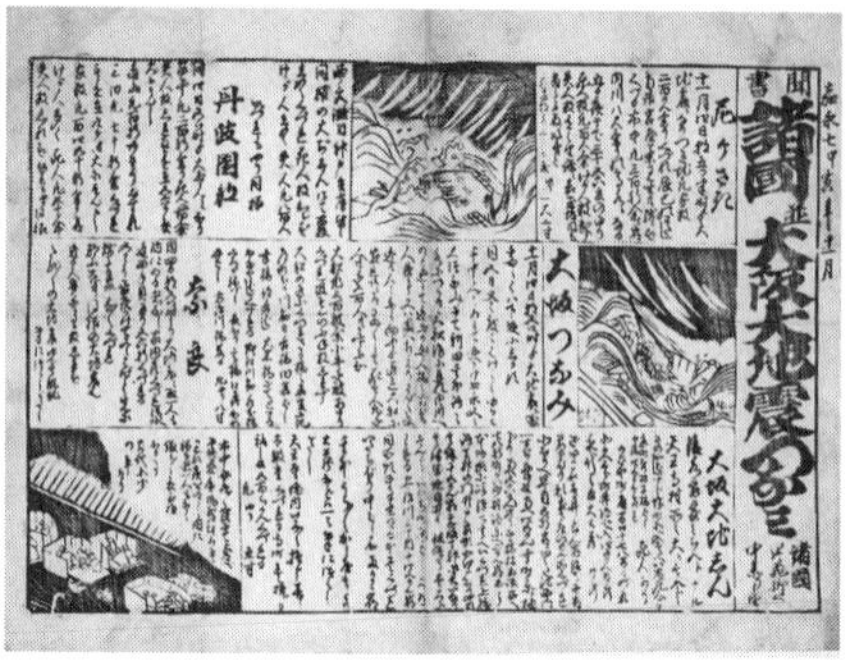


嘉永７年11月５日の大地震の被害状況を伝える「かわら版」(上)　大地震の多かった嘉永・安政のころは、地震の元凶とされる大鯰《おおなまず》を攻め立てる絵など、鯰を題材にした「鯰絵」が流行した(左)
(いずれも天理図書館蔵)

## 農村情勢略年表

| 年　号 | R寺檀家死亡者数 大人 | 小人 | 計 | 反当たり米作(石) | 石当たり米価(匁) | 反当たり綿作(斤) | 実質値(匁) | 備　考 |
|---|---|---|---|---|---|---|---|---|
| 安政元年 | 29 | 38 | 67 | 2.8〜3.3 | 74〜120 | 175〜180 | 170〜180 | 大地震、チフス流行 |
| 2 | 18 | 19 | 37 | 0.8〜2.8 | 62〜 68 | 100〜120 | 130〜150 | 火災、干ばつ |
| 3 | 15 | 7 | 22 | 1.2〜2.0 | 80〜100 | 130〜180 | 140〜170 | 干ばつ、布留社雨乞い |
| 4 | 24 | 15 | 39 | 2.0〜2.8 | 85〜103 | 120〜150 | 160〜240 | 大風雨 |
| 5 | 24 | 11 | 35 | 0.2〜2.9 | 100〜130 | 120〜130 | 220〜250 | 彗星、コレラ発生、洪水 |
| 6 | 40 | 26 | 66 | 2.7〜2.9 | 120〜130 | 110〜130 | 230〜240 | コレラ流行、大洪水 |
| 万延元年 | 30 | 23 | 53 | 2.5 | 120〜160 | 80〜 | 310〜440 | コレラ再流行 |
| 文久元年 | 14 | 4 | 18 | 2.4〜2.5 | 250〜100 | 80〜100 | 210〜240 | 春雨多し、夏干ばつ |
| 2 | 35 | 25 | 60 | 2.7〜2.8 | 110〜180 | 120〜130 | 200〜350 | コレラ、はしか流行 |
| 3 | — | — | — | 1.0〜1.6 | 180〜120 | 〜130 | 300〜350 | 大干ばつ |

※文久３年の死亡者無記入は、不明のため。他は、福知堂・稲葉年代記による。

## 当時の社会背景

安政元年（一八五四年）から文久三年（一八六三年）に至る十年間は、徳川幕府の崩壊の前夜であった。それは、燃え尽きようとする火が、最後の炎を吹き上げるのに似て、大きく社会を揺り動かした。

現実問題としての開国方針に反対する攘夷派の活動は、将軍継嗣《けいし》問題とからみ合う。それは安政の大獄の弾圧政治を経て、ついに公武合体派と尊王倒幕派の抗争へと移っていく。

大和の片田舎、福知堂（現天理市）の年代記にも、このような社会情勢は敏感に記録されており、特に天誅《てんちゅう》組事件については詳しい。しかし、村人にとってもっとも生活に密着した事件は、天変地異による凶作と、物価騰貴による社会不安であった。ここではそのなかから、地震の記述をとりあげる。

嘉永七年（一八五四年）六月十五日の大地震では、古市（奈良の南）で代官所並びに村方の九分どおりの家が倒れ、死者五十八人を出した。福知堂周辺では、丹波市、川原城、長柄、柳本などの町方的な村は大荒れで、六月中は連続する地震のため、籔の中や小屋に住まった。

七月、閏《うるう》七月、八月は大雨がたびたび降り、地震は断続的に起こる。九月、十月に、やっと人心が落ち着きかけたころ、二十日ごろから、また激震が続き、十一月四日朝九時ごろ大地震、以後五日夕方五時の大地震まで継続して強震、微震が襲い、地震のたびに大雷が鳴り、異様な雲があらわれた。

伊勢、紀州の大津波の知らせも記録されている。余震は十日間ほど続いた。大坂では、ロシア船が突然天保山沖に出現し、近国大名は警護に大騒動。大和でも、領主から村々へ人足の徴発で、村人たちは大いに困った。

度重なる災変に、十一月二十七日、年号を「安政」と改めたが、十二月になっても、大風と中震はやまなかった。

翌二年も、正月以来微震は続き、九月二十八日には激震があり、十一月十八日には大地震の後、西方に大砲のような音が聞こえたが、これは大坂の津波であることがわかった。十月二日の関東の大地震は大火となり、死者十六万八千五百人と『福知堂年代記』には記されてある。さらに、三年、四年にも微震が続いたが、五年二月二十五日の深夜に、またもや激震に見舞われた。地震は、雷、大風、津波、天火《てんび》と関連あると考えられていたようで、それらの状況も詳しく記録されている。

天変地変は凶作、飢饉《ききん》をもたらし、チフスやコレラ（三日ころり）の流行病が追い打ちをかける。別表（右ページ）の数字が示すように、平年の倍に近い人が死んでいる。加えて、外患と国内のテロを伴った内乱による先行き不安は、うなぎのぼりのインフレ物価の経済恐慌となり、まさに窮民野に満つ状況を現出した。

# 第六章

# つとめのばしょ……普請と節と

「をびや許し」が道あけとなり、不思議なたすけを願って、教祖のもとに慕い寄って来た人々は、たすけられた喜びを胸に、さらに教えを求めて、寄り集うようになる。
本教最初の普請、「つとめ場所」の普請は、そうした人々の真実により、立て合う「ふし」を乗り越えて、始められた。

## ●引き寄せ

**親神の御名《みな》はいよいよ弘《ひろ》まり、後《のち》によふぼくとして勤めた人々が、次々に引き寄せられて親里《おやざと》へ帰って来た。文久《ぶんきゅう》元年頃《ごろ》には、櫟枝《いちえだ》村の西田伊三郎、同じく二年頃には前栽《せんざい》村の村田幸《こう》右衛門《えもん》、同じく三年には豊田村の仲田佐《さ》右衛門《えもん》（後に儀三郎）、辻忠作等《ら》である。**(1)

（四十四ページ）

これに加え、文久四年（一八六四年）正月には、大豆越《まめこし》村(2)の山中忠七も信仰しはじめている。伝えられ、挙げられている名前こそ数名にすぎないが、文久、元治の

（1）櫟枝《いちえだ》村（現大和郡山市）は、おやしきの北西約3・5キロ、前栽《せんざい》村は同じく西約2キロ、豊田村は北隣の村。記録に残る最初の信者である伊三郎は、妻コトの歯痛から入信している。

（2）文久4年2月20日に元治元年と改元。大豆越《まめこし》村（現桜井市）は、おやしきの南約8キロにある。

このころ、教祖は、「講を結べ」とおおせになっている(3)ことからすると、当時のおやしきには、かなりの人々が出入りしていたものと考えてよかろう(4)。中山家は、親神の思召のままに、家の高塀《たかべい》を取り払って以来、親戚や知人たちとの付き合いも少なくなり、かつてのにぎやかさに比べれば、暗く閉ざされてしまった感もあったであろう。そのおやしきに、ほのかな光が差し込みはじめたのが、安《あん》政《せい》元年（一八五四年）のころからであった。

をびや許しを道あけとして、人々が不思議なたすけを願って教祖のもとへだんだんに寄り集うそのさまは、あたかも、太陽が刻々と昇るにつれて、日の光が強く明るく照り輝いていくかのような勢いとにぎわいを思わせるものがあったのではなかろうか。

この文久のころは、天保九年（一八三八年）から約二十五年の歳月が経過しており、立教の時点での「二十年三十年経《た》ったなれば、皆の者成程と思う日が来る程に」とのお言葉(5)の一つのあらわれとも受けとれる。

立教の時の中山家の中心的立場にあった善兵衛は、すでに、それより約十年前の嘉永六年（一八五三年）に出直している。その間、思召のままに、瓦をおろしかけ、高塀を取り払った善兵衛の胸中には、いつになったら、「成程と思う」その〝しるし〟があらわれてくるのであろうかという思いが、終始、点滅し続けていたのではなかろうか。出直す最後の日まで、その日を待ちこがれ、事の顚末《てんまつ》を見届けたいと願っていたにちがいない。

（3）「『講を結べ。』と、お急込《せきこ》み頂いたのは、文久、元治の頃に始まり、早くもその萌《きざ》しはあったが……」（『稿本天理教教祖伝』142ページ）

（4）『稿本天理教教祖伝』に「この（元治元年）頃には既に、芝村、大豆越村、横田村、小路《しょうじ》村、大西村、新泉《にいずみ》村、竜田《たつた》村、安堵《あんど》村、並松《なんまつ》村、櫟本《いちのもと》村、古市村、七条村、豊田村など、近村は言うに及ばず、かなり遠方からも、多くの人々が寄り集まった」（48ページ）とあり、『ひとことはなし』にも「其《その》時分二二十六日ニハ人ノ三十人モ来マスカラ……」（「翁の話」）とある。

（5）第3章「顕現」参照。

一家の大黒柱である善兵衛の出直しを機に、傾きかけていた中山家は一気に倒れてしまうのではないかと案じられたが、そうではなかった。悲しみの節目に出遭いながらも、教祖は、そのなかをあえて、母屋《おもや》を取りこぼち、末女こかんを浪速《なにわ》の街へ神名流しに出させるなど、積極的な勇みのふしへと転換されている。まさにそこに、ひながたの道の明るさをみることができる。

●

人々がおやしきへ集まって来る一方で、先方からの願いのままに、教祖は自ら進んでおたすけに出向いて行かれた。ことに、安堵《あんど》村(6)へは、再三足を運ばれている。

文久二年の産後の患いで危篤に陥っていた病人のおたすけに始まり、翌三年は飯田善六の子供のおたすけに(7)、さらに次の年の正月にも再び飯田宅へ出向いておられる。そのたびに周囲の村々から、教祖を慕い、たすけを求める人々が寄り集まるようになり、文久三年の折には、七、八日間、翌四年には四十日ほど滞在された。

不思議なたすけは随所にあらわれた。赴かれた先でも、常におたすけをされている。おやしきにやって来る人々のみならず、教祖自らがおたすけに足を運ばれているのであるが、そのご姿勢のなかに、国々所々の拠点、のちの講や教会の在り方を示唆されているように思える。

おやしきへ寄り来る人々で活気づくなか、教祖は、元治元年（一八六四年）の春から、熱心に信心する人々に、さづけを渡された。山中忠七と仲田佐右衛門は、扇《おうぎ》、御幣《ごへい》、肥《こえ》まるきりのさづけを頂いている。

（6）おやしきの西方約8キロにある現在の生駒郡安堵町。

（7）文久2年は平井伊平の妻きのおたすけに、翌3年には飯田善六の長男・岩治郎の一命危ないところを出向いておられる。教祖が、岩治郎の腹を一、二度なでられると、みるみるうちに回復し、岩治郎は牡丹餅《ぼたもち》を食べるまでになった。滞在中は、とくに祈念をされるのでもなく、これから先の世の変わりようや、人間元初まりの話などを、うたうように、話すように諭されたという。

このことは、をびや許しから次にさづけへと、人々の心の成人の段階に応じて、一つひとつ、たすけの道を開かれているように思える。おやしきへ集まって来る人のなかには、施しを求めて寄り来る人や、身上のたすかりを願って来る人もあったであろうし、たすけられたお礼に参り来る人もあったであろう。

そうしたなか、さづけは、病さえ治ればという、その時、その場限りのたすかりを願う人たちに対してではなく、教祖の教えに心から耳を傾け、聞き分けて、いよいよ、神一条・たすけ一条の道を志す者に渡されたのであった。

## さづけのこと

扇のさづけとは、教祖から授けられた扇を手に持って親神に祈願し、扇の動きで神意を悟ることができるというお許しのことで、扇のうかがいともいった。おたすけ以外に用いる者もあらわれ、明治初年ごろ、理を抜かれている。御幣《ごへい》のさづけは、扇のさづけと同様で、扇の代わりに御幣を用いた。

肥のさづけは、土と灰と糠《ぬか》を三合ずつ混ぜ合わせたものを、肥一駄（三十六貫＝一貫は約三・八キロ）分の効能があるとして授けられたもので、肥まるきりのさづけの場合は、肥料を全然施さなくても効能があるというもの。

教祖は、

「肥のさづけと言うても、何も法が効《き》くのやない。めんめんの心の誠真実が効くのやで」

と諭された（『稿本天理教教祖伝逸話篇』）。

こへやとてなにがきくとハをもうなよ
心のまことしんぢつがきく（おふでさき四 51）

当時の村人たちは、村の氏神に供える神饌ものをつくる神田《しんでん》では、清浄を保つために、下肥《しもごえ》を用いず、糠と灰のみを用いる習慣であったから、教祖のお諭しは耳新しいながらも、この肥のさづけが特別の意味を持っていることは直感できたはずである。

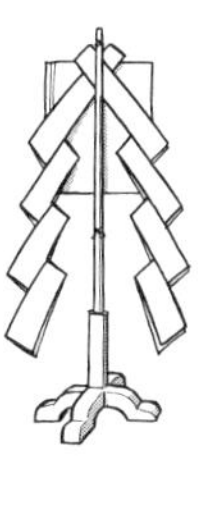

御幣

のちに、辻忠作ら数名の人々に、さづけを渡される時、教祖は、

「これ神と思うて大切に祀《まつ》れ」

「これ末代と悟れ。長の道中、路金《ろぎん》(8)なくては通られようまい。路金として肥授けよう」

とおおせになっている。


さづけを渡すということは、一つには、それぞれの家における日々の礼拝の目標《めどう》として、扇、あるいは御幣を、「神と思うて大切に祀れ」という意味であろう。また一つには、当時のおやしきに出入りしていた人々のほとんどは農家の人であったから、そうした人々が、熱心に信心すればするほど、毎日の農事、つまりは生計の糧を犠牲にしなければならないので、「路金として肥授けよう」という思召があったのであろう。

教祖にたすけられた人、さづけを頂いた人たちからの評判が伝わり、かなりの遠方からも、教祖のもとへ引き寄せられる人々が次第に増えてきた。そうなると、おやしきの建物の手狭さが感じられるようになる。(9)

のちの本席・飯降伊蔵(10)が、初めて参拝したのは、このころのことである。


元治元年五月、流産後の患いで伏せっていた妻おさとのおたすけを願って、伊蔵がおやしきを訪ねた時のこと、教祖は、

「さあ〳〵、待っていた、待っていた」

と喜ばれたという。それというのも、以前から教祖は、「大工が出て来る、出て来る」とおおせになっていたからである。

(8) 旅の道中に必要な費用のこと。

(9) 「既に母屋《おもや》は無く、古い粗末な八畳と六畳の二間が、教祖のお住居《すまい》であり、その八畳の間に、目標《めどう》として御幣《ごへい》を祀《まつ》って、人々の寄り集まる部屋ともなっていた。毎月の二十六日には、室内に入り切れず、庭まで溢《あふ》れる景況《ありさま》であったので、早く詣《まい》り所《しょ》を普請さして頂かねば、という声が、人々の間に、漸《ようや》く起《おこ》り始めた」(『稿本天理教教祖伝』48～49ページ)

(10) 伊蔵は、天保4年(一八三三年)12月28日生まれ。明治20年教祖が現身《うつしみ》をかくされてのち、3月25日本席と定められている。当時、おやしきの北西約3キロにある櫟本《いちのもと》村に住んでいた。

伊蔵の職業は、大工の棟梁《とうりょう》であったから、このお言葉の「大工」は、伊蔵のことであり、教祖は、伊蔵がおやしきへ引き寄せられることを、すでに予言しておられたのである。

教えられたとおり、腹帯を取り除き、散薬(11)を頂くと、翌朝には、おさとの容体は快方に向かいはじめた。伊蔵は夜の明けるのを待ち兼ねておやしきへ向かい、その夜も重ねて参っている。三日目には、物にもたれて食事もできるようになり、日ならずして、全快のおたすけを頂いた。

このことを機に、教祖を慕い、おやしきへ寄せる伊蔵の思いは、日に日にあつくなっていく……。

## ●普請と節と

**元治《がんじ》元年六月二十五日、飯降伊蔵が、初めて夫婦揃《そろ》うてお礼詣《まい》りに帰った時、おさとが、救《たす》けて頂いたお礼に、何かお供《そなえ》さして頂きましょう。と言ったので、伊蔵は、お社《やしろ》の献納を思い付いた。**

（五十三ページ）

翌七月二十六日、おやしきへ帰った折(12)、あらためてその旨を申し上げたところ、教祖は、

「社はいらぬ。小さいものでも建てかけ」

(11) ハッタイ粉の御供《ごく》のことであろう。明治11年ごろから、御供は、ハッタイ粉に代えて金米糖を渡されるようになる。

(12) この時、伊蔵夫婦は、教祖から、扇と御幣のさづけを頂いている。

とおおせになった。

そのころのおやしきの様子はというと、古い粗末な八畳の間に、目標《めどう》として御幣が祀《まつ》られているだけであった(13)ので、伊蔵夫婦は、世間一般のご神体がそうであるように、お社を作って、そこに御幣を納めさせていただかねばもったいないと思ったのであろう。しかし、「社はいらぬ」と。教祖が神のやしろであるからであろう。

引き続いて、「小さいものでも」とのおおせに対して、どれほどの大きさのものかをうかがうと、

「一坪四方(14)のもの建てるのやで、一坪四方のもの建家《たちや》ではない」

さらに、

「つぎ足しは心次第」

次いで、建てる場所をうかがうと、

「米倉と綿倉とを取りのけて、そのあとへ建てるのや」

とのお言葉があった。

この「一坪四方」「建家ではない」とのお言葉には、のちに定められるぢば(15)との関連が想起されるし、また月日のやしろであられる教祖のお座りになる場所であるとも理解されよう。

当時の広さの最小単位ともいえる「一坪」のものから始めかけていって(16)、あとの継ぎ足しは人々の真実のほどに従ってという思召が、「つぎ足しは心次第」のお言葉に含まれているのであろう。

(13) 88ページの注(9)参照。

(14) 坪とは尺貫法の地積の単位。主として宅地にいう。約1・8メートル平方の広さ。

(15) ぢば定めは、明治8年6月29日(旧暦5月26日)。

(16) おさしづにも、「一坪から始まり、一坪ぐらい何でもないと言うやろう。掛かりはそんなもの。それを引き受けると言うた者は席が言うた。皆その心に成れ。一坪から始め掛かり、言うて来て出来た。難儀の道も通りどんな道も通り、難儀の道から出来て来たる」(明治40・5・21)とある。

引き続きあった「米倉と綿倉とを取りのけて」とのお言葉に、居合わせた人々は、相談のうえ、三間半に六間のものを建てさせていただこうと心を定めている。

わざわざ倉をのけなくても、それを建てるだけのスペースは、他にもある（左図参照）のだから、その敷地を用意するための「米倉と綿倉とを取りのけて」ではなく、いわば、世俗的な生活の場を取り払ってから、神のやかたの普請にかかるという思召が、このお言葉にはあったのではなかろうか。

教祖のほうから、明確にどれだけのものをと指示されてはいない。あくまでも人々の真実の心を引き出そうとしておられる。「おかきさげ」にも、「言わん言えんの理を聞き分けるなら、何かの理も鮮やかという」とあるように、ここに信仰の基本姿勢の一端を示されているように思える。

**つとめ場所の間取りと**
**つとめ場所普請後のおやしき**

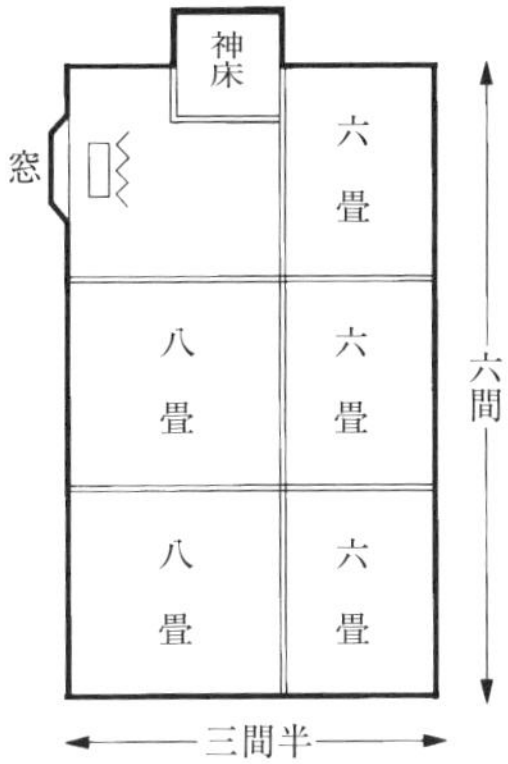


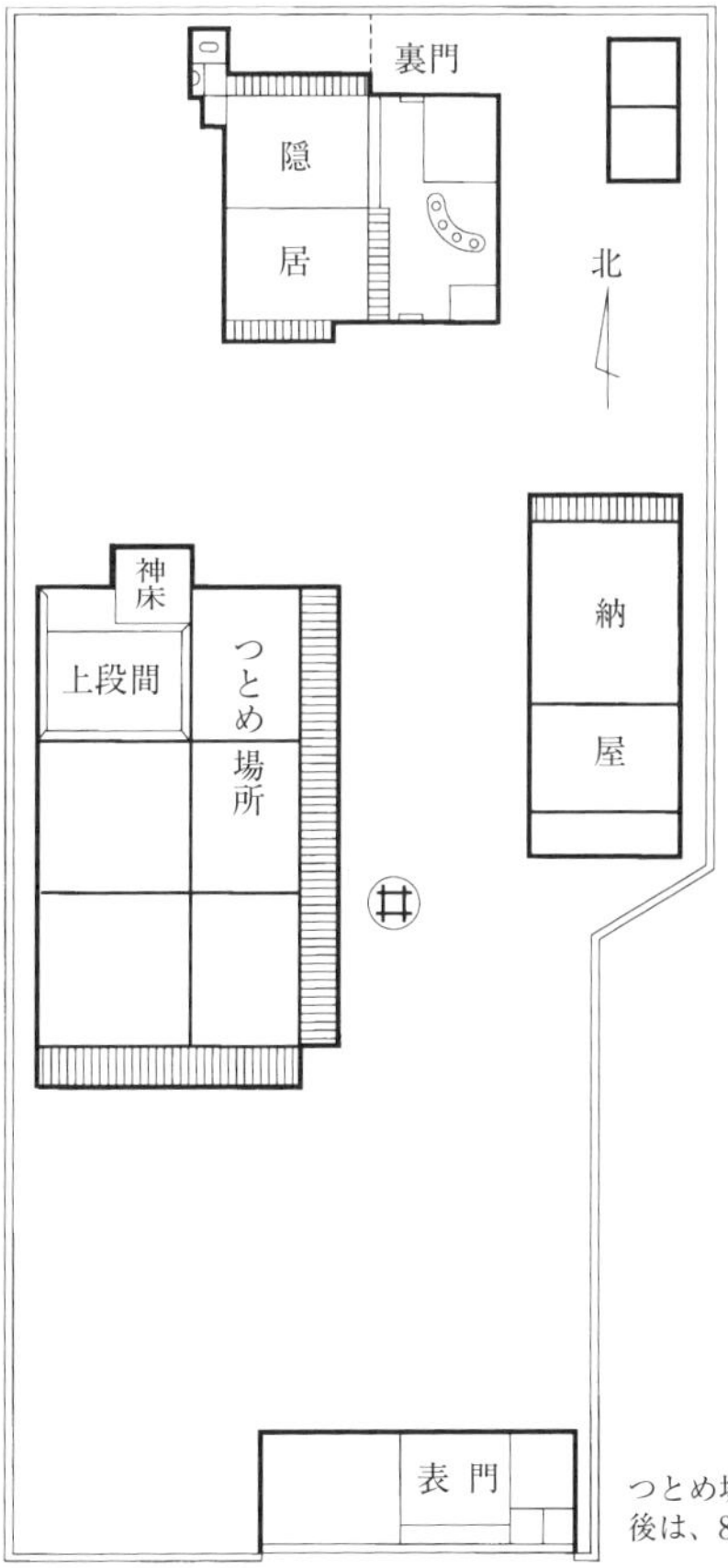


つとめ場所普請前、母屋取りこぼち後は、81ページ図参照。

## 普請ときりなしふしん

幕末ごろには、家普請の様子も多少変化したが、基本的には伝統的な協力組織による建築が、その儀式にみられる。

建築用材や礎石は村の共有の山から切り出し、屋根葺き用の茅《かや》は共有の原野から、ワラの場合は家々から持ち寄られる。建築の始めには、手板（設計図は板に書いたのでこう言う）振舞《ふるまい》（頼みとも言う）が行われる。この宴に招待された人は、普請に協力する義務を持つ人たちである。地祭り（地鎮祭）、木出し、石出し、地突きはすべて村人の協力でなされ、大工仕事はちょんの始めに始まり、柱立て、棟上げは一番重要視される。屋根葺きも重要な協力の仕事であり、祭りであった。家が出来上がったあとの家移りは、日や方位の吉凶を見定めて行われる。これが最後の祭りで、今の新築祝いに相当する。

家普請は、村共同体の仕事であったから、個人の勝手にできるものではなかった。一生一度の普請というのが、昔の感覚である。継続的に普請を続ける「きりなしふしん」との教祖のお言葉は、当時の人々にとって、人間の住む家の普請ではないことを直感させたであろう。

当時の人々は、そういった教祖の深い思召、お言葉に含まれた深い神意を、十分に悟ることはできないながらも、お言葉どおりに素直に受けとめるだけの信仰の段階に達していたのではなかろうか。

だからこそ、人々は当時の民家の建築基準[17]よりも広い三間半に六間のものを建てることで衆議一決し、それぞれ費用や手間を分担するまでに至ったのであろう。[18]三間半に六間とは、八畳と六畳の間各三部屋の大きさにあたる。

伊蔵にしてみれば、自分一人でもできるお社の献納を申し出たのであったが、

（17）享保14年（一七二九年）の幕府の条例によると、農家の新築は梁間2間半、桁行6間以下と規定している（同6年の条例では、梁間3間とあり、桁行は記されていない）。ただし、先祖伝来の住居や由緒あるものは、役人方へ届け出て、指図を受けるという便法も認めている。文化3年（一八〇六年）の長柄《ながら》村（現天理市）17軒のうち、豪士級の1軒を除けば、3×5間の家は1軒だけで、他の15軒は、梁間2間半（8軒）か2間（7軒）で、桁行は5間が普通である。当時、3間半に6間の建物は、民家としては特別の認可を必要とする大建築であったといえる。

（18）山中は費用、飯降は手間、辻は瓦、仲田は畳6枚、西田は畳8枚など。

（19）飯降伊蔵の話をもとにつづられた『翁《おう》より聞きし咄《はなし》』（「翁の話」＝『ひとことはなし』所収）には、「金五円」とある（明治4年の新貨

気がつけば、事態は伊蔵一人の手には負えない規模にまで膨らんでしまっていた。しかし、人々も思いを同じくし、心が一つに合わさったところで、普請の段取りは進められていったのである。

八月二十六日、持ち寄った金五両(19)を手付として材木や瓦を注文し、(20)引き続き、寄り集まった人々により、米倉と綿倉を取りのけた跡地の地ならしがなされた。九月十三日のちょんの始め(21)後のおやしきは、連日、鑿《のみ》や槌《つち》の音がにぎやかに響き渡り、十月二十六日には棟上げを迎えた。

●

ところで、つとめ場所の普請に至るまでのおやしきの建物の変遷過程はどうであったのだろうか。それを、初代真柱による『教祖御履歴不燦然《ふさんぜん》探知記載簿』(22)の叙述などを手掛かりに、たどってみたい。

中山家には、三つの倉が南北に並んでいたと伝えられる。母屋《おもや》と隣接していた倉(内蔵)が、嘉永《かえい》六年の母屋取りこぼち後、教祖がお住まいになったとされる土蔵であったとみられる。その倉も、半年ほどのち、米倉と綿倉を残して取りのけられるが、教祖が、土蔵から八畳と六畳の建物に移られたのは、この時のことであり、いわゆる谷底時代に住まわれたとされる掘立て小屋とは、この東の納屋のことではなかったろうか(23)。その後、つとめ場所の普請を機に、残っていた米倉と綿倉が取りのけられるのであるが、その際、教祖は、壺を伏せ納められている。そののち、慶応二年二月、教祖が、「神床の下に納めてある壺を、取り出せ」とおおせになって、

幣条例では1両が1円)。5両は当時の平均相場で米2石(1石は約180リットル)強にあたり、現在の米の価格(1石は約6万円)から換算すると約12万円に相当する。

(20) 材木は阪《さか》(現在の天理市滝本町)にあった「阪の大新《だいしん》」(庄司新治郎)に、瓦は守目堂村の「瓦《かわら》幾《いく》」(福井幾蔵)に注文している。

(21) 手斧《ておの》のことを「ちょんの」、「ちょんな」ともいい、手斧の使い始め、つまり起工式のこと。

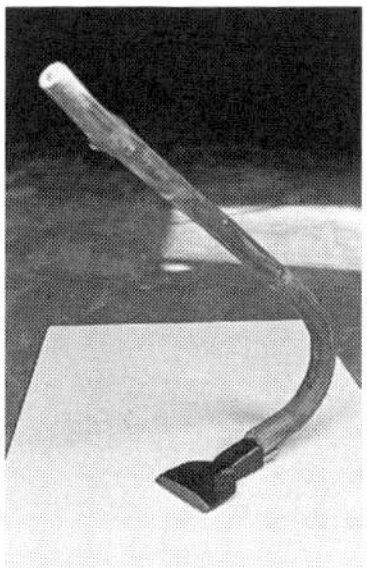

(22) 「……家モ売払《うりはら》ヒ有物《あるもの》モ人ニ施セリ夫《そ》レヨリ亦《また》内蔵ヲこぼつ半年ノ程ナリ……内蔵ノ北ニ土蔵二ケ所アリ壺ハ伏セシマヒナリ二

山中忠七に永代の物種を授けられている。(24) 物種が納めてあった壺は、つとめ場所の普請の際に伏せ納められていた壺の一つであるとも推察できる。

棟上げ後の祝いの席は、カマスの干物一匹ずつに御神酒が一、二升という簡素なものであったので、伊蔵の妻おさとは不足させまいと苦労したようである。(25) それを見兼ねたのであろうか、忠七が一同を自宅へ招待することになった。翌二十七日朝、一同が大豆越村へ出発するにあたり、教祖にうかがうと、

「行ってもよろし。行く道すがら神前を通る時には、拝をするように」

とおおせられた。

この「神前を通る時には、拝をするように」とのお言葉がもとで、いわゆる大和《おおやまと》神社のふしが起こっている。

大和神社の前に差しかかった一行は、そのお言葉を思い出し、持参していた鳴物を力いっぱい打ち鳴らして拝をした。一同の心は、忠七宅での祝宴を前にして、かなり勇みきっていたのであろう。ところが、折しも社殿では、大和一国の神職取締の守屋筑前守《もりやちくぜんのかみ》による厳粛な祈とうの最中であった。それを妨害したとして、一行は三日間留め置かれ、鳴物なども没収された（左ページコラム参照）。

なぜ、大豆越へ向かうのに、鳴物などのつとめの道具を携えていたのであろう。忠七宅でも、つとめをしようと携行していたのであろうか。この事件後の「御請書」のなかに、没収されていた鳴物数点と「馬鹿踊」という記述がある。(26)「みかぐらうた」

ケ所ノ土蔵ヲこぼちテ勤《つとめ》場所ノなわむねヲ上グル……」（『復元』第39号）

(23) 第5章「道あけ」、81ページ図参照。

(24) 『稿本天理教教祖伝逸話篇』「一五　この物種は」に詳しい。

(25) たとえば、自分の帯を酒代にしてふるまったと伝えられる。

(26) 慶応元年11月11日付の「御請書」には、

一、太鼓　壱

一、鈴　壱

一、拍子木　七丁

一、手拍子　壱

一、すゞ　壱

の鳴物数点が列記され、文中には「……鳴物ノ品々ヲ以《もって》天龍王命様と申唱《もうしとな》へ、馬鹿踊と称し、家業疎《おろそか》ニ致し……」と記されている（『御教祖伝史実校訂本　中二』＝『復元』第32号所収）。

## 大和神社のふし

つとめ場所の棟上げの翌二十七日朝、秀司、飯降伊蔵、山中忠七、芝村の清蔵、栄太郎、久太郎、大西村の勘兵衛、弥三郎、兵四郎、安女、倉女、弥之助の一行は、勇んで大豆越《まめこし》村へ出発した。途中、山口村、乙木《おとぎ》村を左に見ながら南へ進み、佐保庄《さほのしょう》、三昧田《さんまいでん》の村々を過ぎると、やがて大和神社《おおやまと》の森が見えてくる。

大和神社は、おやしきから南へ約三キロ。現在の天理市新泉《にいずみ》町にある。旧官幣大社の一つで、記紀に登場する倭大国魂大《やまとのおおくにのたまのおお》神《かみ》、八千戈大神《やちほこのおおかみ》、御歳大神《みとしのおおかみ》の神々を祭神とし、日本最古とも言われる。もともと「大倭」と記していたようであるが、現在では「大和」と書いて、「おおやまと」と呼ばれている。

その日、大和神社では、守屋筑前守《もりやちくぜんのかみ》による一週間の祈とうが行われている最中であった。守屋筑前守広治は、大和国磯城《しき》郡川東村蔵堂《くらんど》の人である。由緒ある社殿の前で、卑俗な鳴物を打ち鳴らし、聞いたこともない神名を高唱するとはけしからんとし、さらには筑前守の厳粛な祈とうを故意に妨害したとして、一行は鳥居前の宿「成与(城与とも)」に留め置かれてしまった。

庄屋敷村や櫟本村の知人や村役人に連絡して、釈放方を依頼し、山中忠七の義弟にあたる新泉村の山澤良治郎からも、いとこにあたる筑前守に掛け合ったりし、櫟本村から庄屋の代理として岸甚七という人が謝罪に来て、ようやく放免となったのは、三日目のことであった。

この一件が、のちのちの「話の台」となるのである。

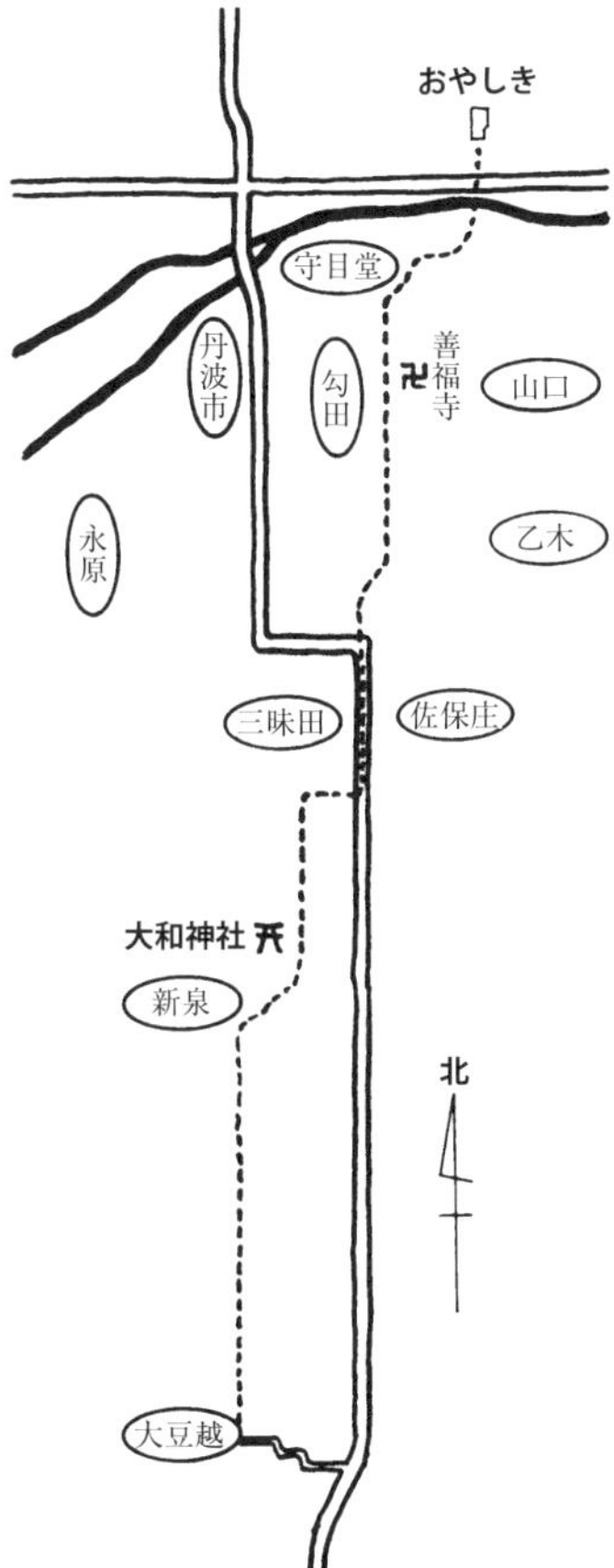

の歌と手振りを教えられるのは、二年後の慶応二年からのことであるが、まさにその前奏とも言えるものが、すでに、この時点であったのではないかとも推測される。
それにしても、なぜ、「拝をせよ」とのおおせに、人々は「なむ天理王命」と声高らかに神名を唱え、しかも太鼓や拍子木などの鳴物を打ち鳴らしたのかという疑問も生じてくるが、そのような事態になることを、教祖は承知のうえで、そのひと言を付け加えられたものと思わずにはおれない。つまり、そこに深い親神の思惑があったのであろう。(27)

まだ教えを聞いて日の浅い人のなかには、このふしから、先々に不安を感じて、信仰をやめてしまう者もあり、普請により盛り上がっていた人々の信仰の火も、急に勢いを弱めてしまった。

あまりの変わりように、こかんが、「行かなんだらよかったのに」とつぶやくと、教祖の様子があらたまって、

「不足言うのではない。後々《のちのち》の話の台である程に」

とのお言葉があった。

教祖の周囲の人々も含めて、教祖がたどられたひながたの道のすべてが、「後々の話の台」となるが、ここでは、おやしきへ人々の足が遠のくなか、たとえ一人残ってでも、普請は最後まで努めさせていただこうという、伊蔵の誠真実を指しておられるのであろう。このことについては、『稿本天理教教祖伝』第四章に詳しく述べられている。(28)

(27) おさしづに、「棟上げしたらどんな道が付いて来るで。神が言い聞かし、どんな事も思わず道を通り棟上げした。これでよい〳〵。神が入り込んで居《い》るから、按配《あんばい》よう成って来るで。これは大豆越忠七、大工に道で言い付けて、人数神殿の前を通れば、拝して通れ。これで結構や。なむ天理王命〳〵唱え、太鼓叩《たた》いてつとめをし、他に居《い》て一人の家守《やもり》に事が成らず、門を閉めて了《しま》い、何構わん。皆入れ〳〵。三日留め置かれ、万々所《ばんばんところ》の役人に掛け合《お》うて知らし、どうなっと詫《わび》して、それより道の順序、廃《すた》って了《しも》うた。その暮《くれ》になって往《い》なずと、存命の者尋ねば分かる。混り〳〵、人間心を変えて曖昧《あいまい》とな。もう道の知らん事はどうもならん」(明治31・8・26) とある。

(28) おさしづにも、「大工一人になった事思《おも》てみよ〳〵。……一日の日誰も出て来る者も無かった。

伊蔵の真実と丹精により、内造りはなんとか進められたが、屋根のほうは、「この普請は、三十年の見込み」との教祖のおおせにより、土を置かず空葺《からぶ》き(29)のままにされた。この間、おやしきに寄り集う人の数が減るなかで、一方、忠七や伊蔵のほかにも、山澤良治郎、上田平治(30)、桝井伊三郎、前川喜三郎らが信仰を始めているのも、見逃すことはできない。

この普請が完成した時期については定かに伝えられていないが、明けて元治二年(31)の正月過ぎには、いちおう、整ったのではなかろうか。

つとめ場所の普請は、形のうえでのたすけ場所、たすけ一条の道の根源であるおつとめをつとめるべき場所をつくるということであり、「つとめ場所」という名称も、そこに由来するものとみることができる(32)。

途中、大きなふしに遭ってつまずいたが、その苦労が大きかっただけに人々の喜びもひとしおであったにちがいない。飯降伊蔵の真実の積み重ねによって本教最初といわれる普請が成ってきた。このことからも、普請は、真実を尽くす場、心の入れ替えをする過程として深い意義をもつようになる。それは、そのまま、ひのきしんの場であり、おたすけの場であり、ひいては心のふしんの場であるということが確認される。心のふしん、つまり、心の成人は、まさにきりなしふしんなのである。

振り返れば、おやしきの普請は、まずゼロにすることから始まった。嘉永六年の「これから、世界のふしんに掛る。祝うて下され」とのおおせのままに、母屋を取り払ったことから出発し、元治元年には、この道始まってからの最初の普請といわ

頼りになる者無かった。……これ放《ほ》って置かるか、放って置けるか」（明治34・5・25）とある。

(29) 屋根は、板、杉皮、土、瓦の順に葺《ふ》くのが普通であるが、時間や予算の関係で、土を置かずそのまま瓦をのせる葺き方もある。また、暫定的な普請、すなわち仮屋の普請にも土を置かない。

(30) 山中忠七の妻その の弟が山澤良治郎で、良治郎の妹いその夫が上田平治にあたる。

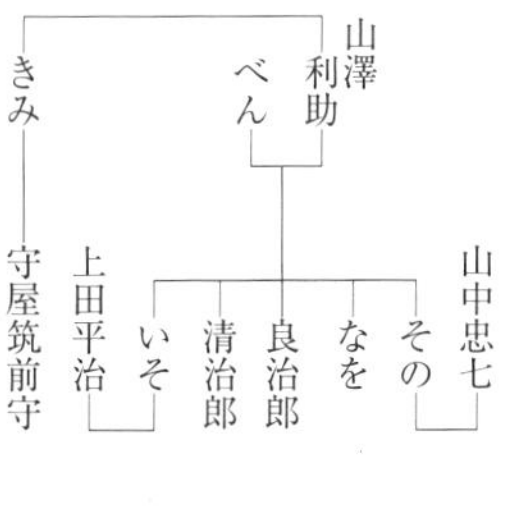


(31) 元治2年4月7日改元、慶応元年となる。

れる、つとめ場所の建築にかかっている。

善兵衛が見届けることのできなかった「二十年三十年経ったなれば、皆の者成程と思う日が来る程に」とのお言葉のあらわれが、この普請であったともみられる。初代真柱の『教祖様御伝』の中にも、「天保九年より元治元年迄二十七年ニなるなり」と、感慨を込めて記されてある。

このつとめ場所の普請こそ、人々が成人の歩みを一歩踏みだした心のふしんの姿といえるし、また、世界のふしん、きりなしふしんへの門出でもあった。

## 当時の社会背景

文久三年（一八六三年）のクーデターによって、尊王攘夷派の長州藩は京都を追われ、京都は公武合体派が支配することになる。尊攘派の志士は、京都に潜入して再起を図った。

元治元年（一八六四年）五月五日、三昧田《さんまいでん》と永原《ながはら》との村境の御霊《ごりょう》之辻で、冷泉為恭《れいぜいためちか》が長州浪人に斬られ、首のない遺体の処理で、両村の間でなすり合いをしている。教祖の実弟・前川半兵衛（半三郎）は当時庄屋役であったから、その事に関与しているはずである。

六月五日、新撰組の池田屋襲撃により、在京の尊攘の志士二十数名が斬殺された。これに憤慨した長州藩は「君側《くんそく》の姦《かん》を除く」との名目のもとに、京都へ進軍。幕府軍との戦火に焼かれた家は二万八千戸、『福知堂年代記』では六、七百戸という。中央と地方との情報の差がうかがえる。

七月二十一日、長州藩討伐の勅命が下された。一転して朝敵となった長州藩を、それ以上の外患が襲った。英・仏・蘭の連合艦隊により、八月五日から三日間で下関の砲台が、完全に粉砕された。

十一月十一日、藩は三家老の自刃、四参謀の斬罪により幕府への恭順の意を表した。十二月二十七日、征長諸軍の撤兵が発令された。これ以降、「攘夷」は「倒幕」へと転換する。

（32）みかぐらうたに「ひのもとしよやしきの　つとめのばしよハよのもとや」（三下り目　一ッ）とある。おさしづにも「つとめ場所は世の元という」（明治31・7・14）とある。

# 第七章

# たすけに出る……迫害と阻害のなかで

不思議なたすけを求め、人々がおやしきへ寄り来る一方で、教祖もまた、自ら進んで、たすけに出ておられる。

教えに耳を傾ける人々が増え、おやしきがにぎわしくなる反面、迫害を加える者があらわれたり、また、たすけられた者の中から、教えを阻害する者が出てきたのも、このころからであった。

## ●たすけに出る

**庄屋敷村の生神様《いきがみさま》の、あらたかな霊験を讃《たた》える世間の声が、高くなるにつれ、近在の神職、僧侶《そうりょ》、山伏、医者などが、この生神を論破しようと、次々に現われた。**

（六十二ページ）

文久二年（一八六二年）ごろには、並松村《なんまつ》の稲荷《いなり》下げ(1)が、金銭の無心に来ている。これが、記録に残る最初の、外からの反対攻撃といえる出来事である。

事の前後は明らかではないが、同じ文久二年、先方からの願いにより、教祖は産

（1）並松村は、おやしきの西方約10キロにある（現奈良県生駒郡）。稲荷下げについては、80ページの注（15）参照。

後の患いで危篤に陥っている病人のおたすけに安堵《あんど》村まで出掛けておられる。(2) 安堵村の近村にあたる並松村から稲荷下げがおやしきへやって来たのは、このことがきっかけとなっているのではなかろうか。教祖を、いわゆる同業者とみた稲荷下げが、自分の縄張りを荒らされたということでか、あるいは仲間入りを勧めるためにか、言い寄って来たものと推測される。

この時、先方の請いに任せて二両二分を与えられているが、二両二分といえば大金である。(3) 一見、当時のおやしきにあって、どうして、そんな大金を即座に調達できたのだろうかという疑問もわくが、そのころには、かなりの人々が教祖のもとへと寄り集まっており、なかには、時々の珍しいものや金銭を持ってお礼に来る人もあったと考えられる。しかし、教祖は、その真心を喜ばれるのが常であり、それらの品々は、寄り来る人々に、そのまま、施し尽くされていたようである。(4) そうしたことからすれば、二両二分の調達も理解できないことはない。

これを損害賠償のたぐいとみるのか、あるいは、いわゆる仲間入りの義理立ての要求なのか、それとも単に、ゆすりに来ただけなのか、よくわからない。教祖は、金目当ての者には笑って渡されたようではあるが、以降、そうした場面にぶつかるたびに、こかんなど、おそばの人々に対して、「ほこりはよけて通りや」と諭されたという。(5)

また、安堵村へは、翌文久三年にも、先方から請われるままに出向かれ、明けて四年(6)の正月には、四十日ほど滞在された。そして、周辺の村々から教祖を慕い寄っ

(2) 86ページの注(6)(7)参照。

(3) 当時米1石(約180リットル)は2両強、現在の約6万円に相当。

(4) 明治14年10月7日付の丹波市分署あての「就御尋手続書」(『復元』第32号所収)に「慶応弐《二》年七月下旬頃、……多分参詣人弥増《いやまし》候《そうろう》処《ところ》、参詣人ヨリ青物ヲ進シ候ヲ該参詣人へ恵放致居《めぐみはなちいたしおり》候《そうろう》」とある。

(5) 「か丶る時にも泰然として、さからひもせず、又《また》にげかくれもせず、いう〱として御座るのは、何もふしぎな事ではない。否寧《いなむし》ろ、かくあるべき筈《はず》の事でござりまして、実にわれ〱に、『ほこりはよけて通れよ、ほこりにさからうたら、自分も又ほこりをかぶらにやならん程に、けしてほこりにさからうやないで』又『しんじつもつてこの道つとめるなら、いかな処も、こはきあぶなきはない。神がつれて通るほどに、決しておめも、おそれもするやないで』と、

て来た人々や、たすけを願い出る人々のおたすけにあたっておられる(7)。

このことを耳にした、これまた並松村の医者の古川文吾(8)は、奈良の金剛院(9)の者を連れて、教祖が滞在されていた飯田宅へ乱入し、狐《きつね》、狸《たぬき》などとの暴言を吐き、はては、腕力にまでも及ぼうとした。が、その瞬間、教祖の様子が、たちまち改まり、厳かに、

「問う事あらば、問え」

とのお言葉があった。

古川らは次々と難問を投げかけたが、教祖はそれに対して、一つひとつ鮮やかに答えられ、さらに、いろいろと教え諭された。古川らは恐れ入り、ただ平身低頭するばかりであった(10)。

医者や金剛院の者たちにしてみれば、自分たちのもとへ来るはずの患者や信者を取られてしまい、生活の基盤に危機を感じてか、あるいは、自分たちの権威にもかかわるとして、乗り込んで来たのであろう。

慶応元年(11)（一八六五年）六月のある夕方には、二人の僧侶(12)が、「天理王命と申して、日暮れに灯《ひ》もともさぬのか」と言いながら、おやしきへ乱入している。

この「日暮れに灯」とは何のことか。おそらく、許しも得ずにこっそりと、秘密裏に宗教活動をしないで、灯をともして公然とやったらどうかという意味ではなかろうか。とにかく、何かと言い掛かりをつけてやって来たのは確かであろう。

この時、応対に出たこかんに、剣を抜き白刃を突きたてながら難問を浴びせたが、

お聞かせ下さいまする処の、手本をかいてくだされたのでございます」（『正文遺韻』）

（6）2月20日、元治元年に改元。

（7）第6章「つとめのばしょ」参照。

（8）「彼は天保年間、大和国南葛城郡国栖《くず》村今泉に生《うま》れた。……卜部《うらべ》神道を研究し、各地の神社仏閣を廻って修業し、……吉田神祇管領家から神職名をもらい、自ら古川豊後守《ぶんごのかみ》橘正修を名乗っていた。医学も研究し、漢方の外に西洋医学も学び、後年……奈良県衛生会をつくり、各地を遊説していた。……論判に行ったのは、二十七、八歳のころと思われる。当時はみずから大和の神道取締だと言って、大神《おおみわ》神社、大和神社などへよく行っていたという」（高野友治著『神の出現とその周辺』）

（9）奈良の法相宗興福寺内の子

こかんはひるむことなく、平然として教理を取り次いだ。僧侶は、その明快な回答に、返す言葉を見つけることができず、理に詰まったあげく、理不尽にも、畳を切り破り、太鼓を切り裂くなどして、引き揚げた。(13)

をびや許しを道あけとして、珍しいたすけのうわさが広まり、高まるにつれて、以前のように、教祖をあざけり、そしるような人は少なくなったであろう。しかし、その反面、教祖が積極的におたすけに出られるようになると、反対や排斥の動きが表面化してきた。

それはまず、教祖を、いわゆる同業者とみなす人々の、ねたみ・そねみから起こり、次第に社会全体に広がり、その後、教祖に対して次々と迫害が及ぶようになる。

そうした反対攻撃があったにもかかわらず、教祖の不思議なたすけの評判は、かえって高まり、広がっていくのであった。

慶応三年の「御神前名記帳」(14)によると、二十六日など、多い日には二百人近く、少ない日でも十数人の人名が記されている。当時、かなりの数の人が、おやしきの土を踏んでいたことが、そこから読みとれる。

大和一国の神職取締に任ぜられていた守屋筑前守《ちくぜんのかみ》(15)が、おやしきを訪ねたのも、このころである。

筑前守は、一年前の元治元年の大和神社の一件以来、教祖のご行動、おやしきの動静を気にかけ、その正体を見極めようとして訪ねて来たのであろう。種々の質問に対する教祖の明快なお答えに、また、教祖のお人柄に、筑前守は好意ある理解を

院の一つで興福寺境内の真北にあったが、明治初めの廃仏毀釈で消滅した。また、このころ、すでに無住であったという説もある。なお、おやしき南東の内山永久寺内にも金剛院という子院があった。

(10)『神の出現とその周辺』に古川文吾の外孫に当たる佃正夫氏が、祖父文吾から聞いた話として「あれは私の敗《ま》けやった。あの婆さんは偉い婆さんや」とある。

(11)元治2年4月7日改元、慶応となる。

(12)おやしきの西方約3キロほどにある、浄土真宗に属する法林寺と光蓮寺の僧とも伝えられる。

(13)おさしづに、「何処《どこ》の坊主やら分からん者が、門口《かどぐち》さして暴れさって〳〵、どうしょうや知らんと思《おも》た事もあったなあ。……六月頃の話、坊主来《き》よったのがあら古い事、畳へ刀を抜きやがって、

示し、公許を勧める言葉を残して帰ったと伝えられている。[16] その時の会話が、どのような内容のものであったのか、また、教祖の教えを立場の違う筑前守が、どのよ

ぐさと差しよった事もあって…
…」（明治31・12・31）とある。

### 慶応3年の「御神前名記帳」の日別・地域別記載者数

| 日付 | 天理市 | 磯城郡 | 生駒郡 | 大和郡山市 | 北葛城郡 | 奈良市 | 橿原市 | 桜井市 | 高市郡 | 宇陀郡 | 御所市 | 大和高田市 | 吉野郡 | 京都府 | 大阪府 | 徳島県 | 不明 | 計 |
|---|---|---|---|---|---|---|---|---|---|---|---|---|---|---|---|---|---|---|
| 4月5日 | 28 | 24 | 32 | 6 | 6 | 11 | 7 | 2 | | | | | | 2 | 2 | | | 120 |
| 6 | 11 | 28 | 2 | 4 | | 3 | 3 | 4 | | 3 | | 5 | | | | | 1 | 64 |
| 7 | 9 | 6 | 2 | 17 | 22 | 10 | | 4 | | 2 | | | | 6 | | | | 78 |
| 8 | 29 | 26 | 7 | 4 | | 3 | 2 | | 4 | 2 | | | 2 | | | | | 79 |
| 9 | 16 | 13 | 17 | 30 | 4 | 15 | 5 | 3 | | | | | 1 | 3 | | | 1 | 108 |
| 10 | 28 | 31 | 7 | 15 | 11 | 3 | 6 | 1 | 1 | 4 | | | | | | | | 107 |
| 11 | 13 | 11 | 20 | 6 | 4 | | | | | | | | | 2 | | | | 56 |
| 12 | 26 | 9 | 2 | 13 | 3 | 7 | 1 | | | | | | | | 5 | | | 66 |
| 13 | 13 | 15 | 13 | 6 | 8 | 7 | | 3 | | 1 | | | | | | | | 66 |
| 14 | 8 | 17 | 22 | 14 | 2 | 1 | 2 | 7 | 4 | | | 2 | | | | | 1 | 80 |
| 15 | 23 | 41 | 29 | 22 | 12 | 6 | 6 | 3 | | 2 | 2 | | | | | | | 146 |
| 16 | 20 | 28 | 18 | 24 | 17 | 11 | 6 | 2 | | | | | | | | | | 126 |
| 17 | 31 | 32 | 18 | 18 | 4 | | 6 | | | | 2 | | | 6 | | | | 117 |
| 18 | 14 | 13 | 12 | 20 | 17 | 11 | 3 | 5 | 1 | 1 | | | | | 1 | | 1 | 99 |
| 19 | 15 | 21 | 9 | 16 | 13 | 6 | 2 | | | 2 | | | | | 2 | | | 86 |
| 20 | 24 | 15 | 19 | 13 | 2 | 4 | | 2 | | 2 | | | | | | | | 81 |
| 21 | 16 | 27 | 11 | 13 | 13 | 7 | 6 | 9 | | 2 | | | | | | | 1 | 105 |
| 22 | 4 | 5 | | 3 | | | | | | | | | | | | | | 12 |
| 23 | 19 | 9 | 43 | 23 | 4 | 1 | 1 | 2 | | | | | | | 2 | | | 104 |
| 24 | 12 | 21 | 10 | | 9 | 7 | | 4 | | | | | | | | | | 63 |
| 25 | 15 | 13 | 18 | 12 | 6 | 3 | 2 | 2 | | | | | | | | | | 71 |
| 26 | 17 | 32 | 54 | 30 | 23 | 24 | 4 | 5 | 1 | | | | | | 2 | | 1 | 193 |
| 27 | 11 | 9 | 13 | 11 | 7 | 3 | 6 | | | | | | 1 | | | 1 | | 62 |
| 28 | 16 | 25 | 13 | 13 | 14 | 1 | 3 | 10 | 3 | 3 | | | | | | | | 101 |
| 29 | 12 | 5 | 18 | 8 | 11 | 3 | 2 | | 6 | | | | | | 2 | | 4 | 71 |
| 晦 | 19 | 10 | 12 | 5 | 11 | 8 | | 6 | | | | | | | | | | 71 |
| 5月朔日 | 6 | 14 | 17 | 14 | | 1 | | 2 | 2 | 3 | | | | | | | | 59 |
| 2 | 11 | 9 | 10 | 4 | 2 | 2 | 2 | 4 | | | | | | | | | | 44 |
| 3 | 13 | 3 | 5 | 4 | 11 | | 8 | | | | | | | | 1 | | | 45 |
| 4 | 11 | 3 | 13 | 6 | | 2 | 2 | | 8 | | | | | | | | | 45 |
| 5 | 9 | 8 | 18 | 6 | 5 | 3 | 5 | | 6 | | | | | | | | | 60 |
| 6 | 7 | 13 | 5 | 9 | | 4 | 8 | 2 | | 3 | | | | | | | | 51 |
| 7 | 6 | 10 | 12 | 4 | 1 | | | 1 | | | | | | | | | | 34 |
| 8 | 8 | 8 | 10 | 5 | 1 | 5 | 2 | 1 | | | 4 | | | | | | | 44 |
| 9 | 7 | 6 | 4 | 13 | 3 | | 4 | 4 | | | | | | | | | 1 | 42 |
| 10 | 3 | | | | | | | | | | | | | | | | | 3 |
| 計 | 530 | 560 | 515 | 411 | 246 | 172 | 104 | 88 | 36 | 30 | 8 | 7 | 4 | 19 | 17 | 1 | 11 | 2,759 |

天理大学おやさと研究所研究報告会報第5号を参考に作成。

うに理解したのか、興味あるところであるが、この件に関しての詳細な史料や伝承はわからない。

僧侶の乱入や筑前守の尋問などがあったが、教祖は、それらを問題にはされなかった。

同じ慶応元年の八月十九日には、大豆越《まめこし》村の山中忠七宅へ出向き、二十五日まで滞在され[17]、寄り来る人々に親神の思召を伝え、身上・事情に悩む人々のおたすけにあたっておられる。

どこへでもたすけに出向いて行かれるという教祖の、そのご姿勢は、見方によれば、あえて反対を求め、それを仕掛けに行かれたようにもとれる。しかし、それはあくまでも、子供たすけたいばかりの親心のご姿勢なのであり、そのためには、周りの〝雑音〟には頓着《とんちゃく》されなかったのであろう。

教祖は、おやしきで、あるいは、出向かれた先々で、親神の思いを明かしてたすけにあたられ、反対攻撃の弁にも、親神の思召のままに諭されている。また、こかんも、慶応元年に二人の僧侶が言い掛かりをつけて来た際、教えをもって対応していることなどからして、このころには、すでに、教えの基本が示されていたとみることができる。

教祖によって説かれるところを素直に聞き入れて、たすかっていく人々が増える一方で、たすけられた者のなかに、それをあえて曲解しようとする者もあらわれてきた。いわゆる助造事件である。

(14) 慶応3年4月5日から5月10日まで約1カ月間の、おやしきへ参ってきた願人の名前と願いの事柄を記録したもの。

(15) 大和国磯城《しき》郡川東村蔵堂《くらんど》の人で、守屋神社（現磯城郡田原本町）の神職を務めるとともに、嘉永5年、京都の吉田神祇管領から筑前守の国名乗りを受け、大和一国の神職取締を命ぜられていた。

(16) 「神道に素養ある筑前は、一々最《もっと》もと、深く感じ入り、『是《これ》程《ほど》の教《おしえ》ならば、一日も早く認可を得て、他の妨害を退け、公然と安心して、布教する様に致されよ。』と申し置いて帰りました」（『御教祖伝史実校訂本　中二』＝『復元』第32号）

(17) こかんも、21日に出向き、23日まで滞在した。

## ●そうじ

**同年[18]七、八月頃《ごろ》、福住《ふくすみ》村へ道がつき、多くの人々が相次いで参詣《さんけい》して来た中に、針ケ別所《はりがべつしょ》村の助造[19]という者があった。眼病を救《たす》けられ、初めの間は熱心に参詣して来たが、やがて、お屋敷へ帰るのをぷっつりとやめて了《しま》ったばかりではなく、針ケ別所村が本地《ほんち》で、庄屋敷村は垂迹《すいじゃく》[20]である。と、言い出した。**（六十四ページ）

教祖は、九月二十日ごろから、

「水さえ飲んでいれば、痩《や》せもせぬ。弱りもせぬ」

とおおせになって、食事を召し上がらなくなった。しかし、周りの人々の心配もあり、少々の味りんと野菜とだけはお上がりになった。いわゆる断食である。

教祖は、ひながたの道のなかで、数度の断食をなされている[21]が、断食といっても、われわれの一般的感覚でいう、単に食を断つ行為とは次元が違うように思える。それは、祈願の目的で行う断ちものや、修行のために行う断食とも異なるようである。

一つの見方として、それは、親神が月日のやしろであることを周りの者たちに、あらためて知らしめるためのご行動とも考えられる。こうした思召の延長が、のちの別火別鍋《べつびべつなべ》であり、赤衣《あかき》を召されること[22]へとつながっていくのであろう。

約三十日間の断食ののち、十月二十日ごろ、急に、針ケ別所に出張る旨をおおせ

（18）慶応元年。

（19）助造について『針ケ別所村史』には、今井新治郎の名で語られ、天保2年（一八三一年）11月1日生まれ、明治24年1月23日、61歳で亡くなったとある。しかしまた一説には新治郎の父親が助造（寛政8年〈一七九六年〉～明治7年9月9日）にあたるようでもあるが、定かな史料は見当たらない。

（20）もともと仏教の言葉で、仏（仏教）を本、神（神道）を従とする神仏習合の関係に用いられたが、本地を真、垂迹を仮、本と末の関係に用いられるようになった。助造は、針ケ別所のほうが本地であるとした。

（21）明治2年4月末から6月初めにかけて38日間、明治5年6月の初めごろから75日間。のちの監獄署へのご苦労の際にも、署内のものは召し上がらなかったという。

# 針ケ別所への道

針ケ別所へは、主に岩屋ルートと長滝ルートが考えられるが、前者が有力。

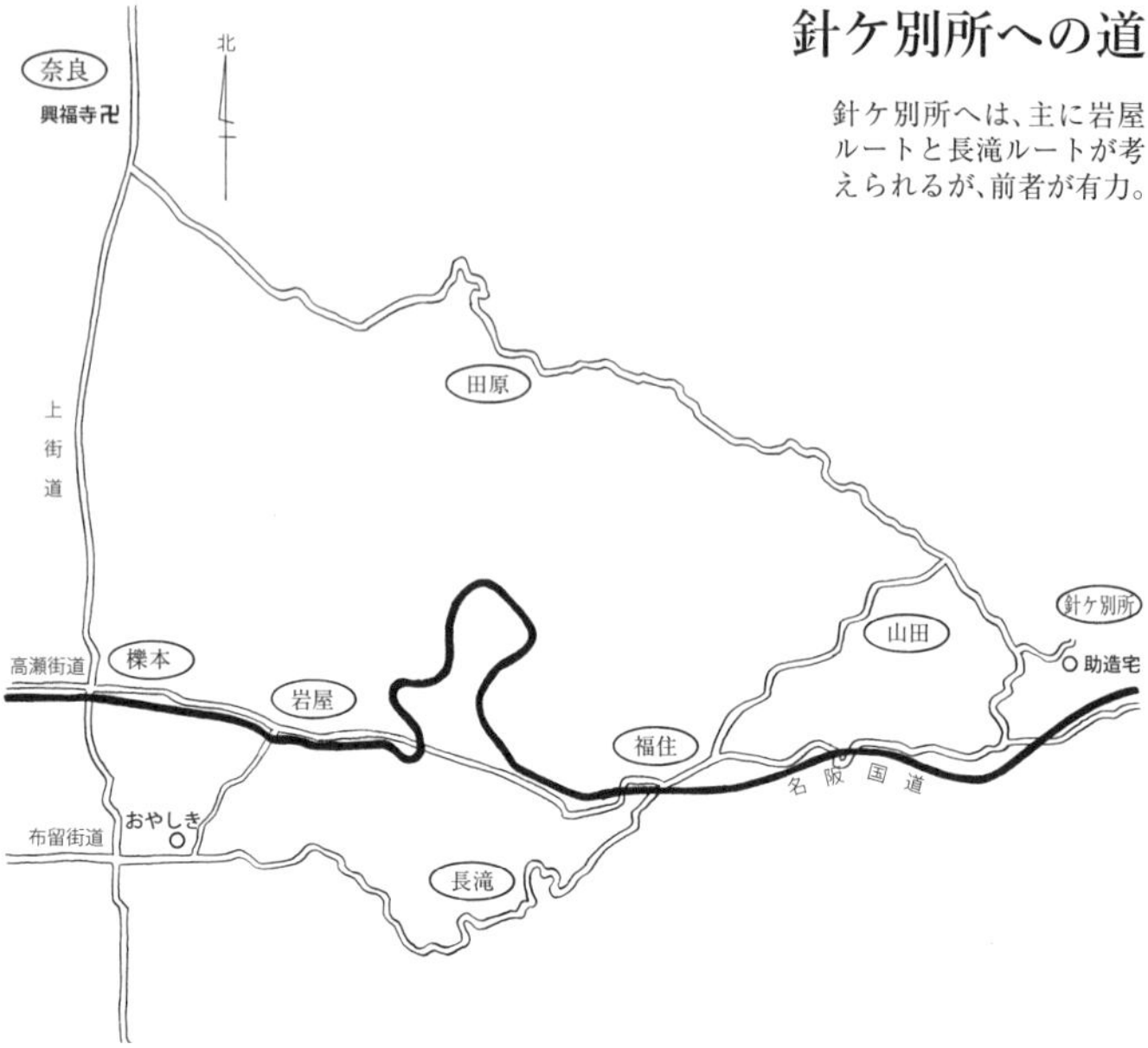


針ケ別所村（現在、奈良市）は、おやしきの東方約12キロにある福住村（現在、天理市）から、さらに東へ約8キロの山中《さんちゅう》にある。奈良へは直線で14キロ、名張も東へ11キロの要所に位置し、古くは奈良・名張間の伊勢街道の道筋として栄え、教祖が泊まられた「炭屋」をはじめ、5、6軒の宿屋があったという。また櫟本《いちのもと》（飯降伊蔵居住地）へは13キロ、室生《むろう》（同出生地）も南へ10キロ弱にあり、教祖に同道した伊蔵は、周辺の地理に詳しかったものと察せられる。

になり、飯降伊蔵、山中忠七ら[23]、当時の主だった人々をおともにおやしきを出発。くらがりの山道を東へ上り、針ケ別所の宿[24]に着かれたのは、その夜の九時ごろであった。

翌朝、教祖は、飯降、山中の両名に、「取り払《はろ》うて来い」とおおせになった。

二人は、助造宅に行き、奥の座敷に祀《まつ》ってあった御幣《ごへい》を抜いてへし折り、かまどにほうり込んで燃やした。

宿へ戻り、教祖に事の次第を報告し、これで済んだつもりでいると、教祖から、「帰《い》ぬのやない」とのおおせがあった。

助造のほうでも、このまま

(22) 別火別鍋は明治5年9月、赤衣を召されたのは明治7年12月26日。

(23) ほかに、西田伊三郎、岡本重治郎（山中忠七の姉るいの夫）の計4人が同道。

(24) 宿屋は針ケ別所村を南北に貫く街道沿いの助造宅の向かいにあり、屋号を「炭屋《すみや》」（福井栄三郎）といった。6畳2間の広さだった。

**教祖が滞在された「炭屋」**（後方左、当時わら葺き）**は助造宅**（手前右側の建物の位置）**の向かいにあった**

すぐに帰ってもらうわけにはいかないと応じ、針ケ別所村には、緊迫した空気が張り詰めた。

やがて、助造の後ろ盾《だて》として、奈良から金剛院の者が乗物でやって来る。(25) おやしきからは守屋筑前守の代理として山澤良治郎が駆け付けた。

いかに言い曲げようとしても、真実は一つであり、助造が教祖にたすけられたのは事実である。その教祖を前にして、自説を主張し続けることはできなかった。

三日目には、理に詰まってしまい、助造らは平身低頭して、その非をわびた。一件が落着するまで前後七日ほどかかったが、教祖がおやしきへお帰りになる時、助造は土産物を添えたという。(26)

それまで、どんな反対攻撃の人があっても、おだやかに教え諭して帰された教祖であったが、この針ケ別所の事件に際しては、かつてない峻厳《しゅんげん》さがあった。そのことは、「取り払うて来い」「帰ぬのやない」との厳しい口調のおおせからもうかがえる。

教祖は、ぢばの理という教えの根本にかかわることだからこそ、どこまでも厳しい姿勢で臨まれた。周囲の人々にとっては、外からの迫害に対しては力もわくが、内からの反対や離反に対しては心が勇めないものである。教祖は、そうした、いわゆる内のほこりをそうじされたのではなかったろうか。

しかし、最終的には、救いの道を断たれてはいない。それはたとえば、助造の願いに応じて、神名を唱えることだけは許されたところからも察せられる。(27)

(25) 『正文遺韻』には、「先方は、こちらから御出張になるといふ事を聞いて、おいでにならぬ先に、奈良金剛院をやとつてきておいて、まちうけようと思ふて金剛院へ願《ねがい》にいつた処が、庄屋敷ならあひてにならぬ(手に負えない)といふて、応じてくれなんだものですから……」とある。

(26) 「お帰りに際し、助造は、土産として、天保銭一貫目、くぬぎ炭一駄と、鋳物《いもの》の灯籠《とうろう》一対あつた中《うち》の一つとを、人足を拵《こしら》えてお屋敷迄《まで》届けた」(『稿本天理教教祖伝』66ページ)。当時1両が6貫600目の相場だから約3千円に相当する。1駄は馬1頭が背負う量。

(27) 「決していま、でのやうな事はいたしませんから、たゞ神様の名前だけとなへさして被下《くだされ》と、だんだん願ひいれたから、唱へる丈《だけ》はゆるしておかうと被仰下《おおせくだされ》て、まづ何事もなく治まつて、おかへりあそばされました」(『正文遺韻』)

## ●公許

**この頃(28)、近郷近在の百姓達だけではなく、芝村藩、高取藩、郡山藩、柳本藩、古市代官所、和爾《わに》代官所等《など》、諸藩の藩士で参詣《さんけい》する者も続々と出て来たが、半面、反対攻撃も亦《また》一層激しくなった。**

（六十七ページ）

幕末期の慶応のころとはいえ、士農工商の身分制はくずれておらず、依然として、格式を重んじる風潮はあった。そうしたなかで、武士階層の人々が、身分的には農家の主婦に過ぎない教祖の教えに耳を傾けたということは、注目すべき点である。教祖が説かれる教えに、そして、不思議なたすけに、身分や格式を超える真実の光を見いだしたものであろう。

参り来るいろいろな階層の人々によって、おやしきは次第ににぎやかになった。それに呼応するように、さらに外からの迫害も、いっそう激しさを増すことになる。

慶応二年秋のある日のこと。小泉村の不動院の山伏たち(29)がやって来て、乱暴狼藉《ろうぜき》を働くという事件があった。

教祖にお目にかかるや、次々と難問を放ったが、教祖は、事分けて鮮やかに教え諭されたので、理に詰まり、面目丸つぶれとなった山伏たちは、刀を抜いて、太鼓や提灯、障子を切り裂くなど、さんざん暴れまくって帰っていった。激昂《げっこう》した山伏

(28) 慶応2年のころ。

(29) 小泉村（現大和郡山市）の不動院は、富雄《とみお》川にかかる富雄橋西詰の北隅にあり、真言系の山伏寺。大和一円の禁厭《きんえん》祈とう権を持っていると称されていた関係上、おやしきの動向を無視するわけにはいかなかったのであろう。この山伏乱入の際にも教祖は、「ほこりはよけて通れ」と、周囲の人々に諭されている。

(30) 「不動院の山伏が、何故大豆越まで来たのかというと、（山中忠七）翁の宅は神様の出張《でばり》所として許されてあり、参詣者もあると言う具合で、不動院にまで聞《きこ》えていたからでありましょう。また山伏が来た時にも、丁度四・五名の参詣者があったということであり

らは、気分の治まらないままに、こんどは、大豆越《まめこし》村の山中忠七宅へ乗り込んだ(30)。そこでも、祀ってあった御幣を抜き、制止した忠七の頭をたたくなどの乱暴を働いた。さらに、その足で古市代官所(31)を訪ね、公許なしに信仰活動をしているとして、おやしきを訴え出るに至った(32)。

古市代官所は、藤堂藩領を管轄する役所である。代官所としては、小泉不動院の訴えもあり、また、守屋筑前守の紹介もあって、おやしきの動向を注視せずにおれなくなり、呼び出して事情聴取をすることになった。

村役の足達源右衛門とともに、おやしきからの一行は、宿にあてられた会所《かいしょ》に、二、三日宿泊し、代官所での聴取に応じた(33)が、不都合な点は少しもなく、ただ一つ、公許を得ていない点だけが問題として残った。

そこで、秀司を中心に相談した結果、京都の吉田神祇《じんぎ》管領へ願い出ることになり、翌慶応三年六月、代官所を経て領主の添書をもらい、秀司は山澤良治郎とともに、守屋筑前守も同道して京都へ向かった。七日間かかって、七月二十三日付で、その認可を得ることができた。

これで堂々と信仰ができると考えた一同の喜びは、反対や攻撃がいっそう激しくなっていく最中であっただけに、並々ならぬものであったにちがいない(34)。

しかし、教祖は、

「吉田家も偉いようなれども、一の枝の如《ごと》きものや。枯れる時ある」

とおおせられた。一途に、親神の道を指し示される教祖としては、それをお望みで

ます」（『山中忠七伝』）

(31) 古市代官所（奉行所）は藤堂藩本家筋の津藩の役所で、丹波市村、庄屋敷村、西三昧田《にしさんまいでん》村などはその管轄内にあった。大豆越村は柳本の織田《おだ》藩領内。

(32) 当時、許可なく人を集めたりしてはならなかった。

(33) 「足達源右衛門は当時、庄屋だつたので、村内に事が有ると、公式になつた時には、村役人として附添ふ事になつて居たから、附き添ふて来た。……お泊りになつた所（会所）は、……奉行所に用があつて、やつて来る人々の宿泊する指定の宿である。……教祖様は招《よ》ばれるに付《つい》て、其処《そこ》へお泊りになり、その家で、二日乃至《ないし》三日程居られ、時間々々が来ると、役所へ行き、何かと話して、……用が片附き、お帰へりになつた」（『御教祖伝史実校訂本 中二』＝『復元』第32号所収）

## 吉田神祇管領のこと

吉田神祇管領とは、江戸時代に諸国神社の多くを支配した唯一神道の吉田家が自称した名称のことで、吉田兼倶《かねとも》（一四三五～一五一一年）が吉田神道を創設してから、神祇伯の白河家を越えて神道界に絶大なる権威を保持し、江戸時代には一般の神職の任免権は吉田家で扱うようになった。

石上《いそのかみ》神宮や大和《おおやまと》神社などの大社は、その管轄外であったが、大和神社の祭官などは進んで吉田の許状を受けている。

慶応三年、「天理王明神」の神名を唱えることを願い出たところ、秀司は、吉田神祇管領から、秀司治繁《はるしげ》の名乗りと「木綿手繦《ゆうだすき》」を掛け用いて神事を行うことを許され、「参詣次第」およびそれに必要な「諸祓《しょはらい》」の伝授を受けている。これは吉田神道行事の初伝的なものであるが、専門の神職ではなく、百姓の身分のまま、神事を行うことのできる公許であろう。

明治三年に吉田神祇管領は廃止。吉田神社は、京都市左京区の吉田山の麓にある。

はなかったのである。

この「一の枝」とは、どういう思召であろう。文字どおり、木の枝のことであるとすれば、最初に出た枝は仕立てしだいで、もっとも見栄えのするものであるが、その代わり、枯れたり、折れたりしやすいものである。ここで、根が大事か、枝が大事かという、根源的な問いかけをされているようにも思われる(35)。

教祖は、外からの迫害と内からの阻害のなかにあっても、終始一貫、泰然としたご姿勢で、教えを説かれ、たすけに出ることに徹しておられる。このご姿勢は、明治二十年に現身《うつしみ》をかくされるまで変わってはいない。

公許を得て間もない慶応三年の八月ごろ、世間では、「お祓《はら》いさんが降る」と騒

(34)「特に、しんになって働いた秀司の苦心と喜びは、並々ならぬものがあり、帰りには行列を作ろうと思うていた処、布留社《ふるしゃ》の神職達が、布留街道は我が方の参道であるから、もし一歩でも踏み込んだら容赦せぬ、とて、人を雇うて川原城村の石の鳥居の所で待ち伏せている、と、報《し》らせがあったので、別所村から豊田村へと間道《かんどう》を通り、恙《つつが》なくお屋敷へ到着した」（『稿本天理教教祖伝』97～98ページ）

(35) おふでさきにも「をなじきのねへとゑだとの事ならバ　ゑたハをれくるねハさかいでる」（三88）とある。

いでいた。教祖は、

「人間の身体《からだ》に譬《たと》えて言えば、あげ下《くだ》しと同じようなもの、あげ下しも念入ったら肉が下るように成る程に。神が心配」

とおおせられた。

人々は、一体何が起こるのだろうかと気掛かりにしていたところ、翌慶応四年正月三日、鳥羽伏見の戦いが起こり、世は明治維新へと移っていった。明治になると、吉田神祇管領は廃止され、先の公認は無効となった。人々は、教祖のお言葉どおりになったことに、いまさらながら、深く感銘することになる。

こうした公許の手続きが、秀司を中心になされていくなかで、一方、教祖は、よろづたすけの道として、「つとめ」を教示しはじめられる。

## 「お祓《はら》いさん」のこと

「お祓いさん」とは、災厄を除くために神社で行う祓いの神事、またそのお札のことで、伊勢神宮への集団的な参詣の「おかげまいり」に際して、各地に天からお札が降るということが、盛んに言い交わされていた。慶応三年（一八六七年）の夏、東海地方で始まった「ええじゃないか」の踊りは、秋から暮れには近畿地方へも広がった。

イギリスの外交官アーネスト・サトウは、慶応三年十二月の大坂での模様を、『一外交官の見た明治維新』の中で、

「〝イイジャナイカ　イイジャナイカ〟とうたい、踊る。晴着をきた人の山が、色とりどりの餅《もち》や、蜜柑《みかん》、小袋、藁《わら》、花などで飾られた家並を練りあるく。着物は大抵緋縮緬《ひぢりめん》だが、青や紫のものは少しあった。大勢の踊り手が、頭の上に赤い提灯をかざしていた。このお祝いの口実として、最近、伊勢の内《ない》・外宮《げくう》の名前の入ったお札の雨がふったと言いはやされていた」

と記している。

## 当時の社会背景（慶応年間）

つとめ場所普請後の元治二年（一八六五年）正月、おやしきには明るい空気が満ち満ちていた。世上でも、長州藩の降伏により、十四代将軍家茂《いえもち》の親征は中止、一段落したようにみえた。

四月七日、年号は慶応と改まり、四月十七日には、東照権現（家康）の二百五十回忌が日光で執り行われるのに応じて、大和でも東大寺や興福寺で法事がもたれた。

しかし、この時すでに、長州藩では高杉晋作らが、農民、町人を加えた奇兵隊などを率いて挙兵。新政権を樹立し、藩論は一転して尊皇開国倒幕の方針を明らかにした。

これに対して、幕府は第二次の長州征伐を行うため、将軍家茂は自ら大坂に出向いて準備にかかった。しかし、長州との連合を始めた薩摩藩は幕府の命令に応じず、その他の藩も消極的で征長の準備は思うようにはかどらない。

慶応元年は豊作にもかかわらず、米の買い占めのため米価は文久元年（一八六一年）の五倍に、翌二年は凶作のため十倍の値上がりとなり、五月上旬にまず大坂で、大規模な打ちこわしが始まった。こうした動きは、たちまち近畿全域に広がり、六月には関東に波及して、全国的な世直し一揆となる。

以後、四年に幕府滅亡に至るまでの政情は、猫の目のように変転する。それを要約すると、

①大政奉還によって公武合体の新しい国家体制を平和裏に行おうとするグループ（中でも十五代将軍慶喜《よしのぶ》をはじめとする幕府側と、坂本龍馬などの土佐藩との間には微妙な相違がある）。
②家康以来の幕府の存続を、あくまでも保持しようとするグループ。
③新体制は武力革命による倒幕以外にないとする岩倉具視《ともみ》などの公家層と、西郷隆盛などの薩長藩の下士層グループ。

この三つのグループの権謀術策の中で、政情は二転三転する。それを転がしたものは、諸外国の進出であり、世直し一揆や「ええじゃないか」の民衆運動であった。

このような世上の混乱と不安の中で、将軍慶喜は土佐藩主の建言を受け入れ、倒幕派の動きに先手を打って、大政奉還を申し出た。しかし、同じ日に、岩倉具視は倒幕の密勅を薩長両藩に下していた。同四年正月、薩長の挑発に乗った幕府軍が薩摩征伐の名の下に入京しようとした時、すでに幕府軍は錦の御旗に対する朝廷の敵の名を背負わされ、鳥羽伏見の戦いでは、新鋭の鉄砲を持つ薩長連合軍により、簡単に敗走するに至る。

藤堂藩の無足人として丹波市組も出陣しているから、教祖の弟前川半三郎もその一人であったかもしれない。『福知堂年代記』では、三年十一月に幕府方として周辺の警備に当たっているが、翌年正月には朝廷方として戦っている。同じ農兵ながら、長州の奇兵隊の戦いぶりに驚いた、と故老は語り伝えている。

明治14年（1881年）５月、滝のしぶきが初夏の日差しに輝きを増しはじめるころ、「かんろだい」の石普請は始まった（天理市滝本町、布留《ふる》川上流の桃尾《ももお》の滝）　［→第16章］

明治７年12月、教祖は山村御殿（円照寺）で奈良県庁による取り調べに応じられた　以降の官憲の干渉に先駆け、みずから「高山いけ」へ飛び入って行かれたのである（奈良市山町、円照寺円通殿）　［→第10章］

明治16年の雨乞いづとめで使用の締め太鼓（教義及史料集成部蔵）［→第13章］

辻とめぎく使用の琴（約幅24cm×長さ166cm、辻家蔵）
一般の琴よりひと回り小さい［→第13章］

飯降よしゑ使用の三味線
（永尾家蔵）［→第13章］

明治8年竣工の中《なか》南《みなみ》の門屋（本部教祖殿北庭の記念建物）教祖は、西側の10畳の部屋をお居間とされ、日夜寄り来る人々に、親神の思召を伝えられた　そのほのぼのとした心温まる光景は、『稿本天理教教祖伝逸話篇』に多く見られる
［→第14章］

「おかげ参り絵馬」（縦120.7cm×174.4cm、文政13年＝1830年）　伊勢参宮の通過地になる大和の各地に、おかげ参りの施行場が設けられた（この絵馬は、大和高田市の石園座《いわそのにます》多《た》久《く》虫玉《むしたま》神社に保存され、奈良県有形民俗文化財に指定されていたが、平成２年に焼失した＝平成元年８月撮影）［→第８、13章］

教祖に対する留置投獄という事態を見るにしのびず、明治13年、秀司は一命を賭して地福寺へ　おやしきでの転輪王講社開筵式では、大護摩をたくに至った（五條市・地福寺の護摩法会《ほうえ》）　［→第14章］

# 第八章

# 歌と踊りと……おつとめ　その一

内外からの迫害や阻害が生起するなかをも、厳然としたご姿勢で教えを説き続けられた教祖は、先に、たすけ一条の道として渡された「さづけ」の理に加え、歌と手振りからなる「おつとめ」を教えはじめられる。それは、立教から三十年近く経た慶応二年の秋からであった。

## ●おつとめ

**慶応二年秋、教祖は、**
**あしきはらひたすけたまへ　てんりわうのみこと**
**と、つとめの歌と手振りとを教えられた。**

（七十三ページ）

およそ、宗教儀礼というものは、定型化された信仰行為の一つとみなすことができよう。仮に、そうした観点から、それまでの史実をさかのぼって、おつとめの初期の形態とみられるものを見いだすとすれば、どういったものがあるであろうか。

それまでの事例をたどってみたい。

たとえば、嘉永六年(一八五三年)、こかんは、繁華な浪速の街角に立ち、拍子木を打ちながら神名を流したと伝えられる。(1)

また、文久三年(一八六三年)、妹くらの気の間違いのおたすけを願う辻忠作は、教祖から教えられるままに、自宅で朝に夕に、拍子木をたたきながら、神名を繰り返し唱えたという。当時のおつとめは、回数の定めもなく、線香を立てて、一つの目安にしていたようである。(2)

さらに、元治元年（一八六四年）十月、つとめ場所の棟上げの翌二十七日に起きた大和神社のふしの際、「行く道すがら神前を通る時には、拝をするように」との教祖のお言葉に、おやしきから大豆越《まめこし》村の山中忠七宅へ向かう一行は、同社前で「なむ天理王命」の神名を繰り返し、声高らかに唱えた。この時には、拍子木のほかに、携行していた太鼓などの鳴物を打ち鳴らしたとある。(3)

いずれの場合にも、「なむ天理王命、なむ天理王命」と、拍子木をたたきながら、神名を繰り返し唱えている。

こうした史実から推測して、おそらく、それまでの祈願の仕方や、朝晩につとめられていたと考えられるおつとめの形態は、拍子木をたたきながら神名を繰り返し唱えるというだけのものであったと想像される。

ところが、天保九年（一八三八年）の立教以来、三十年近く経過した慶応二年（一八六六年）になってから、初めて、「あしきはらひ」のおつとめの歌と手振りとを教

(1)『稿本天理教教祖伝』33～34ページ参照。

(2)『稿本天理教教祖伝』45～46ページ参照。ちなみに、現在市販されている線香1本（約13センチ）が燃え尽きる時間は約30分。

(3)『稿本天理教教祖伝』56～57ページ、本書94ページの注(26)参照。

えられている。これは、なにゆえのことであろうか。

同じ慶応二年の秋、小泉村の不動院の山伏たちが、おやしきへ論判にやって来、また、前年の慶応元年には、いわゆる助造事件が起きている。

当時の人々は、こうした迫害や離反を「あしき」と解釈し、それらの出来事が一つの契機となって、「あしきはらひ」のおつとめが教示されたと理解していたのではなかろうか。そういう従来の見方も、前後の史実からして、できないこともない。

そのころのおやしきは、外からの迫害に対して、秀司を中心に吉田神祇《じんぎ》管領の公許を得ようとする機運があり、それに、内からの離反もあって、ともすれば、教祖の思召からはずれてしまいそうな状況にあったといえる。そうした時に、人々の心の「あしき」を払って、たすけを願うという、「あしきはらひ」のおつとめが教えられたとは悟れないであろうか。

また、元治元年には、つとめ場所の普請が始まり、さらに、二年後の慶応二年には、のちに道の芯《しん》となる「しんばしらの眞之亮」が誕生している。

こうして、おつとめ教示の条件が一つひとつそろえられてきたこの時に、次の段階として、いよいよ具体的に、おつとめの地歌と手振りが教えられるに至ったものとみることもできる。

しかし、この時期に、教祖がおつとめを教えられたことには、もっと深い神意があるはずである。

現在の「あしきはらひのさづけ」(4)が、この最初に教えられた「あしきはらひ」の

(4)「定められた手振りに伴って、『あしきはらい(ひ)　たすけたまへ　てんりわうのみこと』を三遍唱えて三遍撫で、これを三度繰り返す。……明治40年、本席飯降伊蔵が出直しの折、それ以降はこのさづけを渡すと定められ、以後さづけはこの一種類となっている」(『天理教事典』)

おつとめと同じお歌と手振りでなされることからしても、おさづけとおつとめとが救済の根本と教えられた理合いも納得される。

そのおつとめの教示については、ある事柄が契機となったとするよりも、内外からの阻害と迫害の全体的な流れのなかで、教えるべき句が熟してきた時期であったとするのが、自然な理解であろう。

次第に整えられていく、おつとめの最初のお歌は、こうして教えられた。

**年が明けると慶応三年、教祖七十歳の年、正月から八月迄《まで》に、十二下りの歌を作られた。**

（七十三ページ）

振り返れば、天保九年の立教以来、教祖は、親戚知人から疎外されてきた感があった。それとともに、施し尽くされるがゆえの貧窮の生活のなかにあられた。しかし、常に、心明るく喜び勇んで、日々を通られていた。慶応三年は、そうしたひながたの道を歩みだされてから、三十年目のことであった。

十二下りのお歌は、それまでの三十年の間に、折にふれ、事にあたって、教祖のお口を通して説かれてきた教えであろう。

各下りは、いずれも十首ずつの数え歌の形式からなっており、慶応三年の正月から八月までの八カ月間にわたっての折節に、逐次、お教えくだされたものである(5)。お歌には、大和の四季や風土を映した方言をはじめ、建築用語や農事用語など、生

（5）「（慶応三年）正月早々より、十二下りを御つけになり、前に三下り御つけなされ、あと八月頃までに、みなおつけになりました」（辻忠作手記「教祖伝」＝『復元』第32号所収）

活に密着した言葉が頻繁にみられる。当時、おやしきに寄り集っていた信者の多くは、農・工・商に属する人々が多かった。その人たちに、教えの理が実感できるように、少しでも理解しやすいように、という親心から、そうした日常生活の言葉が用いられたのであろうか。

また、十二下りのお歌の表現には、親神の教えの垂示と、それにこたえる人間の決意との呼応関係が、文章のスタイルとしてあらわれている。

たとえば、

むりなねがひはしてくれな　ひとすぢごゝろになりてこい　（三下り目　六ッ）

なんでもこれからひとすぢに　かみにもたれてゆきまする　（三下り目　七ッ）

などがそうである。また、

## 「みかぐらうた」にみられる主な建築・農事用語

| | |
|---|---|
| こゑ(え) | 1下り目―1 |
| | 7下り目―10 |
| | 11下り目―4・10 |
| よのなか | 1下り目―4 |
| つくりとる(り) | 1下り目―7 |
| | 7下り目―10 |
| | 11下り目―10 |
| ほうねん | 1下り目―8 |
| とりめ | 1下り目―10 |
| ふしん | 2下り目―2 |
| | 8下り目―2・7 |
| | 12下り目―2・7 |
| (ひの)きしん | 3下り目―8 |
| | 7下り目―1 |
| | 11下り目―2・3・4・7 |
| でんぢ | 7下り目―3・7・8・9 |
| (よき・あの)ぢ | 7下り目―4・5 |
| やしき | 7下り目―8 |
| | 11下り目―8 |
| まいたる(まこ・まき) | 7下り目―8・9・10 |
| たね | 7下り目―8・9・10 |
| | 10下り目―5 |
| いしもたちきも | 8下り目―1・8 |
| (この)き(あの)いし | 8下り目―9 |
| (かみの)やかた | 11下り目―1 |
| ものだね | 11下り目―2 |
| もつこ | 11下り目―3 |
| つちもち | 11下り目―5・7 |
| つちをほりとりて | 11下り目―8 |
| だいく | 12下り目―1・3・10 |
| (よき)とうりやう | 12下り目―4・5 |
| あらきとうりやう | 12下り目―8 |
| こざいくとうりやう | 12下り目―9 |
| たてまへとうりやう | 12下り目―9 |
| かんな | 12下り目―9 |

いつもかぐらやてをどりや　すゑではめづらしたすけする　（六下り目　五ッ）

ひのもとしよやしきの　かみのやかたのぢばさだめ　（十一下り目　一ッ）

と、のちに教えられる「かぐらづとめ」のこと、「ぢば定め」のことまでも、すでにうたわれている。さらに、

みれバせかいがだん〳〵と　もつこになうてひのきしん　（十一下り目　三ッ）

いつ〳〵までもつちもちや　まだあるならバわしもゆこ　（十一下り目　五ッ）

とあり、慶応三年の時点では、まだ大掛かりな土持ちひのきしんをするような普請は行われていなかったが、のちのちのおやしきの拡張や神殿普請へと続く、きりなしふしんのことまでも、うたわれているように思われてならない。

このように、十二下りのお歌で、今後に展開される世界たすけの構想を、すでに慶応三年のこの時点で予言し、教示されているものと考えることができる。

おつとめには、日々に、歌い踊りながら、深遠なる教えの体系が生命化され、身につくように、という深い思召がそこにうかがえる。

十二下りのお歌は、まず筆をとって教えられたようである。(6) しかし、同じ教祖の筆による「おふでさき」は現存するのに、ご真筆の「みかぐらうた」本は見当たらない。ただ現存するのは、先人たちが、書き写した多数の写本だけである。原本といわれるものは見当たらないが、先人たちは、教祖から教えられたとおりに歌い覚え、それがそのまま、みかぐらうたとして、いまに伝えられてきているはずである。(7)

一般に、歌や踊りというものは、人から人へ、口づてに伝え覚えていくものであ

(6)「慶応三年、教祖御年七十歳にして、始めて御筆を執られ、御神楽歌を草したまふ」（梅谷氏蔵「教祖伝」＝『復元』第32号所収）

(7) 写本によっては多少の文字の表記の違いがみられる。『続ひとことはなし　その二』参照。

るから、当時の人々は、おふでさき(8)とは違った感覚で、みかぐらうたに接していたのではなかろうか。

おふでさきは、それまでに説き明かされた教えを、人々が忘れないようにと思召されて、教祖は筆をとられた。(9) おふでさきが、教えの根本を、日々に拝読して、心におさめるためのものであるとすれば、みかぐらうたは、親神の教えを、日々のおつとめを通して、各人が身をもって悟り覚え、体得するものなのであろう。

そうした思召からか、教祖は、おつとめ教示の次の段階にかかられる……。

(8) おふでさきは、明治2年から同15年にわたって、教祖直々に筆をとってしるされた。第9章「筆先のせめ」参照。

(9) おさしづにも、「これまでどんな事も言葉に述べた処が忘れる。忘れるからふでさきに知らし置いた」(明治37・8・23)とある。

## 「みかぐらうた」の主な写本

(＊印は木版本)

| 題名 | 年代 | 著者 |
| --- | --- | --- |
| 「天輪王踊歌写帳」 | 慶応3年 | 山中彦七 |
| 「天輪踊歌おんど」 | 明治4年(推定) | 梶本松治郎 |
| 「拾二くたりれ本」 | 明治7年 | 桝井伊三郎 |
| (不詳) | 明治7年頃(推定) | 堀内与助 |
| 「踊歌手本」 | 明治7~9年 | 西浦弥平 |
| 「踊歌手本」 | 明治9年8月 | 西浦弥平 |
| 「拾弐降り」 | 明治10年 | 朝田治郎輔 |
| 「天輪王踊勤歌」 | 明治10年4月 | 仲尾休次郎 |
| ＊「拾二下り御勤之歌」 | 明治14年5月 | 大阪天恵組 |
| 「拾二下り御勤歌」 | 明治14年9月 | (不詳) |
| 「十二下り宇たぼん」 | 明治14年9月 | 増田忠八 |
| 「拾弐下り御勤本」 | 明治14~15年頃 | (大阪真明組講元本) |
| (不詳) | 明治14~15年 | 真明組　井筒梅治郎 |
| 「十二下り御勤」 | 明治15年12月起 | 鴻田忠三郎 |
| ＊「御勤之歌控」 | 明治15年8月 | (不詳) |

| 題名 | 年代 | 著者 |
| --- | --- | --- |
| 「拾弐下り御勤之歌稽古本」 | 明治16年4月 | 木村林蔵 |
| 「天輪御歌」 | 明治17年9月上旬 | 梶本松治郎 |
| 「十二下り御つとめれ歌」 | 明治17年9月20日 | 岩崎新兵衛 |
| ＊「十二下り御つとめれ歌」 | 明治17年初頃 | (不詳) |
| ＊「十二下り御つとめの歌」 | 明治18年頃 | 元斯道会 |
| ＊「十二下り御神楽れ歌」 | 明治18年頃 | (不詳) |
| 「十二下り御神楽れ歌」 | 明治18年頃 | 天元組三号 |
| 「十二下り御勤(之)歌」 | 明治18年5月 | 松尾仁三吉 |
| 「大日本天理王十二下り御歌」 | 明治19年正月 | 元木糺 |
| 「天輪王命十二下り御勤の歌」 | 明治19年7月15日 | 飯田卯吉 |
| ＊(推定「十二下り御神楽れ歌」) | 明治18~19年頃 | (不詳) |
| ＊「十二下り御神楽れ歌」 | 明治18~19年頃 | (不詳) |
| (表題なし) | 明治17~18年頃 | 永尾芳枝 |
| 「拾弐下り御つとめれ歌」 | 明治20年頃 | (村田本) |

『天理教校論叢』第16・18号を参考に作成。

## ●歌と踊りと

**つづいて節付《ふしづ》けと振付《ふりつ》けに、満三ケ年かかられた。**

（九十五ページ）


慶応三年正月から八月にかけて、十二下りのお歌ができると、教祖は、歌の節付けにかかられた。その様子は、教祖伝や逸話篇に、事細かに記されてある。(10)

「これが、つとめの歌や。どんな節を付けたらよいか、皆めいめいに、思うように歌《うと》うてみよ」

とのおおせに、人々が、めいめいに歌ってみたところ、それらを聞いておられた教祖は、

「皆、歌《うと》うてくれたが、そういうふうに歌《うた》うのではない。こういうふうに歌《うた》うのや」

と、自ら声を張り上げて歌ってみせられた。

歌の節付けができると、今度は、

「この歌は、理の歌やから、理に合わして踊るのや。どういうふうに踊ったらよいか、皆めいめいに、よいと思うように踊ってみよ」

と、振り付けにかかられた。

人々が、それぞれに工夫して踊るのをご覧になっていた教祖は、

「皆、踊ってくれたが、誰も理に合うように踊った者はない。こういうふうに踊る

(10)『稿本天理教教祖伝逸話篇』の「一八　理の歌」「一九　子供が羽根を」参照。

のや。ただ踊るのではない。理を振るのや」

とおおせになり、自ら立って手振りをして、人々に示された。

　こうして、お歌の節付けと振り付けがなされ、六人のうち三人が立って踊り、残りの三人は見ているというふうに、教祖は、三度ずつ教えられた(11)。

「正月、一つや、二つやと、子供が羽根をつくようなものや」

と、やさしく声をかけながら、あるいは、

「つとめに、手がぐにゃぐにゃするのは、心がぐにゃぐにゃしているからや。一つ手の振り方間違《まちご》ても、宜敷《よろしく》ない。このつとめで命の切換《きりかえ》するのや。大切なつとめやで」

と、理を諭しながら、満三年を費やされた。

　節付けと振り付けを教えられるにあたり、教祖は、「どんな節を付けたらよいか、皆めいめいに、思うように歌うてみよ」「どういうふうに踊ったらよいか、皆めいめいに、よいと思うように踊ってみよ」というふうに、まず、人々に歌わせ、踊らせておいて、それから教えにかかられている。

　また、手振りを間違ったりしても、「恥かかすようなものや」と、それを指摘されることはなかったという。こうしたところに、人を教え導き育てられる教祖のご姿勢をうかがうことができる。

　このころの様子を、のちに教祖は、

「わしは、子供の時から、陰気な者やったで、人寄りの中へは一寸《ちょっと》も出る気にならなんだが、七十過ぎてから立って踊るように成りました」

(11) 初めてお教えいただいたのは、歌は豊田村の辻忠作、前栽村の村田幸右衞門、喜三郎、手振りは、豊田村の仲田佐右衞門（のち儀三郎）、忠作、前栽村の喜三郎、（今村）善助、三島村の北田嘉一郎の面々であった。明治に入り、おやしきへの警察の監視が厳しくなると、熱心な信者は、前栽村まで行ってお手振りの稽古《けいこ》をしたとも伝えられる。

と述懐されている。

親神は、子供かわいい親心から、教祖をやしろとして、この世にあらわれ、口で説き、筆をとって教え、さらには、行動に示して、世界たすけの道をお教えくだされた。そのうえになお、たすけ一条の道として、つとめとさづけをお教えくだされるのであるが、天保九年の立教以来、約三十年の年月を経て、初めておつとめの形を整えられたのは、人々が教祖のお話を聞き入れるまでに成人していなかったからであろう。しかし、そうしたなかにあっても、一つひとつ積み重ねるようにして、人々の成人に応じておつとめを教え、その段取りをつけていかれた形跡をたどることができる。

たとえば、元治元年の大和神社事件後の「御請書」に、「鳴物ノ品々ヲ以《もって》天龍王命様と申唱《もうしとな》へ、馬鹿踊と称し……」という記述がみられる。(12) それは、当時の雨乞《あまご》い踊りや豊年踊り、おかげ踊りのように、人々の自発的なものであったのかもしれない。教祖がおつとめの歌と手振りをお教えになる以前にも、人々の間には、神名を唱えながら、なんらかの所作があったと推測するのは無理であろうか。

おつとめは、歌と踊りとで構成されているが、そうしたなかに、たとえ目が見えなくても歌の節で、たとえ耳が聞こえなくても手振りで、というふうに、すべての人々が参加し、理解できるようにというお計らいが秘められているようにも感じられる。そこにまた、周到なまでの親心を感得せずにはおれない。

(12) 94ページの注(26)参照。

こうして、単に頭でわかるというだけではなく、神意を日々の祈りの生活のなかで、からだ全体で感じ取っていくことができるのである。まさに、おつとめの地歌でもあるみかぐらうたの教示は、すぐれて生命的な教導であるといえよう。

言うまでもなく、おつとめは、たすけ一条の道として教えられたものである。そこに、おつとめによる世界の立て替えという救済理念が展開されていくのである。

教祖が十二下りの歌と手振りを教えられた慶応三年の夏ごろから、世間では、「ええじゃないか」の踊りと、世直し運動の波が高まっていった。おつとめの教示に、一面、このような当時の社会的背景とのかかわりも考えられないこともない。

しかし、そうした揺れ動く社会(13)に対して、教祖は、

「人間の身体《からだ》に譬《たと》えて言えば、あげ下《くだ》しと同じようなもの、あげ下しも念入ったら肉が下るように成る程に。神が心配」

とおおせられ、おやしきでは、日夜、おつとめの稽古《けいこ》が行われた。

おつとめは、たすけづとめであり、単なるたすかりづとめではない。たすかりだけを願うというそれまでの拝み信心から、人々が真実の信仰を求めはじめた時、それがこの時期であったともいえる。

教祖は、おつとめによる世界の立て替えを、つまり、新しい救済理念、救済の根本を、おつとめを通して説かれているのである。それは人々の胸に、ある種の実感をともなって理解されていったのではなかろうか。

おつとめは、つとめ人衆がそろってはじめて、つとめられるものである。おつと

(13) 慶応3年8月ごろ、世間では「お祓《はら》いさんが降る」と騒いでいた。第7章「たすけに出る」参照。

めを教えられるについては、人々の心の成人に応じて、いくつかの段階があるように思える。

先にも述べたが、慶応二年以前には、「なむ天理王命」の神名を、拍子木をたたきながら唱えるという、おつとめの源流ともみられる形態があった。慶応二年になると、まず、みかぐらうたのお歌が教えられ、次いで、節付けと手振りとが教えられ、いわば、おつとめの仕方、様式が始められた。

こののちの経過を略述すると、明治三年、「よろづよ八首」のお歌を十二下りの初めに加えられ、「ちよとはなし」の歌と手振りとを教えられた。また、同八年には、「いちれつすますかんろだい」の歌と手振りとを教えられ、ここに初めて、「かぐら」と「てをどり」の手のひと通りがそろった。続いて、肥、萠《は》え出《で》など、十一通りの手(14)を教えられている。同十年には、女鳴物を教えられ、男鳴物も合わせて九つの鳴物を用いられるようになる。(15)さらに、同十五年には、手振りは元のままながら、「いちれつすます」のお歌が「いちれつすまして」となり、それにともなって、「あしきはらひ」も「あしきをはらうて」と改まっている。

その間、明治六年に模型のかんろだいが作られ(16)、七年にかぐら面の受け取り(17)、八年にはぢば定めが行われ、のちのぢば・かんろだいを囲んでの「かんろだいのつとめ」勤修への段取りが、着々と整えられていく。

人々の成人に応じて、人間創造の根源的真実である「元の理(18)」を明かし、たすけづとめの全貌《ぜんぼう》を示して、その実行を促されていくのである。

(14) をびや、ほうそ、一子、跛《ちんば》、肥、萠え出、虫払い、雨乞い、雨あずけ、みのり、むほんの11通り。よろづたすけのつとめも含めて12通りの手を教えられたことになる。

(15) 鳴物には、男鳴物として、笛、ちゃんぽん、拍子木、太鼓、すりがね、小鼓があり、明治10年には、女鳴物として、琴、三味線、胡弓を教えられた。

(16) 飯降伊蔵に制作を命ぜられ(234ページ図参照)、できてから、しばらくは倉に納めてあったが、明治8年のぢば定めの後、こかん身上のお願いづとめにあたり、初めて元のぢばに据えられ、以後、人々は礼拝の目標《めどう》とした。

(17) 「教祖は、かねて、かぐら面の制作を里方の兄前川杏助《まえがわきょうすけ》に依頼しておられた。……時旬の到来を待って、明治七年六月十八日(陰暦五月五日)、教祖は、秀司、飯

以来、教祖は、現身《うつしみ》をおかくしになるまでの二十年間、もっぱらおつとめの理を教えられ、ひたすらおつとめの完修を急き込みながら、世界たすけへ向けての大きな展開の局面を開かれていく――。

## 参考年表(おつとめに関して)

| 立教 | 西暦 | 年号 | 教祖年齢 | 事　例 |
|---|---|---|---|---|
| 16 | 1853 | 嘉永6 | 56 | こかん、浪速の街で拍子木をたたきながら神名を流す。 |
| 26 | 1863 | 文久3 | 66 | 辻忠作、妹くらの病に拍子木をたたきながら神名を唱えて平癒を祈る。 |
| 27 | 1864 | 元治1 | 67 | 10月26日のつとめ場所の棟上げの翌日、大豆越村の山中忠七宅へ向かう一行が大和神社の前へ差しかかった際、拍子木や太鼓などの鳴物を打ち鳴らしながら、「なむ天理王命」の神名を唱えた。 |
| 29 | 1866 | 慶応2 | 69 | 5月7日、「しんばしらの眞之亮」誕生。<br>秋、「あしきはらひ……」の歌と手振りを教えられる。 |
| 30 | 1867 | 3 | 70 | 十二下りの歌と手振りを教えられる。 |
| 31 | 1868 | 4 | 71 | お手振りの稽古中、多数の村人が乱暴を働く。 |
| 33 | 1870 | 明治3 | 73 | 「ちよとはなし」の歌と手振りを教え、よろづよ八首の歌を十二下りの歌の初めに加えられる。 |
| 36 | 1873 | 6 | 76 | 飯降伊蔵に命じて、模型のかんろだいを制作。 |
| 37 | 1874 | 7 | 77 | 秀司らを伴い、前川宅に「かぐら面」を受け取りに赴かれる。<br>かぐら面ができ、月の26日(旧暦)には、お面をつけてかぐら、次にてをどりとにぎやかに本づとめがつとめられ、毎日毎夜のつとめの後には、お手振りの稽古が行われる。 |
| 38 | 1875 | 8 | 78 | 6月29日(旧暦5月26日)、ぢば定め。<br>「いちれつすますかんろだい」の歌と手振りを、また、をびや以下11通りのつとめの手を教えられる。 |
| 40 | 1877 | 10 | 80 | 琴、三味線、胡弓の女鳴物を教えられる。 |
| 43 | 1880 | 13 | 83 | 9月30日(旧暦8月26日)、初めて鳴物をそろえておつとめ。 |
| 44 | 1881 | 14 | 84 | かんろだいの石普請始まる。 |
| 45 | 1882 | 15 | 85 | 2段までできていたかんろだいの石が、官憲により没収。<br>手振りはもとのまま、「いちれつすます」のお歌が「いちれつすまして」と、「あしきはらひ」も「あしきをはらうて」と改められる。 |

降、仲田、辻等《ら》の人々を供として、前川家へ迎えに行かれた」(『稿本天理教教祖伝』111～112ページ)

(18) 元の理とは、根源の真理という意味で、『天理教教典』第3章にもあるように、親神が世界中の人間を救済するために、人間創造の元にたちかえって、いままで明かされていなかった根源的な真実を教えられたもの。具体的には「元初まりの話」によって説かれ、この説話を通して、親神による守護の根拠が明かされており、元なる親の真実、つとめの意義、「教祖魂のいんねん」「やしきのいんねん」「旬刻限の理」の意味合いなどの根本教義が集約されている。

# 世直し一揆と「ええじゃないか」踊り

天理市稲葉町の『澤井家年代記』には、慶応三年の条《くだり》に、「九月頃より天照大神宮御祓様《あまてらすだいじんぐうおはらいさま》、世上え御下り被成《なされ》、是《これ》は多分に候《そうろう》故《ゆえ》、人々赤じばんを着、おかげ踊りはやす」と記されている。

尊皇倒幕のリーダーであった岩倉具視《ともみ》の日記には、京都の状況について、

京都に一大事あり。空中より神符が飛び降り、処々の人家に落ちた。その神符の降った人家では、壇を設けてこれを祭り、酒肴《さかな》をならべ供えた。知ると知らない者を問はず、その家に来た者には食べ放題呑《の》み放題に任せて、これを祝って吉祥とした。都下の士女は、老少の別なく晴れ着を着かざって、男は女装し、女は男装して群をなし、隊をなして、歌をうたい、太鼓を打って踊った。その歌詞は、

よいじゃないか　ええじゃないか
くさいものには　紙をはれ
やぶれたら　またはれ
ええじゃないか　ええじゃないか
日本の世直りは　ええじゃないか
豊年踊りは　おめでたい
おかげ参りすりゃ　ええじゃないか
はあ　ええじゃないか

……八月上旬に始まり、十二月九日王政復古の日に至ってやんだ。具視の挙動も、この騒ぎのためにおおわれて、自然と人目に触れることを免れた

と記してある（意訳。歌詞の後半は他の記載によって補充）。

「ええじゃないか」は、当時の異常な経済的混乱や、政治的不安に対して、天照皇大神をはじめ、いろいろの神仏が救済の手を差し伸べて天下ったことに対する感謝と祈願の自己陶酔、集団陶酔的な行動である。それは祭りの後に行われる無礼《ぶれい》講の乱《らん》痴気《ちき》騒ぎに通ずるものがある。為政者は民衆の絶望的な不満や不安を解消する手段として、それが一定の枠を超えない限り、これを許可し、むしろ勧めている。

これに対して、百姓一揆や打ちこわしは、幕藩体制に対する反抗、変革である。一揆や打ちこわしにも、領主に対するものと、村役人層や富豪層に対するものとは、体制に対して異なった意識が認められるが、やがて両者の区別はなくなり、体制変革の世直し一揆となっていく。さらに、体制内行動の「ええじゃないか」は、体制外行動の「世直し一揆」と合体し、尊皇倒幕の政治活動とも結び付くようになっていった。

稲作の開始と終結の区切りが「世」であり、毎年繰り返すことが「世直り」である。悪しき年を改めるための「世直し」に種々の形態を考える説もあるが、世直り、世直し、魂の生き通り、生き通しの用語については、一考を要する。

# 第九章

# 筆先のせめ……話の台

「おつとめ」の節付けと振り付けに、満三カ年を費やされるころ、明治二年正月、教祖は、のちのちの話の台となる「ふでさきのせめ」にかかられる。

それまでの、口で説き、行いに示されるのに加え、さらに、筆を執って、教えの理を明かされるのである。

## ●話の台

**教祖は、親神の思召のまにまに、明治二年正月から筆を執って、親心の真実を書き誌《しる》された。これ後日のおふでさきと呼ぶものである。**

（百三ページ）

おつとめの教示が慶応二年（一八六六年）秋に始められたのに対し[1]、おふでさきの執筆は約二年遅れて、明治二年（一八六九年）正月に筆を執られた。おふでさきの執筆にかかられた時期が、おつとめを整えられていった年代と、ほぼ一致することには、たすけ一条のうえでの、何か深い神意があるのではなかろうか。

（1）第8章「歌と踊りと」参照。

天保九年（一八三八年）の立教以来、人々に、たすけ一条の道を教えることを急き込まれていた教祖が、月日のやしろとなられて三十二年も経過して、初めて、筆を執られたということは、おつとめのご教示の場合と同じく、それを受け入れることができるまで、人々の心の成人をお待ちくだされていたからにちがいない。

おつとめの教示、おふでさきの執筆にかかられるのと呼応するように、世の中は慶応から明治へと移り変わる激動の時代にあった(2)。それは、予定されていた旬の到来と立て合って、社会の体制も転換の時を迎えていたとみることもできる。

そして、明治十五年に、おつとめが現在つとめられている形に整えられた(3)のと符合するように、教祖は、筆を擱《お》かれている。

こうしたことからしても、おふでさきには、おつとめの理を説き教え、その完修を急き込まれる思召がうかがえる。

おふでさきのご執筆にあたっては、親神のおおせのままに、教祖が筆を持たれると、昼夜の区別なく、手がひとりでに動きだしたという。

のちに、この時の様子を、教祖自身、

「神様は、『筆、筆、筆を執れ。』と、仰《お》っしゃりました。七十二才の正月に、初めて筆執りました。そして、筆持つと手がひとり動きました。天から、神様がしましたのや。書くだけ書いたら手がしびれて、動かんようになりました」

と話されている(4)。

そういう状況のもと、明治十五年ごろ(5)までの間に、第一号から第十七号にわたっ

（2）第7章「たすけに出る」参照。

（3）第8章「歌と踊りと」、第11章「ちばを囲んで」、第13章「鳴物入れて」参照。

（4）『稿本天理教教祖伝逸話篇』「二二　おふでさき御執筆」参照。

（5）各号の表紙には執筆年代が記してあるが、第12、13、17号については、年代が記されていない。しかし、考証の結果、それぞれ明治8年12月、同10年、同15年と推定されている。『続ひとことはなし』参照。

て、千七百十一首の歌をしるされている(6)。

みかぐらうたが、数え歌の形式をとっているのは、おつとめの地歌として作られたものであるからと理解できるが、おふでさきの場合、なにゆえに、和歌体でしたためられているのであろうか。

教祖が筆を執ってお教えになられたものという見方からすれば、みかぐらうたもまた、いわゆる「お筆先」には違いない。しかし、みかぐらうたの場合は、おつとめの地歌として、その教えを手振りで体得するという面が強い。

それに対して、おふでさきは、

「これまでどんな事も言葉に述べた処《ところ》が忘れる。忘れるからふでさきに知らし置いた。ふでさきというは、軽いようで重い。軽い心持ってはいけん。話の台であろう(7)」

とあるように、話の台、教えの基本として書かれたものである。

また、おふでさきは仮名でつづられており、みかぐらうたとともに、かなの教えと言われる所以《ゆえん》であるが、そこには、だれにでも理解しやすいようにとの思召がうかがわれる。

それとともに、人々が親しみをもって、教えの余韻が心に残るよう、忘れないようにとの親心から、歌の形式をとられた、とみることもできる。

冒頭には、

　よろつよのせかい一れつみはらせど
むねのハかりたものハないから　（一　1）

（6）千七百十一首のほかに、「にち／＼に心つくしたものだねを　神がたしかにうけとりている」「しんぢつに神のうけとるものだねわ　いつになりてもくさるめわなし」「たん／＼とこのものだねがはへたなら　これまつだいのこふきなるそや」など、おふでさき号外と呼ばれているものもある。『稿本天理教教祖伝』120～121ページ参照。

（7）明治37年8月23日の「おさしづ」。

とあるように、以下八首までが、みかぐらうたの「よろづよ八首」の歌と、ほぼ同じである。語尾こそ違うものの、意味内容を一《いっ》にする。

十二下りの歌の初めに、よろづよ八首の歌を加えられたのは、明治三年であるから、おふでさきご執筆の翌年ということになる。前年に、あらかじめ作られたものを、踊りやすいように語調を変えて、おつとめの地歌として、十二下りの歌の初めに加えられたのであろうか。

いずれにせよ、この八首は、親神が教祖をやしろとして、この世におあらわれになった、いわゆる顕現の意図、つまり、立教の宣言ともいえる内容になっている。だからこそ、おふでさき、みかぐらうた、いずれの冒頭にも置かれたのであろう。

この八首に続いて、以下、話の台、つまりたすけ一条の道として、おつとめの完修を急き込まれ、あらかじめ、おつとめの段取りをしるされていくのであるが、その段取りに、周囲の者の心が添わない場合などは、筆を執り、歌にあらわして教え導いていかれる。

このよふハりいでせめたるせかいなり
なにかよろづを歌のりでせめ　（一 21）
せめるとてゝざしするでハないほどに
くちでもゆハんふでさきのせめ　（一 22）
なにもかもちがハん事ハよけれども
ちがいあるなら歌でしらする　（一 23）

（8）秀司は、天保11年ごろ、東《ひがし》井戸堂《いどんど》村（現天理市）の医師土屋宗仙の娘を嫁にもらったが、三日目に実家に戻ったとも。お秀《しゅう》の母親はおやそという人で、お秀を産

## ●やしきのそうじ

**このたびハやしきのそふじすきやかに**
**したゝてみせるこれをみてくれ**　一　29

**秀司は、既に五十に近くなりながら、正妻が無かった。これに対して親神は、世界たすけの前提として屋敷の掃除を急込《せきこ》まれ、……。**
（百五ページ）

明治二年当時、中山家の戸主であった秀司は、数え四十九歳。正妻こそなかったが、おちゑという、いわゆる内縁の妻があり、お秀《しゅう》と音次郎という子供もあった(8)。

しかし、教祖は、世界たすけの前提として、やしきのそうじにかかられる。たすけ一条のおつとめの段取りとして、つとめの人衆を寄せるとの思召から、直接その人衆にかかわりのないおちゑと音次郎を、おやしきから出されるのである(9)。

かねてから教祖は、おやしきについて、

「この家へやって来る者に、喜ばさずには一人もかえされん」

「去《い》のと思《おも》ても去なれぬ屋敷」

とおおせになっている(10)。

しかし、その教祖が、それまで家族として和やかに暮らしていたであろう人々を、おやしきから出されるのであるから、そこには、人間としての情愛を超えて、世界

んで間もなく姿を消し、おちゑの子には音次郎のほかに、かのという娘がいたとも伝えられる（『神の出現とその周辺』）。

(9)　おふでさきにも、「一寸はなし正月三十日とひをきりて　をくるも神の心からとて」（一　39）、「そバなものなに事するとをもへども　さきなる事をしらんゆへなり」（一　40）とある。おちゑは川原城の実家に戻ったのち病に伏し、音次郎は「田村の質屋村田某の分家の養子にやられ……その後……勾《まが》田《た》村に居を構え」（『おふでさき註釈』16号24・25の項）、明治14年6月18日付で勾田村の村田家へ養子に入っているが、16年11月には離縁となり、20年7月に中山家から分籍している（『御教祖伝史実校訂本　下一』＝『復元』第37号所収）。

(10)　『稿本天理教教祖伝』25ページ、『稿本天理教教祖伝逸話篇』「三七　神妙に働いて下されますなあ」参照。

たすけの道を開こうとされる厳としたご姿勢が感じられる。

　そして、秀司に、心を入れ替えて、新しく妻を迎えるように諭される。

　　これからハ心しいかりいれかへよ
　　あくじはろふてハかきによほふ　（一　65）

「ハかきによほふ」とは、平等寺村にある小東《こひがし》家の二女まつゑ(11)のことで、当時数えの十九歳であった。

　小東家の信仰は、まつゑの両親政吉ととみに始まる。(12)両親の入信を通して、あらかじめ、おやしきに引き寄せられていたのではなかろうか。

　最初、竜田《たつた》村の乾ふさ(13)の息子勘兵衛が、仲人として、小東家に交渉に行ったが、まとまらなかった。四十九歳と十九歳という親子ほどの年齢差があり、両親が断るのも、常識からして、無理もない話である。

　しかし、教祖は、魂のいんねんを説くがために、自ら出向いて行かれる。

　　これとてもむつかしよふにあるけれど
　　神がでたならもろてくるそや　（一　66）

　こんこんと諭されるお言葉(14)に、やがて両親も納得し、その年には婚約整い、まつゑはめでたく、おやしきの人となった。(15)

　元初まりの時の魂のいんねんある者、言い方を換えれば、親神のお目にかなった者を、おやしきへ寄せるための縁談であり、そういう親神の構想でなければ、また、その神意を度外視しては、とても常識では理解できない事件であったといえる。

（11）平等寺村（現生駒郡平群《へぐり》町）はおやしきの西約15キロ。まつゑは嘉永4年生まれで、姉のサク、政太郎、亀吉、音吉の弟がいた。

（12）とみの癪《しゃく》の患いから入信。とみは當麻《たいま》村（現葛城市）の親戚へ行った時、神名を書いた神札をもらって帰り信心してたすかり、その後、竜田《たつた》村の乾ふさを訪ねたという。

（13）小東家など竜田地方で信心する人々の間では、乾ふさ宅が拠点になっていたようである。

（14）おふでさきにも、続いて、「いまゝても神のせかいであるけれど　なかだちするハ今がはじめや」（一　70）、「これからハせかいの人ハをかしがる　なんぼハろてもこれが大一」（一　71）、「せかいにハなに事するとゆうであろ　人のハらいを神がたのしむ」（一　72）とある。

秀司のもう一人の子供、お秀については、おやしきに残して仕込もうとされたが、翌明治三年、十八歳で出直した。(16) 逆算すれば、嘉永六年（一八五三年）の生まれになる。

●

嘉永六年といえば、教祖の夫善兵衛が出直し、中山家の母屋《おもや》が取りこぼたれた年である。ここで、そのころからの教祖の周辺の人々の消息をたずねてみたい。

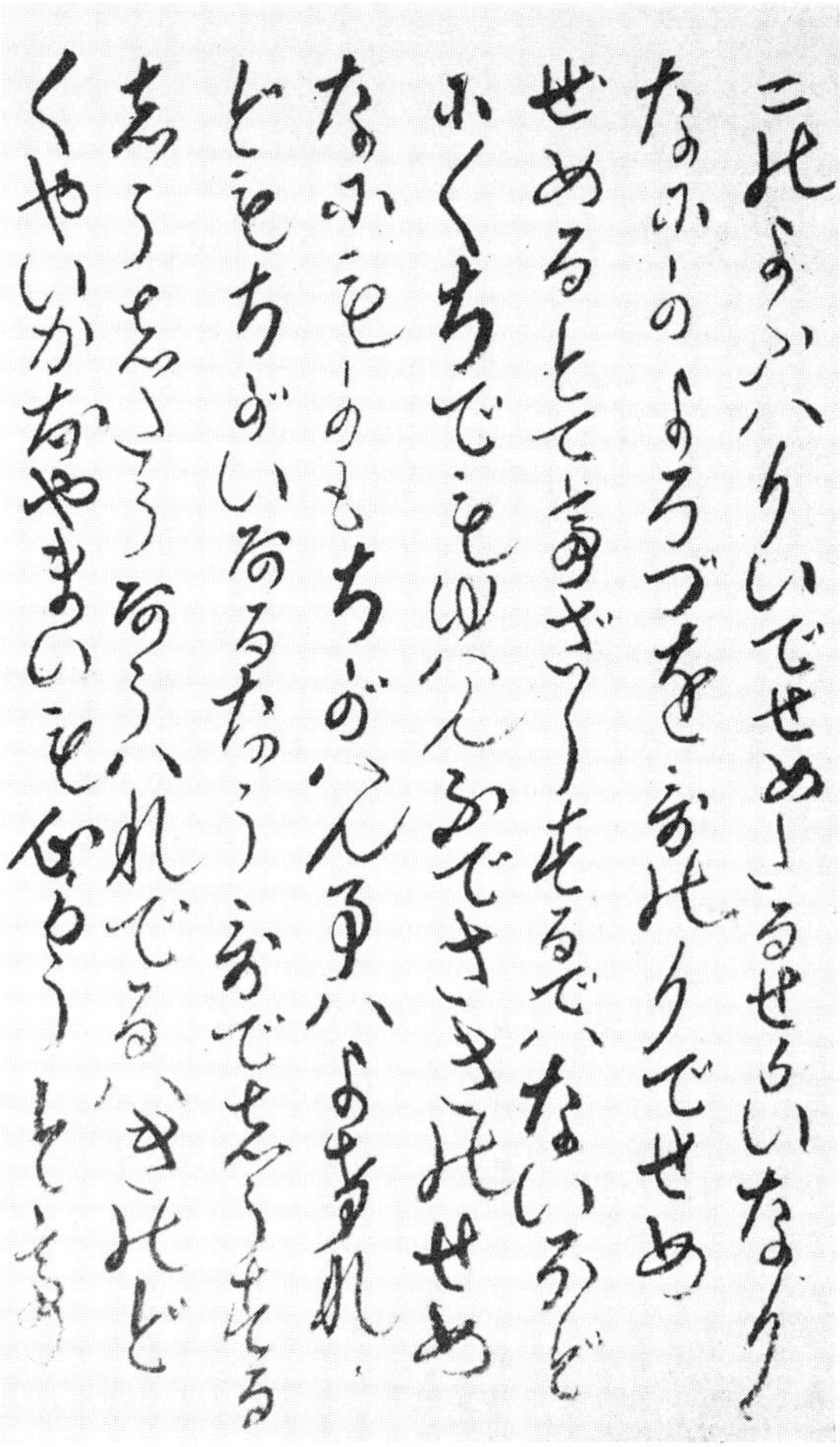

**教祖ご真筆のおふでさき**（第1号21〜24のお歌　教義及史料集成部蔵）

（15）明治16年の中山家戸籍面では、まつゑの入嫁は翌年の明治3年8月26日である。

（16）おふでさきにも、「このこ共二ねん三ねんしこもふと　ゆうていれども神のてはなれ」（一　60）、「しやんせよをやがいかほどをもふても　神のてばなれこれハかなハん」（一　61）、第7号（明治8年）では「このもとハ六ねんいぜんに三月の　十五日よりむかいとりたで」（七　67）、「なわたまへはやくみたいとをもうなら　月日をしへるてゑをしいかり」（七　72）とあり、『おふでさき註釈』には、「お秀様は、六年前即ち明治三年三月十五日に出直された。このお秀様の魂は元々深いいんねんがあるので、親神様は早くいんねんある元の屋敷へ生まれ出さしたいと、その魂をしっかり抱きしめておられたが、時旬の来るのを待って秀司先生の奥様まつゑ様に宿し込まれ、……出産前から『たまへ』という名前まで付けて置かれた」とある。

前年の嘉永五年には、教祖の三女おはるが櫟本《いちのもと》の梶本惣治郎へ嫁ぎ、二年後の嘉永七年に長男亀蔵を出産している。教祖の子供のなかで、教祖が結婚を許されているのは、この時のおはると、明治二年の秀司に関してだけではなかったろうか。長女おまさも、嘉永六年ごろに豊田村の福井治助に嫁いでいるが、教祖は許されていなかったようである。

振り返れば、教祖三十一歳のころ、近所からの預かり子が黒疱瘡《くろぼうそう》になり、「男子一人を残し、娘二人の命を身代《みがわ》りに……」と願われたことがあった。(17) おまさは、すでに、その時に神様に差し上げられており、おやしきでの道の御用に、との思召があったからであろうか。

事実、おまさは明治四年におやしきへ出戻っている。その人柄については、いろいろに伝えられるところがあるが、教祖の子供のなかでは一番長命で、(18) いろいろと道のうえに尽くしている。

慶応二年五月になると、「しんばしらの眞之亮」が誕生、十月には教祖の生家の三昧田《さんまいでん》でも前川菊太郎(19)が生まれる。しかし、明治五年六月には眞之亮の母おはるが、九月には菊太郎の祖父で、教祖の兄でもある前川杏助《きょうすけ》が相次いで出直している。

このように、教祖がおふでさき執筆にかかられたころの周辺の人々の動静には、目まぐるしいものがあり、一日も早く、おやしきにつとめ人衆を寄せようとされる急き込みのほどが、胸に迫り来るような状況であったといえる。

(17) 『稿本天理教教祖伝』20～22ページ、第2章「昇華」参照。

(18) おまさは、明治28年10月27日、71歳で出直し。

(19) 二人はまたいとこで、菊太郎は「控え柱」と言われていた。『神の出現とその周辺』によると、真柱の眞之亮が大正3年12月に出直した同じ大正3年の3月に出直したとある。これは、菊太郎の養嗣子梅造の後日談によるもので、菊太郎出生に際して教祖は、「(眞

せんしよのいんねんよせてしうごふする
これハまつだいしかとをさまる　（一　74）

秀司の結婚の件については、この一首をもって結ばれているが、教祖は、おふでさき第一号を通して、秀司の結婚を話の台とし、おつとめの完修を急き込まれるとともに、やしきのいんねん、夫婦の理合いを説かれたといえる。

秀司の一件は、常識では考えられない内容のものであり、当事者である秀司の苦悩は大変なものであったと察せられる。かつて、世界のふしんに向けて、中山家の高塀《たかべい》を取り払い、母屋を取りこぼたれたこととも通じるものがあるように思える。

教祖の道すがらにおいて、一貫して流れているものは、世界たすけを急がれるたすけ一条の親心であり、また、その理を人々にわからせようという親心であろう。それがおふでさき執筆の思召でもあったといえよう。

こうして、のちのちの話の台となるよう、筆を執ってしるされる一方で、時としては、厳とした神一条のひながたを、そのご行動によって示された。

## ●別火別鍋

**教祖は、この年(20)四月末《すえ》から六月初めにかけて、三十八日間の断食をなされ、その間《あいだ》少々の味醂《みりん》を召し上《あが》るだけで、穀類はもとより、煮たものは、少しもお上りにならなかった。**
（百六ページ）

之亮と）生まれも同じ、亡くなるのも同じ年だが、後先逆になるなあ」とおおせになっていたという。『稿本中山眞之亮伝』には、「前川（菊太郎）は、大正二年、四十八才で出直した」とある。明治30年、お道から離れた。

(20) 明治2年のこと。

これより三年後の明治五年、教祖七十五歳の時にも、六月の初めごろから七十五日の間、穀類を一切断って、火で炊いたものは召し上がらなかった。

教祖は、この時以外にも、こうした断食をされること数度に及んでいるが[21]、この場合にも、それなりの思召があってのことと思わずにはおれない。

三十八日間断食をされた明治二年という年は、秀司に小東まつゑとの縁談があった年であり、さらには、おふでさきの執筆にかかられた年でもある。これらのことと何か関連は見いだせないであろうか。

また、明治五年の折には、食を断たれてから三十余日経ったころ、約十六キロの道のりを若井村の松尾市兵衛宅へ徒歩で、おたすけに赴かれ、滞在中も穀類は口にされなかった。

さらに、七十五歳というご老体にありながら、七十五日間の断食後[22]にもかかわらず、水を満たした三斗樽[23]を楽々と持ち運ばれたこともある。

それに、断食を終えられて間もない九月、別火《べつび》別鍋《べつなべ》とおおせになっている。

別火別鍋とは、日常用いる炊事の火と区別して、別のかまどの火で調理した物を召されるということであろうが、一連の断食は、この別火別鍋へ向けての思召によるものであったと考えられないことはない。

別火別鍋についての理解は容易でないが、「月日のやしろに坐《おわ》す所以《ゆえん》を、姿に現わし、人々の目に見せて、納得させようとの親心からである」と、『稿本天理教教祖伝』では説かれている[24]。

(21) 慶応元年にも9月20日ごろから約1カ月間、食を断たれている。第7章「たすけに出る」参照。

(22) 『稿本天理教教祖伝逸話篇』「二五　七十五日の断食」参照。

(23) 1斗は約18リットル、3斗は約54リットルだから、木樽の重さも含めて、60キロ近い重量であろう。

(24) 『稿本天理教教祖伝』108ページ参照。

長期間にわたって食を断っておられながらも、遠方まで歩いて出向かれたり、あるいは、普通の人の力では持ち上げるに容易でない水樽を運ばれたりという、教祖のその不思議なご行動に対して、周囲の人々は、教祖が月日のやしろであられるという実感を強く抱いたことと察せられる。

そして、これらのことは、おふでさきのご執筆とともに、話の台として、いやがおうでも人々の心に焼き付いていったのではなかろうか。

おやしきで、教祖が、自ら筆を執って、あるいは身をもって、月日のやしろたる所以を説き明かされているそのころ、世間では、まさに「維新」の言葉に象徴されるような激動の時代を迎えていた。

教祖が、「一の枝の如きものや。枯れる時ある」と予言されていたように、明治新政府の国家神道政策により、それまでの吉田神祇管領の権威は無効となった。秀司を中心に、苦心を重ねて得た公許[25]が、またたく間に取り消しとなり、意味のないものとなったのである。

人々は、なるほど、教祖のお言葉どおりになったと深く感銘するとともに、再び振り出しに戻ったことに対して、先行きの不安を感ぜずにはおれなかった。

以前に村人たちが、おやしきへ暴れ込んで来たこともあったりして[26]、未公認のままであることを憂えた秀司は、あらためて、新政府に願い出ようとした。

しかし、教祖は、

（25）『稿本天理教教祖伝』97～98ページ、第7章「たすけに出る」参照。

（26）「世間の反対攻撃は未《ま》だ全く無くなった訳ではなく、慶応四年三月二十八日の夜には、お手振りの稽古《けいこ》をしていると、多数の村人が暴れ込んで、乱暴を働いた」（『稿本天理教教祖伝』99ページ）

「願《ねがい》に行《ゆ》くなら行《い》って見よ、行《ゆ》きつかぬうちに息が尽きるで。そんな事願に出るのやないで」

と、厳しい口調で、それを止められた(27)。

ただ一筋に親神にもたれ、いかなる試練にも堪えて通り抜いてこそ、親神の思召にかなう成人を遂げることができると、神一条の道を歩む姿勢を諭されているのである。しかしその後、数年間というものは、新政府において、取り締まりの体制が整っていなかったからであろうか、おやしきへの干渉もなく、平穏な日々が続いたようである。

明治四年の廃藩置県にともない奈良県が設置され(28)、明治六年になると、秀司は庄屋敷村の戸長を務めている（左ページコラム参照）。天保九年以来、失墜していた中山家の信頼がだんだんに回復されてきたということであろうか。

しかし、それは、あくまでも世俗的なものであり、秀司の思いとはうらはらに、教祖は、必ずしもこれを喜ばれなかったのではなかろうか。

教祖の思召は、ひたすら世界たすけのうえにあり、その構想に向けて、次々と段取りが進められていく。

同じ明治六年、教祖は、飯降伊蔵に命じて、木製の模型のかんろだいを作らせられる。これは、高さ約六尺、直径約三寸の六角の棒の上下に、直径約一尺二寸、厚さ約三寸の六角の板の付いた簡単なものであったが(29)、それは二年後のぢば定めを予定されてのものであったといえよう。

(27)『稿本天理教教祖伝』107ページ参照。

(28)奈良県の変遷《へんせん》は次の通り。

慶応4年5月　奈良県設置
　同7月　奈良府に改称
明治2年7月　奈良県に再改称
同4年11月　大和一円を管轄
同9年4月　堺県に合併
同14年2月　大阪府に合併
同20年11月　奈良県再設置

(29)1尺は約30・3センチ、1寸は約3センチ。234ページ図参照。

年が明けると明治七年。教祖は七十七歳になられた。

明治二年三月の第二号以来、約五年間、おふでさきの筆は止まっていた。が、教祖は、再び筆を執られ、第三号から六号半ばにわたって、(30) 世界たすけを急がれる親神の思召のほどをしるされる。

それは、重大な時旬の迫り来ることを告げるとともに、強く人々の心の成人を促されるものであった——。

(30) 第3号は明治7年の1月、4号は4月、5号は5月、6号は12月から筆を執っておられる。

## 戸長のこと

明治新政府は、江戸時代に村を治めてきた庄屋や年寄の村役とは別に、新しく、戸長および副戸長を村々に置いた。

戸籍の作成を試みるため、従来の村役人との関係を明確にさせる必要から、明治五年四月、庄屋や年寄などの呼び名を廃止し、翌五月には、それぞれを戸長、副戸長とするように命じた。

さらに、戸籍簿をつくるためにもうけていた「区」を発展させ、新たな地方統治の試みとして、「大区・小区」の制度を創設。奈良県へは、その年の五月十六日に導入され、十五の大区と百九十九の小区に分けられた。

奈良県の場合、従来の郡を大区とし、各大区の中に、これまでの町村を組み合わせた小区を置き、行政の最小単位とした。しかし、九年十二月に大区五、小区二十四となり、十一年六月には廃止となっている。

中山家の戸主であった秀司は、奈良県から、明治六年五月二十六日付で「第四大区十三小区庄屋舗村戸長」、翌七年四月には「第一大区十三小区庄屋敷村副戸長」の辞令を受けている（『復元』第37号所収「干渉の口火」参照）。

# 第十章

# 山いかゝりて……赤衣を召され

明治七年、「おふでさき」第三号から第六号半ばまでがしるされた。
おつとめの完成へ向けて、人々の心の成人をうながされる一方、
いわゆる高山へ向けて、教えの積極的な宣布にかかられていく。
そしてさらには、「赤衣《あかき》」を召され、人々に、
「月日のやしろ」であることの真実を納得させられる。

五年ぶりに筆を執られたおふでさき第三号の表紙には、明治七年（一八七四年）の「一月ヨリ」とある。(1) 前年の明治六年に、太陽暦が採用されるようになって間もない当時、この「一月」の表示は、新暦、旧暦のいずれによるものであろうか。新暦になる以前にしるされた第一号の表紙には、明治二年の「正月従《より》」とあるから、明治七年の第三号の「一月」は、新暦の表示であるとみてよい。(2)

ところで、おふでさき第三号で、まず明らかにされるのは、おやしき内に元なるぢばの地点を定めて、かんろだいの建設を急がれる親神の思召であろう。

このたびハもんのうちよりたちものを
はやくいそいでとりはらいせよ　（三　1）

（1）「明治七戌年《いぬのとし》一月ヨリ」と。二代真柱は『おふでさき概説』の中で各号表紙の文字について、「これは教祖の御手になるものではなくて、他の人の筆跡、恐らくは私の祖父（秀司）なり親父（眞之亮＝初代真柱）なりの筆でないかと推察しているが、とにかくこうして誰かの手で判《は》つきりと欠ける事なく第一号から第十七号迄《まで》号数が記されて残されているのが事実」と述べられている。

しんぢつに神の心のせきこみわ
しんのはしらをはやくいれたい　（三　8）

確かに、前年にかんろだいの模型が作られて、この明治七年には「かぐら面」の受け取り、そして八年には「ぢば定め」が行われ、さらには、「いちれつすますかんろだい」の歌と手振りとを教えられて、「かんろだいのつとめ」の手ひと通りが初めて整えられている。

こうして、おつとめの勤修を急き込まれる一方で、おやしき内はもとより、社会の上層部にいる人々の心を澄ますために、教祖は、いわゆる大社高山(3)へ向けて、積極的に働きかけていかれる。

これから八神がをもていあらわれて
山いかゝりてそふちするぞや　（三　53）

## ●山いかゝりて

**明治七年陰暦十月のある日、教祖から、仲田儀三郎、松尾市兵衛の両名に対して、**
**「大和《おやまと》神社へ行《ゆ》き、どういう神で御座《ござ》ると、尋ねておいで。」**
**と、お言葉があった。**

（百十五ページ）

（2）第1号は「明治貳《二》巳年《みのとし》正月従《より》」とあり、二代真柱も「第一号は太陰暦を用いていた明治二年に、第三号は太陽暦になってから明治七年に書かれたと信ずる」（『おふでさき概説』）と述べられている。

（3）大社とは大和《おおやまと》神社や石上《いそのかみ》神宮など、当時権力をもっていた神道界のこと。高山とは「社会的立場において上層にあり、その限りにおける世俗的権力をもっている者を高く立つ山にたとえて表現したものである。『谷底』に対する言葉」（『天理教事典』）。

大和神社といえば、それより十年前、元治元年（一八六四年）十月二十六日のつとめ場所棟上げの翌日に起きた、いわゆる大和神社のふし[4]を思い出す。

仲田、松尾の二人が十年前の事件に、どこまで思いをはせたかどうかは知るよしもないが[5]、教祖のおおせどおり、大和神社へ行き、神職にどのような神様であるかを尋ねた。

神職は、「当社は由緒ある大社で、祭神は記紀にもあるとおり[6]……」と説明した。「それでは、どのような守護を下さる神様ですか」と重ねて問いかけると、神職たちはその点については、ひと言も答えることができなかった。そして、「このようなことを言わせるのは庄屋敷の婆さんに違いない。庄屋敷はどんな神様で、何か証拠になるものがあるのか」と、逆に質問してきた。

そこで二人は、持参していたおふでさきの第三号と第四号を出して、自分たちが信仰している神が、元の神・実の神であることを述べ、さらにその御守護について、日ごろ教祖から教えられているとおりに説明をした。

第三号では、おつとめの理とともに、

このよふのにんけんはじめもとの神
たれもしりたるものハあるまい　（三　15）
どろうみのなかよりしゆごふをしへかけ
それがたん／＼さかんなるぞや　（三　16）
このよふをはじめた神のしんぢつを

（4）『稿本天理教教祖伝』56～59ページ、第6章「つとめのぱしょ」参照。

（5）仲田儀三郎は文久3年、松尾市兵衛は慶応2年に入信。

（6）大和神社の祭神は『古事記』『日本書紀』に登場する神々である（95ページコラム参照）。平安時代の『延喜式神名帳』（天理図書館蔵・重要文化財）にも、大和国山辺郡13座の初めに「大和坐大国魂《おおやまとにますおおくにたま》神社」とある。

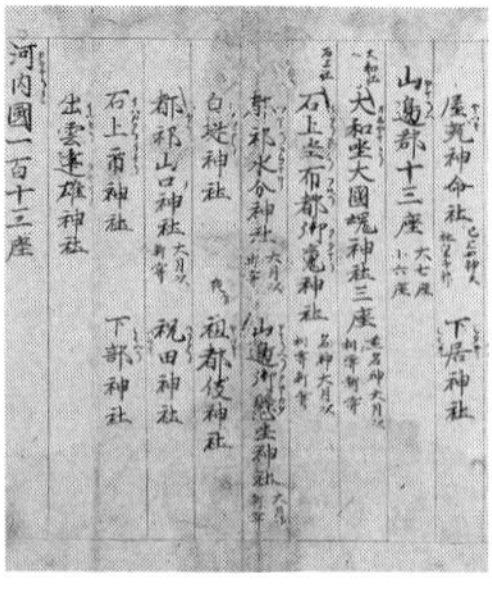
屋就神命社　下居神社
山邊郡十三座　大七座　小六座
大和坐大國魂神社三座
石上坐布都御魂神社
都祁水分神社　山邊御縣坐神社
白堤神社　祖都伎神社
都祁山口神社　祝田神社
石上市神社　下部神社
出雲建雄神社
河內國一百十三座

『延喜式神名帳』

といてきかするうそとをもうな　（三　68）

など、人間世界創造の「元の理」(7)について、また、第四号では、

にんけんをはじめだしたるやしきなり
そのいんねんであまくたりたで　（四　55）

など、教祖のお立場、やしきのいんねんについての重要な記述がみられる。

これを聞いた神職たちは、「記紀にもない神名を唱えることは不都合である。それを放置しているということは、管轄の責任ある石上《いそのかみ》神宮の監督不行届き(8)でもある。改めて糾明《きゅうめい》の必要がある」と告げた。

おそらく、大和神社からの連絡があったのであろう。その翌日、石上神宮の神職五人が、おやしきへやって来た(9)。これに応対された教祖は、親神の御守護について詳しく説き諭された。聞いていた神職たちが、その話が本当であれば、学問は嘘かと反問したところ、教祖は、

「学問に無い、古い九億九万六千年間(10)のこと、世界へ教えたい」

とおおせになった。この厳としたお言葉に、神職たちは一瞬たじろいだことであろう。それと同時に、この次元の違うお話にあきれてしまったのか、「また来る」とだけ言い残して帰っていった。

その後、神職からの訴えがあったのか、今度は丹波市分署(11)の巡査が乗り込んで来た。そして、神前の幣帛《へいはく》、鏡、簾《みす》、金《かな》灯ろうなどを没収し、村役人に預けた。

このような事が起こるまで、しばらくの間は、おやしきへの干渉や迫害は途絶え

（7）129ページの注（18）参照。

（8）庄屋敷は石上神宮の信仰圏である布留（石上）郷に属し、中山家はその氏子であった。

（9）この前、つまり仲田、松尾の二人が大和神社から帰ってくると、折り返し同神社の神職が人力車に乗ってやって来ている。神職は、佐保之庄《さほのしょう》村の新立《しんだち》の者と偽って、教祖に伺ってほしいと願ったが、「勝手に拝んでおかえり」と答えると、そのまま帰っていったという。新立とは、家を新しく建て、引っ越して来たばかりの新顔という意味であろうか。佐保庄の南に新建という集落もある。『稿本天理教教祖伝』116〜117ページ参照。

（10）『天理教教典』第3章「元の理」に「九億九万年は水中の住居《すまい》、六千年は智慧《ちえ》の仕込み、三千九百九十九年は文字の仕込み」とある。文字の仕込み、つまり学問にない以前のことという意味であろう。

ていた。慶応二年の小泉村不動院の山伏乱入と、それにともなう古市代官所からの呼び出しがあって以来になる(12)。

明治になって間もないころは、政府としても、いまだ諸般の体制が整っていなかったからか、おやしきに対して、とりたてて言うほどの干渉もなく、比較的平穏な日々が続いていたようである。

しかし、新政府の宗教政策は、激しい時代の動きのなかで、たとえば、神仏分離、キリスト教の禁止、次いで布教解禁、さらには大教宣布《たいきょうせんぷ》運動などと、目まぐるしく推移していった。そして、その波紋は、静かな大和の農村へも確実に押し寄せてきていた。神仏分離令がもたらした廃仏毀釈《きしゃく》により、石上神宮の神宮寺で、西の日光とも称された内山永久寺(13)が、かつての権威を失墜するどころか、跡形もなくこわされてしまった事実が、当時の社会的趨勢《すうせい》を象徴的に物語っている。

新政府がめざす国家神道体制への潮流は急速であった。明治六年に東京に大教院が開設されて、大教宣布運動は全国的に広がり、翌年には奈良の拠点として中教院が設置された(14)。さらに特定の社寺に小教院が開設され、日を決めて村民を集め、神道の教化活動が積極的に進められた。

庄屋敷村でも、すでに明治六年に戸長「仲山秀治宅」に村人を集めて巡回説教が行われたという記録(15)が残っている。

高山のせき、よきいてしんしつの
神のはなしをきいてしやんせ　（三　148）

(11) 明治6年ごろ、丹波市の久《く》保院《ぼのいん》という真言宗系の寺を借り上げて設置された。

(12) 第7章「たすけに出る」参照。

(13) おやしきの東南約2キロ、5町（約545メートル）四方の敷地内に40余の伽藍が配置されていたが、慶応4年石上神宮の神宮寺の立場を廃止され、明治7年3月廃寺となった。同9年ごろまでに建物はすべて売却、取り払われた。

(14) 大教院制度は明治5年5月布告。奈良には同7年3月、旧紀州屋敷内（現奈良市紀寺町）に中教院が設置された。

このおふでさきは、このような社会の動きに心なく呼応した当時の人々に対する厳しい戒めであろうか。それとともに教祖は、いわゆる高山への積極的な働きかけ

## 大教宣布運動のこと

明治三年正月三日、大教宣布《たいきょうせんぷ》の詔《みことのり》が発せられた。大教とは惟神《かんながら》の道、神道のことで、これを宣布するため、神祇官の下に各藩から推挙された人物が宣教使に任命され宣教活動を開始。しかし、さほどの成果を挙げるには至らなかった。神祇官は四年八月神祇省に、五年三月には教部省に改められ、その下に宣教使に代わって神官・僧侶合同の教導職が置かれ、大教宣布運動が全国的に展開されることになる。この教導職が説教を行う機関として、大・中・小の教院が設置された。

大教院は六年一月に東京に開設され、中教院は六年十月に規則が定められて、奈良県では七年三月に奈良の紀寺《きでら》町に設けられた。小教院には各神社や寺院があてられるが、全国で約十万に及ぶ教院が設立されたとみられる。その教導の基本条項として、教部省は「教則三条（三条の教憲）」を発布した。

一、敬神愛国ノ旨ヲ体スベキ事
一、天理人道ヲ明ニスベキ事
一、皇上ヲ奉戴シ朝旨ヲ遵守セシムベキ事

これは大教宣布運動解体後も教派神道に引き継がれ、本教でも明治二十一年の教会公認以降、恒例祭行事の中で読師《どくし》という役が信者に向かって読み上げ、昭和九年の本部神殿改築時の祭儀復元まで続けられていた。

宣布運動は神道内部でも種々の問題を生じ、仏教側も期待を裏切られ、神仏間の対立が深刻化、混乱した。その結果、八年五月に大教院は解散、神仏合併布教は廃止された。

神道側では神道事務局を創立、事務局内に神道大教院を設け、各府県に分局、支局を置き、中教院、小教院と称した。明治十七年八月に神仏教導職が全廃され、十月には神道事務局は教団名を「神道」、事務局名を「神道本局」と称する教派神道の一派となった。

（15）当時、石上神宮を中心にした石上郷の各村で行われていた巡回説教活動の記録『巡回説教聴衆控《ひかえ》　石上神社』の明治6年の項に、「十一月四日於荘屋敷村戸長仲山秀治宅　講師同上（植嶋、幸田、井上、立川、新宮）　聴衆百五拾人」とある。次ページコラム参照。

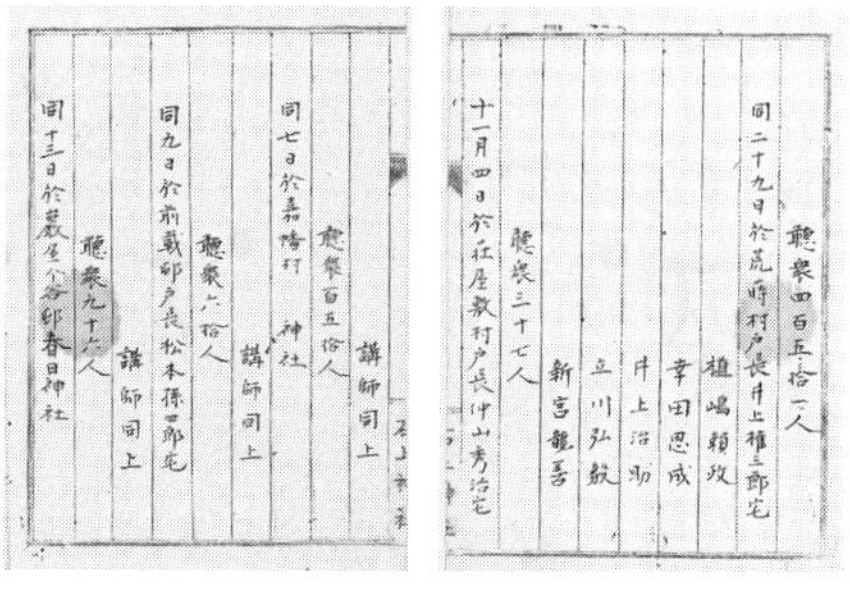

**巡回説教聴衆控**（天理図書館蔵）

の手始めに、大和でも由緒を誇る大和神社を選ばれたものと思われる。それは、今後に起こりうる官憲の取り締まりに先駆けて、教祖の方から、あえて挑《いど》んでいかれ

## 石上神宮の大教宣布運動

天理図書館所蔵の『巡回説教聴衆控《ひかえ》』など四種類の記録から、「石上神社」(石上神宮のこと。当時は「神社」とされていた)の大教宣布運動をみると、明治六年八月十八日に布留《ふる》村の氏神社《うじがみしゃ》で行われたのが初見である。以後、同六年中の五カ月間に三十六回の説教がもたれている。戸長宅で行われたのが七カ所、寺院が二カ所で、その他はすべて氏神社である。戸長宅で行うのは便宜上らしく、大教院への届書には氏神社に書き改めている。

七年には六十五回、八年は一月から四月までの四カ月間に五十回も行われており、運動の盛り上がりを見せている。五月以降の記録が欠けているのは、この月に神仏合同による教導職が廃止されたために一時中絶したものか、記録が失われたものか、不明である。

九年の記録も見当たらないが、十年の記録では年間二十五回で、その場所も二カ所以外は石上神社社務所と、丹波市の神道事務支局の二カ所で行われ、その活動の退潮を示している。

場所は、国中《くんなか》(平坦部)では、石上神宮の氏子の村々(宮郷)五十二カ村中三十九カ村で行われている。宮郷以外の村では開かれていない。山間部(山中《さんちゅう》)は、かつて氏子であったという伝承があるが、当時、宮郷に入っていない地区十カ村で行われている。

四カ年で五回以上の所は、下表に示す九カ村である。庄屋敷村の回数が他村に比して多いのは、当局の意図が感じられる。

六年十一月十五日の井戸堂《いどんど》村の説教では、吉田、備前、合場、九条、東・西井戸堂村のほかに、宮郷内でない隣村の八田村からも参加している。各村の副戸長と検証役が列席して、拝聴者の人数を報告しているところをみると、相当厳しい強制があったようである。

**教導職説教回数、聴衆人数表**

| | | 回数 | | | | | 聴衆人数 | | | | |
|---|---|---|---|---|---|---|---|---|---|---|---|
| | | 年度(明治) | | | | | 年度(明治) | | | | |
| 場所 | | 6 | 7 | 8 | 10 | 合計 | 6 | 7 | 8 | 10 | 合計 |
| 国中 | 丹波市 | 1 | 11 | 3 | 15 | 30 | 30 | 262 | 823 | 840 | 1955 |
| 国中 | 社務所 | 2 | 7 | 3 | 8 | 20 | 194 | 171 | 165 | 295 | 825 |
| 国中 | 井戸堂 | 1 | 4 | 3 | 0 | 8 | 211 | 408 | 81 | 0 | 700 |
| 国中 | 嘉幡 | 1 | 3 | 4 | 0 | 8 | 60 | 303 | 295 | 0 | 658 |
| 国中 | 田部 | 0 | 6 | 2 | 0 | 8 | 56 | 175 | 125 | 0 | 356 |
| 国中 | 永原 | 3 | 0 | 3 | 0 | 6 | 549 | 0 | 321 | 0 | 870 |
| 国中 | 庄屋敷 | 1 | 1 | 3 | 0 | 5 | 150 | 79 | 150 | 0 | 379 |
| 山中 | 友田 | 3 | 2 | 1 | 0 | 6 | 814 | 250 | 150 | 0 | 1214 |
| 山中 | 中峰山 | 2 | 2 | 1 | 0 | 5 | 338 | 370 | 350 | 0 | 1058 |

注・記録により若干の相違がある。
・山中は1カ所に多くの村民を集めて行われたために聴衆の数が多い。

たともとれる。

石上神宮の神職との問答があった後、奈良県庁(16)から、仲田、松尾、辻忠作の三人に差紙が来た。三人が県庁へ出頭すると、社寺掛から、信心するようになったいきさつなどを質問されるだけで帰されたが、その時、稲尾という社寺掛から、来る十二月二十三日に山村御殿《やまむらごてん》へ出向く予定があるので、そこへ教祖を連れて来るようにと命ぜられた。

山村御殿は、円照寺《えんしょうじ》の通称で、当時、伏見宮文秀女王《ふしみのみやぶんしゅうじょおう》が門跡《もんぜき》であった。(17)『稿本天理教教祖伝』には、「このような尊い所へ呼び出したなら、憑《つ》きものならば畏《おそ》れて退散する、と、考えたからであろう」と記してある。(18)

その日、教祖は機嫌よく足取りも軽くお出掛けになったが、途中、田部《たべ》村の車《くるま》返《がえし》(19)で、ふとつまずかれて、下唇を怪我《けが》された。辻、仲田、松尾ら五人のお供の人たち(20)は、悪い兆しではないかと心配したが、教祖は、

「下《した》からせり上《あが》る(21)」

とおおせになっただけであった。

円照寺での取り調べは、円通殿《えんつうでん》と呼ばれる持仏堂で、午後二時ごろから、石上神宮の大宮司と他に一人が立ち会って始まった。(22)稲尾という社寺掛が、まず、どのような神であるかを尋ねると、教祖は、

「親神にとっては世界中は皆我が子、一列を一人も余《あま》さず救《たす》けたいのや」

とおおせになった。

（16）当時の奈良県庁は興福寺一乗院の建物を仮使用しており、その建物は現在重要文化財として唐招提寺内に移築してある（左写真）。

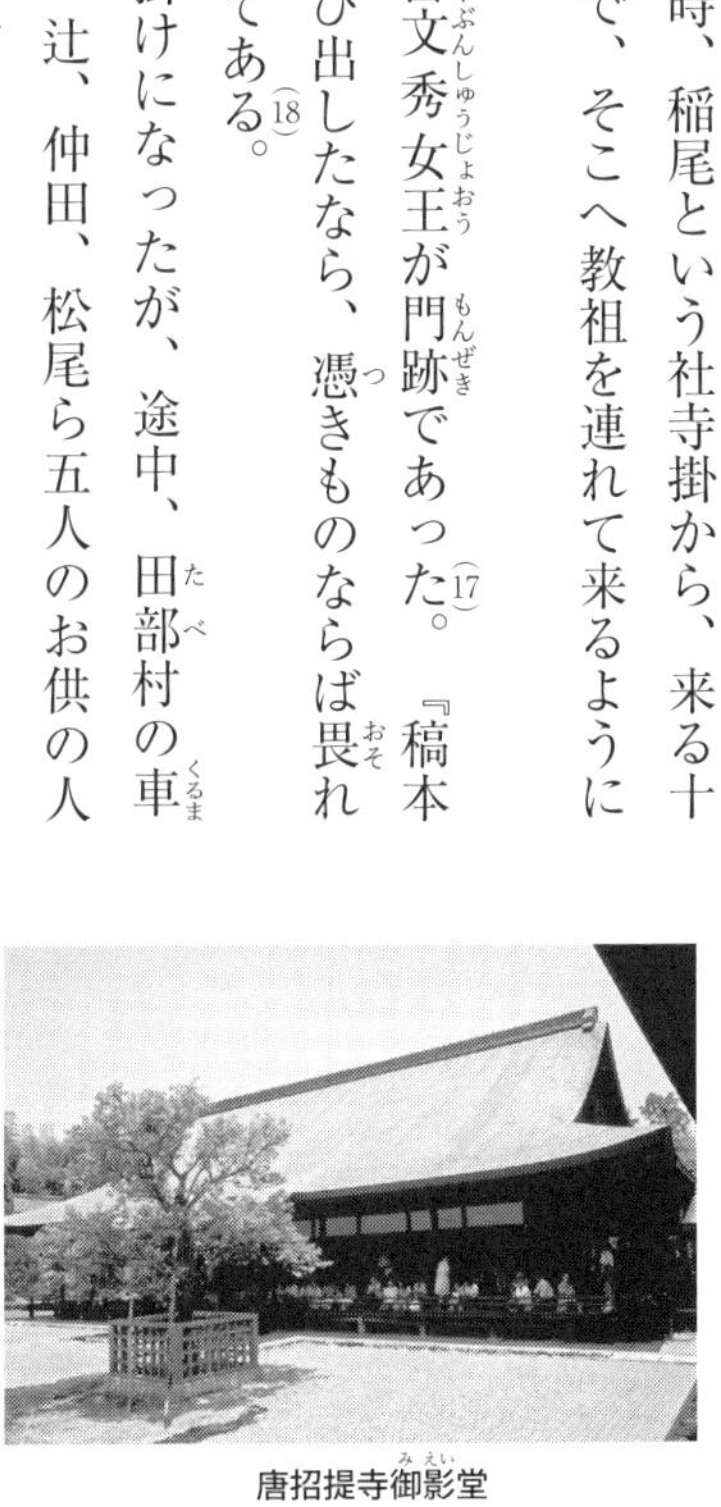

唐招提寺御影《みえい》堂

（17）円照寺は奈良県添上《そえかみ》郡帯解《おびとけ》村大字山村（現奈良市山町）にある臨済宗系の尼寺で、皇族出身の住職の寺として、中宮寺、法華寺とともに大和の三門跡寺と称された。初め京都の修学院（現左京区）に創設されたが、明暦2年（一六五六年）に奈良の古市に移転、さらに寛文9年（一六六九年）に現在地に移された。

これに対して社寺掛が、「まことの神であるならば、この身に罰をあててみよ」というと、その途端、教祖は、

「火水風《ひみずかぜ》共に退くと知れ(23)」

と。そのお言葉には、厳として侵し難いものがあった。

そこで、社寺掛は、神経病であると決めつけ、医者に診せることにした。しかし、教祖の脈をとった医者は、七十七歳の老体ではあるが、脈拍の調子は十七、八歳の若さであると、驚くばかりであったという。

その後、社寺掛が「今日は芸のあるだけ許す」と命じた。てをどりをするということは耳にしていたのであろうが、それを遊芸の類いとみなしていたのであろうか。「芸」という言葉に、ある種の侮りのニュアンスが感じられる。

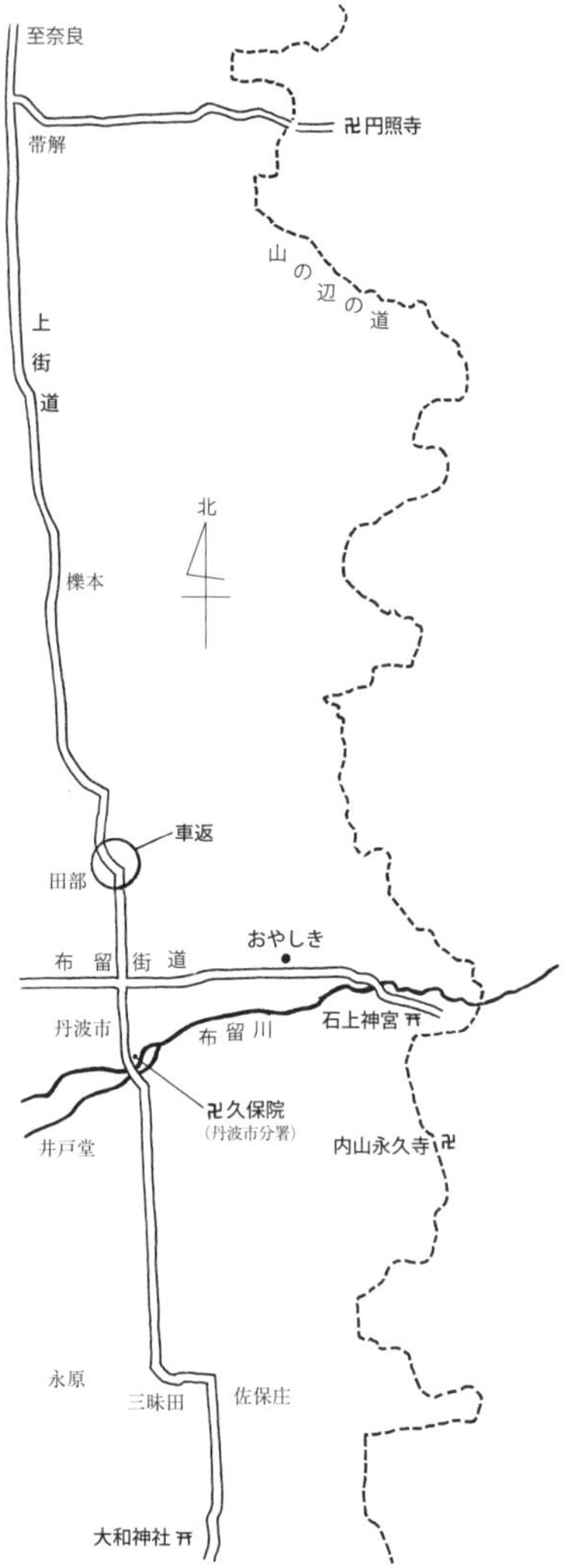


(18)『稿本天理教教祖伝』118ページ参照。
(19) 田部の小字名のこと。現在の東本詰所の前あたりといわれる。おやしきからの一行は、布留街道を西へ下り、上街道を、この車返を経て北へ進んで山村御殿へ向かったのであろう。
(20) 他に柳本村(現天理市)の佐藤某、白石畑《しらいしばた》村(現生駒郡平群《へぐり》町)の大東重兵衛。

そこで、扇一対を借りて、辻の地歌で、仲田がてをどりをした。四下り目まで済んだところで、「もうよろしい」と言われた。ところが、二人は、「まだ、あと八下りあります」と言って、なおも続けようとした。それでも強く制止されたので、二人はやむなく引き下がったが、そこには、この時とばかりに気負った二人の信仰的情熱のほとばしりが感じられる。

その後、一行は、茶菓のふるまいを受けて、帰路についた。

結局、あいまいな形で取り調べは終わっている。しかし、それ以来、当局は、おやしきへ参詣人が出入りしないように、厳重な取り締まりを始めるようになる。

みへるのもなにの事やらしれまいな
高い山からをふくハんのみち　（五　57）
このみちをつけよふとてにしこしらへ
そばなるものハなにもしらすに　（五　58）
このとこへよびにくるのもでゝくるも
神のをもハくあるからの事　（五　59）

教祖の山村御殿へのお出ましは、大和神社へ仕掛けられた神祇問答が契機となっている。教祖は、おふでさき第二号で予言されていたように、自ら「高山いけ(24)」へ飛び入って行かれたのである。

確かに、呼び出されて取り調べを受けられたのであるが、そこには、いささかも受動的なご態度はみられない。山村御殿へのお出ましを、いわゆる高山布教として、

(21) これまでの谷底救済から、いよいよ高山布教へ、大きく広く表へたすけ一条の道を展開される思召を含まれたお言葉と悟れる。

(22) 円通殿には、中央に本尊如意輪観音像、左右に不動明王と地蔵菩薩像がまつられてある。円通殿の庭の東にある書院奥に謁見《えっけん》の間があるが、この時の取り調べが庭の白州《しらす》であったのか座敷内であったのかは、わからない。『正文遺韻』には「佐藤と申す人は、外《ほか》の先生方と同じ様な熱心な人ではござりませんが、社寺係の稲尾といふ人と懇意にするといふので、御《お》供《とも》に加はつたのやさうでござります。夫故《それゆえ》に、此人《このひと》から挨拶を致しかけましたのですから、白《しら》すへ呼《よび》出《だ》した様な権式をふるわけにもゆきませんで、茶をもくんでくれたさうでござります」とある。

(23) 火・水・風は、そのいずれもが親神の守護、働きの集約的表現あるいは象徴と教えられている。

より積極的局面に転換されているものといえよう。

翌二十四日の朝、教祖は、

にち〳〵に心つくしたものだねを
神がたしかにうけとりている
しんぢつに神のうけとるものだねわ
いつになりてもくさるめわなし
たん〳〵とこのものだねがはへたなら
これまつだいのこふきなるそや　（おふでさき号外[25]）

とよまれている。

このお歌は、その日おやしきに来ていた辻、仲田、松尾など[26]に下されたものであるという。辻、仲田、松尾の三人は、前日の山村御殿へのお出ましにお供しているので、これまでの真実の心づくしとして、さらにはこれから始まる厳しい迫害の道中に臨んで、いっそう心勇んで努めるよう励まされたお歌であろうか。

さらに、翌二十五日になると、今度は奈良中教院から、辻、仲田、松尾の三人が呼び出され、天理王という神はないから、拝むなら大社[27]の神を拝め、世話するなら中教院を世話せよと、信仰を差し止め、おやしきの幣帛、鏡、簾などを没収した。

この時の奈良中教院の干渉に関して、おふでさきでは、

月日よりつけたなまいをとりはらい
このさんねんをなんとをもうぞ　（六　70）

（24）おふでさきに、「これからハ高山いけいとびはいり　いかなごもくもそふぢするなり」（二　29）とある。

（25）教祖のお手元にある原本を写して信者に与えられたものを、正冊《せいさつ》（原本）に対して、外冊《げさつ》と呼ばれているが、外冊には正冊にないお歌がいくつかあり、それらを号外という。二代真柱著『外冊「おふでさき」の研究』参照。

（26）辻、仲田、松尾のほかに、桝井伊三郎、村田幸右衛門、西田伊三郎、堀内、並松村の釜屋などの人々。

（27）石上神宮は明治4年5月に官幣大社に列せられている。

しんちづの月日りいふくさんねんわ
よいなる事でないとをもゑよ
（六 71）

と、「月日」の文字を用いて、たすけ一条の親心ゆえのもどかしさと、猶予できない厳しい急き込みのほどをしるされている。

「どういう神で御座ると、尋ねておいで」とのおおせに従い、出向いて行って起こった大和神社の件が契機となって、以後、官憲の取り締まりは年とともに激しさを増していく。そのなかにあって、人々の動揺と不安は、はかりしれないものがあったと想像される。

しかし教祖は、終始、高山布教という態度をくずされず、どのような事態に対しても、厳とした姿勢でのぞまれる。

## ●赤衣を召され

**更《さら》に、十二月二十六日**（陰暦十一月十八日）、**教祖は、初めて赤衣《あかき》を召された。**
（百二十二ページ）

この赤衣を召されるにあたっての様子は、『稿本天理教教祖伝逸話篇』に詳しい。[28]

教祖が急に、

「赤衣を着る」

（28）「三五　赤衣」参照。

とおおせられたので、その日の朝から、まつゑとこかんたちが急いで仕立てたところ、その日の夕方には出来上がった。赤衣を召された教祖は壇の上にお座りになり、その日、おやしきに詰めていた人々が祝いの味りんを頂いたという。

赤衣の理については、

いまゝでハみすのうぢらにいたるから　（六　61）
なによの事もみへてなけれど
このたびハあかいところいでたるから　（六　62）
とのよな事もすぐにみゑるで
このあかいきものをなんとをもている　（六　63）
なかに月日がこもりいるそや

と、おふでさきにしるされている。また、これより先のお歌では、

このよふの月日の心しんぢつを　（六　9）
しりたるものわさらにあるまい

と、初めて「月日」としるされ、

このよふのしんぢつの神月日なり　（六　50）
あとなるわみなどふくなるそや

とのお歌とともに、「十二月廿一日よりはなし」とあるお歌（六　55）からは、それまで用いられていた親神自らをあらわす呼称を、「神」から「月日」へとお改めになり、従来の神祇信仰の神とは次元の異なる、月日、すなわち元の神・実の神と

しての親神の理を明らかにされていく。

　神から月日へと呼称を改め、さらに、身には赤衣を召されて、自ら月日のやしろであることの真実を明らかにされたのである。それもひとえに、人々の心の成人を促されるがゆえの思召によるものであった。

　赤衣を召されたその日、教祖は、「いき」「煮たもの」「さんざいてをどり」「しっくりかんろだいてをどり」のさづけの理をお渡しになっている(29)。これは、身上《みじょう》たすけのためにさづけの理を渡された始まりであった(30)。

　それまでのおたすけは、教祖直々、あるいはこかんの取り次ぎによるものであり、人々にできることといえば、教祖によってたすけられた不思議な救済の話を伝える、いわゆる、にをいがけにとどまっていた。

　しかし、さづけの理を渡されるようになってからのおたすけは、それを授けられた人々が、直接、身上の悩みに苦しむ人々に取り次いで御守護を願うというかたちへと進んでいく(31)。

　こうしたことがまた反面、官憲の厳しい取り締まりを誘う原因ともなっていったが、いままでの単にたすけを願う信仰から、たすけを取り次ぐ段階へと、当時の人々の信仰が大きく展開したことを意味するともいえよう。

　以降、官憲の迫害と干渉の厳しくなるなか、教祖は、さづけの理を渡されるとともに、おつとめの勤修《ごんしゅう》に向けて、たすけ一条の道を、いっそう急き込まれていくのであった。

(29) 赤衣を召された教祖は、「一に、いきハ仲田、二に、煮たもの松尾、三に、さんざいてをどり辻、四に、しっくりかんろだいてをどり桝井」と、さづけの理を渡されている。『稿本天理教教祖伝』124ページ参照。

(30) これより先、元治元年の春から、教祖は、熱心に信心する人々に扇、御幣《ごへい》、肥まるきりのさづけを渡されている（『稿本天理教教祖伝』47ページ、124〜125ページ参照）。

(31) おふでさきにも、「いまゝでハやまいとゆへばいしやくすり　みなしんバいをしたるなれども」（六　105）、「これからハいたみなやみもてきものも　いきてをどりでみなたすけるで」（六　106）とある。

# 改暦事情

　明治五年十一月九日、政府は突如として従来の太陰暦を廃して太陽暦を採用し、来る十二月三日を六年一月一日とする布告を出した。

　太陽暦の採用は、政府の文明開化政策のうえから必要であったが、すでに旧暦による暦が売り出されていた時節に、あわてて改暦を強行したのには理由があった。

　維新以後の官吏などの給料は、幕府時代の年俸制とはちがい、月給制となっていた。ところが旧暦では、二、三年ごとに閏《うるう》月があって、一年が十三カ月となることもある。たまたま明治六年は閏年にあたっているので、旧暦によれば十三カ月分の給料を支払わなければならない。当時の国庫は、平年の支出額でさえ困難を極めていた。この財政の危機の打開のために改暦を強行したのである。

　これは当時、大蔵省に関係していた大隈重信の懐古録にみえる話である。

　政府はさらに、十一月二十三日に、来る十二月朔日《さくじつ》、二日の両日を、十一月三十日、三十一日とする布告を出して、十二月をないこととした。しかし、太陽暦の十一月には、三十一日はないために問題となり、翌日にあわてて、この布告を取り消している。

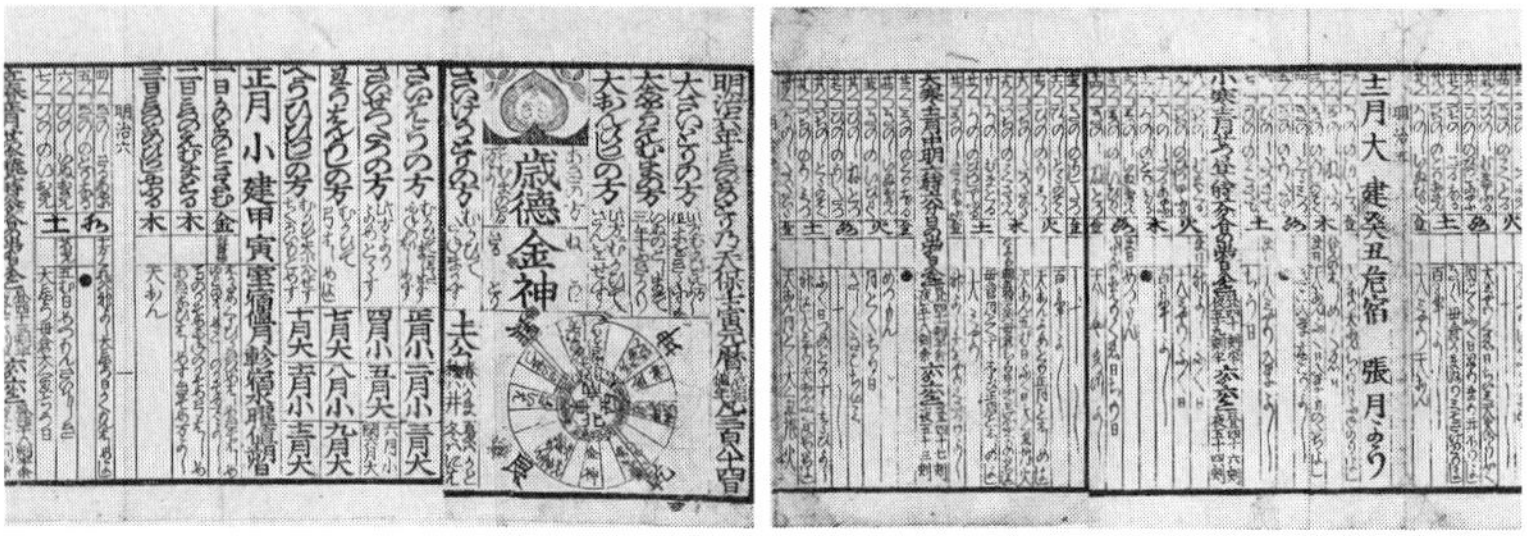

**明治５年の太陰暦**（右）**と明治６年の太陽暦**（左）（天理図書館蔵）

太陽暦採用により、明治５年は12月２日までで、翌日は明治６年元日となった。

　当時のサラリーマンは、十二月分の給料と翌年もらえるはずの閏月分の月給をもらいそこねたわけである。

　この改暦で大もうけしたのが福沢諭吉であった。彼は一夜にして、改暦の正しいことを強調した『改暦辨《べん》』というパンフレットを出版し、短期間に数十万部を売り尽くした。この〝早慶戦〟は、慶応側の逆転勝ちとなった次第である。

　ところで、長い間、旧暦に慣れていた人々には、太陽暦は日々の生活に混乱を来した。当時、新暦が耶蘇《やそ》（キリスト教）の暦であり、西暦を用いるのは耶蘇に屈従するものであるとし、あえて皇紀を用いる国粋論が流行した。

　当時の農民一揆や士族の反乱において、新暦を廃止することを条件の一つにあげているのが散見されることからも、一般の新暦に対する風潮を察することができる。

# 第十一章 ぢばを囲んで……おつとめ その二

明治七年、「かぐら面」が調製せられ、
翌八年には「かんろだい」を据える「ぢば」が定められる。
「ぢば」を囲んでつとめるという、
おつとめの最も重要な点が、
この明治七、八年に説き明かされるのである。

**年が明けると明治七年、教祖は七十七歳になられる。第三号から第六号半ば(1)に亘《わた》るおふでさきは、この年の筆で、急ぎに急がれる親神の思召の程を誌《しる》され、重大な時旬の迫っている事を告げて、強く人々の心の成人を促された。**

（百九〜百十ページ）

おふでさきのご執筆は、明治二年（一八六九年）三月の第二号以来、しばらくなかったが、それが、明治七年になると再び筆を執られ、翌八年と合わせた二年間に、第三号から第十一号までをしるされている。この時期に全体の半数以上を(2)、一気に啓示されたことになる。

（1）第3号は明治7年の1月、第4号は4月、第5号は5月、第6号は12月から、それぞれ筆を執られている。

（2）第3号から第11号まで、それぞれ149、134、88、134、111、88、64、104、80の計952首がしるされており、全体（一七一一首）の半数を超える。

ここで一つ疑問なのは、明治二年から七年にわたる約五年間の空白期間である。それを、どのように理解すればよいのであろうか。

それについては、現存する形態のとおり、おふでさきのご執筆がなかったとするのが、もっとも自然な見方であろう。しかし、あえて推測を加えるならば、その間にしるされたものもあったが、その後に受けた干渉や迫害のさなかに紛失してしまったという見方もできなくもない。

事実、のちの明治十六年三月に官憲により没収されそうになった際、戸主であった眞之亮が「焼いて了《しま》いました」と答えて、その場をしのいだこともあった(3)ほどである。

しかし、そう答えてまで、没収や散逸の危険から、おふでさきを守ったことを考えれば、この推量が事実であることの可能性はなくなってくる。

この点、各号表紙にあるご執筆時期の表記の仕方については、二代真柱も、著書『おふでさき概説』のなかで、「この一例からすると、第一号は太陰暦を用いていた明治二年に、第三号は太陽暦になつてからの明治七年に書かれたと信ずる。従つてその間ブランクの年限、明治三年から六年迄《まで》には、十七号が通した番号で以《もっ》て残存している以上、おふでさきは書かれなかつたと考えてよい」と述べられている。

ここで、なぜブランクがあるかという興味に走るよりも、むしろ、なぜ明治七年になって、再び筆を執られたのかと考えるほうが、より積極的で、至当なのではなかろうか。

| 号数 | 首 | 各表紙記載の時期 |
|---|---|---|
| 第1号 | 七四 | 明治2年正月 |
| 2 | 四七 | 3月 |
| 3 | 一四九 | 7年1月 |
| 4 | 一三四 | 4月 |
| 5 | 八八 | 5月 |
| 6 | 一三四 | 12月 |
| 7 | 一一一 | 8年2月 |
| 8 | 八八 | 5月 |
| 9 | 六四 | 6月 |
| 10 | 一〇四 | 6月 |
| 11 | 八〇 | 6月 |
| 12 | 一八二 | 12月(推定) |
| 13 | 一二〇 | 10年(推定) |
| 14 | 九二 | 12年6月 |
| 15 | 九〇 | 13年1月 |
| 16 | 七九 | 14年4月 |
| 17 | 七五 | 15年(推定) |
| 合計 | 一七一一 | |

(3)『稿本天理教教祖伝』253ページ参照。

この明治七、八年という時期は、教祖の道すがらのうえでも、教理の展開のうえでも、極めて重要な時期であったといえる。そこで、『稿本天理教教祖伝』の記述に依拠しつつ、この時期を丹念にたどってみたい。

## ●かぐら面お迎え

**教祖は、かねて、かぐら面の制作を里方《さとかた》の兄前川杏助《まえがわきょうすけ》に依頼しておられた。**

（百十一ページ）

お面の制作にあたっては、まず杏助が粘土《ねんど》で型を作り、その上に和紙を何枚も張り重ねたものを京都の塗師《ぬりし》に持って行き、漆《うるし》をかけて完成した。月日の理をあらわすものは、見事な一閑張《いっかんばり》(4)の獅子面であったという(5)。

杏助は元来器用な人であったらしいが、ただそれだけの理由から依頼されたのであろうか。そして、なぜ獅子面なのであろう。

教祖は、いつごろ杏助に制作を依頼され、それを受けた杏助がいつごろその制作にあたったのかは定かでないが、杏助は明治五年九月に八十歳で出直しているので、少なくともそれ以前には、すでに、かぐら面は出来上がっていたことになる。

明治七年六月十八日、教祖は秀司、飯降、仲田、辻など(6)をお供として、前川家へかぐら面を受け取りに出向かれ、制作のお礼として、おふでさき第三号と第四号な

（4）一閑張とは漆工技法の一種で、器物に紙を張り、漆を塗るか、原型に漆やのりで紙を張り重ねて、あとから型を抜き取って漆を施した細工のこと。

（5）このときのお面について、『ひとことはなし　その三』には、「此《この》最初のもの即ち明治七年調製のものがいくら種類があつたか、どんな恰好《かっこう》であつたかは保存されてありませんから言明することは出来ませんが、何《いず》れにせよお面はつとめ人《にん》ぢう十人の者が用ひるお面でありまして、その後次々にこれに見倣《みなら》つて作られ、今日に到つてゐる所に十個の顔面《がんめん》と、二個の像《ぞう》と都合十二個の種類があります。大別しますと、

獅子面　二ケ
男子顔面　四ケ
　内一個　天狗面
女子顔面　四ケ
鯱　一ケ
亀　一ケ

の五種類になります」とある。

どを渡されているが、(7)その第三号の表紙には「前川家ニ長々《ながなが》御預り有《あり》」と記されている。

少なくとも明治五年以前には出来上がっていたであろうかぐら面を、長々と明治七年まで預けられたままにしておかれたのは、なぜであろうか。

それについては、おふでさきの第四号に、

このひがらいつの事やとをもている
五月五日にたしかでゝくる　（四　3）

という一首がある。

このおふでさきをもとに、二代真柱は、「これ（かぐら面の受け取りに出向かれた明治七年六月十八日）を太陰暦に直すと五月五日に当《あた》るわけで、先に挙げた第四号3番のおうたの〝五月五日に確か出てくる〟という文句と照らし合わせてみると話が合つてくるのである。……歴史的にものを考える時には五月五日即ち太陽暦六月十八日という事の証明として、各々重要な役割を果しているものである」（『おふでさき概説』）と述べられている。

ということは、あらかじめ予定されたうえでのかぐら面の受け取りであったということになってくるが、では、なぜこの年この日なのかということについてはわからない。

その日の夜、(8)教祖は、出来上がったかぐら面を見て、

「これで陽気におつとめが出来ます」

（6）この時、前川家に渡された第3号の表紙には、「庄屋敷中山々《より》神様之人数御出被下《おいでくだされ》」と記されてあるので、10人のお供があったのであろうか。

（7）教祖直筆のおふでさきとともに、虫札（農作物を害虫から防ぐ札とされていた）10枚も渡されている。虫札と、のちに教えられる11通りのつとめの虫払いのつとめとの関係はあきらかでない。

（8）夜につとめられたということについて、二代真柱は『おふでさき概説』のなかで、「六月十八日というのはその頃の麦の採り入れ

とおおせられ、初めて一同面をつけて、お手振りを試みられたという。

この時、教祖も皆と一緒につとめられたのであろうか。二代真柱は、その情景を『ひとことはなし』のなかで、「明治七年六月十八日を憶《おも》ふ」と題して、「つとめ人数の面々お面をつけて、教祖様《おやさま》を取囲《とりかこ》み、陽気におつとめをされました」と想定されている。そこには、二代真柱の教学が感じられる。

さらに、先述の表紙には「神楽本勤」とあり、三昧田の前川家でかぐら本づとめがつとめられたことになっている。前川家の人がそう記したということは、この呼称が、おやしきで以前から用いられていたとも考えられる。しかし、現在で言う本づとめとは、ぢば・かんろだいを囲んでつとめられるかぐらづとめについてのみ言われており、この時の前川家でのおつとめについて、二代真柱は「まなびのおてふり」(9)という表現をされている。

かぐら面の受け取りに出向かれて、すぐに学びなりとも、おつとめが行われたということは、当然その手振りは、それ以前から教えられていたということになる。そうでなければ、その場で急につとめることは難しいのではなかろうか。

教祖は、それより先、慶応二年（一八六六年）の秋に「あしきはらひ」、明治三年に「ちよとはなし」、八年には「いちれつすますかんろだい」の歌と手振りとを教えられている。(10)

明治七年に三昧田でつとめられたものは、それまでに教えられている「あしきはらひ」と「ちよとはなし」を、お面をつけてつとめるだけのものであったのであろ

が済む時期であろう。そして農村の歳時記に照らし合わせてみると、恐らくは庄屋敷にしても三昧田《さんまいでん》にしても、麦刈り種播《ま》き田植と、色々と百姓仕事が忙しい頃であつたと考えられる。従つて神様の人衆が出かけられてお面をつけてをどりをされたのも、百姓仕事の済んだ夜であつたのは当然考えられる事である」と述べておられる。

(9)「永々預つてあつたお面を、教祖始め神様の人数即ちつとめ人衆が、庄屋敷から前川家に迎えに来られて、そしてそのお面をつけて初めて、まなびのおてふりを三昧田で行つておられる」(『おふでさき概説』)

(10) 明治7年12月、教祖がさづけの理を渡された中の一つに「四に、しっくりかんろだいてをどり桝井」とあるが、これと、翌8年に教えられた「いちれつすますかんろだい」の歌と手振りとの関係はわからない。

うか。それとも、かぐらづとめ独特の手振り(11)でつとめられたのであろうか。

慶応三年正月から八月までに十二下りのお歌を教示され、その節付けと振り付けに満三カ年を費やされているが、その中の六下り目に、「いつもかぐらやてをどりや(12)」という個所がある。

この個所の「かぐら」の手振りは、「両平手の甲を上向きに、指先を前方に軽く曲げて、頭の左右後ろから顔の両脇に下げて、あたかも頭に物をかむる格好(13)」をする。

つまり、かぐら面をつけてのかぐらづとめをつとめる様《さま》をあらわした手振りのことであるとされているから、慶応三年におつとめの歌の節付けと手振りを教えられるのと平行して、面こそつけなかったが、かぐらづとめに相当する手振りも、当時から教示されていたということになろうか。

それとも、のちに教えられ、つとめられることを示唆された「いつもかぐらや」の歌であり、手振りなのであろうか。

あるいは、明治六年に飯降伊蔵に命じて模型のかんろだい(14)を作られているから、そのころから、来るべき日に向けて、かぐらづとめの手振りは教えられていたのかもしれないとも推測されるが、どうであろう。

さらには、明治七年に三昧田で初めてその手振りを教えられ、その後、毎日、稽《けい》古《こ》が行われていったという見方もできる。

とにかく、かぐら面お迎えの事柄を通して、さまざまな問題が浮かび上がってくるが、今のところ、それを裏付ける明確な史料がないままに、疑問としてとどめざ

(11)「手振りは、普通の手振り、すなわち、これにならう坐《すわ》り勤めの手振りにほぼ似ている。ただし、一番終りの『みこと』のところで、十人が十人とも、それぞれの担当している役割の御守護の理を手振りに表わして勤める。……いずれも二十一遍ずつである。ただし、艮《うしとら》だけは、最後の三遍だけ、切る理を表わし、それまでの十八遍は、普通の手である。そのために、十八遍目のすんだときに、地方《じかた》の一番のところで、木が入る。切ることだけは、他が二十一遍でも、三遍にして置け、という意味と悟られる」(上田嘉成著「かぐらの話」＝ムック天理4号『かぐらづとめ』所収)

(12)「五ッ　いつもかぐらやてをどりや　すゐではめづらしたすけする」とある。

(13) 山澤為次著『おてふり概要』参照。

(14) 234ページ図参照。

るをえない。

かぐら面が調達されて以降、おやしきでは月の二十六日（陰暦）には、面をつけてかぐらづとめ、次にてをどりと、にぎやかに本づとめがつとめられ、毎日毎夜のおつとめのあとでは、お手振りの稽古が行われたという。

年が明けると明治八年、教祖は、親神の思召のままに、第六号なかばから第十一号まで[15]のおふでさきをしるし、人々の心のふしんを急がれるとともに、いよいよ、おつとめの核心へと迫っていかれる。

## ●ぢば定め

**形の普請と共に、子供の心も次第に成人して、ここに、親神は、かんろだいのぢば定めを急込《せきこ》まれた。**（百二十六ページ）

ここでいう形の普請とは、前年から進められていた中南《なかみなみ》の門屋の普請[16]のことで、おふでさき第三号の冒頭にも、

このたびハもんのうちよりたちものを
はやくいそいでとりはらいせよ　（三　1）

とある[17]。そして、

しんぢつに神の心のせきこみわ

（15）第6号は明治7年の12月、第7号は8年2月、第8号は5月、第9号、第10号、第11号は6月に、それぞれ筆を執られている。

（16）第14章「門屋に出て」参照。

（17）「親神様は、教祖様のお住《すま》いになる建物の建築を急き込まれた。そこで、この年には先《ま》ず門とそれに続いた住居と倉の建築を始められた。それには屋敷内の地取りをせねばならぬが、その当時屋敷内には邪魔になる建築があったので、それを取り払うて早く屋敷内の掃除をするようにと、急がれたのである」（『おふでさき註釈』）

しんのはしらをはやくいれたい　（三　8）

と、道の芯《しん》である「しんばしらの眞之亮《しんのすけ》」を早くおやしきに入れたいという思召(18)とともに、ぢばの地点を定めて、かんろだいの建設を急がれる親神の急き込みのほどが述べられている。

すでに、明治六年には模型のかんろだいはできていた。しかし、それを据えるべき所、つまり、ぢばは未《いま》だ定まっていなかった。親神は、人々の心の成人次第に、次の段階として、ぢば定めにかかられるのである。

ぢばという言葉は、一般に場所、地所、地点を意味する言葉であるが、ぢばについて『天理教教典』では「実《まこと》に、天理王命、教祖、ぢばは、その理一つであつて、陽気ぐらしへのたすけ一条の道は、この理をうけて、初めて成就される」とある。

ぢばにかんろだいを据えることは、たすけづとめに欠かすことのできないことであるが、おふでさきでは、明治二年にしるされた第二号に、初めて「かんろだい」の文字が見られる。

めつらしいこのよはじめのかんろたい
これがにほんのをさまりとなる　（二　39）

明治二年当時、未だかんろだいは制作されていないし、第一、かんろだいを据えるべきぢばの地点も明らかにされていない。それなのにこの時点で、かんろだいこそ世の治まりとなると宣言されているのは、世界たすけに向けての、親神の時間を超えた壮大な構想があってこそであろう。

(18)「当時、眞之亮は九歳で、いつも櫟本《いちのもと》村の宅（梶本家）からお屋敷へ通うていたが、教祖は、家族同様に扱《み》て、可愛がられた。まだ幼年でもあり、親神の思召が皆の人々に徹底していた訳でもなく、嗣子《しし》として入籍した訳でもない。そこで、一日も早く名実共に、道の内を治める中心と定めるよう、急込《せきこ》まれた」（『稿本天理教教祖伝』110～111ページ）

それから六年後、明治八年五月にしるされた第八号では、

このさきハあ丶ちこ丶ちにみにさハり
月日ていりをするとをもゑよ　（八　81）
きたるならわがみさハりとひきやハせ
をなじ事ならはやくそふぢふ　（八　82）
そふぢしたところをあるきたちとまり
そのところよりかんろふだいを　（八　83）

と、親神はつとめ人衆として必要とされる人々の身上に障りをつけておやしきに引き寄せ、掃き清められた地面を歩いて、立ち止まった所が、かんろだいのぢばであると予告されている。

さらに、六月になると、第九号、第十号、第十一号の計二百四十八首を一気にしるされる。刻々と迫り来る時旬の到来が、切々と感じられる。

そして、六月も二十九日、つまり陰暦五月二十六日。かんろだいのぢばは、この日に定められる。月こそ違うが、立教の元一日(19)のゆかりの日柄である。

前日に、教祖は、

「明日は二十六日やから、屋敷の内を綺麗《きれい》に掃除しておくように」

とおおせられた。

おふでさき第八号でも予告されていたことを、察していたのかどうかは定かでないが、人々は特に入念に庭を掃き清めておいた。

(19) 天保9年10月26日。第3章「顕現」参照。

明けて二十六日の昼ごろ、教祖は、まず自ら庭を歩まれ、足がぴたりと地面にくっついて、前へも横へも動かなくなった地点に印を付けられた。

しばらくしてから、こかん、仲田儀三郎、松尾市兵衛、櫟枝《いちえだ》村の与助らに、次々と目隠しをさせて歩かせられたところ、皆、同じ所へ吸い寄せられるように立ち止まるのであるが、辻ますだけはそうでなかった。しかし、娘のとめぎくを背負って歩くように、との教祖のおおせどおりに歩いてみると、ますも皆と同じ所で、足が地面に吸い付いて動かなくなったという。(20)

以上が、ぢば定めの様子であるが、皆に目隠しをさせて歩かせられたり、さらには、立ち止まらなかった辻ますが娘のとめぎくを背負うと足が止まったりするなど、常識では考えられない親神の自由《じゅうよう》を見せて、ぢばを定められたということは、こ

(20) 辻ますの娘とめぎくは、明治3年生まれで、当時数えの6歳。ますが娘とめぎくを背負うと足が止まったのは、とめぎくがつとめ人衆の魂のいんねんある一人であったからという。とめぎくは2年後の明治10年に、教祖から女鳴物の琴を習っている（『稿本天理教教祖伝逸話篇』「五二　琴を習いや」、本書192ページ参照）。

中山家の母屋《おもや》間取り図

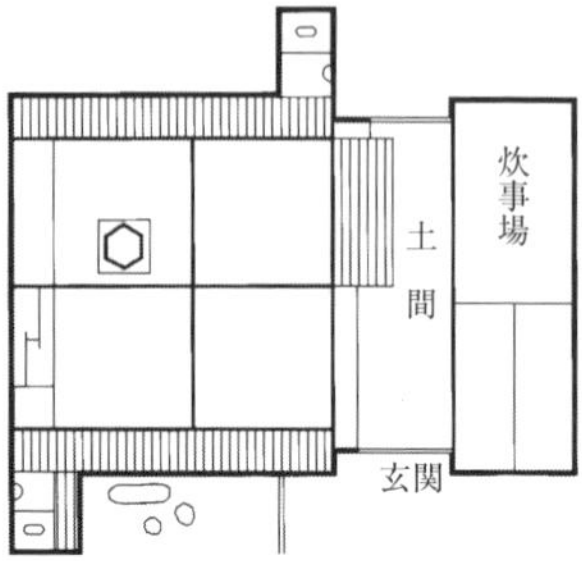


座敷の次の間の位置がのちの「かんろだい」の地点になるので、天保９年10月の啓示があったのは、この部屋ではなかったかと「おやしき変遷史図」の編者は推測している。

おやしきの平面図

れによって後々の人々も得心するであろうとの親心にほかならない。ある種の劇的な演出が感じられる。

この時定められたぢばの地点は、過ぐる三十八年前の天保九年十月、立教の元一日の場所にあたるともいわれる（右ページ図参照）。

立教以来、明治八年までの三十八年もの間、この元のぢばを明かさずにおられた。このことは、何を意味するのであろう。おそらく、人々が聞き分けられるようになるまで、その成人をお待ちになっていたということであろう。

そうしたなか、同じ明治八年には、「いちれつすますかんろだい」の歌と手振りを教えられている。これで、かんろだいのつとめの手一通りが初めて整ったことになり、さらに、肥、萠《は》え出《で》など十一通りの手も教えられた。(21)

かんろだいについては、おふでさき第九号に詳しくしるされてあり、(22)『稿本天理教教祖伝』には、「かんろだいは、人間創造の証拠として元のぢばに据え、人間創造と成人の理を現わし、六角の台を、先《ま》ず二段、ついで十段、更《さら》に一段と、合わせて十三段重ねて、その総高さは八尺二寸、その上に五升入りの平鉢《ひらばち》をのせ、天のあたえたるぢきもつを受ける台である」と説かれている。(23)

こうして、かんろだいのぢばが初めて明示されたのであるが、その時から、ぢばだけが人々の礼拝の目標《めどう》となったわけでもなかったようである。

当時、つとめ場所に一坪四方の神床があり、(24)そこに御幣《ごへい》をもって親神をお祀《まつ》りされてあったので、神床とぢばと、二つを礼拝するという「二つ目標」の状態であっ

(21) 第13章「鳴物入れて」参照。
(22) おふでさきに、「このだいをすこしほりこみさしハたし　三尺にして六かくにせよ」（九　47）、「このだいもたん／＼とつみあけて　またそのゆへハ二尺四すんに」（九　59）、「そのうゑゝひらばちのせてをいたなら　それよりたしかぢきもつをやろ」（九　60）とある。
(23) 『稿本天理教教祖伝』129ページ参照。
(24) 第6章「つとめのばしよ」参照。

たのではないかと察せられる。

おつとめも、朝夕のおつとめはつとめ場所の上段の間で、毎月の二十六日はかんろだいのぢばを囲んで、それぞれつとめられていたのではなかったろうか。

その年の夏、こかんの身上にあたり、それまで倉に納めたままであった模型のかんろだいをぢばの地点に据えて、ぢばを囲んでお願いづとめがつとめられている。以後、人々は礼拝の目標とすることになるが、こかんは明治八年九月二十七日の出直しであるから、模型ながら、ぢばにかんろだいが据えられたのは、ぢば定めから、遅くとも三カ月後ということになろうか。

かんろだいをぢばに据えるという構想に向けて、親神は、まず簡単な模型を作らせられるなど、だんだんと具体的なものに、人々の理解を深め、高められていかれたのであろう。

当時の人々の理解のほどはわからないが、このおつとめによって、どんな身上も事情もたすけていただけるという期待を寄せていたのではなかろうか。

この間、前年に棟《むね》を上げていた中南の門屋の内造りも八年いっぱいには出来上がり、教祖は、つとめ場所の北の上段の間から移られて、その西側十畳の部屋をお居間となされ、日夜寄り来る人々に親神の思召を伝えられた(25)。

つとめ人衆が思召どおりそろうのは、なお先のことながら、以降、迫害干渉の厳しくなるなかも、ぢばを囲んでつとめられるたすけづとめの段取りは、その完修に向けて着々と整えられていく——。

(25) 第14章「門屋に出て」参照。

# 第十二章 若き神こかん……理と情のはざまで

明治八年の秋、教祖の末娘・中山こかんが出直した。
ここでは、天保九年の立教以来、
寄り来る人々に、教祖のお話を取り次ぐなど、
常に、教祖と人々とのつなぎ役としてつとめていた、
その「若き神」こかんの足跡をたどる。

## ●末娘こかん

明治七年（一八七四年）十二月、教祖は赤衣《あかき》を召し、「おさづけ」の理を渡されるようになった(1)。さらに、翌八年には「かんろだいのぢば」が定められ、「おつとめ」を整えていくうえでの重要な点を明示される(2)。こうして、たすけ一条の道は、新たな段階に入っていくが、官憲の取り締まりは次第に厳しくなっていった。

そうした矢先、それまで天保九年（一八三八年）の立教以来、教祖とともに、この道を歩み続けてきたこかんが身上に伏せってしまう……。

(1) 第10章「山いかゝりて」参照。
(2) 第11章「ぢばを囲んで」参照。

**明治八年夏の頃《ころ》、永年《ながねん》、教祖と艱難《かんなん》苦労を共にしたこかんが身上《み》障《じょうさわ》りとなり、容体は次第に重くなった。**

（百三十ページ）

この時のこかんの身上についてふれる前に、まず、その誕生からの道すがらについて振り返ってみたい。

こかんは、天保八年の十二月十五日、教祖と善兵衛との第六子・末娘として生まれた。その名を「小寒」と記す文献も多数みられることからすると、二十四節気《せっき》の小寒《しょうかん》(3)にちなんだものであろうか。

教祖が、月日のやしろとお定まりになられたのは、翌九年の十月。その時の様子(4)を、当時十四歳と八歳であった姉のおまさやおはるは(5)、「私達は、お言葉のある毎《ごと》に、余りの怖《こわ》さに、頭から布団をかぶり、互いに抱き付いてふるえていました」と、後日、述懐している(6)。

こかんは、数え二歳とはいえ、わずか生後十一カ月(7)の乳飲み子であり、その時の状況も、それ以後の教祖のご行動も、物心つくころまでは、まったく知らなかったことになる。まして、天保九年以前の、家の母・村の母(8)としての教祖の面影は、なおさら知るよしもなかった。生まれながらにして、月日のやしろである教祖のおそばで育ったという点からしても、こかんは教祖に対して、ほかの兄姉とは、かなり違った母親像を抱いていたのではなかろうか。

以後三年間、教祖は内蔵《うちぐら》にこもられたと伝えられるが(9)、こかんは内蔵のなかの教

（3）陰暦で、太陽の黄道上の位置により24等分に定めた季節区分のことを二十四節気といい、天保14年の改暦以前は、太陽とは関係なく機械的に12月1日から15日までを小寒としていたようである。

（4）第3章「顕現」参照。

（5）おはるは幼名をきみといった。はると名乗るようになるのは、嘉永5年（一八五二年）に梶本惣治郎に嫁いでからである。

（6）『稿本天理教教祖伝逸話篇』「二　お言葉のある毎に」参照。

（7）こかんの生まれた日は、天保8年12月15日（陽暦では翌9年の1月10日）であるから、天保9年10月26日（同12月12日）当時、満0歳11カ月と2日であった。

祖のふところに抱かれていたのであろうか、それとも父善兵衛のひざの上で、あるいは兄や姉たちにあやされていたのであろうか。当時、善兵衛は五十過ぎの初老のころであるから、庄屋役の多忙のなかにも、末娘こかんを孫のようにかわいがっていたのかもしれない。

そして間もなく、「貧に落ち切れ」との神命のままに、教祖は、駆け下りるかのように、貧に落ち切る道を歩んでいかれるが、まだ四、五歳のこかんには、事の成り行きは理解できなかったであろう。そして、「家形《やかた》取り払え」との神命によって、高塀《たかべい》を取り払うことになった母屋《おもや》の姿は、六、七歳の物心つきはじめたこかんの目には、どのように映ったのであろうか。

中山家の系図

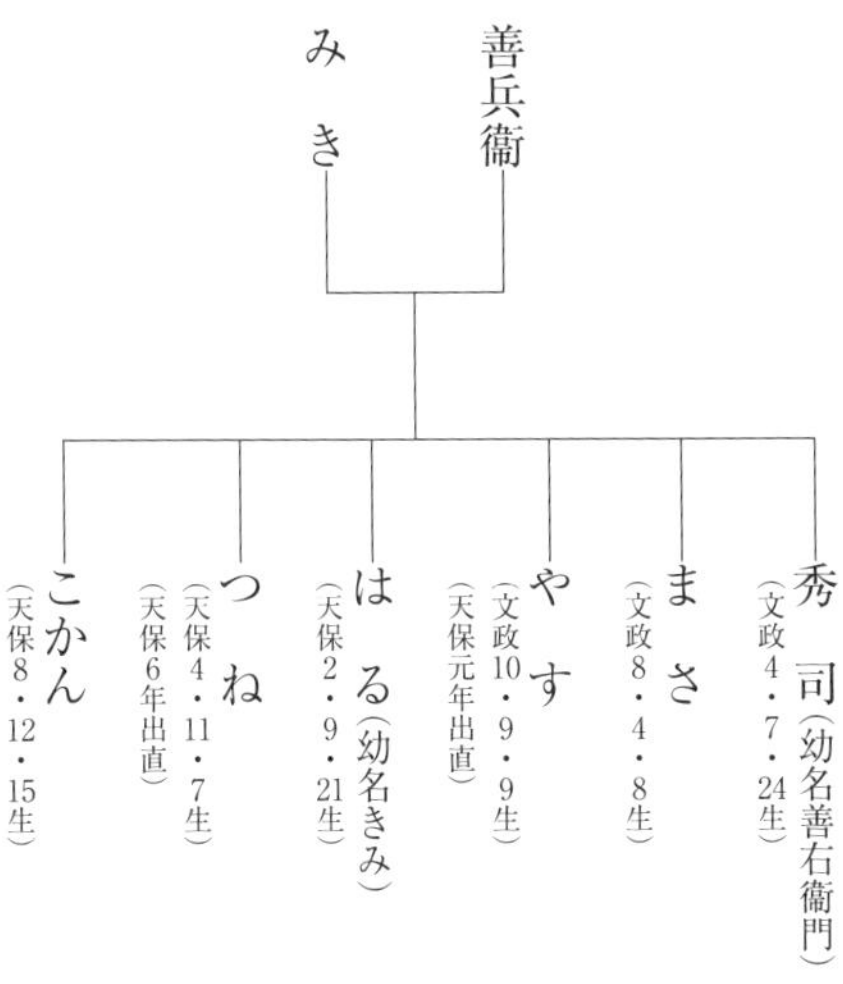


家の誇りでもある高塀を取り払って以降、中山家は友人や親族までからも交流を断たれてしまったようである。娘盛りに、語らう友もなく、着飾る衣服もままならなかったのであろうか。当時の気持ちを、『稿本天理教教祖伝』に、「秋祭の

（8）第2章「昇華」参照。
（9）『稿本天理教教祖伝逸話篇』「三　内蔵」参照。

日に、村の娘達が着飾って楽しげに歩いているのに、わたしは、一人淋《さび》しく道行く渡御《とぎょ》(10)を眺めていました」と記されている。(11)

かつての教祖の生い立ちを振り返ってみれば、この年ごろは寺子屋に通われた(12)ころであるが、こかんはそのころ、何をしていたのであろうか。

嘉永元年（一八四八年）、こかん十二歳の年、教祖は、「お針子《はりこ》をとれ」との親神の思召のままに、村の子供たちを集めて裁縫を教えられている。また、秀司も寺子屋を開き、読み書きを教えているが、このころには、こかんも村の子供たちにまじって、その手ほどきを受けたのであろうか。

おそらく、秀司やおまさ、おはるたちは、かつて村役まで務め、裕福であったころの中山家の盛況ぶりを、こかんに語り聞かせたことであろう。しかし、生まれ出た直後から貧へ落ち切る暮らしのなかに育ったこかんにとっては、それが実感として、わからなかったと思われる。

●

嘉永六年になると、こかんは十七歳。この年は、中山家にとっても、こかんにとっても、激動の年であった。

一家の大黒柱である善兵衛が出直し、住み慣れた母屋が手放された。前後して、姉のおはるが櫟本《いちのもと》村の梶本惣治郎に、もう一人の姉おまさが豊田村の福井治助に嫁いでいき、(13)秀司の娘お秀《しゅう》が生まれたのもこのころであった。(14)

こかんといえば、この年、嘉永六年に十三峠を越えて浪速《なにわ》の街へ神名流しに出向

(10) おやしきの東南約1キロにある石上《いそのかみ》神宮の秋祭りのことで、布留《ふる》村（現布留町）から田村（現田町）までの往復6キロを騎馬や徒歩で渡る。現在は毎年10月15日に行われている。

(11) 『稿本天理教教祖伝』39ページ参照。

(12) 教祖が寺子屋に通われたのは9歳から11歳のころ。『稿本天理教教祖伝』12ページ参照。

(13) 「この（おはるが嫁いだ）時は、諸道具迄《まで》も大概《たいがい》御拂《おはら》ひ（施し）になりました時でありますが、まだ田地には御手のつかぬ頃でありますから、二《ふ》タさしの荷物をもって御越しになりましたさうですが、是《これ》より数年の後に、姉娘のおまさ様が、豊田村の福井治助様の処《ところ》へ御よめ入被遊《いりあそばされ》ましたが、その時には、もう何もない頃でしたから、二タさし処ではない。よう〳〵あ

いたこと[15]を思い浮かべる人も多かろう。

　初めての神名流しを、長男の秀司やおまさやおはるの姉たちにではなく、十七歳で娘盛りの末娘に命ぜられているところに、こかんに寄せられた教祖の深い思召のほどがうかがえる。また、姉たちが人並みの幸せを求めて結婚していったのに対して、こかんだけが教祖のご命を受けて、浪速の街へ神名流しに出向いたということ自体が、他の兄姉との立場の違いを明りょうに物語っているともいえよう。

　この嘉永六年という年は、十七歳のこかんにとって、以後、親神のご用のうえに積極的に身をささげ尽くす一つの節目の年であったと考えることもできる。

　母屋を取りこぼたれて以降、教祖は、さらに極貧のなかにその身を置かれることになる[16]が、残っていた田地三町歩余を年切質《ねんきりじち》に入れられた[17]のは、二年後の安政二年（一八五五年）であり、こかん十九歳の時であった。

　教祖とともに、仕立て物や糸紡《つむ》ぎに精を出し、わずかにその日の糧《かて》を得るという生活のなか、教祖の施しが程を越すがゆえに、こかんは、「もう、お米はありません」とこぼす日もあった。

　すると教祖は、こかんに、

「世界には、枕もとに食物《たべもの》を山ほど積んでも、食べるに食べられず、水も喉《のど》を越さんと言うて苦しんでいる人もある。そのことを思えば、わしらは結構や、水を飲めば水の味がする。親神様が結構にお与え下されてある」

と諭されている。どんななかにあっても、心に常に感謝と喜びをもって、明るく前

つめ〳〵して、手荷物を拵《こしら》へて……」（『正文遺韻』）

（14）第9章「筆先のせめ」参照。

（15）初代真柱著『教祖様御伝』には、「教祖五十六才の時夫ニ別れ玉ふ此年神様の御指図ニより小寒女十七才ニして忍坂《おつさか》村の又吉外二人を連れて大坂の町々辻々を南無天理王命と連呼して廻りなされたり」とある。第4章「神命」参照。

（16）第5章「道あけ」参照。

（17）76ページコラム参照。

向きに生きるように促されたのである。

それに対するこかんの応答はわからないが、おそらくそのお言葉を胸にかみしめて、教祖とともに、水を飲んでしのいだことと思われる。とはいえ、こかんにも食べるに食べられない飢えという、直接のひもじさはあったはずである。

また、嫁いでいった姉たちには次々と子供が誕生していく[18]一方、こかんは婚期も次第に遠のいていき、教祖のおおせに素直に従う日々のなかにも、さまざまな心の揺るぎがあったことと想像される。

やがて、文久のころになり、教祖の不思議なたすけを求める人々が寄って来るようになると、おやしきにおけるこかんの立場にも変化が生じる。教祖と、その人々との間の取次《とりつぎ》の役を担うようになるのである。

元治元年（一八六四年）の五月、のちの本席飯降伊蔵が妻おさとの産後の患いをたすけていただきたいと、初めておやしきを訪ねて来た時、こかんが教祖のお言葉を取り次いでいる[19]。また、その翌年、慶応元年六月のある夕方に、二人の僧侶がおやしきへ乱入しているが、この時にもこかんが応対に出て、大の男を前に、ひるむことなく教理を取り次いでいる[20]。

このようなおやしきの状況の移り変わりのなかで、元治元年の十月には大和《おおやまと》神社のふしが起こっている[21]。それを機に、人々がおやしきへ寄り付かなくなり、始まったばかりの「つとめ場所」の普請もままならない事態に陥った際、こかんがふと、「行かなんだらよかったのに」とつぶやき、こぼしたことがあった。

(18) おはるは安政元年に亀蔵、4年には松治郎を生み、秀司にも嘉永6年にお秀、安政5年には音次郎が生まれている。また、おまさにも鶴太郎、重吉らの子供があった。

(19) 『稿本天理教教祖伝』49～51ページ参照。

(20) 『稿本天理教教祖伝』62～63ページ、第7章「たすけに出る」参照。

(21) 『稿本天理教教祖伝』56～59ページ、第6章「つとめのばしょ」参照。

教祖は、即座に、

「不足言うのではない。後々《のちのち》の話の台である程《ほど》に」

とおおせられた。

ごく普通の人間的感情から発せられるこかんの言葉、その一つひとつに対して、教祖は、そのたびごとに、一つひとつ説き諭しておられる。

考えてみれば、こかんのそうしたひと言があったからこそ、それが契機となって、「後々の話の台」となる教祖のお言葉があったわけでもあり、こかんの存在は一方において、教祖のひながたを後の人に残すための貴重な役割を担っていたともいえよう。

さらにこかんは、おやしきだけではなく大豆越《まめこし》村の山中忠七宅や若井村の松尾市兵衛宅など[22]へ、教祖がおたすけに出向かれるたびにお供をしたが、そうした教祖のお言葉やご行動に直接にふれながら、たすけ一条の思召を心の奥底におさめて、教祖の思召に近づいていくのであった。

慶応二年（一八六六年）の秋以降、教祖は、おつとめを次第に整えられていくが[23]、その推進の役を務めたのがこかんであったともいえる。また秀司が公認運動など外部に対して奔走するなか[24]、おやしきにあっては、寄り来る人々と教祖との間をつなぐ役はこかんであったと思われる。

その公認も無効になった明治元年には、こかんも三十二歳。年齢的には、結婚の望みも次第に薄れていくなかで、あるいは親神から与えられた自分自身の役割につ

(22) 山中宅へは慶応元年8月と明治元年3月、松尾宅へは明治5年の教祖が75日間の断食の最中であった（『稿本天理教教祖伝逸話篇』「一二五　七十五日の断食」参照）。
(23) 第8章「歌と踊りと」参照。
(24) 『稿本天理教教祖伝』97ページ、第7章「たすけに出る」参照。

いての自覚が徐々に固まっていったのではあるまいか。

しかし、このころから、周辺の人々の動向に、再び変化が生じはじめる。

翌二年、教祖はおふでさきの筆を執られるとともに、やしきのそうじにかかられるのである。

たすけ一条のおつとめの段取りとして、直接その人衆にかかわりのないおちゑと音次郎をおやしきから出され、(25)秀司には三十も年齢の離れた十九歳のまつゑが神の「なかだち」(26)によって迎え入れられた。さらに四年になると、福井家に嫁いでいたおまさが中山家に戻ってきた。

そうしたなかで、五年には、梶本家に嫁いでいたおはるが四十二歳で出直した。

## ●理と情のはざまで

**魂のいんねんにより、親神は、こかんを、いついつ迄《まで》も元のやしきに置いて、神一条の任《つとめ》に就かせようと思召《おぼしめ》されていた。しかし、……こかんは、この理と情との間に悩んだ。**

（百三十一ページ）


おはるの出直しは、明治五年陰暦の六月十八日。あとに残された子供のなかには、眞之亮《しんのすけ》はじめ三男二女がおり、生まれて間もない乳飲み子もいた。(27)

そうした状況を見るに見兼ねたのであろうか。以来、こかんは、櫟本の梶本家へ

(25) 第9章「筆先のせめ」参照。
(26) おふでさきに、「いまゝでも神のせかいであるけれど　なかだちするハ今がはじめや」（一　70）とある。
(27) 松治郎、たけ、ひさ、眞之亮、楢治郎の3男2女で、なかでも末の楢治郎はおはるが出直す前日の6月17日に生まれたばかりであった。

出入りするようになった。この時、教祖は、こかんに三年の暇を与えられたと伝えられている(28)。

最初は手伝いのつもりであったのかもしれない。しかし、一年、二年、三年と世話するうちに、子供たちもこかんになついてくる。そうなると、お互いの心に家庭的な温かい情が生じてくるのも自然といえよう。

世間一般では、嫁いでいた姉が亡くなった場合、その妹が後添いとして納まる例が多かった。こかんは明治八年当時、三十九歳であったが、まだ独り身であり、周囲でも、そうなることを望む者は多かった。

しかし、教祖は、それを望まれなかった。おふでさきにも、

**明治5年当時の梶本家**

(　)内は数え年

惣治郎(46)　おはる(42)

- 亀　蔵(夭逝)
- 松治郎(16)
- た　け(13)
- ひ　さ(10)
- 眞之亮(7)
- 留治郎(夭逝)
- 楢治郎(1)

櫟本の旧街道沿いに昭和48年ごろまであった梶本家

(28)「夫《それ》では三年だけやで、三年の後には、赤きものをきて、上段の間へ坐《すわ》つて、人に拝まれる様になるのやで」(『正文遺韻』)

(29)『おふでさき註釈』には、二人ともとは「教祖様とこかん様を指して仰せられている」とあり、このころのおやしきの状況について初代真柱著『教祖様御伝』には「明治八年教祖七十八才の時神様の思召《おぼしめ》しニて教祖様小寒様松ゑ様三人赤き着物を着て上段間ニすわり玉ひし事あり」とある。

(30) こかんは、元初まりのときのくにさづちのみことの魂の理(よろづつなぎの守護)を持つとされている。

(31) おさしづにも、「この者一つ順序の理、成らず〳〵の間、順序を諭すは、この元台《もとだい》というは一寸《ちょっと》には諭せん。……若き神、名はこかん」(明治31・7・14)、さらに「若い神こかんという。十年間という。

月日よりやしろとなるを二人とも
べつまへだて、をいてもろたら　（九　5）
なにゆうもそれよりしかとうけよふて
たすけするぞやしかとみていよ　（九　6）

とある(29)ように、元初まりの魂のいんねん(30)により、こかんを元のやしきに置いて、神一条のつとめに就かせようと思召されていたからである。

事実、それまでこかんは、すでに述べてきたとおり、常に教祖のお側《そば》にいて、教祖と人々との取次の役を果たし、若いながらも人々を教え導いていた。「若き神(31)」と称される所以《ゆえん》であろう。

この理と情のはざまで、こかんは悩んだことであろう。悩みながらも、その情断ちがたく、梶本家へ出向く日は続いたようである。

そして、明治八年の夏ごろから、身上に伏せってしまったのであった。

これについては、明治八年の六月以降に筆を執られたおふでさきの第十一号にも、多くしるされてある(32)。

ふしというものは立て合うもので、こかんに加え、秀司も身上の障りとなったところへ、九月二十四日（陰暦八月二十五日）、教祖と秀司に奈良県庁から、突然、明日出頭せよ、との差紙が初めて来た。

毎月陰暦の二十六日には、おつとめがつとめられ、人々が集まるので、その日を目当てに、教祖をおやしきから連れ出そうとする当局の意図がうかがえる。しかし、

不自由々々々難儀の中どう話《はな》し、こうじゃ〳〵、何処《どこ》へどうじゃ、余儀無き事情誘われた。一時《じ》の処《ところ》は遁《のが》るには遁れられん事情であって、又一つ第一これは何処から話《はなし》しようやら。結構に暮《くら》されるを、この道のため苦労艱難《かんなん》不自由艱難さした事もある」（同31・8・26）とある。

(32)「このたびのなやむところでとくしんせ　みなの心もめゑ〳〵心も」（十一　13）、「このたびのなやみているをやまいやと　をもているのハこれハちがうで」（十一　25）、「それしらずどふどいなさすこのとこで　よふぢよさしてをことをもたで」（十一　34）など。

(33) 教祖をはじめ、付き添いとしておまさ、身上にあった秀司の代理として辻忠作が出頭し、村役人として足達源四郎も同道。県庁内の聴訟課断獄係での取り調べは、当時普請中であった中南《なかみなみ》の門屋の経費の出所などをただされた。

教祖は、いそいそと出掛けられ、取り調べに応じられた(33)。

梶本家からおやしきへ戻り、養生の身であったこかんの危篤、出直しの訃報が入ったのは、取り調べ三日目の九月二十七日のことであった。その時の教祖のお心、あるいは出直す直前のこかんの胸中は、いかばかりであったろうか、察するに余りあるものがある。

保釈が認められても(34)、どうしたわけか教祖は、即刻、おやしきへ帰ってはおられない。『ひとことはなし』によると、「堺虎《さかいとら》」という郷宿《ごうやど》に泊まられて、宿の主人に神様の話をされている(35)。そこに、いついかなるときにも私情を越えて、神一条、たすけ一条に徹しきられる教祖のお姿が拝察される。

おやしきに帰られたのが、何日であったのかはっきりしないが、教祖は、こかんの亡きがらをなでて、

「可愛相《かわいそう》に。早く帰っておいで(36)」

とやさしくねぎらわれたという。

しかし、こかんの身上、ひいては出直しについて、おふでさきでは、

にんけんハあざないものであるからに
月日ゆハれる事をそむいた　（十一　36）

と、かなり厳しいお言葉をもってしるされている(37)。

ここでただ、親神の思召にそむいたからということだけでなく、このこかんの出直しに対しては、もっと深い神意を求めなければならないのではなかろうか。

(34) ただし、秀司の代理辻忠作は5日間県庁に留め置かれた。なおこの時の取り調べの結果は、その年の12月になってから、教祖に対して25銭の科料に処すという通知があった。

(35) 「今日の保釈の様な形で出獄されたのではないかと思はれます。而《しか》してその夜お泊りになつた郷宿堺虎の主人に教理をお話され、大いに感銘をおあたへになつたのであります。郷宿とは訴人《そにん》等の泊りまする宿とかです。感銘した堺虎主人は、代書もし又郷宿の性質上断獄係の人とも知り合ひであつたと見え、自分の感銘をお上《かみ》の方々に話したので、其後《そのご》の取調《とりしら》べの態度はいくらかいたはる様子が見えたのでせう、『柔《やわら》かくなつた』と書かれてあります」（『ひとことはなし』）

(36) 出直しとは、かりものの体を親神に返すことで、古い着物を脱いで新しい着物に着替えるよう

ひるがえって、こかんが身上に伏せっていた時、平癒《へいゆ》を願って、お願いづとめがつとめられている。この時のおつとめは、前年に調達された「かぐら面」をつけてのものであったのか、また、このお願いづとめ自体が教祖のご指示によるものであったのか、あるいは、人々の発意によるものであったのかは、明らかではない。

しかし、それをつとめるにあたり、二年前の明治六年に作られたまま倉に納められていた模型のかんろだいが、定められて間もない元の「ぢば」に据えられ、以後、人々の礼拝の目標《めどう》となったということは、着目すべき点である。

こかんの身上が、おつとめ完成へ向けての一つの契機になっているといえる。

嘉永六年、善兵衛が出直し、母屋を取りこぼって、世界のふしんに掛かられた年に、浪速の街に神名流しに出向いたこともそうであるが、こかんは、お道の節目々々にあって、常に重要な役割を果たしてきていることが注目される。

また、こかん出直しを機に、村方《むらかた》の間に天元講《てんげんこう》という名の講が結成された(38)のも、特筆すべき事柄であろう。

振り返って、その足跡をたどってみれば、教祖とともに、ひながたの道を歩み続けてきた「若き神」――こかんの出直しは、新たな道の展開であったといえるのかもしれない。いうまでもなく、それは、世界たすけのために、である。

こかんが出直して間もなく、前年から掛かられていた中南《なかみなみ》の門屋の普請の内造りが完成した。(39) 教祖は、それまでのつとめ場所の北の上段の間から、門屋の西側十畳の部屋に移り住まわれ、日夜寄り来る人々に親神の思召を伝えられるようになった。

なものであり、人間はまたこの世に出直して帰って来る、と教えられている。

(37)「こかん様が櫟本へ行っておられる事は、親神様のお考えに背《そむ》く訳であるから、世間普通の人情などにほだされず、又、梶本家の人々にもその悟りがついたなら、こかん様の身上にも自由自在《じゅうよう》の守護を頂けたのであるが、人間心から自分の家で養生さそうと、一日々々と日を延ばしておられたから、すきやかな御守護を頂くことが出来なかった」(『おふでさき註釈』)

(38)『稿本天理教教祖伝逸話篇』「四三　それでよかろう」参照。村方とは、おやしきのある庄屋敷周辺に居住する人々のこと。

(39) 第14章「門屋に出て」参照。

## 参考年表(こかんに関して)

| 立教 | 西暦 | 年　号 | 教祖年齢 | こかん年齢 | こかん(関連事項) |
|---|---|---|---|---|---|
| | 1837 | 天保8 | 40 | 1 | 10月、秀司、足痛となる。<br>**12月15日、教祖の5女として出生。** |
| 1 | 1838 | 9 | 41 | 2 | 10月26日、教祖「月日のやしろ」に定まられる。これより約3年、内蔵にこもられる。 |
| 3 | 1840 | 11 | 43 | 4 | 教祖、嫁入りの荷物や家財道具を施される。 |
| 4 | 1841 | 12 | 44 | 5 | 教祖、をびやためしにかかられる。 |
| 5 | 1842 | 13 | 45 | 6 | この前後、「家形取り払え」の神命があり、屋根の瓦がおろされ、高塀が取り払われる。 |
| 11 | 1848 | 嘉永1 | 51 | 12 | この頃、神命により教祖、お針子をとって裁縫を教えられる。秀司は村の子供たちに読み書きを教える。 |
| 15 | 1852 | 5 | 55 | 16 | おはる、櫟本村の梶本惣治郎に嫁ぐ。 |
| 16 | 1853 | 6 | 56 | 17 | 2月、善兵衛出直し(66歳)。母屋取りこぼち。<br>**教祖の命で、浪速の街へ神名流しに赴く。**<br>秀司の娘お秀出生。この頃、おまさが豊田村の福井治助に嫁ぐ。 |
| 17 | 1854 | 7 | 57 | 18 | 11月、おはるがをびや許しで(亀蔵を)安産。 |
| 18 | 1855 | 安政2 | 58 | 19 | 田地3町歩余が年切質に入れられる。 |
| 20 | 1857 | 4 | 60 | 21 | この頃、信者が初めて米4合を持ち寄る。 |
| 21 | 1858 | 5 | 61 | 22 | 1月、秀司の子音次郎出生。 |
| 23 | 1860 | 万延1 | 63 | 24 | 梶本亀蔵出直し(7歳)。<br>この頃から6、7年間、日夜裁縫や機織りをして日々の糧を得る。 |
| 25 | 1862 | 文久2 | 65 | 26 | この前後から、人々が寄り来るようになる。 |
| 26 | 1863 | 3 | 66 | 27 | 9月、梶本ひさ出生。 |
| 27 | 1864 | 元治1 | 67 | 28 | **5月、飯降伊蔵が初めておやしきへ帰って来た際、教祖の話を取り次ぐ。**<br>9月、つとめ場所の普請始まる。10月、大和神社のふし起こる。 |
| 28 | 1865 | 慶応1 | 68 | 29 | **6月、乱入して来た僧侶に教理を取り次ぐ。**<br>**8月、教祖と共に大豆越村の山中宅へ赴く。** |
| 29 | 1866 | 2 | 69 | 30 | 5月、眞之亮(梶本新治郎)出生。 |
| 30 | 1867 | 3 | 70 | 31 | 秀司、吉田神祇管領に公認出願し、認可を得る(7月23日付)。 |
| 31 | 1868 | 明治1 | 71 | 32 | **3月、教祖のお供で大豆越村の山中宅へ。** |
| 32 | 1869 | 2 | 72 | 33 | おちゑ、音次郎、おやしきから出される。<br>秀司(49歳)、小東まつゑ(19歳)と結婚。 |
| 33 | 1870 | 3 | 73 | 34 | **教祖のお供で平等寺村の小東宅へ出向く。**<br>お秀出直し(18歳)。 |
| 34 | 1871 | 4 | 74 | 35 | おまさ、おやしきへ戻る。 |
| 35 | 1872 | 5 | 75 | 36 | **断食中の教祖のお供で若井村の松尾宅へ。**<br>6月17日、梶本楢治郎出生。18日、おはる出直し(42歳)。<br>**おはる出直し後、櫟本村の梶本宅へ出入りするようになる。** |
| 36 | 1873 | 6 | 76 | 37 | 秀司、庄屋敷村の戸長を務める。 |
| 37 | 1874 | 7 | 77 | 38 | 大和神社神祇問答後、官憲の干渉始まる。 |
| 38 | 1875 | 8 | 78 | 39 | **夏ごろから身上障りとなる。**<br>こかんの身上平癒のお願いづとめに際し、ぢばに模型のかんろだいが置かれる。9月25日から教祖、奈良県庁へ出頭、留置。<br>**9月27日、教祖留守中に出直し。**葬儀後、天元講結ばれる。 |

## 第十三章

# 鳴物入れて……おつとめ　その三

慶応二年の「あしきはらひ」以来、年を追って教えられてきたおつとめの歌と手振りは、明治八年の「いちれつすますかんろだい」でひと通り整う。続いて、「肥」「萠《は》え出《で》」など十一通りのおつとめも教示され、さらに明治十年には、琴、三味線、胡弓の女鳴物を教えられる。

### ●よろづたすけ

**（明治）八年には、「いちれつすますかんろだい」の歌と手振りとを教えられ、ここに、かんろだいのつとめの手一《ひと》通りが初めて整い、つづいて、肥、萠《は》え出《で》等《など》十一通りの手を教えられた。**
（九十九～百ページ）

明治八年（一八七五年）、「いちれつすますかんろだい」の歌と手振りとが教えられ、かんろだいのつとめの手がひと通り整った。[1] 慶応二年（一八六六年）に「あしきはらひ」を教えられて以来、足掛け十年目のことであった。

（1）「いちれつすますかんろだい」は、明治15年に、手振りは元のままながら、現行の「いちれつすまして」に改まり、それにともない、「あしきはらひ」も「あしきをはらうて」となる。第16章「いちれつすまして」参照。

この年の六月二十九日、つまり、陰暦五月二十六日には、かんろだいのぢばが定められ、かぐらづとめを整えていかれるうえでの最も重要な点が明示されている。

このつとめなんの事やとをもている
よろづたすけのもよふばかりを　（二　9）

つとめても初てをどりまたかぐら
一寸のほそみちつけてあれども　（四　74）

これからハこのよはじめてないつとめ
だん〳〵をしへてをつけるなり　（四　90）

つとめでもをなぢ事てハないほどに
みなそれ〳〵とてへをふしゑる　（七　88）

教祖は、「よろづたすけ」のつとめに加えて、さらに十一通りのおつとめを教示されている。「をびや」「ほふそ」「一子《いっし》」「跛《ちんば》」「肥《こえ》」「萠《は》え出《で》」「虫払い」「雨乞《あまご》い」「雨あずけ」「みのり」「むほん」のつとめが、それである。

これらは、特定のたすけを祈念するおつとめであり、それぞれに異なる地歌と手振りがあるが、地歌については、二代真柱著『続ひとことはなし　その二』のなかで、伝承されている十一種類が紹介されている。(2)

さらに同書では、「をびや」「ほふそ」「一子」「跛」を「身上に関するつとめ」、「肥」「萠え出」「虫払い」「雨乞い」「雨あずけ」「みのり」を「立毛《りゅうけ》(3)に関するつとめ」、「むほん」を「事情治めのつとめ」と、三つに分類して説明されている。

(2) その一つ「をびや」の地歌は、
「あしきを払うて　どうぞ
おびや
すつきり早くたすけたまへ
天理王命
南無天理王命
南無天理王命
（七回繰り返す）」

(3) 農作物一般のことを「タチゲ」というが、大和あたりでは、「リュウケ」「リウケー」というようである。

ここで、十一通りのおつとめについて、ひと通りふれてみたい。

まず、「をびや」と「ほふそ」。みかぐらうたにもあるように、「よろづたすけ」の道あけとして「をびや許し」が始められている。(4) 出産は女性にとっての一大事であり、また、幼児の疱瘡《ほうそう》(5)は、死にも至る病として恐れられていた。「をびや」は安産を、「ほふそ」はその疱瘡のたすけを願うおつとめであろう。

このつとめどふゆう事にをもうかな
をびやほふそのたすけ一ぢよふ　（七　97）
このたすけいかなる事とをもうかな
ほふそせんよのつとめをしへる　（七　98）

なお、をびやづとめは、現在でもつとめられており、その際、かんろだいに供えられるのが「をびや許し」の御供《ごく》である。(6)

次に、「一子」は、子供を授けていただくためのおつとめであろうが、実際には、秀司の問題を背景にして、道の後継ぎを願う意味合いが含まれているのであろう。

なわたまへはやくみたいとをもうなら
月日をしへるてゑをしいかり　（七　72）

秀司の一子として、たまへが生まれたのは、明治十年の二月五日。たまへの誕生については、明治八年二月から筆を執られたおふでさき第七号でも、その思召が述べられている。(7)「月日をしへるてゑ」とあるのが、「一子」のつとめであろうか。

秀司に関するものとしては、「跛」のつとめも、そうであろう。秀司の足の身上

(4) 五下り目二ッに、「ふしぎなたすけハこのところ　おびやはうそのゆるしだす」とある。第5章「道あけ」参照。

(5) 天然痘のこと。33ページの注(19)参照。

(6) おさしづに、「第一をびやたすけ、さあ三日目三粒《みつぶ》を三つ、三三九つを百層《そ》倍。これをかんろうだいへ供え、本づとめをして、元のぢばなる事を伝え、をびや許しを出す」（明治20・2・25）とある。

(7) 教祖はたまへ（女児＝旧戸籍面ではまちで届けてある）を予定されているが、周囲は世間の常識として男児を期待していた。そこで親神は、たまへより先に、まず明治8年に男児を出生させられたが、日ならずして出直しとなっている（『復元』第37号所収「たまへ様の御誕生と真柱様の確定」）。

については、おふでさきの第十五号でも、

いまゝてハ四十三ねんいせんから
あしをなやめたこれがしんはい　（十五　24）
このもとわ四十三ねんいせんから
ゑらいためしがかけてあるぞや　（十五　41）
このためしなにの事やとをもうかな
つとめ一ぢよせくもよふやで　（十五　51）

としるされている。第十五号の筆が進められたのは明治十三年一月からであり、天保九年から四十三年目にあたる。立教の機縁でもある秀司の足痛[8]は、つとめ一条を急がれるための親神の「ためし」であり、「跛」のつとめは、つとめ一条を急がれる思召によるものであろうか。

農事に関する「肥」のつとめについては、『おふでさき註釈』によると、「一座分、ぬか三斗《と》、灰三斗、土三斗を合わせてこれを百だの肥とし、かんろだいに供えて祈願をする。これを頂いた人は、一だ分二だ分とその必要に応じ下附を受けて所有の耕地に施す」[9]と説明されている。「肥のさづけ」[10]の守護と同様である。「萠え出」のつとめは、その段階の御守護を頂くためのもので、現在では、毎年四月の下旬ごろにつとめられる。

虫除《よ》けの「虫札」も、まず神前に供え、おつとめをしてから各人に渡されたよう

（8）立教の前年天保8年10月以来、秀司はたびたび足の痛みに悩まされていた。第3章「顕現」参照。

（9）1斗は約18リットル。1だ（駄）は約40貫（1貫は3・75キログラム）。

（10）肥のさづけとは、「ぬか三合（1合は約180ミリリットル）、灰三合、土三合を神前に供え、肥のさづけを頂いた人がこのさづけを取り次いで、田畑に置くと、肥一だに相当する効験があるとお教え下された」（『おふでさき註釈』四　50）もので、おふでさきには、「このはなしなにの事やとをもうなよ　こゑ一ぢよのはなしなるぞや」（四　50）、「こへやとてなにがきくとハをもうなよ　心のまことしんぢつがきく」（四　51）とある。

## 農事と儀礼

　戦後の高度経済成長にともない、農業においても機械化、品種改良が急速に進み、農作業もすっかり変わった。しかし、農耕は自然の影響を受けることが多く、特に水稲耕作は、太陽と水と風の具合により、その豊凶が左右される。したがって、稲作の節目々々には、必ず神仏に祈って順調な生育を願った。

　肥と修理は人間の仕事であるから、特別の祈願はない。そうしたなかでも、神に捧げる米を作るための神田では、肥料として糠《ぬか》と灰だけを施し、下肥《しもごえ》などを使うことが禁じられていた。

　教祖の教えられた農耕に関する「萌え出」「虫払い」「雨乞い」「雨あずけ」「みのり」のつとめは、その節目ごとの祈願に対応して、心の成人を促されたものであり、さらに、たすけ一条に努める人々のために、「肥」のつとめを教えられている。

| 旧暦 | 節気<br>雑節 | 稲　　作 | 綿（麦）作 | 儀　　礼 | つとめ |
|---|---|---|---|---|---|
| 正月 | 立春 | 荒田起こし | 堆肥作り | 田植え祭 | 肥 |
| 2月 | 春分 | 苗代しめ | 堆肥仕上げ | 日迎え日送り | |
| 3月 | 節句<br>八十八夜 | 施肥<br>種まき | | 山磯遊び | 萌え出 |
| 4月 | 卯月八日 | 田の畦回り<br>馬鍬入れ | 播種<br>除草<br>施肥 | 立花 | |
| 5月 | 夏至 | 田植え<br>除草<br>施肥（1、2、3番） | 2番肥<br>（麦刈り） | 初田植え<br>虫送り | 虫払い |
| 6月 | 半夏生 | 田植え終わり<br>施肥（4、5、6番） | 3番肥 | 青祈禱<br>水神祭<br>火祭 | 雨乞い<br>雨あずけ |
| 7月 | 立秋<br>二百十日 | 出穂 | 追肥<br>（堆肥作り） | 先祖祭 | |
| 8月 | 八朔<br>秋分 | | 綿の実摘み | 作頼み<br>風祭 | みのり |
| 9月 | 霜降 | 刈り取り | 綿木抜き取り<br>（堆肥仕上げ） | 初穂祭<br>秋祭 | |
| 10月 | 立冬 | 乾燥<br>脱穀 | （麦まき）<br>（施肥） | 亥の子 | |
| 11月 | 冬至 | | （中耕、施肥） | 霜月祭 | |
| 12月 | 小寒 | | | 祭納め | |

であるが(11)、「虫払い」のつとめとは、そのおつとめのことであろう。

豊かな稔《みの》りを得るためには、苗の発育もさることながら、天候のよしあし、なかでも降雨の影響が大きい。「雨乞い」と「雨あずけ」のつとめは、読んで字のとおり、降雨と止雨についてのそれである。明治九年、十六年など、農民の要請によって、たびたび雨乞いづとめがつとめられた(12)。

明治十六年の時に、教祖は、

「雨降るも神、降らぬのも神、皆、神の自由《じゅうよう》である。心次第、雨を授けるで」

とおおせになっている。

なお、明治六年にも雨乞いづとめが行われた記録があり(13)、新しいところでは、昭和二十二年（一九四七年）八月に地元丹波市《たんばいち》町民の懇請によりつとめられている(14)。

そしてさらに、取り入れ前の結実時期に、台風などからまもり、より多くの収穫を願うのが、「みのり」のつとめであろうか。

りうけいがいさみでるよとをもうなら
かぐらつとめやてをとりをせよ　（一　14）

また丶すけりうけ一れつどこまでも
いつもほふさくをしゑたいから　（十二　96）

ところで、農事に関するおつとめとして、「肥」「萠え出」「虫払い」「雨乞い」「雨あずけ」「みのり」の六通りが教えられているということは、それだけ、農事に寄せられる思召が大きいということであろう。折目、節目に行われていた当時の

（11）おさしづにも、「(虫よけ札に付《つい》ての願）札一条の処《ところ》、十分書かし、一束《そく》に揃え、つとめに掛け、それで十分」（明治22・5・12）、「まもり札虫札多くの理、何《なん》ぼや数えられん。神前へ供えてすれば十分の理」（明治22・7・9）と。明治7年、かぐら面調達の際、おふでさき第3号、第4号とともに、虫札を前川家に渡されている。

（12）『稿本天理教教祖伝』135ページ、258～264ページ参照。

（13）「明治六年七月十九日、河内《かわち》の国は大旱魃《かんばつ》にて、講社の頼みに依《よ》つて、河内の法伝寺八尾の辺《あた》りにて雨乞ひ勤めを行はる」（『復元』第37号所収「梅谷四郎兵衛手記」）

（14）「本部では八月三十一日から九月二日まで三日間に亘《わた》つて丹波市町民の要請により午前及び夜間二回宛《ずつ》雨乞い勤《づとめ》を奉行した」（『みちのとも』昭和22年10月号教報欄）

農耕儀礼に対応するものともみられる（188ページ表参照）。

当時、おやしきへ寄り来る人々の多くが農家の人であった。また、一面において、農家が豊かになるということが、世の中が豊かになるための基本でもあり、教祖がまず農家の人々からたすけていかれたのは、そうした思召からであろう。

大一わりゆうけつくるをたすけたさ
こゑ一ぢよふをしへたいから　（十三　60）

と、おふでさきにも、しるされている(15)。

さらには、豊作のみではなく、世の中の争いが治まることも望まれて、「むほん」のつとめを教えられている。

以上、十一通りのおつとめについてふれたが、詳しくはわからない。

それにしても、「よろづたすけ」のつとめが教えられてありながら、そのうえに、なぜ、十一通りのおつとめを教えられたのであろう。それは、おつとめによってたすかるということの証拠、さらに言えば、おつとめの理合いを、具体的な身上・事情の解決を通して、人々に得心させていくために教えられたものと考えることもできる。しかし、この十一通りのおつとめは、単純にアトランダムに教えられたものではなく、そこには、もっと深い思召があるはずである。

身の回りの個別的な問題解決のためであるが、それらに対する守護を通して、陽気ぐらし世界への道標を与えられたというふうにも考えられる。こうしたことは、みかぐらうたにもみられる(16)。

(15)「親神は、先《ま》ず第一に豊作するのを救《たす》けるために、肥一条の守護を教えたいから、この教《おしえ》をはじめた。……『一に百姓、二に働き人、三に職人、四に商人《あきんど》、これ早く救けたい』と、仰せられて、谷底の者から順々に救け上げる思《おぼし》召《め》しである」（『おふでさき註釈』）

(16) みかぐらうたの一下り目、二下り目は、人々が神一条に心を定めてついて来れば、年々豊凶なしの豊かな収穫に恵まれ、つとめによって病の根は切れ、むほんの根は切れて世の中は陽気ぐらし世界に立て直るという解釈もできる。

それでは、現在、なぜ、必ずしもそれら全部がつとめられていないのであろうか。たとえば、今日では疱瘡《ほうそう》がなくなり、「ほふそ」のつとめは必要でなくなったという見方もできる。しかし、十一通りのそれを身上・事情の象徴として理解すれば、当時の難病であった疱瘡に限らず、現在における難病というように拡大解釈もできないことはない。むしろ、当時の社会的背景のなかで理解すべきものであろう。

とのよふなむつかしくなるやまいでも
つとめ一ぢよてみなたすかるで　（十　20）

『続ひとことはなし　その二』では、「現勤」として「をびや」「肥」「萠え出」「雨乞い」、「史実」として「ほふそ」「雨乞い」、また、「史伝」として「一子」「跛」「虫払い」「雨あずけ」「むほん」と分けられている。

「現勤」とは現在つとめられている、ないしは、現実につとめられたもの、という意味であろうが、「肥」のつとめについては、ここのところ、つとめられたということは聞かない。また、「史伝」とはどういう分類であろう。記録としては残っていないが、古老の伝承という意味であろうか。

「よろづたすけ」と十一通りのおつとめについて、『稿本天理教教祖伝』には、「かんろだいのつとめの手は、よろづたすけの場合と、願《ねがい》に相応《ふさわ》しく、をびや、ほふそ、一子、跛、肥、萠え出、虫払い、雨乞《あまごい》、雨あずけ、みのり、むほんの場合と、合計十二通りを教えられ、身は健やかに齢《よわい》永く、稔《みの》り豊かに家業《なりわい》栄え、世界が平和に治まるよう、何欠ける事のない陽気ぐらしを引き受けられた」とある。(17)

(17)『稿本天理教教祖伝』188ページ参照。

## ●鳴物入れて

**明治十年には、年の初めから、教祖自ら三曲の鳴物を教えられた。**

（百三十六ページ）

この時、教えられたのは、琴が辻とめぎく、三味線が飯降よしゑ、胡弓は上田ナライトで、控えに増井とみゑがいた(18)。

辻とめぎくは、当時数え八歳。二年前の明治八年のぢば定めが行われた時、母のますはその場所に足が止まらなかったが、つとめ人衆の魂を持つとめぎくを背負うと足が止まったという(19)。琴を習うように言われていたが、農家だからと習わずにいると、父忠作の右腕に腫物《はれもの》ができ、それを機に、教祖から琴を習うようになった(20)。

飯降よしゑは、指先の痛みのことから、三味線を習うようになった。のちの本席飯降伊蔵の娘で、当時十二歳であった(21)。

上田ナライトは、十五歳の時、からだの揺れが止まらなくなったのを機に、胡弓を習うようになった(22)。のち明治四十年には本席飯降伊蔵の出直した後、おさづけを渡すようになる。

いずれも、『稿本天理教教祖伝逸話篇』に詳しいが、三人とも、本人か身内の身上の障りがもとで引き寄せられており、しかも十歳前後の女子に教示されていると

辻とめぎく

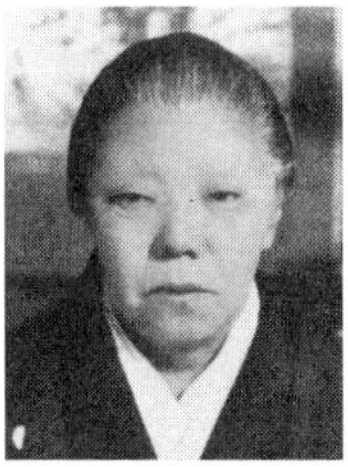

飯降よしゑ

上田ナライト

ころに、つとめ人衆を寄せられる思召がうかがえる。

また、教祖は、飯降よしゑに三味線を教えられるに際して、

「習いにやるのでもなければ、教えに来てもらうのでもないで。この屋敷から教え出すものばかりや。世界から教えてもらうものは、何もない。この屋敷から教え出すので、理があるのや」

とおおせになっていることにも注目したい。

現在、おつとめに用いられる鳴物には、笛、ちゃんぽん、拍子木、太鼓、すりがね、小鼓、琴、三味線、胡弓の九つがあるが、それらについて、教祖が直接、明確に指示されているのは、この時の女鳴物の三つだけである。この三つについては、鳴物と人までを指名しておられるのに、他の鳴物については、はっきりとした伝承がない。他の六つの鳴物についてのご教示は、いつ、どのようにしてなされたのであろうか。この前後の様子から探ってみたい。

●

嘉永六年（一八五三年）、教祖のおおせにより、こかんが浪速の街へ出向いた、と伝えられる。この時、こかんは拍子木を打ちながら、「なむ天理王命」の神名を流したという。(23) 神名流しが教祖のご命によるものであったのなら、拍子木をたたいたのも教祖のご指示によるものであったと考えてよいのではなかろうか。

文久三年（一八六三年）、妹くらの気の病のおたすけを願う辻忠作は、自宅で朝に夕に拍子木を打ちながら、「なむ天理王命」と神名を繰り返し唱えた。(24) おたすけ

（18）増井とみゑは、増井りん（大縣大教会創始者）の娘で、当時数え11歳であった。

（19）『稿本天理教教祖伝』128～129ページ、第11章「ぢばを囲んで」参照。

（20）『稿本天理教教祖伝逸話篇』「五二　琴を習いや」参照。

（21）『稿本天理教教祖伝逸話篇』「五三　この屋敷から」「五四　心で弾け」参照。

（22）『稿本天理教教祖伝逸話篇』「五五　胡弓々々」参照。

（23）『稿本天理教教祖伝』33～34ページ、第4章「神命」参照。

（24）『稿本天理教教祖伝』44～45ページ、第8章「歌と踊りと」参照。

# よしゑと三味線

飯降よしゑ使用の三味線とともに、よしゑ直筆の「三味線由来記」が遺されている（いずれも永尾家蔵）。由来記は、昭和十一年四月二十九日に七十一歳で出直す一、二年前の晩年に記されたものと伝えられる。以下、原文をあげてみる。

このしみせん《三味線》わ明治十年十二月
三十日こり《郡》山のしろ《城》の口で二円
八十戔《せん》でち丶《父》こて《買うて》きはれました　この
シやみせんで十二下《くだり》をてふりと
なりものあとてあわせをシて
下されまあしたしやみせんで
あり升《ます》　なかなかわたシにとり
まあしてわ大きねんです
此《この》しやみせんで十三年の
かぐら本づとめ旧八月廿六日かぐら
にもつかわして以《いた》だきまあシた
それからシぢう本づとめ
につかわシて以《いた》だきまあした
十七年のあまご《雨乞》ゑにつかわしてもら
以《い》まあした　明治二十年のごきよ《教祖》
様をかくれのときつかわシてもら
いまあしてからハちともつかい
まあせん　よしゑにたいしてわどのくらい
たから《宝》ともわかりまあせん

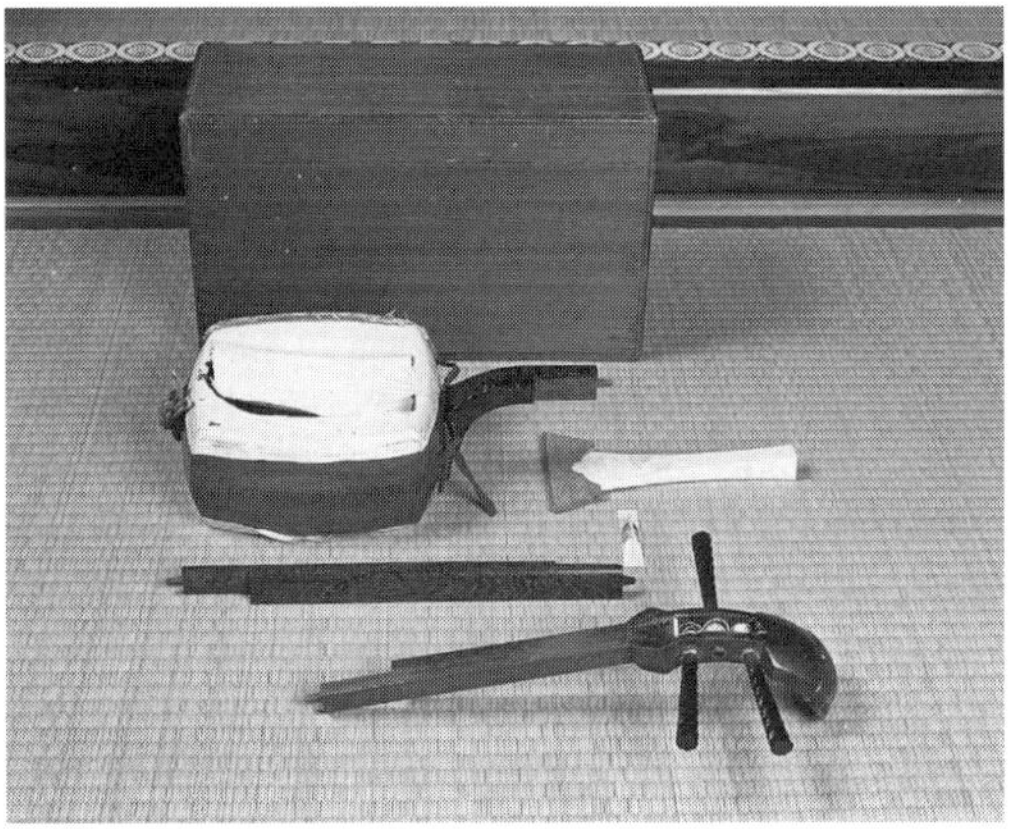

「十七年のあまごゑ」とあるのは、明治十六年に行われた雨乞いづとめのことである。

『ひとことはなし』によると、二代真柱が昭和十年十月に史実を確認された際、当時雨乞いづとめに参加した人々のうち、存命であった高井猶吉、宮森与三郎は「十六年」と記憶していたが、よしゑだけは、「雨乞ひ勤は、皆は十六年といふけれど、あれはほんとは十七年だんね、私の十九の年だす」と言い通したという。さらに、同書では、その時の雨乞いづとめは「鳴物は私一人やつた。三味線くゝりつけてもらつて行つた」ともある。

なお、よしゑ使用の三味線は、胴、棹、糸巻き部分の三つに分解でき、木箱（縦17センチ×幅43センチ×高さ25センチ）に収納できるようになっている（上写真）。

を願う際、神名を唱えることはもとより、拍子木を打つことも教祖が教えられたのであろうか。

元治元年（一八六四年）十月二十七日に起きた大和《おおやまと》神社のふしでは、おやしきから大豆越《まめこし》村の山中忠七宅へ向かう一行は、大和神社の社前で、拍子木、太鼓などの鳴物を打ち鳴らしながら、神名を唱えている。[25] それらの鳴物は、忠七宅でおつとめをつとめるために携行していたのであろうか。「神前を通る時には、拝をするように」との教祖のお言葉を受けて、一行が鳴物を鳴らしながら神名を唱えたことからして、神名を唱える際に鳴物を用いるという観念が、人々の間にあったのであろうか。また、そうしたことを教祖がかねがね教えられていたのであろうか。

なお、この時には、拍子木や太鼓のほかに、鈴や手拍子なども打ち鳴らし、拍子木は七丁も持参していたようである。[26] 鈴や手拍子などと、現在用いられているちゃんぽんやすりがねとの関連も考えられないでもない。

慶応元年（一八六五年）六月のある夕方、おやしきへ乱入して来た二人の僧侶が、畳を切り破り、太鼓を切り裂くなどし、[27] また、翌年秋のある日には、小泉村不動院の山伏たちがやって来て、障子を切り破り、置いてあった太鼓を二個まで引き裂いたという。[28] いずれの場合にも、おやしきに太鼓が置いてあったようであるが、当時、それらはどのように使われていたのであろうか。

おふでさきに、

　そのところなにもしらざる子共にな

(25)『稿本天理教教祖伝』56～57ページ、第6章「つとめのばしょ」参照。

(26) 慶応元年の「御請書」には、
「太鼓　壱
鈴　壱
拍子木　七丁
手拍子　壱
すゞ　壱」
とある。94ページの注(26)参照。

(27)『稿本天理教教祖伝』62～63ページ参照。

(28)『稿本天理教教祖伝』67～68ページ参照。

たいことめられこのさねんみよ　（十六　54）

とあるから、いつのころからか、太鼓が用いられていたことは間違いなかろう。

また、小泉村の山伏たちがやって来た慶応二年の秋は、「あしきはらひ」の歌と手振りとを教えられたころである。翌慶応三年に作られたみかぐらうたに「よるひるどんちやんつとめする」(29)とあるが、「どん」は太鼓、「ちやん」はちゃんぽんのことともとれるし、鳴物一般とも理解される。太鼓や拍子木だけでなく、すでにいくつかの鳴物が用いられていたとも考えられる。

当時の様子を伝え聞く飯降よしゑの口述記(30)によると、「慶応二年あたりは『あしきはらひ　南無てんりわうのみこと』一点張りで、教祖様も参拝者も区別なく、皆一様にぼてこ（渋紙張りの行李《こうり》）に入れてある柏子木を出して、たゝき乍《なが》ら『あしきはらひ、たすけたまへ南無てんりわうのみこと』と唱へるだけのお勤めやつたそうや」とあり、また、「その時分（明治四年ごろ）は参つた者に拍子木を渡し何遍も神名を唱へて唱へて拝んだ……。鳴物も太鼓など何も無く、拍子木丈《だけ》であつた」との古老の話(31)もある。

太鼓や他の鳴物については、伝承者の思い違いもあろうから、その真偽のほどは明らかでないが、みんなで拍子木を打ちながら神名を唱えたということからすれば、先の大和神社のふしの際の拍子木七丁というのもうなずける。

慶応後半から明治初期のころは、おつとめが整えられつつある段階であるが、拍子木を中心に、太鼓など、いくつかの鳴物が用いられていたのではなかろうか。そ

(29) 四下り目四ッ。

(30) 飯降尹之助《まさのすけ》著「永尾芳枝祖母口述記」（『復元』第3号所収）参照。よしゑは慶応2年生まれ、明治21年楢次郎（上田ナライトの弟）との結婚を機に永尾家を創設。

(31) 上田嘉成著「古老聞書」（『復元』創刊号所収）に、森口まさ（文久3年生まれ、昭和20年当時83歳）より聞いた話として記してある。

れらを教祖が直接教示されたのかどうか明らかではないが、琴、三味線、胡弓の三つに関しては、明治十年に教祖自ら教えられている。(32)

それらは、当時の民衆の音曲などに使われるものでもあった。他の鳴物についても、拍子木や太鼓など、リズムをとるものや、旋律を奏でるものを、身近にあるもののなかから次第に採り入れられるようになったのではなかろうか。

二代真柱も、『ひとことはなし　その三』のなかで、「云《い》はゞ個人信仰時代に使用されてゐたもので、先《ま》づ手近にあつたもので間にあはされてゐたものと推定いたします。今日のものと多少変《かわ》つてゐる点もありますが」と述べられている。

そうして、明治十三年の九月三十日、つまり、陰暦の八月二十六日に、三曲を含む鳴物をそろえてのおつとめが初めてつとめられている。『稿本天理教教祖伝』には「三曲をも含む鳴物を揃えて(33)」とあるから、これを機に、あるいはこれ以前には、

## 邦楽にみる三曲

邦楽で、三味線と箏（琴）と尺八（あるいは胡弓）を用いる演奏形式を「三曲」「三曲合奏」と呼んでいる。江戸時代前期に始まった上方《かみがた》の三味線歌曲である「地歌」を本体とし、それに箏の手が加えられ、さらに三味線、箏の旋律に添って尺八か胡弓を付け奏すのだという。下の写真は、天和四年（一六八四年）の『団扇《うちわ》絵づくし』（天理図書館蔵）にみられる三曲合奏図。

（32）参考までに、明治10年以前にも女鳴物が用いられたという言い伝えもある。「（明治7年にかぐら面を受け取りに三昧田の前川家に赴かれた）この時に使用したと言い伝えられる、琴と三味線が前川家に保管されていると聞き、先日写真を撮りに伺つた。前川家の語るところに依《よ》れば、明治六年に既に神楽本勤が里方で行われており、琴は小寒様、三味線は前川しづ様（前川半三郎様〈教祖の弟半兵衛〉の娘）が受《うけ》持たれたと言うことであつた」（『史料掛報』第28号＝昭和34年）。

（33）『稿本天理教教祖伝』149ページ参照。

鳴物がそろえられたことになる。
翌十四年時の状況を、『梅谷文書』(34)に、「当時はぼて(こ)に拍子木沢山《たくさん》入れある也《なり》。……たんきりの飴《あめ》やの鐘と、豆越山中忠七様より献上せられし三巴《みつどもえ》の豆太鼓とあり」と記されてあり、また、十六年ごろについては、梶本楢治郎の「教祖様の思ひ出」(35)に、「太鼓すり鐘《がね》、ちゃんぽん等が並んで居た。すり鐘はやつと後に出来たと思ふ。太鼓はしめ太鼓、すり鐘は飴屋の持つてる様な鐘やつた様に思ふ」とある。

この二つの記録から、拍子木や太鼓、ちゃんぽん、すりがねについては、それらしきものが用いられていたようであるが、小鼓や笛に関する事項は見当たらない。しかし、明治十六年の雨乞いづとめに際しても、鳴物九つが用いられたとあるから(36)、小鼓や笛も使われていたことになる。

ちなみに、小鼓が用いられる史実が初めてみられるのは明治二十年の陰暦正月二十六日のおつとめに際してであり(37)、笛については明治二十一年に行われた神道直轄天理教会本部の開筵式に際しての記録(38)が初めてではなかろうか。

とにかく、鳴物についてはわからないことが多い。それに、なぜ九つなのであろうか。おふでさきに、

一寸したるつとめなるとハをもうなよ
三十六人にんがほしいで (十 26)
そのうちになりものいれて十九人
かぐらづとめの人ぢうほしいで (十 27)

(34) 船場大教会初代・梅谷四郎兵衛の信仰録ともいえる文書で、「船場之起源」の項にある。

(35) 『復元』創刊号所収。梶本楢治郎は明治5年生まれだから、16年当時数えの12歳であった。

(36) 「かぐらの、獅子面二、面八、鳴物九を、それぞれこの人数に割りつけ……」(『稿本天理教教祖伝』260ページ)

(37) 『稿本天理教教祖伝』329ページ参照。

(38) 『ひとことはなし その三』の「つとめ人衆」の項参照。十一月二十八日(陰暦十月二十五日)夜の鎮座祭の後、二十九日(同十月二十六日)開筵式、三十日(同十月二十七日)秋季大祭、翌十二月一日(同十月二十八日)には月次祭と、三日間にわたってつとめられた。

やくハりもどふゆう事であるならば
かぐら十人あといなりもの　（十　39）

とある。(39) 十九人のうち十人がかぐらをつとめるので、鳴物は残りの九人、つまり九つであるということはわかるが、それらの数のなかに地方《じかた》も含まれているのかどうかはわからない。また、人間の身体的機能、つまり、目、鼻、耳、口、両手、両足、男・女一の道具の数、九つであるとも聞く。

明治十年に女鳴物を教えられ、おつとめを整えられていくのであるが、その前後から官憲の干渉が厳しくなり、鳴物もそろわない状態が続いたようである。そうしたなか、おふでさき第十四号、第十五号で、(40) しきりに促される。

この事ハなにの事やとをもうなよ
つとめなりものはやくほしいで　（十四　85）

このつとめどふゆう事にをもうかな
なりもの入て人ちうのもよふ　（十五　52）

さあたのむなにをたのむとをもうかな
はやくなりものよせてけいこふ　（十五　72）

はやく〳〵となりものなりとたしかけよ
つとめはかりをせへているから　（十五　90）

以降、教祖は、明治二十年に現身《うつしみ》をおかくしになるその時まで、鳴物をそろえてつとめることを、たび重ねて急き込まれていくのである。

（39）『おふでさき註釈』には、「親神様の仰せられたつとめ人衆とは
かぐら　十人
鳴物　九人
てをどり　三十六人（六人一組）
なおこの外に、がくにん二十人と仰せられ、計七十五人である」とある。

（40）おふでさき第14号は明治12年6月から、第15号は13年1月から、それぞれ筆を執られている。

# 民俗楽器のこと

おつとめの鳴物については二代真柱が『ひとことはなし　その三』のなかで、創始時代（明治21年の教会本部開筵式まで）について、「先《ま》づ手近にあつたもので間にあはされてゐたものと推定」されている。当時の民間で用いられていた楽器については、専門家による研究を期待するとして、ここでは、幕末期の絵馬や著書などに描かれている太神楽、おかげ踊り、雨乞い踊り、豊年踊りの中に見える楽器について略記してみたい。

太鼓には、台の上に乗せた大太鼓や豆太鼓、胴の長いカンカラ太鼓、二枚皮の柄太鼓や締め太鼓、デンデン太鼓など。

**「雨乞づとめ絵馬」**（天保13年、部分）
（磯城《しき》郡川西町・糸井神社蔵）

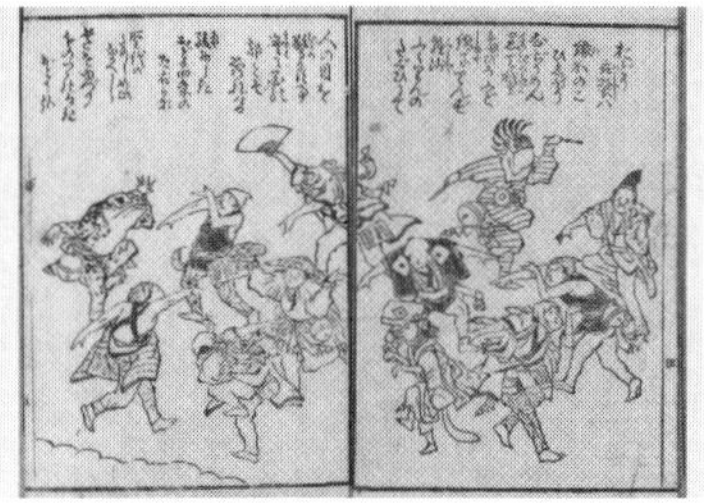

**「町々吉兆都繁栄」**（天保10年、石崎氏提供）

鼓《つづみ》は、肩に乗せて手で打つものと、片手で提げて片手のバチで打つもの。

鉦《かね》は、叩《たた》き鉦や当たり鉦、それにコンチキらしいもの。打ち合わせる鉦では、チャンポンと小型の銅拍子。

鈴は、鳴子と同じように、腰に着けて踊る大型のものが見えるが、神楽鈴も里神楽では用いられている。

竹木製では、ササラや木魚に鳴子。拍子木は絵図類の中には見えないが、使われていたはずである。

笛は、おそらく篠笛か里笛であろう。

絃楽器では、半琴、三味線、胡弓が見える。

なお『ひとことはなし　その三』では創始時代のものとして、

「一、太鼓　しめ太鼓
二、小鼓　普通の小鼓
三、笛　篠笛
四、チヤンポン　普通のもの
五、拍子木　同右
六、摺鉦　二鉦あり、手にもつて中を木にて摺つたもの
七、琴　普通のもの
八、三味線　同右
九、胡弓　同右」

があげられている。

# 第十四章

# 門屋に出て……干渉と応法

明治八年、教祖は、それまでのつとめ場所の上段の間から、中南《なかみなみ》の門屋《もんや》に移り住まわれるようになる。
そこで展開されるたすけ一条の急き込みと呼応するように、官憲の取り締まりは、日々厳しさを増していった。
おやしきにあっても、その対応を余儀なくされていく……。

明治七年（一八七四年）十二月の山村御殿《やまむらごてん》のふし、それに続く奈良中教院の干渉以来、おやしきへの官憲の取り締まりは次第に厳しくなっていった。(1)

**明治八年夏から、秀司並びにこかんの身上障《みじょうさわ》りと、門屋の内造りとが、立て合《お》うた上に、九月二十四日**（陰暦八月二十五日）**には、教祖と秀司に対して、奈良県庁から差紙《さしがみ》がついた。明日出頭せよ、との呼出《よびだ》しである。**（百三十二ページ）

これより先、辻忠作らが呼び出され、中南の門屋の普請経費の出所を問われた時、辻は「中山様よりなされた」と答えたという。(2) その後に、今度は、教祖と秀司に対

（1）山村御殿のふし直後、教祖は赤衣《あかき》を召され、おさづけの理をお渡しになっている（第10章「山いかゝりて」参照）が、こうしたことがまた取り締まりの対象となった。これより先、明治6年1月、人心を眩惑《げんわく》させるとの理由から、梓巫《あずさみこ》・市子・憑祈祷《よりきとう》・狐下げなど俗信の部類を禁止し、厳しく取り締まるよう府県に通達（教部省達第2号）があり、奈良県でも前年に同様の達し（第93号）が出ていた。

して呼び出しの差紙が来たのであった(3)。
明日とは、陰暦の二十六日。いつのころからか、多くの人々がおやしきに寄り集まるようになり、このころには本づとめも行われていた。だから、当局としては、教祖をはじめ主立った人々を呼び出すには、この日が最も効果的だったのであろう。この出頭命令には、明らかに、そうした当局の意図がうかがえる。

しかし、教祖は、山村御殿へ出向かれた時もそうであったように、いそいそとお出掛けになり、取り調べに応じられた。教祖の付き添いとしておまさと、ちょうど身上に伏せっていた秀司の代理で辻忠作が出頭し、足達源四郎も村役人として同道している。

取り調べでは、教祖に対して「多くの人をたぶらかして沢山《たくさん》の金銀とるそうな」と言い、辻に向かっては「其方《そのほう》も分け前貰《もろ》たか」と尋ねるので、辻は「助けてもろうた礼に弁当持《もっ》て信心して居《お》ります。分け前は貰《もら》はん。九億九万九千九百九十九年世界へ知らしたいと神様が仰《おおせ》あります」と答えたという(4)。

明治八年には、民権運動の高まりのなか、反政府思想を取り締まる目的で、新聞紙条例や讒謗律《ざんぼうりつ》が制定されており(5)、集会活動などに対する官憲の目が厳しくなりはじめたころであった。

そうした社会背景もあり、教祖にご迷惑のかからぬようにとの配慮から、「中山様よりなされた(6)」と返答したのであろうが、実際のところは、門屋の普請はおやしきに寄り集う人々の真実によってなされたはずである。

(2)『復元』第37号所収「門屋の建築に就ての御神意」参照。

(3)『復元』第37号所収「明治八年の拘留に就て」参照。

(4)注(3)に同じ。

(5)新聞紙条例は明治6年10月に制定された新聞紙条目を改め、言論の自由抑圧を強化したもので、体刑を科すことも規定している。讒謗律は8カ条からなり、天皇、皇族、政府批判などを封じた。

(6)明治6年に秀司は庄屋敷村の戸長を務め、翌7年6月の川原城小学校設立の際には、足達、中山、城(2軒)の4軒が75銭ずつ寄付(以下50銭を1軒、25銭を5軒、12銭5厘を2軒)していることからも、「中山様よりなされた」という返事も、うなずけなくもない。

こかんの出直しにより、教祖は三日間で保釈されたが、辻は五日間留置された。この時の取り調べの結果は、十二月になってから通知があり、(7) 教祖は、二十五銭の科料(8)に処せられている。

それまでにも、丹波市分署、奈良中教院などからの種々の干渉があったが、政府の公的機関から科料という処罰を受けたのは、これが最初ではなかったろうか。

## ●表へ出て

**門屋は、八年一杯に内造りが出来た。教祖は、北の上段の間からここへ移られ、その西側の十畳の部屋をお居間として、日夜寄り来る人々に親神の思召を伝えられた。**

（百三十四ページ）

中南の門屋(9)の普請がいつごろから掛かられたのか明らかではないが、明治七年一月から筆を執られたおふでさきの第三号でもふれられているので(10)、そのころから普請の地ならしは始まっていたのであろう。

門屋のつくりは、教祖の居間とされた西側十畳に対し、東側の十畳は窓なしの倉になっている。これは、

「一体倉といふものは、何処《どこ》の土地でも皆窓があるやろ。そやけどこの倉は窓無しにして置いてくれ。末《すえ》では七十五人の勤め人衆の生き姿をおさめる所やで」

（7）初代真柱著『稿本教祖様御伝』には「教祖病気中トノ願ニテ日順延ナリシナリ」と注記してある。

（8）明治8年11月の大和の米価は1斗が47銭（夏期は60～70銭）。

（9）別名、表通常門。中南の中はぢばを指し、その南にあるから中南の門屋とも（『天理教事典』）。

（10）おふでさきには、「このたびハもんのうちよりたちものをはやくいそいでとりはらいせよ」（三 1）、「すきやかにそふぢしたてた事ならば なハむねいそぎたのみいるそや」（三 2）とある。

明治８年、中南の門屋が建ったころのおやしき（想像図）

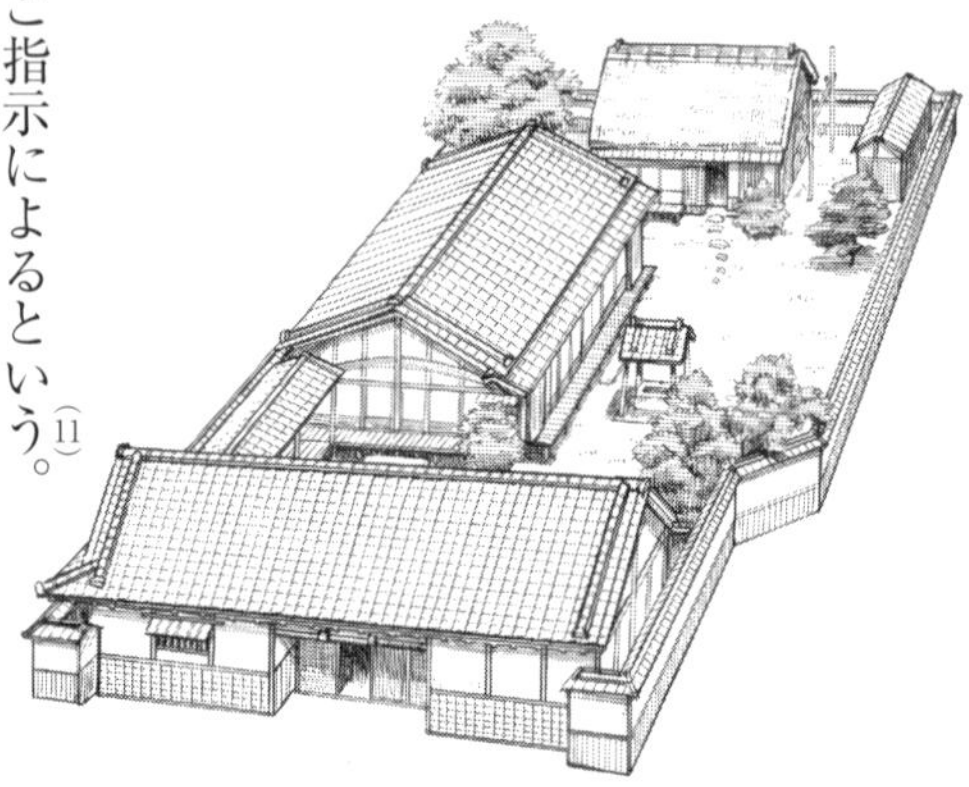

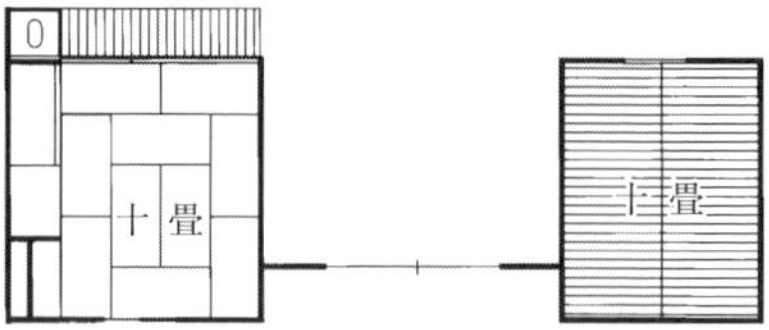


中南の門屋

平屋瓦葺両妻入母屋建、間口６間半、奥行２間半からなる門屋で、現在記念建物として、教祖殿の北西に保存されている。明治16年に御休息所ができるまでの約８年間、教祖はここに住まわれた。

との教祖のご指示によるという[11]。

大和の家の様式からいえば、一般に門屋は、くぐり門の左右に、使用人の住まいと農具を入れる場所とがセットになっている。しかし、教祖が、あえてそう指示され、そこに移り住まわれたということには、はたしてどういう思召があったのであろうか。因習的な既成観念を払拭《ふっしょく》しようとされる一面もうかがうことができるが、それよりも、世界たすけのために、いよいよ表へ出るという積極的なご姿勢のあらわれとみることができるし、さらに言えば、もっと深い思召があったと考えられる。

事実、この中南の門屋を舞台に、教祖と、おやしきへ寄り来る人々との、数々のドラマが繰り広げられる。

（11）飯降尹之助著「永尾芳枝祖母口述記」（『復元』第３号所収）参照。

門屋の窓から、人々がおやしきを目指してやって来るのを眺めては、それを楽しまれ、時には、まだその人の姿が見えぬ先から予告されることもあった。

降りしきる雪の日に、河内から増井りんが、おやしきへ帰って来る時など、「こんな日にも人が来る」と、その安否を、見抜き見通しで気遣われ、そして、無事到着すると、「ようこそ帰って来たなあ」と、冷え切ったその手を温めるように、教祖は両方の手でしっかりと包まれた[12]。

また、初めて、おやしきへ帰って来た上田ナライトに対して、「待ってた、待ってた」と迎えられたのも[13]このころであり、ほかにも、教祖と人々とのほのぼのとした心温まるおやしきでの光景が、『稿本天理教教祖伝逸話篇』に多く見られる。

さらにまた、ある時、

「今に、ここら辺《あた》り一面に、家が建て詰むのやで。奈良、初瀬《はせ》七里の間は家が建て続き、一里四方は宿屋で詰まる程に。屋敷の中は、八町四方と成るのやで」

とおおせになったのも、この中南の門屋である。当時の門屋の南の窓からの眺めは、竹やぶや田んぼばかりであったという[14]。

## ●便法を講じ

年が明けると明治九年。絶え間なく鋭い監視の目を注いでいた当局の取締《とりしま》りが、一段と厳重になったので、おそばの人々は、多くの人々が寄って来ても、警察沙《ざ》

(12)『稿本天理教教祖伝逸話篇』「四四　雪の日」参照。
(13)『稿本天理教教祖伝逸話篇』「四八　待ってた、待ってた」参照。
(14)『稿本天理教教祖伝逸話篇』「九三　八町四方」参照。1里は約3・9キロメートル、1町は約110メートル。

**汰《た》にならずに済む工夫はないものか、と、知恵を絞った結果、風呂と宿屋の鑑札を受けようという事になった。**

（百三十四ページ）

それまで、明治初期の大教宣布《たいきょうせんぷ》運動が盛んだったころの取り締まりは、天理王命という神はないなどという、どちらかというと宗教活動そのものに対するものであった。それに加えて、明治八年には、先にもふれたように新聞紙条例や讒謗律が制定されており、許可なくして人を集めることなどへの取り締まりが、なおいっそう厳しくなっていたようでもある。

このままでは、教祖ばかりでなく、おやしきへやって来る人々も処罰されかねない。そこで、相談した結果、大勢の人が寄り集まる口実のため、表向き、風呂屋と宿屋を営むことにし、堺県(15)へ、その鑑札を受けに行くことにした。

これに対して、教祖は、

「親神が途中で退く」

と、厳しくお止めになった。

しかし、そのままにしておけば、教祖の身に、官憲の取り締まりの手が伸びてくる。秀司は、戸主としての責任上、また、子として親を思う一心から、わが身どうなってもという決意で敢行した。堺県まで出掛けて許可を得たのは、明治九年の春の初めごろであった(16)。

風呂屋は、湯治を名目としてのものであり、板張りのなかに湯気を立ち込めて温

（15）奈良県は明治9年4月18日に廃止、堺県に合併された。その後、同14年には大阪府に合併、同20年に再び奈良県となる。

（16）秀司が願い出ているが、名義は飯降伊蔵であったようでもあるし、その時期については諸説ある。中山音次郎名義で出願、12年2月に蒸気浴の目印フラフ(旗)を掲げることを堺県から認可された写しも残っている(『復元』第37号所収「宿屋蒸風呂に関する文献」)。

（17）明治9年9月に堺県から止宿人届を義務付ける達し（甲第31号）が出され、怠ると5銭から75銭までの罰金、半日から7日間の拘留に処せられる条例があった。おやしきでは(明治12年以降)高井猶吉が分署に届ける役にあたった。

（18）『蒸気浴治名前帳』『蒸気浴泊り名前控』によると、東は伊賀、西は大阪、堺、河内長野を結ぶ線、南は吉野方面にわたっている。

まる仕組み、つまり、現在のサウナに近いものであったようである。

宿屋のほうも、つとめ場所の畳敷きに二、三十人寝泊まりするくらいのもので、宿賃は一泊三食十五銭、風呂賃を加えると十九銭ほどであり、宿泊人の名簿を、毎晩、丹波市《たんばいち》分署に届けていたという。[17]

当時の人々も、こうした風呂屋と宿屋の営業は、一時的な便法であるとみていたにちがいない。もとより、河内や大阪の人[18]が、大和の片田舎まで足を運び、風呂に入り、宿泊する必要は、まずないわけで、おやしきに教祖がおられるからこそ、不思議なたすけを頂けるからこそ、人々は足を運んで来たのである。だから、官憲の側にしても、注視の対象は教祖にあるわけで、風呂屋と宿屋の営業という一時的な便法は、かえって逆効果をもたらすこともあった。

すなわち明治九年、蒸《む》し風呂に薬種を用いたとの嫌疑で、秀司は奈良警察署で三十日間の拘留に処せられ、教祖も三日間、奈良の旅館に留置されるという事態が起こった。[19]また、翌十年の五月には、奈良警察署から秀司あてに召喚状が来、四十日間留め置かれたうえ、罰金に処せられた。杉本村[20]の宮地という村人が、ひそかに七草の薬を作り、[21]これを秀司からもらったと密告したからであった。[22]

こうしたなかでも、親神の教えはいっそう広がり、河内、大阪などの畿内各地はもとより、遠くは阿波国にも及んでいる。[23]村人の要請により、雨乞いづとめに出張することもあった。[24]そういううわさが誇大に、あるいは悪意を込めて伝えられ、監視の目はおのずと、おやしきへ、教祖へと向けられた。

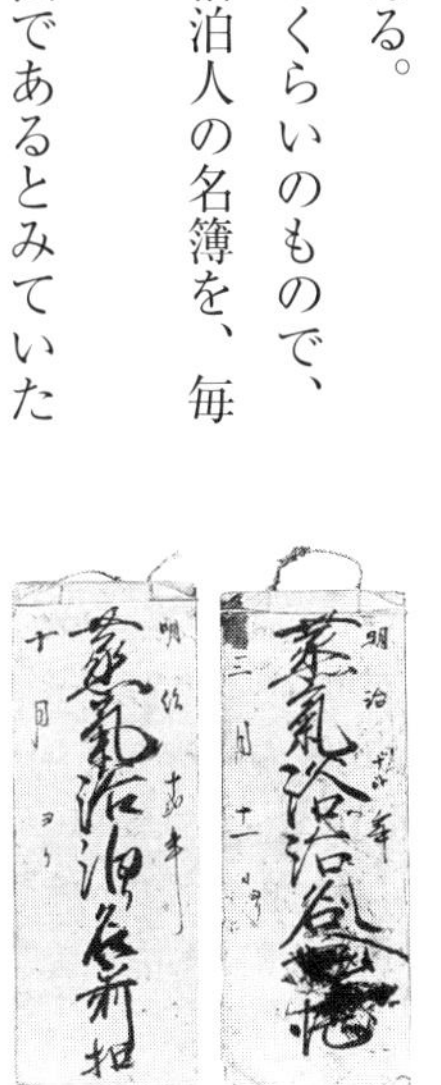

右から『蒸気浴治名前帳』『蒸気浴泊り名前控』（教義及史料集成部蔵）

(19) この時の拘留については、「明治九年薬種を用ひしとの嫌疑にて秀司さん奈良警察にて卅《三十》日拘留。教祖様奈良阪の旅館にて三日留置」「警察は、風呂へ手を廻して薬を投じ、次で罪を作りなして、先生は三十日程監獄へ行きなされ、教祖様は奈良阪井とらと云《い》ふ宿で尋問を受けなされました」（『復元』第37号「薬湯を使用せしとの嫌疑」）などの記録がある。

(20) おやしきの西方約3キロ、現天理市杉本町。

(21) この時の「七草の薬」につ

しかし、教祖は、反対する者も拘引に来る者も、ことごとくかわいいわが子であると思召されて、事あるたびに、

「ふしから芽が出る」

とおおせられたという。

また、明治十二年六月から筆を執られたおふでさき第十四号では、

いまゝでハ月日とゆうてといたれど
もふけふからハなまいかゐるで　（十四　29）

と述べられ、それまでの親神の理を表す言葉を、「月日」[25]から「をや」へと言い換えられている。親神の心は、どこまでも一れつ子供をたすけたい一条の親心であることの理解を求められているのである。

さらには、講を結ぶことを急き込まれたのも、このころであった。

これより先、教祖が、

「講を結べ」

とおおせられたのは、文久、元治のころに始まる。[26] みかぐらうたにも、

どうでもしん〴〵するならバ
かうをむすぼやないかいな　（五下り目）

と、信ずる者同士が一手一《いってひと》つに励み、たすけ合うように、と諭されている。

こうして、おやしきへ寄り集う人々は日一日と増し、教えは八方に広まっていくのであるが、おひざもとにあたる三島の村人の間には、それを歓迎しない声もあっ

いては定かでないが、安政5年（一八五八年）の清水惣助妻ゆきの産後の患いに、教祖が作って渡されたのは、米、麦、大豆、小豆、粟、黍《きび》、胡麻の7種からなるもの（「粟、黍ニハあらず大白砂糖と粳《うるち》米なりと申す者もあり」＝初代真柱著『教祖様御伝』）であった。

(22) 秀司は若いころ、医術を学んでいたこともあり（高野友治著『神の出現とその周辺』）、秀司が作ったと密告されても不思議ではなかったのであろう。管轄庁の免許鑑札なしの営業者に対しては製薬および売得金を没収、罰金に処せられるという売薬規則があり、また密告者には賞金が与えられるという規定もあったようである。なお、この時の奈良警察署は、興福寺金堂内にあり、「赤戸警察署」とも呼ばれていた。

(23) この前後、明治7年には大阪の泉田藤吉（4年説も）、河内の増井りん、9年に板倉槌三郎、

た。つまり、「天理さんのおかげで親族や友人たちが村へ来ると、雨が降ったら傘を貸さねばならないし、食事時になったら食事を出さねばならない。出店が並ぶと子供が銭を使う」というような、おやしきのにぎわいに対する苦情の類いであった。なかには、迷惑料ともいえる「ようない」(27)を請求する者もあり、帰って来た人々は、おやしきに迷惑かけぬと誓った条約書(28)まで書いたようでもある。

当時は、村田豆腐屋などの宿屋もまだなかったころ(29)で、そうした問題が生じてくるほど、多くの人々が出入りしていたということになろう。

このころ、おやしき内に明治十二年には小《こ》二階が、十三年ごろには内蔵《うちぐら》が竣工しているが、これらの建物は、どういう目的で建てられたのであろう。普請中、中南

明治13年ごろのおやしき

明治12年には上田ナライトがおやしきにもらい受けられ、増井りんが教祖のお守《も》り役となり、高井猶吉もおやしきへ詰めるようになっているので、小二階は、そうした人々の住まい、あるいはおやしきへ帰って来た人々の宿泊施設であったと察せられる。また内蔵は、乾蔵《いぬいぐら》とも呼ばれ、一般に北西(乾)に蔵を建てる風習があった。

12年には大阪の井筒梅治郎、河内の高井猶吉、阿波(徳島)の土佐卯之助らが信仰を始めている。

(24) 明治6年7月には河内へ、9年8月17日には大和国小坂村へ、辻忠作、仲田儀三郎、桝井伊三郎らが出向いた。

(25) 明治7年12月からご執筆のおふでさき第6号では、それまで用いられていた「神」の文字を「月日」と換えられている。第10章「山いかゝりて」参照。

(26) 明治8年9月のこかん出直しを機に天元講が、11年4月ごろには秀司を講元に真明講が結ばれている。

(27) 余分に負担すること、課税させる意味の「よない(余内、余納、余荷)」のことであろう。

(28) 「明治十一年当時は宿屋蒸風呂開業中なるべき筈《はず》にも拘《かかわ》らず、

の門屋の時のような、当局の干渉もなかったようであるから、その点では、風呂屋と宿屋の営業許可を得ていたことが功を奏していたとみれないこともない。

そうしたなか、明治十三年の初めごろになると、教祖は、おつとめの完修に向けて、なおいっそう激しく急き込まれる。

その年の一月から筆を執られたおふでさき第十五号に、

けふの日のはなしとゆうハせへつうや
もふそのまゝにすぐにみへるで　（十五　80）

としるされているのも、そうした思召からであろう。

## ●応法へ

**人々は、親神の思召通りに勤めたいと希《ねが》ったが、親神の急込《せきこ》んでおられる鳴物を入れてのつとめは、内緒に勤める事が出来ない。これを思う時、何《なん》でもよい、教会というものを置きさえすれば、教祖に御迷惑もかからず、つとめも仰せ通り出来るものを、と思った。**（百四十八ページ）

明治十三年には国会開設請願運動の高まりに対抗して、政府から集会条例が出され、宗教活動に対しても、官憲の監視の目はいっそう厳しくなったようである。その官憲の目を逃れるために、秀司をはじめとする側近の人々が策を講じているとこ

信者の宿泊する事は中山家に対して、警察問題に絡んで相当迷惑になる場合が多かつたと見え、おやしきに宿泊する場合、決して迷惑をかけぬと言う条約書まで入れている様である」（『復元』第37号「宿泊せる信者の条約書」）

(29) 村田旅館は明治16年6月ごろ（『稿本天理教教祖伝逸話篇』「一二一　いとに着物を」参照）、中山重吉宿は15年ごろから。

ろへ、乙木村《おとぎ》(30)の信者山本吉次郎から、同じ村の山中忠三郎が出入りしている金剛山地福寺へ願い出てみてはどうか、との話があった。

金剛山地福寺は、もともと修験道系であったが、明治になり修験道が禁止となったので表向きは真言宗に所属しながらも、実際には旧来どおりの修験道を行っていた。これと同様に、公認宗派の配下になれば、官憲の干渉もなかろう、との思惑があって、願い出ることにしたのであろう。これに対する教祖のご態度は厳しかった。

「そんな事すれば、親神は退く」

とおおせになっている(31)。

それでも願い出ようとする秀司の心境は、いかばかりであったろうか。『稿本天理教教祖伝』には、「秀司は、教祖に対する留置投獄という勿体《もったい》なさに比べると、

## 地福寺のこと

地福寺はもと行者坊と称し、金剛山麓久留野《くるの》(現奈良県五條市)にあり、山頂の転法輪寺の七坊の一つ修験道の寺であった。

明治維新の神仏判然令により、山頂は葛城神社のみとなり、転法輪寺は破却されたため、明治四年に本尊法起菩薩は行者坊に遷座。翌五年に修験道禁止令が発布されたため、六年五月には高野山真言宗光台院末寺となり、真言教会として奈良県の認可を得、修験道を続けていた。

本尊法起菩薩は虫切り、農業では虫除けの守護の仏として、大和、河内に日参講という講が広まっており、乙木村の山中忠三郎は、その日参講に属していたようである。

おやしきに出入りしていた山本吉次郎の進言や山中忠三郎の計らいで、地福寺と関係あった山本亀三郎という人に依頼して、願い出るに至ったとも伝えられる。

(30) おやしき南方約2キロ、現天理市乙木町。

(31) 髙安大教会史によると、「子供に頼むような道やない」ともおおせられたという。

(32) 『稿本天理教教祖伝』148ページ参照。

たとい我が身はどうなっても、教祖の身の安全と人々の無事とを図らねば、と思い立ち、わしは行く。とて、一命を賭して出掛けた」と、決意に至るまでのその心中が劇的に記されている。(32)

しかし、秀司は足が不自由なため、一人で山道を行くわけにもいかず、かといって、教祖の厳しいお言葉を思ってか、だれも秀司のお供をしようとする者はいなかった。そのなかで、岡田与之助(33)だけが同行した。自分は末子で余《よ》計人《けびと》であるから、道中、どうなっても構わないという、これまた決死の覚悟で申し出た与之助に、秀司を気遣う妻まつゑは、いたく喜び感謝したと伝えられる。

秀司と与之助は、地福寺がもと修験道に属していた関係もあり、芋《いも》ケ峠《がとうげ》を越えて、まず吉野へ寄り、それから金剛山のふもと久留野《くるの》の地福寺へ向かった。(34) 峠を越える山道は険しく、秀司は腰に下げていた矢立《やたて》(35)をも与之助に持たせ、後ろから抱えられるようにして登ったという。

地福寺での話し合いの結果、転輪王《てんりんおう》講社という仏式の教会をおやしきに設けることとなり、地福寺の住職である日暮宥貞《ゆうてい》を社長とし、秀司は副社長となった。(36)

こうして、九月二十二日（陰暦八月十八日）には、転輪王講社の開筵《かいえん》式を行い、門前で護摩《ごま》を焚《た》き、僧侶《そうりょ》を呼んで来て説法させた。(37)

この時の教祖の様子は『稿本天理教教祖伝逸話篇』に記されてあり、つとめ場所の北の上段の間の東の六畳の間へお出ましになり、お座りになって、しばらくニコニコとご覧になっていたが、すぐに門屋の居間へ引かれたという。(38)

（33）明治15年6月、宮森家に養子に入り、宮森与三郎となる。明治12年ごろ、おやしきへ引き寄せられた時、教祖は、「心の澄んだ余《よ》計人《けびと》が入用《いりよう》」とおおせられた。『稿本天理教教祖伝逸話篇』に、「与三郎は、九人兄弟の三男で、家に居ても居なくても、別段差し支えのない、家にとっては余計な人という意味であり、心の澄んだというのは、生来、素直で正直で、別段欲もなく、殊にたんのうがよかったと言われているから、そういう点を仰せになったものと思われる」とある（「六九　弟さんは、尚もほしい」）。

（34）芋ケ峠は背中に負った芋が熱気と汗で蒸せるほど急勾配であることから、芋蒸《いもむし》峠とも呼ばれた。地福寺へ行くのに、なぜわざわざ吉野の峠道の難路を経たかというと、吉野にある蔵王堂が修験道の本山とされていたからである。228ページ地図参照。

この開筵式から八日後の九月三十日、つまり、陰暦の八月二十六日に、初めて三曲を含む鳴物をそろえてのおつとめがつとめられている。(39)

慶応二年（一八六六年）秋以来、教えられ、その完修を急き込まれてきたおつとめが、ある意味では、転輪王講社の開筵式を機に、初めて鳴物を入れてつとめられるに至ったといえるのかもしれない。

これを契機として作られた講社名簿によると、大和、河内、大阪など、千を超える人の名が記載されており、(40)当時のおやしきのにぎわいぶりがうかがえる。しかし、講社と名付けられてはいるが、教祖の急き込まれた「講」とは、別のものであるこ

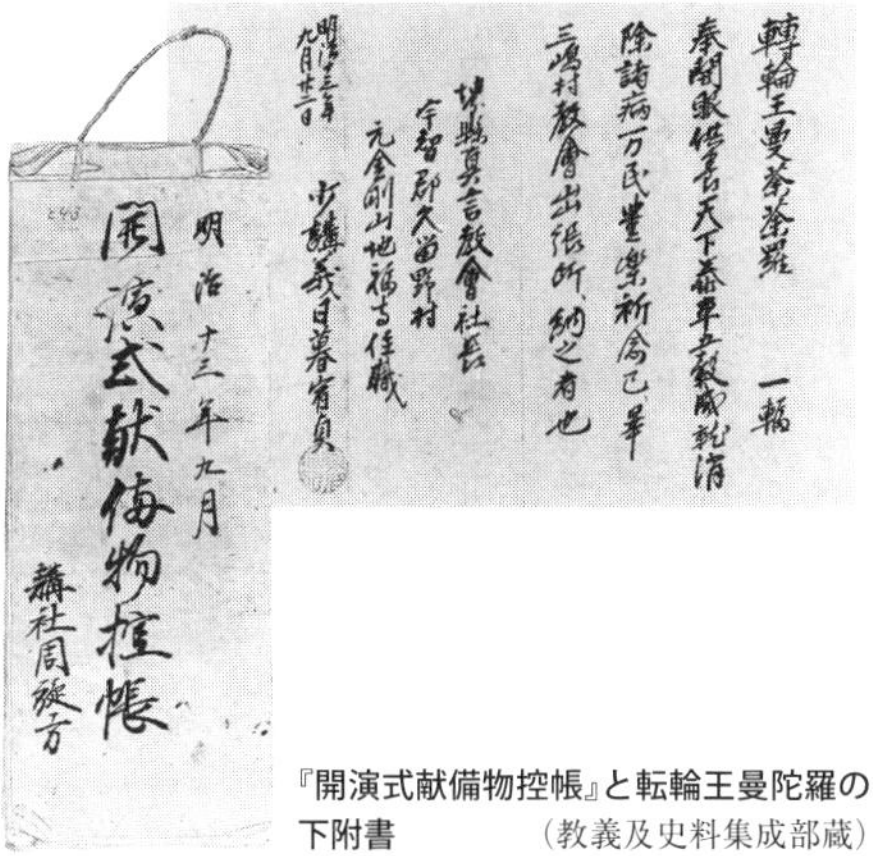


『開演式献備物控帳』と転輪王曼陀羅の下附書　（教義及史料集成部蔵）

右から『大和国天輪王講社連名簿（明治十三年九月）』『河内国天輪講社連名帳（明治十三年辰九月吉日）』（教義及史料集成部蔵）

(35) 携行用の筆記具で、筆の入る墨壺《すみつぼ》の筒を帯にはさむようになっている。

(36) 「教会転輪王講社ニ付御請書」（『復元』第37号所収）には、副社長中山秀司の後に、「取締並ニ出納」として山澤良治郎と山本亀三郎、「出納」に辻忠作の名がある。

(37) 詳細な状況はわからないが、『開演式献備物控帳』（上写真）によると、護摩札千枚が準備され、奈良中教院に15円の献金がされている。

(38) 『稿本天理教教祖伝逸話篇』「七三　大護摩」参照。護摩を焚いた場所は、つとめ場所の東側の庭で、教祖はしばし中南の門屋からつとめ場所へ出る渡り廊下の所までお出ましになったとも伝えられる（山澤為造談＝『御存命の頃』）。

(39) 第13章「鳴物入れて」参照。

(40) 『大和国天輪王講社連名簿』

とはいうまでもなく、つとめ場所の上段の間には、曼陀羅《まんだら》などの仏式設備が整えられ(41)、つとめ場所本来の機能を果たさなくなってきていた。

明治十三年から筆を執られたおふでさきの第十五号では、

　けふまでわなにの事でもちいくりと
　ゆハすにいたる事であれども　（十五　1）
　もふけふわなんでもかてもゆうほどに
　をやのざんねんこれをもてくれ　（十五　2）

としるされ、「をやのざんねん」のほどがうかがえる。

「しんばしらの眞之亮《しんのすけ》(42)」が、櫟本《いちのもと》の梶本家から、おやしきへ移り住むようになったのは、同じくこの年のことであった。

初めて鳴物そろえてのおつとめがつとめられたことと、眞之亮がおやしきに入り込んだということ、この二つの事柄により、本格的なおつとめ勤修の段取りに向けて、力強く歩みが進められたといえるのではなかろうか。

そして、翌明治十四年の四月八日、前年末から身上すぐれなかった秀司が、六十一歳で出直す。転輪王講社は、秀司から妻のまつゑに引き継がれる(43)が、まつゑは十五年十一月十日に三十二歳で出直し、すでに社長の日暮宥貞も没している(44)ことと合わせて、講社は有名無実となり、十二月十四日には、その関係が断たれるに至る。(45)

この間、明治十四年には、さらにおつとめ完修に向けて、その中心であるかんろだいの石普請にかかられている。

に大和の584人、『河内国天輪講社連名帳』には河内、大阪から848人の計千432人の名が連ねてある。

(41)「天輪如来と申《もうし》ましたから、みすがかけてあつて、中にはほしい、い、い、まんだらと、木像が一つありましたのでござります。さうして、各講社より上りました提灯が、三四十もつるしてあつて、丁度不動様や、稲荷様がやつてる様な工合《ぐあい》だつたさうでござります」（『正文遺韻』）

(42) 初代真柱中山眞之亮（新治郎）のことで、明治13年当時、15歳であった。第18章「人衆寄せて」参照。

(43) 明治14年7月11日付で届け出ている。

(44) 明治14年10月6日、59歳。

(45) 風呂屋は明治15年11月8日に、宿屋も11月14日ごろに廃業。

# 第十五章

# 今は是非なく……秀司の足取り

教祖の長子・中山秀司の足跡には、二つの大きな線がうかがえる。
一つは、どこまでも教祖のおおせに従うという素直な線であり、
もう一つは、思召に背いてまでも敢行したいわゆる応法《おうぼう》の姿勢である。
この両線は、交わることのない相対するものなのか、否か。
ここでは、秀司の足取りとその心境に迫ってみたい。

## ●生いたち

秀司は、文政四年（一八二一年）七月二十四日、教祖と中山善兵衛との第一子として生まれた。

前年の六月には、秀司にしてみれば祖父、教祖にすれば舅《しゅうと》にあたる善右衛門が初孫の顔を見ることもなく六十二歳で出直しており、秀司の誕生は、その一周忌の法要が済んで、一カ月が経ったころになる。

また、教祖が十三歳で中山家に嫁がれて、十一年目にして生まれた第一子、(1) しかも家の跡継ぎとなる男児ということもあって、秀司の誕生を祝う戸主善兵衛はじめ

（1）中山家の檀那《だんな》寺である善福寺の記録に「泡水童子　文化十三子年八月十日　庄屋敷村善右衛門孫」とある（『復元』第2号）。これが善兵衛の子供を指しているとすれば、戒名からして、流産または死産であったと思われる。文化13年（一八一六年）は、教祖が五重相伝を受けられた年であり、秀司誕生の5年前にあたる。

中山家の喜びのほどは、並々ならぬものがあったと察せられる。『稿本天理教教祖伝』にも、「善兵衛の喜びは譬《たと》えるに物もなく、明るい喜びが家の中に溢《あふ》れ、新婚の頃《ころ》にもまさる楽しい日々が続いた」とある。

中山家の代々の戸主は、善兵衛と善右衛門を交代で襲名していたようで、秀司もはじめは善右衛門と名乗った。

その後、文政八年四月には長女おまさ、十年九月には二女おやすと、妹たちが次々と誕生している。長男は、家の跡取りとして、他の子供とは違った待遇を受ける習慣があったから、秀司の幼な心のなかにも、長男としての自覚が次第に芽生えていったのではなかろうか。さらには、中山家は庄屋敷村の村役を務める家柄(2)でもあったので、それ相応のしつけや教養が仕込まれたと思われる。

この、家の跡継ぎとしての秀司の立場が大きくクローズアップされるのが、教祖が預かっておられた近所の乳飲み子が黒疱瘡《くろぼうそう》にかかった際の出来事ではなかったろうか。教祖三十一歳のころの事と伝えられる(3)から、秀司は数えの八歳であったことになる。

預かった乳飲み子をたすけたい一心から、「わが家の跡継ぎの男子一人を残し、娘二人の命を身代わりに」と祈願なされたという。この時の中山家の母としての教祖の思いと、天保九年(一八三八年)に「月日のやしろ」に定まられて以降の秀司に対する教祖の思召には、変化があるように思われる。

乳飲み子の一件から二年後の天保元年、祈願どおりというべきか、二女おやすが

(2) 第2章「昇華」参照。

(3) 『稿本天理教教祖伝』20〜21ページ参照。

四歳で出直すが、翌二年九月には三女おはる、四年十一月には四女おつねと、相次いで誕生する。娘二人の身代わりのところを一人で済んだのであろうかと、教祖がなかば安堵《あんど》の気持ちを持たれたであろうころ、六年にはおつねが三歳で迎え取りになる。(4) そして、八年十二月には五女こかんが生まれている。

この間、中山家では慶事と凶事が繰り返される状況にあったといえる。その一つひとつに一喜一憂の緊張の日々を送られた教祖の胸中を、秀司はもちろん夫の善兵衛さえ知るよしもなかったであろう。

●

こうした吉凶目まぐるしい家庭に育ちながらも、物質面では何不自由ない環境にあった秀司が、初めて身に悩みを感じたのが、天保八年、数え十七歳の時の足の痛みではなかったろうか。(5) この足痛が翌年の立教の伏線になるわけである。

足痛についての詳細はわからないが、慶応三年（一八六七年）に秀司が京都の吉田神祇《じんぎ》管領に認可を願い出た際、古市《ふるいち》代官所へ提出した「乍恐《おそれながら》口上之覚《おぼえ》」には、「私幼少之頃《のころ》癇《かん》病(風毒)ニ而《て》、足脳《なや》ミ候《そうろう》ニ付」と記されてある。(6)「癇病(風毒)」とあるのは、関節炎のことであろうか。(7)

長男の足痛を鎮めたい一心の善兵衛は、医者を呼んだ。一向に痛みが治まらないので、人の勧めるままに祈とうをしてもらったところ、一時的には治まった。しかし、しばらくするとまた痛むので、寄加持《よせかじ》をする。その繰り返しが続いた。寄加持に際しては、相当の費用がかかったようであるが、経費もさることながら、中山家

(4)「後日のお話によると、願《ねがい》通り二人の生命《いのち》を同時に受け取っては気の毒ゆえ、一人迎え取って、更《さら》にその魂を生《うま》れ出させ、又迎え取って二人分に受け取った、との事であった」(『稿本天理教教祖伝』22ページ)

(5) 初代真柱著『稿本教祖様御伝』には、「文政十亥年秀司君七才ノ時足ヲ痛メ被遊《あそば》サレタリ」とある。

(6) この文書の連名の個所で、「願人　善右衛門」とすべきところを「善兵衛」と誤記している。「足脳」とあるのも「足悩」の誤りであろう。『稿本天理教教祖伝』100～101ページ参照。

(7)『日本国語大辞典』の「風毒」の項には、「漢方で、関節、筋肉の痛みや運動障害を起こす病気の名。また、そのもと」とある。

での事態の深刻さがうかがえる。足の痛みを、妹たちにではなく、長男の身にみせられたところに、〝顕現〟に際しての、親神の周到な心配りが感じられる。

こうした予兆を経て、天保九年十月を迎えるわけであるが、秀司は文字どおり身をもって、親神の顕現に立ち会うことになる。善兵衛が、神のやしろとして「みきを差し上げます」と返答するに至るまでの緊迫の三日《みっか》三夜《みよさ》の間、秀司の足の痛みは、どういう状態にあったのであろう。

秀司にしてみれば、自分の足痛がもとで、母の身に予期せぬ異変が起きてしまったという意識があったのではなかろうか。のちのち、教祖の厳しい反対を押してまで、命をかけて官憲の手から母を守り抜こうとした行動の陰には、そうした思いが込められていたのかもしれない。

それまでの母としての教祖に、秀司はどのようなイメージを抱いていたのであろうか。人並み優れた家の母・村の母としての教祖に、ある種の誇りすら持っていたと思われるが、そうした母親像も、立教の異変を契機に一掃されたのではなかろうか。立教後、三年間、内蔵《うちぐら》にこもられたという教祖に対して、秀司はどのように接していたのであろう。このころ、秀司は医術を学んでいたとも伝えられる(8)。

以降、教祖は、神命のままに家財道具を手放されるなどして、困っている人々への施しに明け暮れされるようになる。善兵衛はじめ親族たちは、教祖の常軌を逸した言動に対して、気でも違ったのではないか、何かにとりつかれているのではないかと心配し、時には攻めたてたりすることもあった。そうした現場を目の前にして、

（8）「天保九年から三年間、教祖は内倉に入られて、外へ出ることが稀《まれ》であったという。その期間だと思うが、中山秀司は、足が不自由であったので、医術を学ぼうと、天理市東井戸堂《いどんど》の土屋医師のところに通い……」（高野友治著『神の出現とその周辺』）

秀司の心痛はいかばかりであったか。

ある日、突然に、「家形《やかた》取り払え」とのおおせがあったのは、秀司が二十二、三歳のころであった。それまで家の蔵を空にするほどの施しにも耐えてきた、さすがの善兵衞も、事が家の取り払いともなると、承諾の返事はできなかった。一家の主《あるじ》として、できるはずがなかった。

これに対して、親神はまず、土間の上の瓦を降ろさせ、次に高塀《たかべい》を降ろさせて、さらには母屋《おもや》の取り払いを迫られるが、善兵衞はこれだけは承知しなかった。それでも、高塀を取り払ってしまってからの善兵衞は、親族や友人たちのあざけりの的となり、付き合いも断たれてしまう。その処遇は、善兵衞だけでなく、秀司にも及んだと思われる。

そうしたなかでも、嘉永元年（一八四八年）になると、教祖は裁縫の師匠をなされ、数え二十八歳の秀司も寺子屋を始めている。村人との付き合いが薄れつつあった状況にあっても、村の子供たちに読み書きを教えているということは、それだけの人望と教養を身に付けていたということの証であろう。

このころの善兵衞の胸中には、家運が傾いたことに対して、先祖に申し訳が立たないという思いや、子供たちの将来を案ずる気持ちなどが入り乱れていたに違いない。秀司も、時には、そうした思いの一端を聞かされたこともあったであろう。ただ、事の成り行きを傍観しているというわけにもゆかず、華やかなはずの青春時代は、鉛色の苦悩の日々であったといえるのかもしれない。

## ●戸主として

嘉永六年二月、一家の大黒柱であった善兵衛が六十六歳で出直した。以来、中山家の戸主としての重責を、数え三十三歳の秀司が一挙に背負うことになる。その最初の事件が、母屋の取りこぼちではなかったろうか。

少なくとも嘉永六年までは、教祖の思惑を善兵衛の意志で処理し、夫婦の問題として、中山家の財が施されていたという面があったかもしれない。ところが、善兵衛が亡くなってからは、戸主の座は秀司にあるわけで、それまでとは、かなり異なる状況にあった。

母屋を取り払うということは、一般にその家をつぶすにも等しく、中山家の崩壊、没落を意味する。だからこそ善兵衛は、身を賭《と》して拒んできたのである。秀司にしてみれば、家の跡取りとしての前途を打ち砕かれた心境であったに違いない。秀司は、教祖のおおせに、そのまま素直に従ったのであろうか。

この時の様子を、諸井政一著『正文遺韻』には、「さすがの善右衛門様も、躊躇《ちゅうちょ》なされまして、御承知できなんだものですから、そこで例の御脚《あし》が痛み出しました。……何《なん》ぼでも痛《いと》うてたへられませぬから、よぎなく『家も売ります』と云《い》ふて御承知になりました」と記されてある。

この記述からも、善右衛門すなわち秀司が、教祖のおおせに、ある程度の抵抗を示したことがうかがえる。それは、母屋の瓦や高塀を降ろした際の善兵衛の苦悩に通じるところがあるのではなかろうか。

またこの年には、こかんが浪速の街に神名を流しに出ている。初めての神名流しを、長男の秀司にではなく、こかんに命ぜられたということは、そこに、秀司とこかんの役割の相違が見いだされるのではなかろうか。

秀司とこかんとを、あえて比較すれば、秀司は「地持ち」(9)とうたわれた、かつての中山家の繁栄を知っているが、こかんは知らないという点、そして、秀司が中山家の戸主であったという点であろう。栄えていたころの様子を知っているがゆえに、さらには戸主であったがゆえに、こかんにはない秀司の苦悩があったはずである。

●

母屋の取りこぼちから二年後の安政二年ごろには、残った最後の三町歩《ちょうぶ》余りの田地が年切質《ねんきりじち》に書き入れられた(10)。秀司は、綿や米の商いも手掛けたとも伝えられる(11)。

最初は、家をつぶしてはならないという思いからの行動であったかもしれない。家を復興することが戸主としての秀司の務めであり、一家の責任者として、中山家をなんとか立て直そうという思いがあったとしても、当然のことであろう。しかし、教祖の思惑からすれば、そのような手段は、まさに人間思案であり、行き詰まるのも、また当然であったといえる。

こうしたことと、教祖の程を越した施しにより、中山家はますます貧のどん底に落ちていったといえるのかもしれないが、家族共々に貧に落ち切る道を歩んでいく

(9) 庄屋敷かいわいの里謡に、「善右衛門さん地持ち」とうたわれていた。

(10) 第5章「道あけ」参照。

(11) 「自分宅ハ廿五六ケ年以前ハ素《も》ト相当之百姓ニテ耕地モ三町程所有致居《いたしおり》 候《そうろう》 所《ところ》追々衰弊ニ及ビ、其末《そのすえ》弐《二》町余リ之耕地是《これ》アリ候処《そうろうところ》、夫亡中山秀治成ル者足痛ニシテ農業弄《かせぎ》相営兼候ヨリ綿商仕并《ならび》ニ米商致居候処微運ニシテ追々損失ヲ生シ候ニ付……」(明治14年10月、中山まつゑ他4人による丹波市分署宛手続上申書＝『復元』第30号所収)

ことが、教祖のたすけ一条のご計画の一つであったといえよう。

のち、明治六年（一八七三年）になると、秀司は庄屋敷村の戸長を務めており、その戸長「仲山秀治宅」で大教宣布《たいきょうせんぷ》運動の説教が行われたという記録も残っている。(12) こうしたことは、天保九年以来、失墜していた中山家が復興されてきたということを意味するものであろうか。このころには、経済的にもいくらか持ち直していたようでもある。(13)

しかし、それらは、あくまでも人間思案からの世俗的なものであり、戸主としての秀司の行動を、教祖は、必ずしも喜ばれなかったと思われる。

## ●思召のままに

嘉永六年に母屋が取り払われてのち、安政のころ（一八五四～六〇年）の中山家の人々は、教祖のおおせのままに、田畑に出る時も常に木綿の紋付を身に着けていたという。なかでも秀司は、青物や柴の商いに出るにも紋付姿であったので、村人たちから「紋付さん」と呼ばれていたようである。親しみを込めての呼称であったかもしれないが、その奇妙ないで立ちに、あざけりの気持ちも多少は含まれていたのではなかろうか。

当時、中山家の没落のうわさは、近村にも流れていたことであろう。その戸主である秀司が、教祖のおおせとはいえ、あえて人目を引く姿で商いに出たということ

(12) 第10章「山いかゝりて」参照。

(13) 「其後《そのご》復夕《ま》残耕地ヲ抵当ニ差入該金ヲ以《もって》商法資本金トシ再ヒ綿商法相営ミ候処商法上万事利運ニ向《むか》イ」(前出、丹波市分署宛手続上申書＝『復元』第30号所収)

は、並々ならぬ覚悟があってのことと思われる。ここに、教祖の思召にはどこまでも従うという姿勢がうかがえる。

こうした秀司の素直な姿勢を示す最たるものが、明治二年のまつゑとの結婚ではなかったろうか。[14]

明治二年当時、秀司は数えの四十九歳。正妻こそなかったが、おちゑという、いわゆる内縁の妻があり、お秀《しゅう》と音次郎という子供もあった。しかし、教祖は世界たすけの前提として、やしきのそうじにかかられる。たすけ一条のおつとめの段取りとして、つとめ人衆を寄せるとの思召から、直接その人衆にかかわりのないおちゑと音次郎を、おやしきから出されるのである。[15]

この時の秀司は、夫として、親として、どんな心境にあったのであろう。理と情のはざまに悩み、教祖のおおせを受け入れるまでには、かなりの葛藤《かっとう》があったと察せられる。紋付姿で青物商いに出たこともそうであったが、単なる素直さを通り越した、考えようによっては、異常なまでの素直さである。秀司のこうした姿勢は、何によるものであろうか。

これより先、文久のころ（一八六一～四年）から、おやしきへ寄り来る人々も増えはじめ、元治元年（一八六四年）には、つとめ場所の普請もなされている。善兵衛が見届けることのできなかった「二十年三十年経ったなれば、皆の者成程と思う日が来る程に」との、立教の際のお言葉が次第に現実のものとなってくることを、秀司は実感していたはずである。

（14）『稿本天理教教祖伝』105～106ページ参照。

（15）第9章「筆先のせめ」参照。

そうしたおやしきで、日夜展開される不思議なたすけを目の当たりにするにつけ、どんなに悩み苦しんでも、結局は従わざるをえないという厳とした親神の姿を、教祖に見いだしていたのではなかろうか。(16)

## ●背いてまでも

教祖の不思議なたすけがあらわれ、おやしきがにぎわえばにぎわうほど、周囲の干渉も激しくなっていった。

慶応二年（一八六六年）の秋、小泉村不動院の山伏たちがおやしきへやって来て乱暴狼藉《ろうぜき》を働いたうえ、古市代官所へおやしきを訴え出るという事件があった。後日の古市代官所での事情聴取で、おやしきが公許を受けていない点が問題とされたので、翌三年に秀司は京都の吉田神祇管領に願い出、その認可を得るに至った。

しかし、「吉田家も偉いようなれども、一の枝の如《ごと》きものや。枯れる時ある」との教祖のおおせどおりに、時代が変わり明治になると、吉田神祇管領の公認も無効となった。新政府に再三願い出ようとする秀司であったが、教祖が厳しくお止めになり、結局、願い出は見送った。

しかし、明治七年ごろになると、民権運動の高まりや農民騒擾《そうじょう》の頻発などの社会不安のなか、集会活動などに対する官憲の取り締まりが激しくなり、八年には奈良県庁から教祖と秀司が呼び出され、留置や科料に処せられるなどした。

(16) 「講を結べ」とのおおせに、明治11年4月ごろには、秀司を講元とする真明講が結ばれてもいる。

このままでは、教祖の身が案じられるばかりでなく、おやしきへやって来る人々も処罰されかねないと懸念した秀司は、官憲の目をそらすため、大勢の人が寄り集まる口実に、風呂屋と宿屋の鑑札を受けることを考える。

これに対して、教祖は、

「親神が途中で退く」

と、厳しくお止めになった。

しかし、そのままにしておけば、教祖の身に官憲の取り締まりの手が及ぶのは避けられない。秀司は戸主としての責任上、また子として親を思う一心から、願い出を敢行。堺県まで出掛けて、その許可を得たのは、明治九年の春のころであった。

そうしたなか、明治十三年ごろになると、教祖はおつとめの完修に向けて、その勤修《ごんしゅう》を激しく急き込まれるが、取り締まりは以前にも増して厳しくなっており、官憲の監視の目を避けて、鳴物を入れてのおつとめをつとめることは容易な状況でなかった。

そこで、秀司は、公認宗派の配下になれば、官憲の干渉もなかろうと考え、また、人の勧めもあり、金剛山地福寺へ願い出ることを決意する。

これに対する教祖のご態度は、なお厳しく、

「そんな事すれば、親神は退く」

とおおせになっている。

それでも、願い出るに至った秀司の胸中は、いかばかりであったろうか、察する

に余りあるものがある。

金剛山地福寺への願い出の際に秀司のお供をした岡田与之助は、その時の様子を、「(願い出に行った)其晩《そのばん》、秀司先生の肩流しに行つたら、『神様は、あんなに止めやはるけど、警察が喧《やかま》しいふもの仕方《しよう》がない』と仰《おつし》やつてをられた」と回顧している。また、そのころは、仲田儀三郎や辻忠作などが、おやしきによく出入りしていたようであるが、秀司は、「お前等《まえら》来るよつて、人が集《あつま》るのや」といって叱ったこともあったという(17)。

秀司が漏らした何気ないひと言であるが、高齢の教祖に対する官憲の留置や投獄から、教祖の身の安全と、人々の無事を願い、たとえわが身はどうなってもとの思いで、命をかけて挑んだ秀司の心境がしのばれる。

確かに、現象面では、教祖の思召に反した秀司の行為であったかもしれない。しかし、だれよりも教祖の身を案じればこその言動であったといえよう。

秀司の、どこまでも教祖のおおせのままに従うという、常識では考えられないほどの従順な姿勢も、教祖の思召に背いてまでも敢行し続けた応法の姿勢も、ともに教祖を敬慕し、道を思うあまりの秀司の心情からとられた行動であったという点において、理解できるのではなかろうか。

●

明治十三年九月に地福寺配下の転輪王講社の開筵式を終えて間もなく、その年の暮れから、秀司の身上がすぐれなくなる。「親神は退く」とのおおせどおりになっ

(17) 宮森与三郎(岡田与之助ののちの名)著「三昔四昔の回顧」(『みちのとも』大正9年2月号)参照。

ていくわが身に対しても、秀司には、それなりの覚悟をもって受け入れられていったのではないかと思われる。

翌十四年四月八日、六十一歳で出直すが、教祖は、秀司の額を撫《な》でて、

「可愛相《かわいそう》に、早く帰っておいで」

と、長年の労苦をねぎらわれ、秀司に代わって、

「私は、何処《どこ》へも行きません。魂は親に抱《だ》かれて居《い》るで。古着を脱ぎ捨てたまでやで」

とおおせられたという。

そはなるの心ちがゐばぜひがない
そこでくど〳〵ゆうてをくぞや　（十五　31）

しかときけ心ちがゐばせひがない
そこでだん〳〵ていりするのや　（十五　70）

それゆへにもふせへつうがきたるから
せひなくいまわかやしするぞや　（十六　8）

一見、応法の道を歩んだようにみられる秀司の生涯であるが、そこには是も非もなく、それがそのまま、たすけの台として光ってくるのである。

振り返ってみると、嘉永六年、善兵衛の出直しを機に母屋が取りこぼたれて、「世界のふしん」が始まり、明治八年のこかん身上の際には、模型ながらも「かんろだい」を「ぢば」に据えて、おつとめがつとめられ、さらに、こかん出直し後に教祖は中南《なかみなみ》の門屋に移られている。

いずれの出直しにも、それを契機として、のちのちの話の台となる新たな展開が示されているのである。では、秀司の出直しについては、どういうことがいえるのであろう。

出直す前年の明治十三年には、「しんばしらの眞之亮」が櫟本《いちのもと》の梶本家からおやしきへ移り住むようになり、転輪王講社の開筵式があった直後に、初めて鳴物を入れてのおつとめがつとめられている。この二つの事柄により、より本格的なおつとめ勤修の段取りに向けて、大きく歩が進められたとみることができる。

秀司の出直しからひと月も経たない五月五日、いよいよ、かんろだいの石普請が始まり、新たな展開がなされることになる。

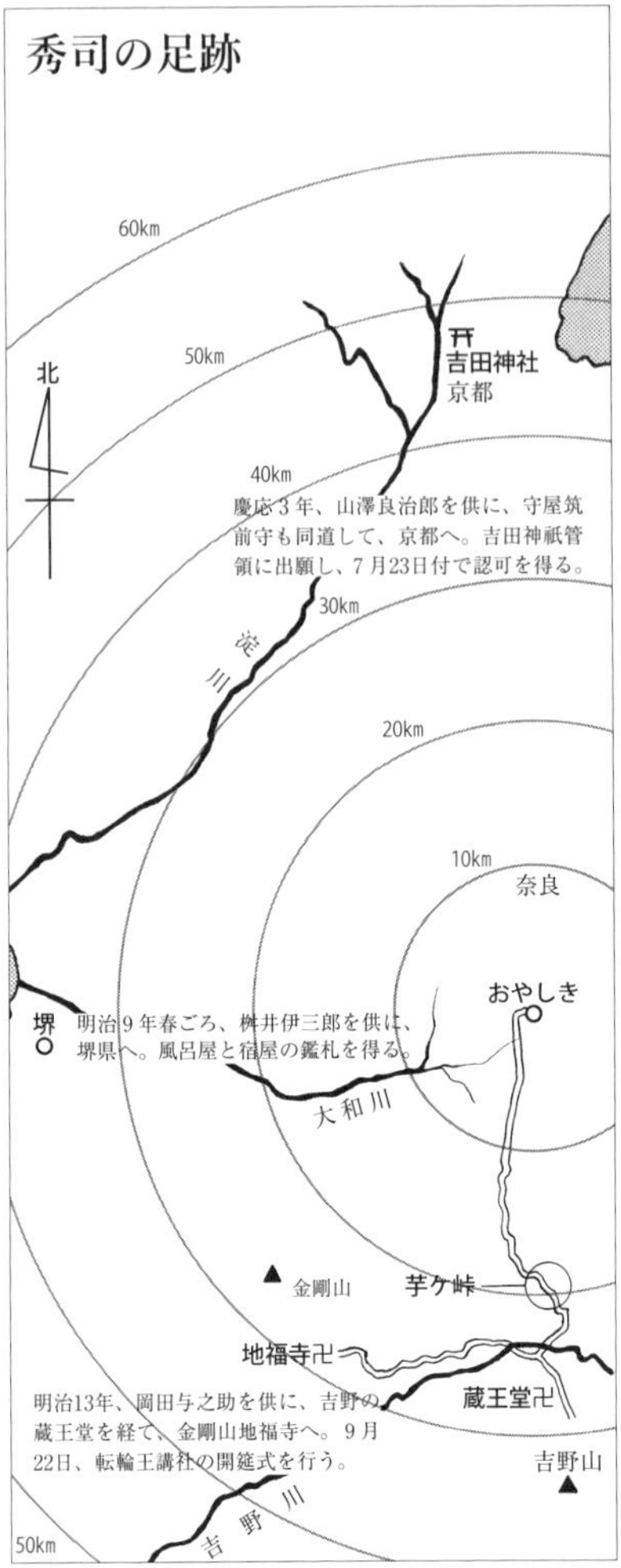

秀司の足跡
60km
50km
40km
30km
20km
10km
北
吉田神社
京都
慶応3年、山澤良治郎を供に、守屋筑前守も同道して、京都へ。吉田神祇管領に出願し、7月23日付で認可を得る。
淀川
奈良
おやしき
堺
明治9年春ごろ、桝井伊三郎を供に、堺県へ。風呂屋と宿屋の鑑札を得る。
大和川
金剛山
芋ケ峠
地福寺
蔵王堂
明治13年、岡田与之助を供に、吉野の蔵王堂を経て、金剛山地福寺へ。9月22日、転輪王講社の開筵式を行う。
吉野山
吉野川
50km

# 参考年表（秀司に関して）①

| 立教 | 西暦 | 年　号 | 教祖年齢 | 秀司年齢 | 秀司（関連事項） |
|---|---|---|---|---|---|
| | 1820 | 文政 3 | 23 | | 6月11日、祖父善右衛門出直し(62歳)。 |
| | 1821 | 4 | 24 | 1 | **7月24日、教祖の第一子として出生。** |
| | 1822 | 5 | 25 | 2 | |
| | 1823 | 6 | 26 | 3 | |
| | 1824 | 7 | 27 | 4 | |
| | 1825 | 8 | 28 | 5 | 4月8日、妹おまさ出生。 |
| | 1826 | 9 | 29 | 6 | |
| | 1827 | 10 | 30 | 7 | 9月9日、妹おやす出生。 |
| | 1828 | 11 | 31 | 8 | 4月8日、祖母きぬ出直し。<br>この頃、教祖の預かり子が黒疱瘡にかかる。 |
| | 1829 | 12 | 32 | 9 | |
| | 1830 | 天保 1 | 33 | 10 | おやす出直し(4歳)。 |
| | 1831 | 2 | 34 | 11 | 9月21日、妹おきみ(おはる)出生。 |
| | 1832 | 3 | 35 | 12 | |
| | 1833 | 4 | 36 | 13 | 11月7日、妹おつね出生。 |
| | 1834 | 5 | 37 | 14 | |
| | 1835 | 6 | 38 | 15 | おつね出直し(3歳)。 |
| | 1836 | 7 | 39 | 16 | |
| | 1837 | 8 | 40 | 17 | **10月26日、畑仕事中、突然の足痛に襲われ、以降、平癒を願う祈とうが再三行われる。**<br>12月15日、妹こかん出生。 |
| 1 | 1838 | 9 | 41 | 18 | 10月23日、**秀司の足痛**に加え、善兵衛の眼痛、教祖の腰痛につき祈とう。<br>26日、教祖「月日のやしろ」に定まられる。 |
| 2 | 1839 | 10 | 42 | 19 | |
| 3 | 1840 | 11 | 43 | 20 | 2月18日、前川半七出直し(76歳)。<br>教祖、嫁入りの荷物や家財道具を施される。 |
| 4 | 1841 | 12 | 44 | 21 | 教祖、をびやためし。 |
| 5 | 1842 | 13 | 45 | 22 | （この前後、「家形取り払え」の神命があり、屋根の瓦がおろされ、高 |
| 6 | 1843 | 14 | 46 | 23 | 塀が取り払われる。） |
| 7 | 1844 | 弘化 1 | 47 | 24 | 5月26日、前川きぬ出直し(73歳)。 |
| 8 | 1845 | 2 | 48 | 25 | |
| 9 | 1846 | 3 | 49 | 26 | |
| 10 | 1847 | 4 | 50 | 27 | |
| 11 | 1848 | 嘉永 1 | 51 | 28 | （この頃、神命により教祖はお針子をとって裁縫を教えられ、**秀司は** |
| 12 | 1849 | 2 | 52 | 29 | **村の子供たちに読み書きを教える。**） |
| 13 | 1850 | 3 | 53 | 30 | |
| 14 | 1851 | 4 | 54 | 31 | 小東まつゑ出生。 |
| 15 | 1852 | 5 | 55 | 32 | おはる、櫟本村の梶本惣治郎に嫁ぐ。 |
| 16 | 1853 | 6 | 56 | 33 | 2月22日、善兵衛出直し(66歳)。<br>母屋取りこぼち。<br>こかん、教祖の命で、浪速の街へ神名流しに赴く。<br>秀司の娘お秀出生。<br>この頃、おまさが豊田村の福井治助に嫁ぐ。 |

次ページに続く

## 参考年表（秀司に関して）②

| 立教 | 西暦 | 年　号 | 教祖年齢 | 秀司年齢 | 秀司（関連事項） |
|---|---|---|---|---|---|
| 17 | 1854 | 嘉永7 | 57 | 34 | をびや許しのはじめ。 |
| 18 | 1855 | 安政2 | 58 | 35 | 残った田地3町歩余が年切質に入れられる。 |
| 19 | 1856 | 3 | 59 | 36 | **この頃、紋付姿で青物や柴の商いに出歩く。** |
| 20 | 1857 | 4 | 60 | 37 | この頃、信者が初めて米4合を持ち寄る。 |
| 21 | 1858 | 5 | 61 | 38 | 1月、秀司の子音次郎出生。 |
| 22 | 1859 | 6 | 62 | 39 | |
| 23 | 1860 | 万延1 | 63 | 40 | |
| 24 | 1861 | 文久1 | 64 | 41 | |
| 25 | 1862 | 2 | 65 | 42 | この前後から人々が寄り来るようになる。 |
| 26 | 1863 | 3 | 66 | 43 | |
| 27 | 1864 | 元治1 | 67 | 44 | 10月26日、つとめ場所の棟上げ。27日、大和神社のふし。 |
| 28 | 1865 | 慶応1 | 68 | 45 | |
| 29 | 1866 | 2 | 69 | 46 | 5月7日、眞之亮（梶本新治郎）出生。 |
| 30 | 1867 | 3 | 70 | 47 | **京都の吉田神祇管領に公認出願し、認可を得る**（7月23日付）。 |
| 31 | 1868 | 明治1 | 71 | 48 | |
| 32 | 1869 | 2 | 72 | 49 | おちゑ、音次郎、おやしきから出される。<br>**小東まつゑ**（19歳）**と結婚。** |
| 33 | 1870 | 3 | 73 | 50 | お秀出直し（18歳）。 |
| 34 | 1871 | 4 | 74 | 51 | おまさ、おやしきへ戻る。 |
| 35 | 1872 | 5 | 75 | 52 | 6月18日、おはる出直し（42歳）。 |
| 36 | 1873 | 6 | 76 | 53 | **庄屋敷村の戸長を務める。** |
| 37 | 1874 | 7 | 77 | 54 | **6月、かぐら面を受け取りに、教祖のお供で三昧田の前川宅に赴く。** |
| 38 | 1875 | 8 | 78 | 55 | 6月29日（陰暦5月26日）、ぢば定め。<br>9月、奈良県庁から教祖と共に呼び出しがあり、身上の秀司代理で辻忠作が出向く。<br>9月27日、こかん出直し（39歳）。<br>中南の門屋竣工。 |
| 39 | 1876 | 9 | 79 | 56 | **堺県から風呂屋と宿屋の営業鑑札を受ける。**<br>**蒸し風呂に薬種を用いたとの疑惑で、30日間奈良警察に拘留、教祖も3日間留置。** |
| 40 | 1877 | 10 | 80 | 57 | **5月、御供に薬物混入の嫌疑で奈良警察から呼び出され、40日間の留置と罰金。** |
| 41 | 1878 | 11 | 81 | 58 | **4月ごろ、秀司を講元に真明講を結成。** |
| 42 | 1879 | 12 | 82 | 59 | 小二階竣工。 |
| 43 | 1880 | 13 | 83 | 60 | **9月22日、転輪王講社の開筵式。**<br>30日（陰暦8月26日）、初めて鳴物を入れてのおつとめがつとめられる。<br>内蔵竣工。<br>この年、眞之亮がおやしきへ移り住む（14年中山家入籍、15年家督を相続）。 |
| 44 | 1881 | 14 | 84 | 61 | **4月8日、出直し。**<br>5月5日、かんろだいの石普請始まる。 |

# 第十六章 いちれつすまして……かんろだいの石普請

日ごとに厳しさを増す官憲の取り締まりに対し、
種々の便法を講じてきた秀司が、明治十四年四月に出直した。
その翌月、秀司の出直しの悲しみと、
それまでの応法《おうぼう》の道を一掃するかのように、
陽気なかんろだいの石普請が始まる。

## ●石普請

**教祖は、第十六号の冒頭(1)に、かんろだいのつとめの根本の理を明かされ、明治十四年の初めから、その目標《めどう》たるかんろだいの石普請を急込《せきこ》まれた。**

（百五十二～百五十三ページ）

石普請にあたっては、明治十四年（一八八一年）五月五日（陰暦四月八日）、まず石見、つまり石材の下見が、滝本村(2)で行われた。

秀司出直しから一カ月後であり(3)、秀司のふしを機に、かんろだいの石普請にかか

（1） 明治14年4月からしるされたおふでさき第16号の冒頭には、「いまゝてハこのよはじめたにんけんの　もとなる事をたれもしろまい」（十六　1）、「このたびわこのもとなるをしいかりと　とふぞせかいゑみなをしゑたい」（十六　2）、「このもとハかぐらりよにんつとめハな　これがしんぢつこのよはしまり」（十六　3）とある。

## 石普請に関する先人の話①

「かんろだいを石でこしらえる時は、神様がたいそう御急込《おせきこ》みになつて、私等《ら》毎日弁当持《もち》で、山へ石屋と一緒に石割りに行つた。十三の数丈《だけ》荒石のままで掘り出して持つて帰つた。二段迄は出来たが、残りは荒石の儘《まま》で放つてあつた。……

　切り出したのを大道まで出すのは中々骨が折れた。石引きを出しに行つた時は大勢で行つた。何百と言う程でもないが百人位は行つたろうか。然《しか》し最初の石割りに行つたのはそんなに手はなかつた。二、三人で行つた事もあるが、石屋の手伝いになつてべつたり行つたのはわし一人や。かんろだいの事は俄《にわ》かに起《おこ》つた事ではなく、前々から教祖様に耳打ちあつてそれからの話や」

（宮森与三郎談＝『復元』第37号所収）

られたとみることもできるが、石普請については、それ以前から急き込まれていたということである。

　さらに言えば、慶応三年（一八六七年）に教えられたみかぐらうたの八下り目に、

七ッ　なにかこゝろがすんだなら　はやくふしんにとりかゝれ
八ッ　やまのなかへといりこんで　いしもたちきもみておいた
九ッ　このききらうかあのいしと　おもへどかみのむねしだい

ともあるが、明治十四年五月の石見の際に、教祖も現場に出向かれて、直接指示をなされたのであろうか。

　後日の宮森与三郎の話に、「最初の石割りに行つたのはそんなに手はなかつた。二、三人で行つた事もあるが、石屋の手伝いになつてべつたり行つたのはわし一人

（2）おやしき東方約2キロの山《さん》中《ちゅう》。現天理市滝本町。

（3）明治14年4月8日、出直し。第15章「今は是非なく」参照。

（4）この付近には、奈良・春日《かすが》山から桜井・三輪《みわ》山にかけて、奈良盆地と大和高原の境界をなす春日断層崖という地層が走り、急勾配の山肌には御影《みかげ》石とも呼ばれる花崗岩が多く露出している。

（5）明心組は大阪の梅谷四郎兵衛、真明組は井筒梅治郎を、それぞれ講元としていた。明心組はのちの船場大教会、真明組は芦津大教会である。

（6）明治14年ごろには、大和の天元《てんげん》、誠心、積善、心実、心勇、河内の天徳、栄続、真恵《しんえ》、誠神、敬神、神楽《かぐら》、天神《てんじん》（のちに守誠）、平真《へいしん》、大阪の真心《しんじん》、天恵《てんえ》、真明、明心、堺の真実、朝日、神世《しんせい》、京都の明誠などがあった。

や」とあるが（右ページコラム参照）、教祖のことについてはわからない。

滝本村は、おやしき東方、大和青垣《あおがき》山のかなり急勾配の山中《さんちゅう》にあり、地質学上、特殊な地層が走る地域で、花崗岩《かこうがん》を多く産出するといわれている(4)。

石見に続いて、五月上旬から、大勢の信者のひのきしんにより、石出しが始まった。五月十四日（陰暦四月十七日）には、大阪からも明心組や真明組(5)などの人たちが参加している。

このころには、講も二十有余を数えるように(6)なっており、『甘露台寄附並ニ入費控帳』『甘露台石工入用帳』という記録などによると(7)、かなりの人数の手で、石出しが行われたと推測される。

『稿本天理教教祖伝逸話篇』によると、滝本村の山のふもとまでは真明組の井筒梅治郎が、山のふもとからおやしきまでは明心組の梅谷四郎兵衛が、それぞれ受け持ち、兵庫真明組(8)の一行も参加したようである。

山からの石出しの際、石を乗せて運んでいた九つの荷車の一台が、おやしきの門のところまでやって来て、動かなくなってしまったが、ちょうどそこへ、中南《なかみなみ》の門屋の居間からお出ましになった教祖が、

「ヨイショ」

と声をかけられると、そのお言葉に乗って、車は一気に動き出したという(9)。

五月といえば、ちょうど、木々の新緑がまぶしい時候である。陽気な石普請のひのきしんのなかで、人々は道の前途に明るい期待を寄せ合ったにちがいない。

（7）両帳の分析は、『ひとことはなし　その二』に詳しい。

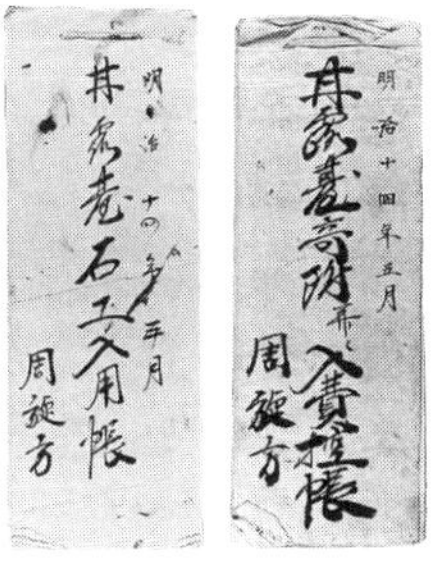

右から『甘露台寄附並ニ入費控帳』『甘露台石工入用帳』（教義及史料集成部蔵）

（8）兵庫真明組は、明治14年陰暦6月、大阪真明組の指導のもとに結成され、のち兵神大教会となる。のちに東京真明組（東《あづま》大教会の前身）を結成する上原佐助なども、この時の兵庫真明組に交じって参加していたと伝えられる。

（9）『稿本天理教教祖伝逸話篇』「八二　ヨイショ」参照。

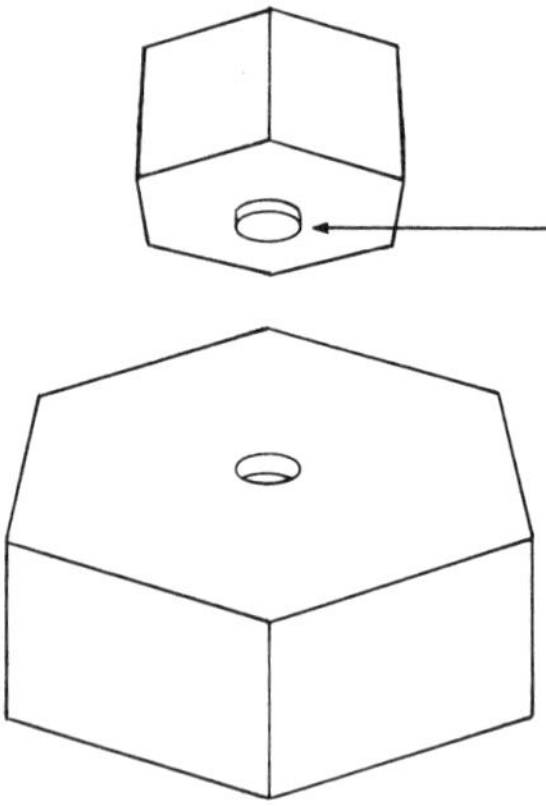


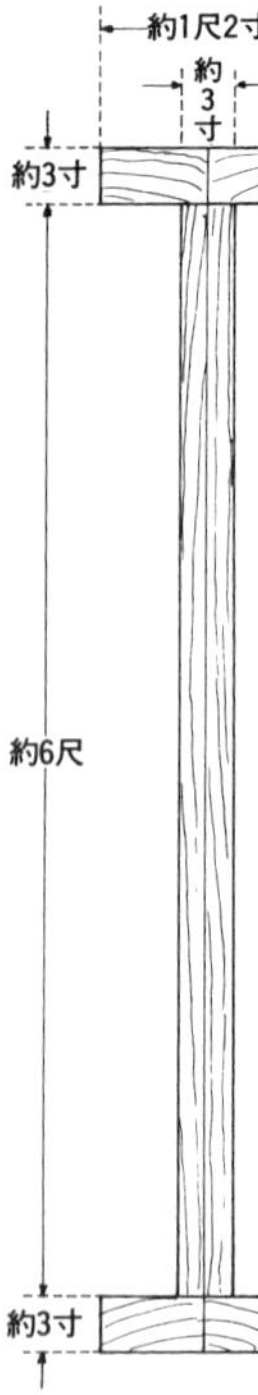


明治6年に作られた木製のかんろだいの模型

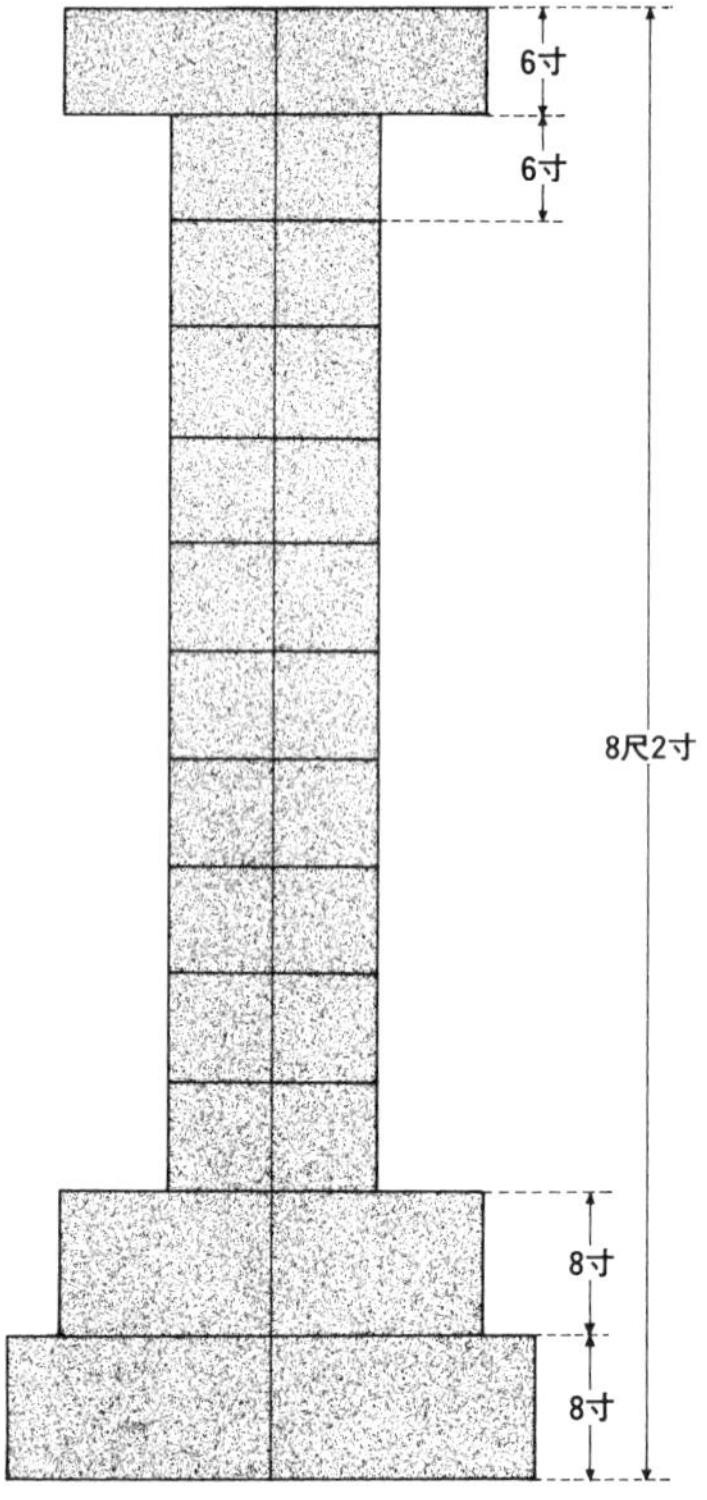


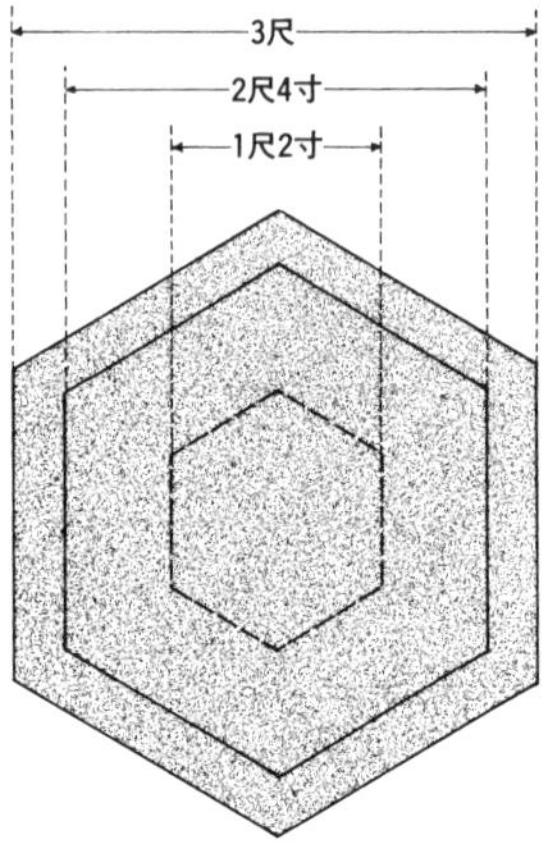

かんろだいについては、おふでさき第九号に詳しく、

このだいをすこしほりこみさしハたし
三尺にして六かくにせよ　（九　47）
いまゝでにいろ〳〵はなしといたるハ
このだいすへるもよふばかりで　（九　48）
これさいかしいかりすへてをいたなら
なにもこわみもあふなきもない　（九　49）
このだいもたん〳〵〳〵とつみあけて
またそのゆへハ二尺四すんに　（九　59）
そのうゑゝひらばちのせてをいたなら
それよりたしかぢきもつをやろ　（九　60）

とある。(10)

その形状は、一番下の台は径《さしわたし》三尺(11)にして六角で高さ八寸、二段目は径二尺四寸にして同じく六角で高さ八寸、三段目以上は径一尺二寸の六角で高さ六寸の石を十段積み上げ、さらにその上に径二尺四寸の六角で高さ六寸、ということである。そして各段の中心には、深さ五分《ぶ》の穴が空けてあり、そこに径三寸の丸で長さ五分のほぞを上からはめ込むようになっている。(12)

おふでさきの第九号がしるされたのは、明治八年六月、ぢば定めと時を同じくす

(10) 1尺は約30・3センチ、1寸は約3センチ、1分は約3ミリ。

(11) 明治15年5月に没収された時の「差押《さしおさえ》物件目録」中には、「下石径三尺二寸」とある。この寸法の違いについて『稿本天理教教祖伝』には、「おふでさきにある寸法は三尺であり、没収された石も約三尺である。従って、この寸法の出所は不明である」(298ページ)と注記されてある。なお、径(差し渡し)とは、相対する辺の距離をいう。蛇足ながら、この寸法の違いは相対する角の距離との測り違いとも推測できるが、対角線の長さは3尺5寸弱になる。

(12) 「この台の最上に五升(1升は約1・8リットル)入りの平鉢をのせられる。このかんろだいは、人間を最初に宿し込んだ証拠として、元の親里なるぢばに建設せられるのである」(『おふでさき註釈』)

るが、それ以前にも、教祖は、折にふれて教えられていた。かんろだいについての記述は、明治二年三月からしるされたおふでさきの第二号に始まる。

めつらしいこのよはじめのかんろたい

これがにほんのをさまりとなる　（二　39）

明治二年当時、未《いま》だかんろだいの石普請はなされていないし、第一、かんろだいを据えるべきぢばの地点も明かされていなかった。それなのに、この時すでに、かんろだいこそ世の中の治まりとなる、と宣言されているのは、世界たすけに向けての親神の壮大な構想に基づいて、すべての段取りが進められていることを意味しているといえよう。

四年後の明治六年には模型のかんろだいが作られ、(13)また、七、八年にはおふでさきの第三号から第十二号まで、一気に筆を執られて、(14)元のぢばにかんろだいを据えることを急き込まれている。

しんぢつに神の心のせきこみわ

しんのはしらをはやくいれたい　（三　8）

そのところよりかんろふだいを

そのところよりかんろふだいを

かんろたいすへるところをしいかりと

ぢばのところを心づもりを　（九　19）

そして、明治八年の六月二十九日、つまり陰暦五月二十六日に、いよいよ、ぢば

（13）教祖は、飯降伊蔵に命じて、高さ約6尺、直径約3寸の六角の棒の上下に、直径約1尺2寸、厚さ約3寸の六角の板のついた木製のものを作らせられていた。234ページ図参照。

（14）第11章「ぢばを囲んで」、160ページ表参照。

が定められる(15)。

このぢば定め後、こかん身上のお願いづとめにあたり、先に作られていた模型のかんろだいが、初めてもとのぢばに据えられ(16)、以後、人々は礼拝の目標《めどう》とした。

また、「いちれつすますかんろだい」の歌と手振りとを教えられたのも、この年のことであり、これで、かんろだいのつとめの手ひと通りが整えられたことになる(17)。

さらに、明治十年には三曲の鳴物を教えられ、それら鳴物を入れてのおつとめが初めてつとめられたのは、十三年の九月のことであった(18)。

こうした経過のあと、明治十四年の石普請を迎えるに至る。

●

おふでさきにも、

　これさいかしいかりすへてをいたなら
　なにもこわみもあふなきもない　（九　49）

としるされてあるように、当時の人々の間には、おつとめの中心となるべきかんろだいが建てられさえしたならば、どんな願いでもかなえられる、そういう期待感があったのではなかろうか。だからこそ、多くの人々が真剣になって、石出しのひのきしんに参加したのであろう。

石普請に掛かられる以前のことだと思われるが、諸井政一著『正文遺韻』に、「明治□年、教祖様お神楽勤めをおせき込みの時、かんろふだいをすゑる心はなきやと、きびしく仰せられた」ので、「大阪へ出《い》で、或《あ》る石屋へ、甘露台の石を注文して、

（15）『稿本天理教教祖伝』126〜129ページ参照。

（16）おふでさきに、「いまなるのかんろふだいとゆうのハな　一寸のしながたまでの事やで」（九　45）とあるように、明治6年に飯降伊蔵に命じて作らせられた木製のかんろだいは、ちょっとの雛型までにすぎないからと、本来の寸法での石普請を促されるのである。

（17）第13章「鳴物入れて」参照。

（18）9月22日に転輪王講社の開筵式が行われたが、その直後の30日、つまり陰暦8月26日に鳴物を入れてのおつとめがつとめられた。

よろこび勇んで御地場へ帰り、この事、神様へ申上《もうし》げると、神様御立腹にて仰せらるゝには、『かんろふだいはな、ひとりやふたりのはらでするのやないで、一れつの心からすゑねば何にもならんで』と、おしかりを蒙《こうむ》り……、大いに恐れ入り、御わびを申上げ、すぐ様注文を取消《とりけ》したる事あり」という記述がある。

明治十四年のかんろだいの石普請は、大勢の人々によって行われており、それを、教祖もお喜びになられたことと想像される。

ところで、石普請にあたっては、人目を避けられないほどのにぎやかさであったと思われるが、それに対する官憲の取り締まりはなかったのであろうか。

石を山から運び出すという行為そのものは、庭石でも運ぶようなもので、問題にされなかったのかもしれない。しかし、それを信仰の対象にするということになると、警察の干渉が種々の形で加えられてくる。

石普請が始まってからひと月後の六月、当時の初代真柱の手記には、「巡査六人出張し、上段間《じょうだんのま》ニ松恵様ヲ呼出《よびだ》シ尋問ノ上、教祖様《おやさま》ノ御居間ニ至リ、種々尋問セシ処《ところ》、変《かわ》リタル事ナキヨリ、説諭ノ上帰りたり。前夜、此《この》事夢ニ見ル」と記されてある。(19)

梅谷四郎兵衛の手記によると、この間、陰暦の五月に一段目ができ、二段目ができたのが九月十七日であったようである。(20)

その同じ日、止宿人届《ししゅくにんとどけ》の手違い(21)を口実に、秀司出直し後の責任者であるまつゑが、警察から呼び出された。しかし、まつゑは櫟本《いちのもと》へ行って不在であったため、お

(19)『稿本天理教教祖伝』154ページ参照。

(20)「明治十四年旧五月　かんろふだい一重。明治十四年九月十七日二重目が出来た」(「梅谷四郎兵衛手記」＝『復元』第37号所収)

(21) おやしきでは明治9年から風呂屋と宿屋の営業許可を受けていたが、宿泊人の名簿を毎日、丹波市分署に届け出ることを義務づけられていた。しかし、9月16日には大阪の梅谷四郎兵衛、岸本久太郎ほか11人、17日夜には長谷与吉ほか5人らが泊まっていた分を届け出ていなかったため、呼び出しが来たのである(『稿本天理教教祖伝』155ページ参照)。

やしきに詰めていた山澤良治郎が呼び出されて、科料に処せられている。(22)

十月には、「多数の人々を集めて迷わす」との理由により、まつゑほか四人が丹《たん》波市《ばいち》分署へ拘引ののち科料に処せられ、さらには教祖をも拘引し、科料に処すということもあった。(23)

再三のおやしきへの干渉が続いたが、そうしたなかでも、かんろだいの石普請は進められていった。

しかし、その後、思いもかけない事態が起こる。横田七次郎という石工(24)が、突然おやしきから姿を消したのである。

### 石普請に関する先人の話②

「かんろだいの石を造つた石屋は雁多《かりんど》尾畑《おばた》の七次郎と言う奴や。盲目になつて竹田の不動さんに長い間お籠《こも》りをしとつた。それでもなおらんもんやから、ここへ参拝して来よつた。石屋やから、かんろだいを石でするのやと言う話を聞くと、そんな仕事ならさして貰《もろ》たら結構や、と云《い》うて一生懸命にお願いしよつた処《ところ》が目があいた。……山から石を引き出す時やなんかは、大阪あたりから沢山ひのきしんにやつて来て、大勢音頭をとりながら持つて帰つたのやが、警察からはなんとも言うて来なかつた。出来上つてからは、皆が拝むのでやかましく言い出したのや。杉本（おやしき西方の村）に居た巡査がやつて来て、靴のままで台の上に登つて、こんなもの只《ただ》の石やないか、こんなものを拝んでどうするんぢや、と言うて怒つていたが、其晩《そのばん》にえらい腹痛を起《おこ》して、ここ（おやしき）へお供（御供《ごく》のことであろう）を貰《もら》いにきよつた。それで助けて貰つたが、これにこりて、もうあんな所へ二度と止めによう行かんと言うて居《お》つた」

（高井猶吉談＝『復元』第37号所収）

(22) 山澤良治郎は、秀司出直し後、後見役のように家事万端の取り締まりにあたっていた。『稿本天理教教祖伝』155～156ページ参照。

(23) 『稿本天理教教祖伝』156ページ参照。

(24) 七次郎は河内の雁多《かりんど》尾畑《おばた》（現大阪府柏原市）の出身で、『大《おお》縣《がた》中教会の沿革』によると、増井りんも七次郎のおたすけに行っていたようである。

七次郎の子孫の後日談によると、「七次郎は、何も悪い事をしていないのに、警察へ連れて行かれ」たためであったという。その後は、「元来丈夫な方ではなかったので、そのまま留置場で病死してしまった」が、「尊い神様の御用をさせて頂いていての出来事であるから、我家《わがや》には、先で必ず良い事がある」と語り伝えられているということである。(25)

肝心の石工がいなくなっては、せっかく運びそろえた石材も、教えられた寸法と形状のとおりに刻むこともできず、人々の期待に反して、石普請は頓挫《とんざ》してしまった。一見、偶然のようにも思える事件であるが、そこにはどんな親神の深い思召があったのであろうか。

## ●いちれつすまして

年が明けて明治十五年、前年のかんろだい石普請の頓挫以来、人々がその後の成り行きを懸念しているところへ、二月になって、教祖はじめ六人に奈良警察署から呼び出しが来た。取り調べの結果、全員が科料に処せられた。

この時、警官は、「本官がいか程やかましく取り締《しま》るとも、その方等《ほうら》は聞き入れない。その方等は根限り信仰致《いた》せ。その代《かわ》りには、本官も根限り止《と》める。根比べする」と言ったという。(26)

その後、五月十二日に、突然、大阪府警部奈良警察署長が数名の警官を率いて出

(25) 昭和56年12月26日付「稿本天理教教祖伝の改訂について」(『みちのとも』昭和57年2月号所収)参照。

(26) 教祖はじめ、まつゑ、山澤良治郎、辻忠作、仲田儀三郎、桝井伊三郎、山本利三郎の6人。『稿本天理教教祖伝』234ページ参照。

張して来て、かんろだいの石を取り払い、没収してしまう。(27)この日は、陰暦三月二十五日であり、翌日の二十六日に向けての取り締まりであったのであろう。

こうして、人々待望のかんろだいの石普請は、前年の五月五日の石見から、わずか一年余で、あっけなく頓挫、積まれてあった二段までの石も没収されてしまった。

明治十五年のご執筆と推測されるおふでさき第十七号には、

それをばななにもしらさるこ共にな
とりはらハれたこのさねんわな　（十七　38）

このざねんなにの事やとをもうかな
かんろふ大が一のざんねん　（十七　58）

と、かんろだいの取り払いは第一の残念である、としるされている。さらに、

これからハせかい一れつたん〳〵と
むねのそふちをするとをもへよ　（十七　62）

とある。

それまで、かんろだいを据えることによって一れつの心を澄ますと教えられ、その石普請を急き込まれてきた教祖が、石普請の頓挫、取り払い以後は、一れつの心を澄ますことが先決で、それがかなってはじめて、かんろだいが据えられるとされたことは、一見、計画のご変更とも受け取れる。

確かに、おつとめの地歌には一部変更がみられた。手振りは元のままながら、そ

(27)「大坂府警部　上村行業《うえむらゆきなり》」名の「差押物件目録」(『稿本天理教教祖伝』235ページ参照)によると、教祖の衣類など14点の物品も没収されている。

れまでの(28)「いちれつすますかんろだい」は「いちれつすましてかんろだい」と改まり、それにともなって、「あしきはらひ」も「あしきをはらうて」と改められている。

このおうたの変更は、親神のお力のみに依存するという、それまでの人々の心の姿勢に対して、人間自らの努力を強く促されたものと受け取れる。

さらに、元初まりの話によれば、人間は、教えられた守護により形の成人に至るまでに、八千八度《やちたび》の生まれかわり(29)を要したように、心の成人も一度でできるものではなく、それなりの段階と年限を経てなされるということを示唆されたものであろうか。

おふでさきにも、

にんけんをはじめかけたるしよこふに
かんろふたいをすゑてをくぞや　（十七　9）
このたいがみなそろいさいしたならば
どんな事をがかなハんでなし　（十七　10）
それまでにせかいぢううをとこまでも
むねのそふぢをせねばならんで　（十七　11）

とあり、ここに、世界たすけの今後の展開と課題を示されているといえよう。

石普請の頓挫、その後の没収までの経緯は、やがて人々の成人の暁《あかつき》に建立されるかんろだいの片鱗《へんりん》をお示しくだされた親心であったといえるのではなかろうか。

二段まで据えられてあったかんろだいの石が取り払われたのちでも、その地点が

(28)「いちれつすますかんろだい」は明治8年に、「あしきはらひ」は慶応2年秋に、それぞれ歌と手振りとを教えられていた。

(29)「『元初まりの話』によれば、人間は親神の最初の創造の後、教えられた守護により虫・鳥・畜類などと八千八度の生まれかわりを経て、今の人間になったと教えられている。八千八度とは、何度もの意。なお、人間は八千八度の生まれかわりを経たから、いま人間は何の物まねもできるのである、という説明が『こふき（こうき）本』にある」（『天理教事典』）

元なるぢばであることには変わりはないわけで、石の据えられてあった所には、その後、小石が積まれていたと伝えられる。

人々はきれいに洗い清めた小石を持って来ては、積んである小石の一つを頂いて帰り、痛み悩む個所をさすると、不思議に治ったという。教祖を慕い、おやしきを訪れた当時の人々の純真な信仰がしのばれる。

官憲によるかんろだいの石没収から間もない六月十八日（陰暦五月三日）、教祖は、秀司の妻まつゑの姉にあたる松村サクのおたすけに、河内の松村栄治郎宅へ赴

### 石の民俗

石が特殊の霊力を持つと考えられたのは、石器時代の遺物からもうかがうことができる。「君が代」にも「細石《さざれいし》の巌《いわお》と成りて」と歌われているように、小さな石が大きな岩に生長するとか、また自分の意志で動くとも考えられた。そうした石の生命力から、産育や生産の守護を願い、さらに卜占《ぼくせん》が行われていた。

石の堅固さや石の永続的な新鮮さが、病気を治癒し、災厄を防ぐことは、千引石《ちびきのいわ》の説話や、石長姫《いわながひめ》の神話として語られている。

懐妊を願う女性や、病気平癒《へいゆ》を願う者が、神社の石を賜《たば》って帰り、願が成就したときには再び奉納する習俗は、現在でも散見する。

また、村の祭に際して神主役に当たった者が、特定の川で禊《みそぎ》を行い、その川の小石を持ち帰って神の依《よ》り代《しろ》として祭る風習が、近畿地方で多くみられる。

すべての自然石に霊力を認めるわけではなく、その形状、紋様、色彩、その位置などが特異のものに限られており、特殊な石、すなわち隕石《いんせき》、宝石、鉱石、真珠などは、特にその霊性を発揮するとされている。

こうした、石に関する習俗や伝説は、多様に変化しているようである。

かれている。(30)

高安大教会史によると、「近在の熱心な信徒達は教祖様を拝みたいとの一心から潮の如く松村家に押しかけて来た。……(警察は)特に巡査を出張せしめた上、門を閉塞せしめ、邸内へは一人も入れぬよう立番までしたが、その厳しい警戒の中から塀を飛び越えて這入《はい》って来た熱心な信徒もあった」ほどのにぎわいで、教祖は三日間滞在された。

また、この後、十月十二日(陰暦九月一日)から二十六日(同十五日)まで、教祖自ら、つとめ場所の北の上段の間にお出ましになり、毎日おつとめが行われたという。

この二つの事例のなかに、かんろだいの石没収というふしに対しても、変わることのない教祖のたすけ一条の思召がうかがえ、世界たすけのおつとめはいかなる権力にも妨げられることなくつとめ続けるという、教祖の強いご姿勢が、あらためて感じられる。

教祖は、「庄屋敷《しょうやしき》村五番屋敷には縄はかけられようまい」(31)とおおせになっていたと伝えられるが、これは、かんろだいは取り払われても、ぢばの一点だけは何人《なんびと》といえども取り払うことはできないということをおおせられているのであろう。

以降、官憲の取り締まりはなお強化される一方であったが、教祖は、ますます厳しくおつとめを急き込まれていく――。

(30) 松村宅は河内の教興寺村(現大阪府八尾市)、おやしきから30余キロの距離にあり、教祖のお出張りの中で、最も遠隔地と言われている。栄治郎の日記によると、飯降伊蔵とほか1人がお供したようである。この時、教祖は、「ここは、詣《まい》り場所になる。打ち分け場所になるのやで」とおおせられたという。『稿本天理教教祖伝逸話篇』「一〇二 私が見舞いに」参照。おたすけについては、ほかにも「逸話篇」に多く収録されている。

(31) 「中山五番屋敷は連れて行けまい」とも伝えられる。「中山五番屋敷」とは元の中山家の屋敷の地番で、現在、かんろだいの据えられている周辺にあたる。桝井孝四郎著「おさしづに現れたる『お屋敷の理』」(『みちのとも』昭和7年6月5日号)参照。

明治16年（1883年）、つとめ場所の北側に竣工した御休息所　4畳（襖の奥）と8畳（手前）からなり、教祖は一段高くなった奥の長4畳の間に住まわれた（本部教祖殿北庭の記念建物）［→第18、21章］

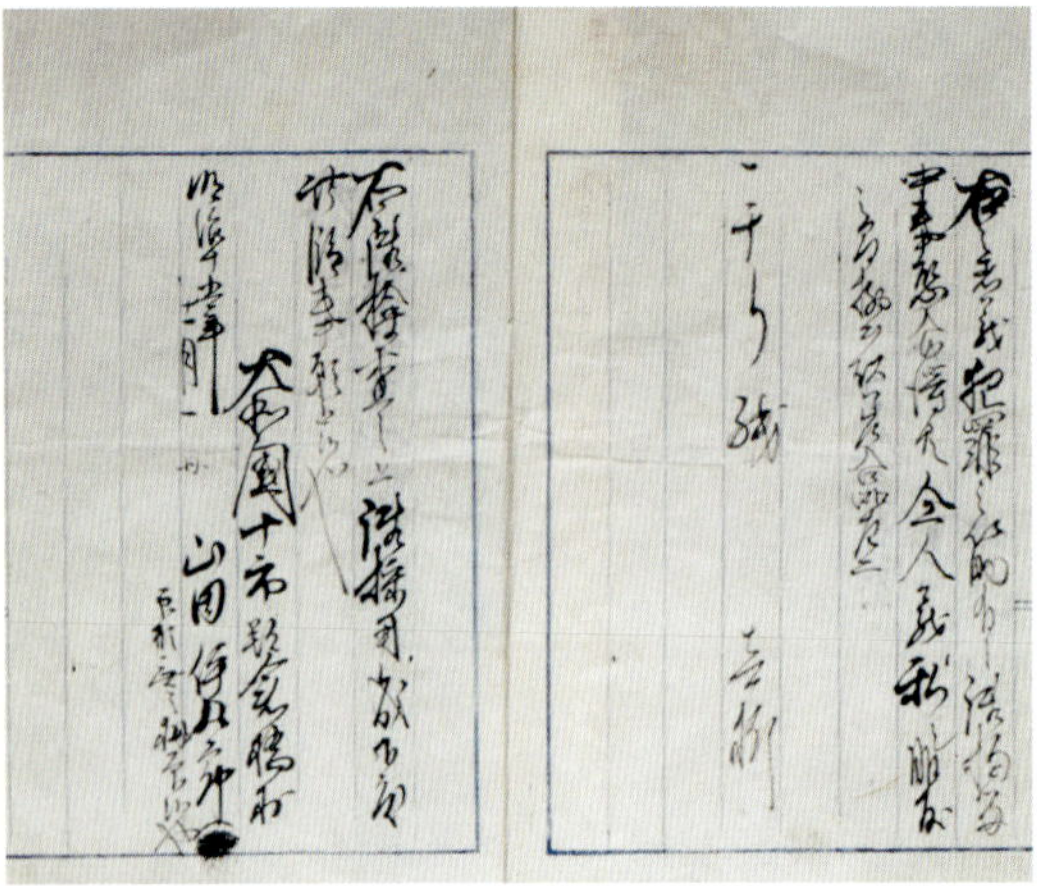

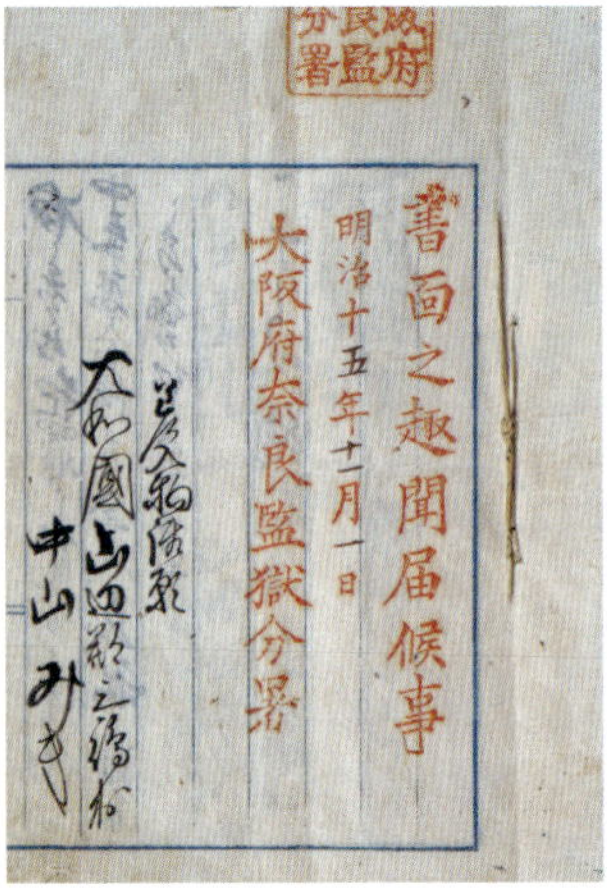


明治15年の御苦労の折、山田伊八郎が「チリ紙　壱折」の差し入れを願った際の許可証（敷島大教会・山田家蔵）「犯罪之筋有之」「朋友之間柄」との文面は、伊八郎には到底書き得るものではなかったが、当局の厳しい指図どおり、断腸の思いで書き上げたといわれる　［→第19章］

かつての奈良監獄署の前（南側）を走る道路　後方は東大寺の大甍《おおいらか》と若草山　現在、この通りの左手に梅谷大教会があるが、監獄署はその西側（手前）にあった（奈良市西笹鉾町《にしささぼこちょう》付近）

［→第19章］

教祖が奈良への御苦労からお帰りのたびごとに、お迎えの人々や人力車が連なったという奈良町あたりの街道筋　格子戸の家並み、軒にぶら下がる〝庚申《こうしん》信仰の身がわり猿〟の作りものが、往時をしのばせる（奈良市中新屋町付近）　［→第19章］

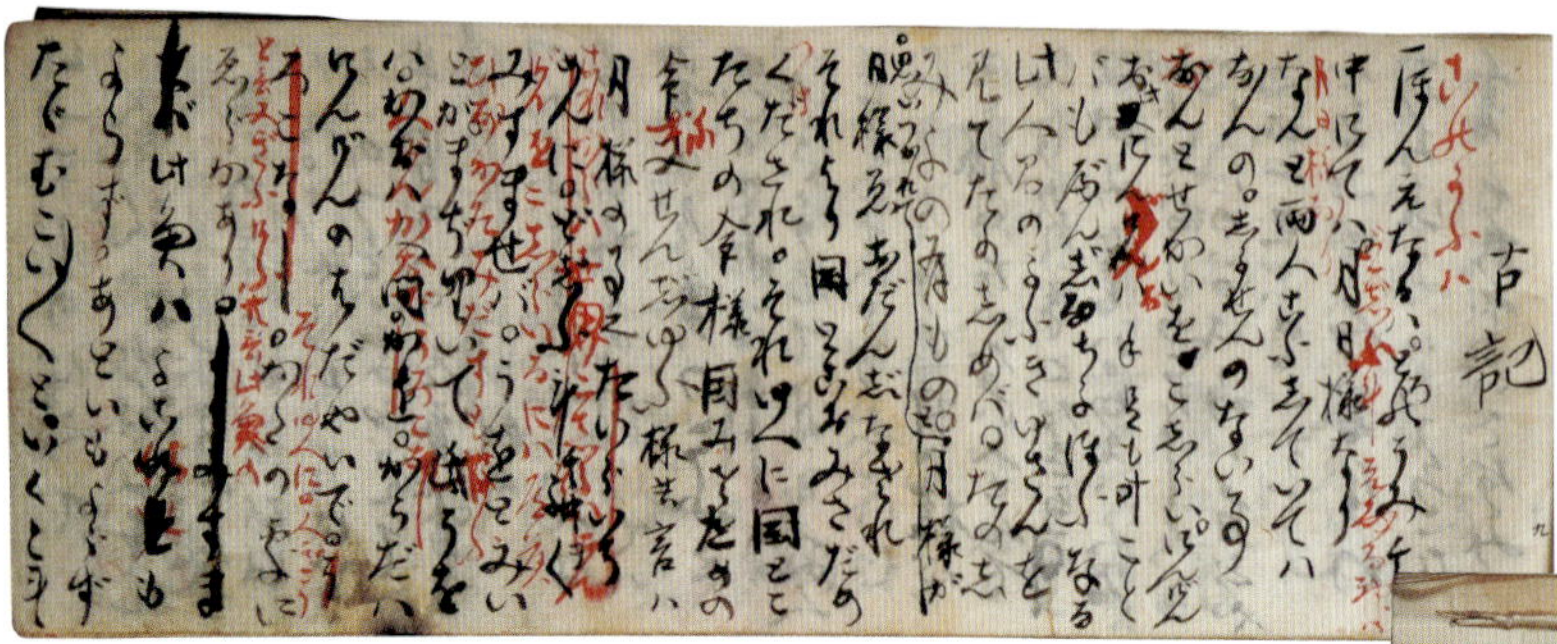

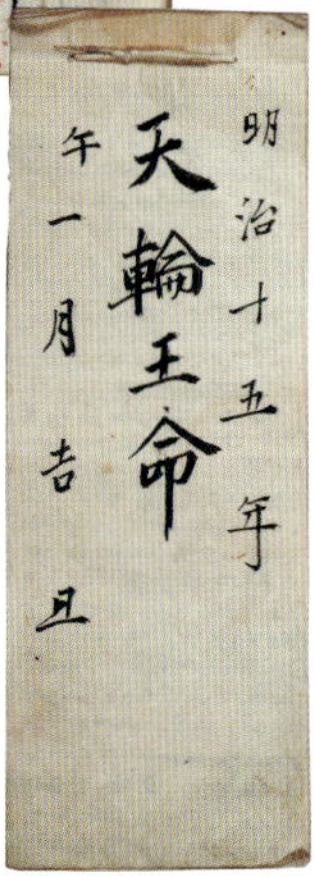

心勇講初代講元・山田伊八郎の「天輪王命」（明治15年）
教祖からお聞きした「元初まりの話」が、「古記」として まとめてある（敷島大教会・山田家蔵）　［→第17章］

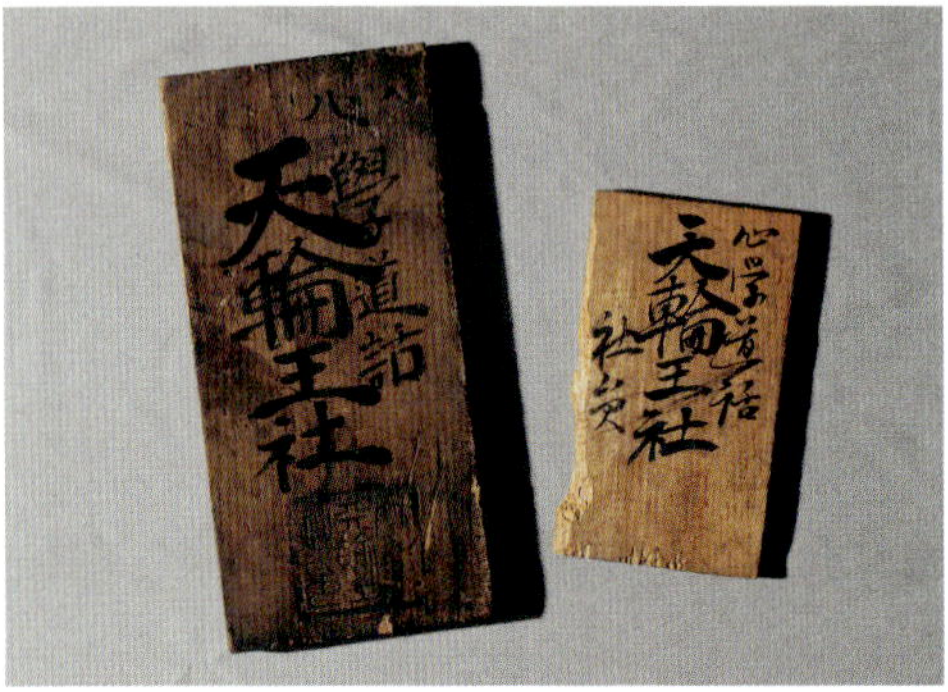

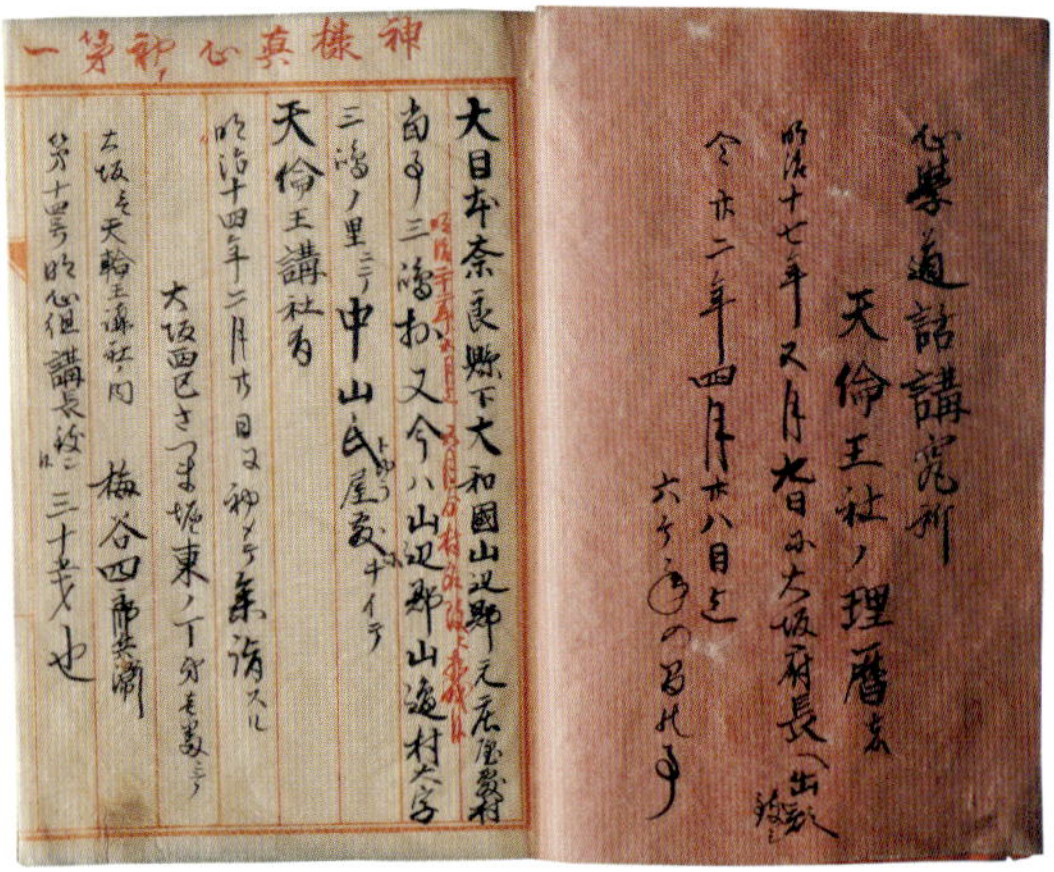
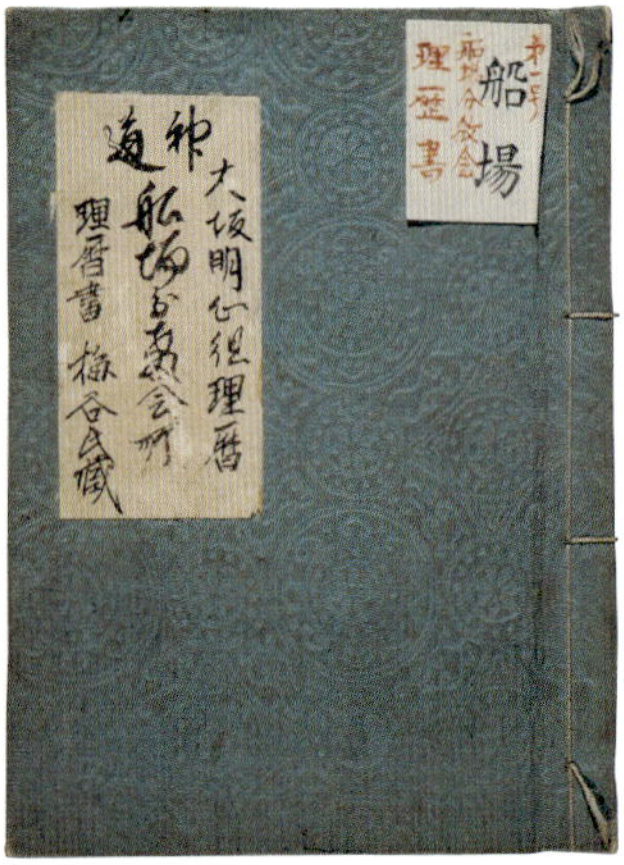

明治17年、大阪の梅谷四郎兵衞が「心学道話講究所天輪王社」を出願するころから、教会公認運動に拍車がかかった　当時の「天輪王社」の標札（上）と「大坂明心組理暦　神道船場分教会所　理暦書」（下）「理暦」（履歴）には、明治22年船場分教会設立に至るまでのいわば公認運動の経過が記されている（いずれも船場大教会・梅谷家蔵）　［→第20章］

# 第十七章 こふきを作れ……口授の仕込み

かんろだいの石が取り払われた明治十五年、明治二年以来ご執筆の「おふでさき」が擱筆《かくひつ》される。教祖は、その前ごろより、側近の人々に対して、「こふき話」を繰り返し繰り返し説き聞かせられ、教えの取次人《とりつぎにん》としての仕込みをはじめかけられていた。

明治十五年（一八八二年）、かんろだいの石取り払いと立て合うように、おふでさきは、

　これをはな一れつ心しやんたのむで　（十七　75）

との千七百十一首目のおうたをもって、明治二年より起こしてこられたその筆を擱《お》かれた。以降、教祖は、刻限《こくげん》々々のお話でお仕込みくださるようになる。

教えの要諦《ようてい》は、これまでの筆にしるし尽くされてあるので、後はその実践、すなわち、おつとめの勤修《ごんしゅう》を強く促されてゆくという思召からであろうか。

そのおつとめも、慶応二年（一八六六年）以来次第に教えられてきていたが、かんろだいの石取り払い後、一部が変更され(1)、結果的にはこれをもって完結された。

（1）手振りは元のままながら、「いちれつすます」は「いちれつすまして」、それにともない、「あしきはらひ」も「あしきをはらうて」となる。第16章「いちれつすまして」参照。

かんろだいの石取り払いに続いて、おふでさき、みかぐらうたと、教えの根幹ともなる二つが、ともに完結されたこの明治十五年は、教祖の道すがらのなかで、一つの仕切りの年といえるのかもしれない。

## ●「こふきを作れ」

一方、かねてから、教祖は、

「こふきを作れ」

と急き込まれていた。

教祖は、明治十三、四年ごろから、夜な夜な、お側《そば》の人々に「こふき話」を繰り返し繰り返し説き聞かされていたと伝えられる。

深夜にお話があったということは、警察の注視を避けるためか、昼間は人々が農事などに携わっていたからか、あるいは、そういうことには関係なく、夜の刻限になるとお話があり、それに合わせて人々も教祖のもとへ寄り集まっていたのであろうか。そのお部屋は、おそらく中南《なかみなみ》の門屋であったと思われる(2)。

『稿本天理教教祖伝』によると、「教祖のお話し下さる筋を書き誌《しる》せ」とのおおせで、各自が記憶をたどって筆に記したようであるが、それはどういう内容のものなのであろう。

二代真柱の『こふきの研究』には、「年代と共にその内容には、多少の別はあり

(2) 明治8年、教祖は、それまでのつとめ場所の北の上段の間から、中南の門屋へ移り住まわれ、以来、その西側10畳をお居間としておられた。

(3) 「手元本」とは、真柱の手元に保存されているもの。同じ明治14年の説話体のものに、いわゆる喜多本もあり、かんろだいの図と寸法、その意義が記されてある。

(4) 「どろうみ」については、おふでさきに、「このよふの元はじまりハとろのうみ　そのなかよりもどぢよばかりや」(六　33)とある。

(5) 129ページの注(18)参照。

ますが」と前置きしたうえで、「この世の初まりのお話」「人間身の内の御守護」「いんねんとほこりの話」「をびやの話」「教祖《おやさま》」「神道見立《みたて》」「仏教見立」と列記されている。

人々がまとめたものの一つ、「明治十四年三月記之《これをしるす》　山澤良助」の冒頭には、

　このよふハほんもとなるハどろのうみ　もとなるかみハ月日さまなり

とあり、また、「説話体十四年本（手元本）」には、

　このせかいにんげんはしめたハ、九億九万九千九百九十九年いぜんに、どろうみのなかより月日りよにんみさゞめつけて……。

とある。(3) この冒頭の一節からか、従来、「どろうみこふき」(4)とも呼ばれてきたが、その呼称からしても、内容の中心は、人間創造の元初まりの話、つまりは、元の理(5)と考えられていたのではなかろうか。

また、人々が書きまとめたものに、「泥海古記」「神之古記」と標題が付けられているものもあることからしても、当時の人々の間には、「こふき」を「古記」とする理解があったようである。(6) しかし、おふでさきに、

　いまゝでもしんがくこふきあるけれど
　もとをしりたるものハないぞや　（三　69）

ともあるように、単に従来の「心学」(7)に対する「古記」(8)という意味ではなくて、そこには、元なる話、たすけ一条の台となる本真実の話という思召が込められているのではなかったろうか。

（6）「古記」のほか「光輝」「功記」などの文字を当てた例も見受けられ、また「後記」「綱紀」「恒規」なども考えられるが、総じて二代真柱は「親しく誌されたおふでさきに対して、口授して書き取らしめられた〝記〟を〝こふき〟と呼ばれたものであり、強いて字を当てれば、〝口記〟の方が寧《むし》ろ、本来の意味を写す文字ではないか」（『こふきの研究』）とされている。

（7）「心学」とは、一般に江戸時代中期以降に盛んに行われた「心学道話」のことで、京都の石田梅巌《ばいがん》らによって提唱された人生哲学の一種。大衆にもわかりやすいように、例え話で説かれていた。また「神学」とも考えられる。

（8）「古記」とは、一般に、「こき」と読み、古い記録、古いことを記した文書という意味があり、記紀を指す場合もある。古記を「こうき」と発音するのは、近畿地方の言い方か。

元初まりの話については、教祖は、かなり以前から、繰り返し説かれていたようで、それまでの人々の口述や記述に、その内容がみられる。

例えば、明治八年に奈良県庁から信仰差し止めの呼び出しを受け、当時普請中の中南の門屋について、その経費の出所を問われたなかで、辻忠作が、「九億九万九千九百九十九年(9)世界へ知らしたいと神様が仰《おおせ》あります」と答えている(10)。

また、明治十四年九月、止《し》宿人届《しゅくにんとどけ》の手違いから、警察の呼び出しを受けた時の山澤良治郎名の「就御尋手続上申書」には、「人間始メノ元ハ地場之証拠是《これ》ハ人間之親里成《なり》」と記されている(11)。

こうした口述や記述があることからも、元初まりの話については、周囲の人々の間にも、ある程度の理解がなされていたとみることができる。

それが、明治十三、四年ごろになると、教祖は、いままで部分的に説かれてきたお話をまとめて、それを人々に重ねて聞かされるようになったのであろう。そして、「こふきを作れ」とのお言葉によって、各自それをまとめるよう促されたということになろうか。

先にあげた「明治十四年三月記之　山澤良助」や「説話体十四年本」の二例でもわかるように、それぞれの手でまとめられたものには、和歌体のものと説話(散文)体のものとの二通りがある。

和歌体でまとめられたのは、おふでさきがそうであったから、人々もそれを真似て、歌の形式で記す努力をしたと考えられる。しかし一方では、教祖はうたうよう

(9) 人間創造の元初まりにおいて、最初に宿し込まれた子数の年限と教えられている。

(10) 第14章「門屋に出て」参照。

(11) 『稿本天理教教祖伝』160～161ページ参照。

に教えを説かれていたという伝承もあることからすれば、教祖のおおせは和歌体に近いものであったとも思われる。とはいえ、お話の最中は、その場で書き写すことを許されなかったとも伝えられており、話されるままに覚えることは容易ではなかったのではなかろうか。が、難しいことではあるけれども、人々は、教祖のお話を真剣に繰り返し耳にするうちに、次第に記憶していったのであろう。和歌体は、明治十四年のいわゆる十四年本しか現存しないというのも、また興味深い。

明治十二年ごろからおやしきに詰めていた高井猶吉談によると、「(明治)十四五年頃だつたと思ふ。教祖様《おやさま》は、良助さんと佐右衛門さんと自分と三人に、こふき話を書いて出せといはれた。良助さんは教祖様のお話の如《ごと》く和歌態にして出された。(12)仲田さんは話態《はなしたい》に出された。が何《いず》れも教祖様の思召には添《そ》はなかつた」とある。(13)

ここで、「和歌態」とあるのは和歌体、「話態」とあるのは説話体のことであろうが、なぜ、教祖は、「書いて出せ」とおおせになったのであろうか。

書きまとめることを通して、各自が教えをより深く心におさめるということからであろうか。お側の人々がその努力をすることにより、取次《とりつぎ》としての成人を促されるという理解はできる。しかし、人々が書きまとめたものが、和歌体にしろ、説話体にしろ、教祖がそれを、よしとされなかったところに、まだ問題が残る。

よしとされなかったことについては、いろいろに解釈できよう。間違いではないが、完全でもないということなのかもしれない。また一つには、のちの世の人々への〝宿題〟を与えられたと悟ることもできる。

(12) 良助は山澤良助(良治郎)、佐右衛門は仲田佐右衛門(儀三郎)のこと。

(13)『ひとことはなし その三』「此世始まりのお話」参照。

この教祖の思召に添わなかったことについて、良助、つまり山澤良治郎は、「これは或《あるい》は（教祖の）御伝記を作れとの御由《おんよし》を仰せられてゐるのではないかと思ふ」と、後日、述懐していたと伝えられる。(14) そうしたこともあってか、二年後の明治十六年に梅谷四郎兵衛が記した「当神古記」には、前半に「神の最初の由来」として、教祖の道すがらについての記述が加えられている。(15)

## ●口授の仕込み

こうして、教祖の「こふきを作れ」とのお言葉に応じて、人々がまとめたものは、前出の『こふきの研究』によると、最も古いものが明治十四年のものであり、それから明治二十年までのものが写本として発見されているようである（259ページ表参照）。

このことについて、二代真柱は、「此《この》明治十四年は〝おふでさき〟の擱筆《かくひつ》される頃の年代であり、明治二十年は、教祖の身をおかくしになった年である点等《など》から、推して、〝こふき〟は、〝おふでさき〟に継ぐものではないか」としておられる。

ある意味では、おふでさきの筆が止まるのと重なるようにして、教祖の刻限々々のお話、ひいては「こふき話」があり、人々にそれを書きまとめることを促されていたとみることができる。

二代真柱の「〝こふき〟は、おふでさきに次いでなされた〝教話伝達〟の方法」という見解は、簡潔でわかりよい。

(14) 山澤為次（良治郎の孫）著『教祖御伝編纂史』参照。

(15)『梅谷文書』によると、「当神古記」は「神の最初の由来」「神の古記」からなる。

ただ、おふでさきと大きく違うところは、前者は親神直接の啓示によってしるされたものであるが、後者は教祖から聞いた話を、各自が書きまとめたものであるという点であろう。お側の人々はお話の記憶をたどって、できる限り忠実に書き残したと思われるが、その人なりの理解を通して、濾過《ろか》、咀嚼《そしゃく》されたものといえる。

教祖は、話の台としてのおふでさきにおいて、世界たすけの規範を示されたが、そのおふでさきのご執筆が終わるころから、今度は教祖に代わって、親神の話を寄り来る人々に取り次ぐ取次人《とりつぎにん》の養成を急がれたとみることができる。そのために教祖は、側近の人々に教えの根本を、繰り返し繰り返し話して聞かされたのであろう。

すでに明治八年ご執筆のおふでさきにも、次のようにある。

このはなしなんとをもふてきいている
これとりつぎにしこみたいのや　（十　49）

また、『こふきの研究』には、「たすけ一条の成就を、独り教祖の努力のみに依《よ》るのではなく、助手ともいうべき〝取次《とりつぎ》〟の手によってもすすめられるべきであり、その〝取次〟養成の為《ため》に〝こふき〟が物され、又、その〝こふき〟により、取次が教祖の助手たるの立場、用木《ようぼく》の御用が果《はた》されるように考えられる」と記されている。

教祖から直接教えを聞いた側近の人々が、教祖に代わって、おやしきに帰って来た人々に教えを取り次ぐということからして、信者の仕込みの台本という意味もあり、その内容は、のちの別席話[16]に受け継がれてゆくことになる[17]。

広い意味で「こふき」とは、教祖ひながたの道すがらと、教祖の口を通して教え

（16）明治21年8月2日午後5時のおさしづ「刻限御話」を機に、別席制度が整えられていくが、明治31年に別席話が統一され、さらに教祖70年祭（昭和31年）前の別席場（おやさとやかた東棟）竣工を機に、現行台本が整備される。

（17）「こふきの話は今から想像するならば、別席の為《ため》の文献であったように考えている」（二代真柱著『おふでさき概説』）

られた親神の教えの集大成であり、それまでのおふでさきに続く、新たなる口授《こうじゅ》の仕込みといえるのかもしれない。

教祖が「こふきを作れ」と急き込まれたのは、明治十三、四年ごろからと伝えられるが、おふでさきにおいては、明治二年ご執筆の第二号から、「こふき」の文字が見られ、以降、第十二号に至るまで、計十五首のおうたに散見する。

その第二号には、

このつとめなんの事やとをもている　（二 9）
よろづたすけのもよふばかりを

このたすけいまばかりとハをもうなよ　（二 10）
これまつたいのこふきなるぞや

としるされてあり、「よろづたすけ」のおつとめ(18)をつとめることを促されるとともに、それは末代まで語り伝えられるべき、たすけ一条の話の台となることをおおせになっている。また、第三号には、

いまゝでもしんがくこふきあるけれど　（三 69）
もとをしりたるものハないぞや

高山のせきゝよきいてしんしつの　（三 148）
神のはなしをきいてしやんせ

にち〳〵に神のはなしをたん〳〵と　（三 149）
きいてたのしめこふきなるぞや

（18）「よろづたすけ」のおつとめは、ぢば・かんろだいを囲んでの「かぐらづとめ」であり、それを勤めることにより、親神の人間世界創造の守護があらわれ、陽気ぐらしへの道がもたらされると教えられる。『おふでさき概説』には「（こふき話は）人間が生きながらにして生《うま》れ変《かわ》る方法という点に関してのたすけづとめ、即ちかんろだいづとめを説明する為《ため》に説かれた話」とある。

（19）「高山の説教」とは神職僧侶などの説教のことをいい、明治初期は大教宣布《たいきょうせんぷ》運動の下、その説教が各地で行われた。

とあり、それまでの「心学」「古記」や「高山の説教(19)」に対して、「こふき」を用いられているところに注目したい。

明治の初めごろは政府による大教宣布《たいきょうせんぷ》運動が盛んなころで、この第三号がしるされた明治七年(20)の前年十一月には、秀司宅で大教宣布の説教が行われた記録もある。(21)

世間では心学や古記、あるいは高山の説教が盛んに説かれているけれども、それらは教祖の思召される「こふき」ではなく、親神の本真実の話を聞くようにせよ、ということを強調されているのであろう。(22)

さらに、第十号には、

しんぢつのこふきがでけた事ならば
どんな事でも月日ひろめる　（十　93）
月日よりひろめをするとゆうたとて
みなの心ハしよちでけまい　（十　94）
それゆへにとりつきよりにしいかりと
たのみをくからしよちしていよ　（十　95）
このひがらこくけんきたる事ならば
なんどき月日どこい丶くやら　（十　96）
にち〳〵にとりつぎの人しいかりと
心しづめてはやくか丶れよ　（十　97）

とある。

(20) 各号表紙に記されている執筆年代により、おふでさき第3号は陽暦の明治7年1月から3月まで(第4号が4月とあるから)のご執筆とされている。外冊の本文には日付（3号の5首に「十月三日」と付記してあるなど計6カ所）が記されてあるが、それが旧暦とすれば、第3号は陽暦の明治6年11月から3月までのご執筆となろうか。なお陽暦明治7年1月1日は、陰暦明治6年11月13日。

(21) 第10章「山いか丶りて」参照。

(22) 明治7年陰暦10月のある日、教祖から命を受けた仲田儀三郎と松尾市兵衛が大和《おおやまと》神社へ神祇《じんぎ》問答に行くと、神職から「記紀に記された通り」と説かれた。そこで、仲田と松尾はおふでさきの第3号と第4号を出し、日ごろ教祖から教えられたとおり述べ立てたという。『稿本天理教教祖伝』115～116ページ参照。

真実の「こふき」ができたならば、いかなる難関をも切り抜けていくという意味のことをおおせになっており、この真実の教え、親神の教えを広めるため、人々の心に承知させ得心を与えるために、教祖は「こふき」を通して、取次の人々を仕込まれたということになろうか。

第十号の筆を執られたのは明治八年六月で、ぢば定めが行われた時期であるが、前年の山村御殿のふし以降、官憲の取り締まりが厳しくなってきたころであり、また、「若き神」として、教祖と人々との取次の役でもあったこかんが身上に伏すころでもある。

こうして、「こふき」については、すでに明治の初めから、おふでさきを通して、だんだんに説かれており、取次人を養成するための仕込みもなされていたとみることができる。そして、明治十三、四年ごろになって、「こふきを作れ」との教祖のおおせがあり、そのお言葉を受けて、明治十四年に人々が書き記し、そこに一つの形としての「こふき」がまとめられたということになろう。

この間、明治十三年九月に櫟本《いちのもと》の梶本家からおやしきに移り住んでいた「しんばしらの眞之亮《しんのすけ》」が、翌十四年九月二十三日付で中山家へ入籍し、十五年のかんろだいの石取り払いから十日後の五月二十二日にはまつゑに代わり戸主を務めるようになっている。[23] また、十五年三月には、のちの本席・飯降伊蔵一家がおやしきへ伏せ込むようになった。[24]

そして翌十六年、教祖は、中南の門屋から、御休息所へ移られるのである。

(23) 家督相続は、明治15年9月22日付。

(24) 前年の9月に、まず妻おさとと2女まさゑ、長男政甚が、明けて15年3月には伊蔵と長女よしゑがおやしきに移り住み、親子もろともおやしきに伏せ込むようになった。

## こふき話の諸本（『こふきの研究』から）

| 題名 | 所蔵 |
|---|---|
| 明治14年本 | |
| 「日本無雙書物」 | （手元） |
| 題名なし | （手元） |
| 「此世初まりのお噺扣え」 | （桝井） |
| 「此世初まりのお噺扣え」 | （小松） |
| 「神之古記」 | （小松） |
| 「明治十五年正月寫求之」 | （旧今村） |
| 「古記」 | （春野） |
| 「古記」 | （諸井） |
| 「天輪王命」 | （喜多） |
| 「天輪王命」 | （喜多） |
| 「古記」 | （松村） |
| 「明治十四年三月記之」 | （山澤） |
| 明治16年本 | |
| 「神の古記」 | （桝井） |
| 「神の古記」 | （桝井） |
| 「神の古記」 | （上田） |
| 「神の古記」 | （宮森） |
| 「神の古記」 | （梶本） |
| 「神の古記」 | （喜多） |
| 「神の古記」 | （梅谷） |
| 題名なし（巻物） | （永尾） |
| 明治17年本 | |
| 「御神代の古記」 | （旧今村） |
| 「神代之古記」 | （井筒） |
| 「神代之古記」 | （前川） |
| 明治18年本 | |
| 「神之古記」 | （小松） |
| 明治19年本 | |
| 「かみのおんこふき」 | （澤田） |
| 「神之古事記」 | （集成部蒐集本） |
| 「神之古記」 | （松村） |
| 題名なし | （山澤） |
| 「神の傳」 | （永尾） |
| 明治20年本 | |
| 「神の傳之記」 | （桝井） |
| 「神の傳之記」 | （鴻田） |
| 「神の傳里記」 | （鴻田） |

◎明治15年のものがないことについて、『こふきの研究』では、この年の写本がないのか、あったが未だ発見されてないのか不明とされている。山田伊八郎筆の「天輪王命」や「聞問記」などは、明治15年の筆録であるので、いわゆる15年本と見ることもできようか。

# 第十八章

# 人衆寄せて……御休息所へ

明治十六年、教祖は、刻限《こくげん》を待って、それまでの中南《なかみなみ》の門屋から、竣工間もない御休息所へ移られる。
ここでは、当時おやしきに詰めていた人々、特に「しんばしらの眞之亮《しんのすけ》」、のちの本席《ほんせき》・飯降伊蔵などが、引き寄せられるまでの経緯をたどる。

明治十五年（一八八二年）前後、常におやしきにいた人の顔ぶれはどうであったろうか。

『稿本天理教教祖伝』によると、明治十四年、「当時、常にお屋敷に居た者は、教祖、まつゑ、眞之亮、たまへ、梶本ひさ（後の山澤ひさ）、外《ほか》に、仲田、辻、高井、宮森の人々であった」とある。ただし、「辻は主として夜分、高井は月の中《うち》二十日位《ぐらい》。山本は大《たい》てい布教《おたすけ》に廻《まわ》っていた」と記されている。(1)

明治十四年といえば、四月に秀司が出直し、翌五月にはかんろだいの石普請が始まった年である。(2) 教祖は、当時八十四歳のご高齢の身。秀司出直し後の中山家は、その妻まつゑと、前年十三年に櫟本《いちのもと》の梶本家から移り住んでいた眞之亮が中心にな

（1）仲田、辻、高井、宮森、山本とあるのは、それぞれ、仲田儀三郎、辻忠作、高井猶吉、宮森与三郎、山本利三郎のこと。

（2）第16章「いちれつすまして」参照。

っていたとみることができる。

それが、翌十五年になると、「当時、お屋敷に常住して居たのは、教祖、眞之亮、たまへ、ひさで、他《ほか》に詰めて居た人々は、仲田、山本、高井、宮森、桝井、辻、山澤、飯降、梶本、梅谷、喜多等《ら》であった」とある。(3)「他に詰めて居た人々」も数名増えており、こうした人々は、昼間は農事などに携わっていたため、常時ではないとしても、夜間に必ず通って来た近辺の人とか、月のうち決まって何日かをおやしきで勤めていた遠方の人々であろう。この年にはまつゑも出直し、おやしきにおける眞之亮の立場が、いよいよ重くなってくる。

まず、その眞之亮が、おやしきに引き寄せられるまでをたどってみたい。

## ●「しんばしらの眞之亮」

眞之亮は、慶応二年（一八六六年）五月七日、梶本惣治郎とおはるの第五子・三男として生まれた。

これより先、嘉永七年（一八五四年）、おはるが初めて身ごもった時、教祖は、

「何でも彼《か》でも、内からためしして見せるで」

とおおせになり、おはるの腹に三度息をかけ、三度撫《な》でられたという。これが、よろづたすけの道あけとなる「をびや許し」の始まりであった。(4)

この時生まれたのは長男亀蔵《かめぞう》で、のち、数え七歳で迎え取られるが、安政四年

(3) 桝井、山澤、飯降、梶本、梅谷、喜多とあるのは、桝井伊三郎、山澤良治郎、飯降伊蔵、梶本松治郎、梅谷四郎兵衛、喜多治郎吉のこと。飯降など、一家あげてのものもあった。

中山眞之亮

(4) 第5章「道あけ」参照。

（一八五七年）に二男松治郎、万延元年（一八六〇年）に長女たけ、文久三年（一八六三年）には二女ひさと、次々に生まれている。

その後、おはるが懐妊した時、教祖は、

「今度、おはるには、前川《まえがわ》の父の魂を宿し込んだ。しんばしらの眞之亮やで」

とおおせになっていた。

この懐妊中からのお言葉どおり、慶応二年に生まれたのが眞之亮であった。誕生前から、「しんばしらの眞之亮」と命名されていたが、のち明治になってから、名前に「亮」「衞門」などを用いることが禁止され、(5)新治郎と改められたようである。

教祖のおおせによると、

「先に長男亀蔵として生《うま》れさせたが、長男のため親の思いが掛《かか》って、貰《もら》い受ける事が出来なかったので、一旦《いったん》迎え取り、今度は三男として同じ魂を生れさせた」

とのこと。

このように、生まれる前から教祖が心に掛けておられた眞之亮は、幼少のころから、機会あるごとにおやしきに帰っていたようで、『稿本中山眞之亮伝』には、「初めの間は、母のおはるに背負われ、後には手を引かれて、たえずおやしきへ帰り、特に毎月二十六日には欠かさず帰って来た」とある。

眞之亮数え七歳の明治五年に母おはるが四十二歳で出直し、一時期、こかんの世話になるが、そのこかんも明治八年に三十九歳で出直してしまう。そうした状況もあってか、眞之亮がおやしきへ帰る日数は次第に多くなり、明治十一年ごろには、

（5）明治2年7月8日付で政府より「今般官位御改正ニ付従来之百官並受領被廃候事」との達しが出たが徹底しなかったため、同5年6月に奈良県からも布告（第47号）が出ている。

明治五年第四十七号
去ル己巳（＝明治2年）七月官位御改正ニ付従来之百官並受領ヲ被廃候ニ付官名ニ拘リ候通称ハ可相改筈之所今以更名不致向モ有之趣相聞不都合之次第ニ付至急可相改事
（略）
右之趣士族卒旧社人平民末々ニ至ル迄無洩相達者也
壬申六月　奈良県

ほとんど中山家に起居していたという。

　これより前、明治七年ご執筆のおふでさき第三号に、

しんぢつに神の心のせきこみわ
しんのはしらをはやくいれたい　（三　8）

としるされている(6)ように、教祖は、眞之亮を引き寄せ、元のやしきの後継にと思召されていた。それが、明治十三年、教祖のお急き込みにより、眞之亮は中山家に移り住むようになる。時に十五歳であった。おやしきに移り住むにあたり、教祖は、「何も身に付く物は要らぬ」とおおせになったという。

　教祖にとって眞之亮は、世俗的には外孫にあたるが、ただそれだけの理由で、おやしきへ寄せられたのではなかったと思われる。

　眞之亮が櫟本《いちのもと》を引き払っておやしきに移り住んだのが、十三年のいつごろなのか定かではないが、その年の九月三十日、つまり陰暦八月二十六日に初めて鳴物をそろえてのおつとめがつとめられていること(7)も、何か関連があるのかもしれない。

　さらに言えば、翌十四年の五月上旬には、信仰の中心、かんろだいの石普請が始まっている。ここでも、先にあげたおふでさき第三号のおうたの意味を考えずにはおれない。

　その後、明治十四年九月二十三日付で中山家に入籍。翌十五年のかんろだいの石の取り払い(8)から十日後の五月二十二日は、眞之亮がまつゑに代わり戸主を務め、九月二十二日付で家督を相続するに至っている。この時の眞之亮の年齢が、数え十七

（6）ほかにも、「このはしらはやくいれよとをもへども　にごりの水でところわからん」（三　9）、「このはなしすみやかさとりついたなら　そのまゝいれるしんのはしらを」（三　12）、「せかいぢうむねのうちよりしんばしら　神のせきこみはやくみせたい」（三　51）、「このたびハうちをふさめるしんばしら　はやくいれたい水をすまして」（三　56）、「にごり水はやくすまさん事にてわ　しんのはしらのいれよふがない」（三　66）などある。

（7）これより1週間ほど前の9月22日、秀司の願い出による転輪王講社の開筵式が行われている。

（8）2段まで積まれていたかんろだいの石は、明治15年5月12日、官憲により没収された。

歳であったということにも関心を持つ。(9)

こうして、眞之亮はその立場からしても、次第におやしきの中心的存在となっていき、名実ともに、道の芯として治まっていくのである。

このほかにも、教祖の思召により、逐次おやしきへと引き寄せられる人々がいた。のちの本席・飯降伊蔵も、その一人である。

## ●「待っていた、待っていた」

飯降伊蔵が、初めておやしきを訪ねたのは、元治元年（一八六四年）五月。妻おさとの産後の患いのことからであった。(10) こかんがその旨を教祖に取り次ぐと、教祖は、

「さあ〳〵、待っていた、待っていた」

と喜ばれたという。これより先、教祖は、

「大工が出て来る、出て来る」

とおおせられていた。

伊蔵の職業は大工の棟梁《とうりょう》であったから、教祖は、伊蔵がおやしきへ引き寄せられることを予言しておられたということになろうか。

「救《たす》けてやろ」との教祖のお言葉どおり、おさとの身上は日ならずして全快した。これを機に、教祖を慕いおやしきに寄せる伊蔵の思いは、日に日にあつくなり、つとめ場所の普請へと展開されていく。(11)

（9）天保9年の立教の予兆とみなされている秀司の左足の激痛は、前年の10月、秀司数え17歳の時。嘉永6年、こかんが浪速の街に神名流しに出たと伝えられるのも、同じくこかん17歳の時であった。42ページの注（4）参照。

（10）初代真柱が明治32年ごろ、伊蔵から聞き書きした「翁より聞きし咄《はなし》」によると、おさとの平癒を願って河内へ出向く途中、椿尾《つばお》村（現生駒郡平群《へぐり》町椿井《つばい》）の喜三郎という人から教祖のことを聞き、おやしきを訪ねたようである（『ひとことはなし』所収「翁の話」参照）。

（11）第6章「つとめのばしょ」参照。

というのも、それ以前、文久元年ごろには櫟枝《いちえだ》村の西田伊三郎、二年ごろに前栽《せんざい》村の村田幸右衛門《こうえもん》、三年は豊田村の仲田儀三郎や辻忠作、四年には大豆越《まめこし》村の山中忠七らが、それぞれ信仰し始めるようになっており、毎月の陰暦二十六日のおやしきには、参拝者が室内に入り切れず、庭まであふれるほどであったという。そこで、人々の間には、早く参り所を普請させていただこうという気運が高まりかけていた。これらの人々の協力により、前途に明るい期待を寄せ合って取り掛かったつとめ場所の普請であったが、棟上げ直後に予期せぬ大和《おおやまと》神社のふしが起き、日の浅い信者は、おやしきへの足が止まってしまう。そうしたなか、たとえ一人残ってでもと、伊蔵をはじめ、忠七などの真実と丹精によって、つとめ場所の普請は漸次進められていった。

この間、人々の足が遠のいていく一方で、新たに、山澤良治郎、上田平治、桝井伊三郎、前川喜三郎、岡本重治郎らが、入信しているのも、見逃せない。

つとめ場所が出来上がったと推測される元治二年（慶応元年）ごろのおやしきの様子を、『稿本天理教教祖伝』には、「この頃《ころ》既に、こかんは、諸々《もろもろ》の伺いに対して、親神の思召を取り次いでいた。飯降伊蔵夫婦は、毎日詰めて居《お》り、山中忠七も、時々手伝いに来た」とある。常住こそはしていないが、伊蔵は大工仕事に出るほかは、櫟本から毎日おやしきに通い詰めていたのであろう。

その後、慶応二年によしゑ、明治元年に政治郎、[12]五年にまさゑ、七年に政甚《まさじん》と、次々子供を授かっていくが、明治初年のころから、教祖は、伊蔵におやしきに移り

(12) 政治郎は、明治5年、まさゑ誕生後、数え5歳で出直している。

住むように促される。

さらに、明治十三年ごろから、教祖は、人々に対して、

「ほこりの事は、仕事場へまわれ」

とおおせになり、身上・事情のおたすけを、仕事場としての伊蔵に任せられるようになっている。[13] そして、一刻も早く、おやしきに移り住むことを急き込まれた。

しかし、伊蔵には幼い子供が三人あり、秀司夫婦への遠慮もあってか、一家あげて移り住むことには、なかなか踏み切れない。それが、明治十四年になると、二女まさゑは眼を患い、一人息子の政甚は急に口がきけなくなるという事態が起きる。

教祖におさとが、「一日も早く帰らせていただきたいのですが、櫟本の人たちが親切にしてくれるので、それを振り切るわけにもいかず……」と申し上げると、

「人が好くから神も好くのやで。人が惜しがる間は神も惜しがる。人の好く間は神も楽しみや」

とのおおせ。それでも、「子供が小そうございますから、大きくなるまでお待ちくださいませ」と、さらに申し上げると、教祖は、

「子供があるので楽しみや。親ばっかりでは楽しみがない。早《は》よう帰って来《き》いや」

とおおせられた。[14]

これを機に、九月に、[15] まずおさとが、まさゑと政甚を連れておやしきに移り住み、翌十五年三月二十六日には、伊蔵が長女よしゑとともに櫟本を引き払うことになる。

おやしきに入るにあたり、教祖から、

(13) 伊蔵は元治元年7月に扇と御幣のさづけを頂き、明治8年ごろ、特別に言上のうかがいが許されていた。また、みかぐらうた十二下り目にも、「いちにだいくのうかゞひに　なにかのこともまかせおく」とある。

(14)『稿本天理教教祖伝逸話篇』「八七　人が好くから」参照。

(15) 明治14年におさとたち3人が移り住んだのは、飯降尹之助氏によれば、陰暦11月17日であったとも伝えられる(『復元』第3号所収の口述記)。

「これから、一つの世帯《しょたい》、一つの家内と定めて、伏せ込んだ。万劫《まんごう》末代動いてはいかん、動かしてはならん」

とのお言葉があったという。(16)


時に、伊蔵五十歳、おさと四十九歳、よしゑ十七歳、まさゑ十一歳、政甚九歳。一家あげて、親子もろともおやしきへ伏せ込むことになったのである。(17)

この時点で伊蔵を引き寄せられたということは、つとめの人衆、あるいは取次人として寄せるということもさることながら、のちに、教祖に代わって、おさしづを取り次ぎ、さらには、おさづけの理を渡す役への布石であったとも理解されよう。(18) そうでなければ、五年後の明治二十年に教祖が現身《うつしみ》をかくされた直後の本席定めの際、人々の納得は容易に得られなかったとも思われる。

●

この間、明治九年、数え十四歳の時、教祖から、

「待ってた、待ってた」

と迎えられていた上田ナライトが、明治十二年、教祖にもらい受けられている。(19) ナライトは、教祖のお側《そば》でお守《も》り役としてつとめ、のち明治十六年に教祖が御休息所に移られてからは、守《も》りの芯となり、(20) 明治四十年六月、本席出直し直前から、おさづけの理を渡すようになる。(21)


また、明治七年、三十二歳の増井りんが眼の患いからおやしきに帰り、教祖から、

「さあ〳〵いんねんの魂、神が用に使おうと思召す者は、どうしてなりと引き寄せ

(16)『稿本天理教教祖伝逸話篇』「九八　万劫末代」参照。

(17) この時、伊蔵の最後の弟子音吉も、一緒に移り住んでいる。

(18) 明治20年3月25日のおさしづにより、本席と定められた。

(19)『稿本天理教教祖伝逸話篇』「四八　待ってた、待ってた」参照。

(20) おさしづに「休息所々々、守《も》りの芯と言うたであろう」(明治34年6月17日)とある。

(21) 明治40年6月6日(陰暦4月26日)のおさしづにより、ナライトは「さづけ一点の順序」を運ぶことになり、3日後の6月9日、本席・飯降伊蔵が出直す。

(22)『稿本天理教教祖伝逸話篇』「三六　定めた心」参照。

るから、結構と思うて、これからどんな道もあるから、楽しんで通るよう」

とのお言葉を頂いていた。(22) りんは、当初、月のうち十日ほど河内から詰めていたが、

「守《も》りが要る」

との教祖のおおせにより、明治十二年からは、教祖のお守り役として引き寄せられ、(23) 髪を結い上げること、肩をもむことなど、身の回り一切の世話をおおせつかった。

なお、りんは針の芯(24)としてのお許しも頂いている。

ほかにも、山中忠七の娘こいそは、明治十一年正月から、教祖のもとへ引き寄せられ、主に赤衣《あかき》を縫うことなどを日課としていたようである。(25)

こうしたお側の女性たちのほか、男性たちもいた。

岡田与之助（のちの宮森与三郎）は、明治七年、十八歳の時、腕のうずきのことからおやしきを訪ね、以来、三カ年、おやしきへ通い詰めているうちに、

「ここに居《い》いや」

とのお言葉を頂いたので、おやしきに寝泊まりするようになったという。(26) 明治十二年、十九歳から詰めていた高井猶吉らとともに、おやしきへ帰ってくる信者たちの世話どりなどにあたっていたようである。(27)

ほかにも、おやしきに住み込んではいないが、文久四年正月に引き寄せられ、その年の春に、(28) 扇、御幣《ごへい》、肥まるきりのさづけを頂いていた山中忠七なども、熱心に通い詰めていたようである。

また、同じ元治元年ごろから信仰し始め、その後、事あるたびに外部との折衝な

(23)『稿本天理教教祖伝逸話篇』「六五　用に使うとて」参照。

(24)「針の芯」とは、教祖の赤衣《あかき》の縫い初めに、りんの一針が入らなければ、だれも縫うことはできないという特別のお許しのこと。

(25)『稿本天理教教祖伝逸話篇』「五九　まつり」「八四　南半国」参照。

(26)『稿本天理教教祖伝逸話篇』「四〇　ここに居いや」参照。

(27) 明治9年から15年まで、おやしきでは宿屋兼風呂屋が営まれており、高井猶吉や岡田与之助たちは、朝早くから食事の給仕や薪《まき》割り、買い出しなどもしていたようで、教祖のお話を聞かせてもらうのはいつも夜更けであったという。なお、明治13年の転輪王講社の出願の際、秀司のお供をしたのも与之助であった。

どに努めたりした山澤良治郎(29)は、明治十四年の秀司出直し後、後見役のように家事万端の取り締まりにあたっていた。

こうして、教祖の思召により、逐次おやしきへ人々が引き寄せられていくが、その目的はつとめ人衆を寄せるという構想からであったと思われる。その人々がすべて、いわゆるつとめ人衆であったかどうかは定かでないが、明治十四年につとめ人衆の紋が配られており、翌十五年十月には毎日おつとめがつとめられている(30)。

また、慶応三年に教えられたみかぐらうたの十二下り目の最後に、

　　十ド　このたびいちれつに　だいくのにんもそろひきた

と予言されているが、この十五年に、その地歌が最終的に完結をみた(31)のも興味深い。

●

おやしきに詰める人がいる一方、それぞれの土地で熱心に信仰する人々もいた。明治十二年に大阪の井筒梅治郎、阿波(徳島)の土佐卯之助、十三年に河内の松田音次郎、備中《びっちゅう》(岡山)出身で大阪在住の上原佐吉、十四年は大和の山田伊八郎、京都の深谷源次郎、十五年には大和の鴻田忠三郎、大阪の小松駒吉、さらに十六年になると遠江《とおとうみ》(静岡)の諸井国三郎、神戸の清水与之助らが、引き寄せられている。

また、明治十五年、秀司の妻まつゑの姉にあたるサクの見舞いに、河内の松村栄治郎宅へ赴かれた際には、

「ここは、詣《まい》り場所になる。打ち分け場所になるのやで」

と、その地方における信仰の拠点のこともおおせになっている。

(28) この年の春（2月20日、元治に改元）には山中忠七と仲田儀三郎が、その年の12月には辻忠作、村田幸右衛門らも、さづけを頂いている。

(29) 良治郎は、大和一国の神職取締役を務めていた守屋筑前守《もりやちくぜんのかみ》といとこの間柄で、元治元年の大和神社のふしや、慶応元年の助造事件の時、折衝役として奔走し、慶応3年の吉田神祇管領《じんぎかんりょう》認可を願い出る際にも、守屋とともに秀司に同道している。

(30) 明治14年、教祖はお召し下ろしの赤衣で作られた紋を、たまへ（当時数え5歳）を通じて配られた（『稿本天理教教祖伝』157ページ参照）。また、15年10月12日から同26日まで、教祖自ら、つとめ場所の北の上段の間にお出ましのうえ、毎日おつとめが勤められた。

(31) 第8章「歌と踊りと」、第16章「いちれつすまして」参照。

## おやしきに引き寄せられた初期の主な人々

| 氏名 | 職業 | 入信時期 | 入信当時の年齢 | 動機 |
|---|---|---|---|---|
| 西田伊三郎 | 農業 | 文久元年ごろ | 36歳 | 妻コトの歯痛 |
| 村田幸右衛門 | 農業 | 2年ごろ | 42歳 | 本人の腹痛 |
| 仲田儀三郎 | 農業 | 3年2月 | 33歳 | 妻かじの産後の患い |
| 辻忠作 | 農業 | 3年3月 | 28歳 | 妹くらの気の病 |
| 山中忠七 | 農業 | 4年正月 | 38歳 | 妻そのの痔病 |
| 飯降伊蔵 | 大工 | 元治元年5月 | 32歳 | 妻おさとの産後の患い |
| 山澤良治郎 | 農業 | 元年 | 34歳 | 実姉山中そのの霊救 |
| 桝井伊三郎 | 農業 | 元年 | 15歳 | 母キクの身上 |
| 前川喜三郎 | 農業 | 元年 | 31歳 | 妻たけの胃痛 |
| 上田平治 | 農業 | 元年 | 不祥 | 義姉山中そのの霊救 |
| 岡本重治郎 | 農業 | 元年 | 46歳 | 義姉山中そのの霊救 |
| 松尾市兵衛 | 農業 | 慶応2年5月 | 32歳 | 妻はるの産後の患い |
| 喜多治郎吉 | 農業 | 明治元年12月 | 17歳 | 本人の眼病 |
| 松村栄治郎 | 士族 | 4年正月 | 30歳 | 妻サクのたちやまい |
| 泉田藤吉 | 合力 | 4年春 | 32歳 | 霊救のうわさを聞き参拝して |
| 山本利三郎 | 農業兼綿商 | 6年夏 | 24歳 | 本人の相撲の打ち身 |
| 増井りん | 農業 | 7年12月 | 32歳 | 本人の眼病 |
| 西浦弥平 | 農業 | 7年 | 31歳 | 長男楢蔵のジフテリア |
| 宮森与三郎 | 農業 | 7年 | 18歳 | 本人の左腕痛 |
| 板倉槌三郎 | 農業 | 9年8月 | 17歳 | 教理に感動して |
| 上田嘉助 | 農業 | 9年11月 | 47歳 | 4女ナライトの気の病 |
| 井筒梅治郎 | 綿卸商 | 12年7月 | 42歳 | 長女たねの病 |
| 土佐卯之助 | 回船業 | 12年秋 | 25歳 | 本人の心臓脚気 |
| 高井猶吉 | 桶屋奉公 | 12年 | 19歳 | 本人の悪性感冒 |
| 松田音次郎 | 農業 | 13年 | 37歳 | 友人の霊救、みかぐらうたに感じて |
| 上原佐吉 | 畳表商 | 13年 | 不祥 | 教理に感じて |
| 梅谷四郎兵衛 | 左官 | 14年2月 | 35歳 | 兄浅七の眼病 |
| 山田伊八郎 | 農業 | 14年5月 | 34歳 | 山中忠七長女こいそと結婚して |
| 深谷源次郎 | 鍛冶 | 14年9月 | 39歳 | 教理の明朗さに感じて |
| 鴻田忠三郎 | 農業 | 15年3月 | 55歳 | 2女りきの眼病 |
| 小松駒吉 | 大工 | 15年6月 | 18歳 | 本人のコレラ |
| 諸井国三郎 | 殖産業 | 16年2月 | 44歳 | 3女甲子の咽喉痛 |
| 清水与之助 | 空瓶業 | 16年5月 | 42歳 | 兄伊三郎の足痛 |
| 上村吉三郎 | 学務員 | 16年 | 46歳 | 本人の足怪我 |

「教弟列伝素材」(『復元』創刊号)を参考に作成。

ところで、教祖の思召によりおやしきに引き寄せられていたこれらの人々は、どこに起居していたのであろう。つとめ場所も考えられるが、明治十二年に竣工している小二階《こ》も使われていたと思われる。(32)

さらに十五年には、御休息所の普請が始まっている。

## ●御休息所へ

**教祖は、十一月二十五日、陰暦十月二十六日の夜、親神のお指図のまにまに、刻限の来るのを待って、中南《なかみなみ》の門屋(33)から新しい御休息所へ移られた。**

（二百六十六ページ）

御休息所は、明治十六年五月に棟上げが行われ、秋には内造りが完成しているが(34)、そもそも、この普請は、どういう目的で始められたのであろう。

つとめ場所の普請の際は、教祖のご指示があったが(35)、御休息所の場合はなかったのであろうか(36)。「御休息所」という名称から推して、むしろ、人々の間から発意されたものとも考えられる。

当時は官憲の取り締まりもあり、また多くの人々が訪ねるようになっていたから、出入りの激しい中南の門屋から、奥の方へお移りいただこうと、お側の人々が心を配ったのではなかったろうか。

(32)『稿本天理教教祖伝逸話篇』「一二六　講社のめどに」に、梅谷四郎兵衛が小二階で寝泊まりしていたという記述が見られる。

(33) 第14章「門屋に出て」参照。

(34) 御休息所は、4畳(西側)と8畳(東側)の二間で、教祖は、一段高くなっている4畳の間にお住まいになった。普請に際しては、山田伊八郎が用材を献納し、飯降伊蔵が造り、壁は梅谷四郎兵衛が受け持ったという。

(35) 伊蔵のお社献納の申し出に対し、「社はいらぬ。小さいものでも建てかけ」に始まり、「これから話しかけたら、出来るまで話するで」とおおせになっている。

『稿本天理教教祖伝』には、「(官憲の取り締まりに対して) これ程御苦労下さる教祖に、何とかして、少しでもゆっくりお休み頂きたい、との真心が凝《こ》って、御休息所の普請となった」とある。

御休息所へ移られる夜の情景は、『稿本天理教教祖伝』に詳しく、「人々の真心のこもった御休息所、しかも刻限を待って初めてそこへ入られた教祖にお目に掛《かか》って、人々の心は、霜の置く寒夜《かんや》にも拘《かかわ》らず、明るい感激に燃え立った」と、感慨深く記されている。大勢の人々が、庭いっぱいに講名の入った提灯《ちょうちん》をつけてお迎えしたようであるが、当日は、陰暦の二十六日、しかも十月のその日ということもあって、昼間の祭典に参拝していた人々がそのまま残っていたのであろう(37)。

この夜、教祖は、御休息所に移られるに際して、「親神のお指図のままに、刻限の来るのを待って」、真夜中に移られている。この刻限とは、移られるための一定の時間とも理解できるが、むしろ、遠大な教祖のご構想のなかでの、刻限とみるべきであろう。

前年の明治十五年にはおふでさきの筆が擱《お》かれ、みかぐらうたも完結しており、それ以前の明治十三、四年ごろから、教祖が急き込まれていた「こふき」も、未《いま》だ不十分ながら、お側の人々によってまとめられている。それは同時に、お側の人々が教えの取次人(38)として成人してきた証でもあり、つとめ人衆が引き寄せられてきたことを意味するものでもあったのであろう。

御休息所に移られた教祖は、上段の間に座られ、眞之亮とたまへ(39)を左右におすえ

(36)「永尾芳枝祖母口述記」(『復元』第3号所収)によると、教祖は「休息所とも言へば遊び場所とも言ふで」とおおせになったという。

(37) 大竹芳松「入信の頃」(『復元』第15号所収)には、「私等の滞在中、即ち十六年の旧十月二十六日の朝ほの暗い中に、教祖様は、立派に新築したお座敷へ、お移りになりました。丁度鶏が鳴いていましたのを覚えています。お移りの時は、角材の上へ板を敷いて、その上をお渡りになりました。御休息所の天井裏には、白い紙の折鶴を沢山糸でつるしてありました」とある。

(38) 取次については、おさしづに「取次をやの使いなら、をやの代わりや」(明治21・8・6)ともある。

(39) 明治10年2月5日の生まれ。秀司とまつゑの一人娘で、眞之亮

になっているが、このことは、のちに道の芯となるべき眞之亮を、表に立てていくというその立場を、参集した人々に明示されたのではなかったろうか。

こうしたことからも、教祖が御休息所に移られた時旬は、たすけ一条の態勢がほぼ整えられた段階に対応しているように思える。

また、教祖が出られた後の中南の門屋には、伊蔵一家が、それまでの小二階の階下から移り住むようになっている。[40] ここにも、のちの本席・飯降伊蔵にかけられる深い思召をうかがうことができる。

こうして、おやしきでは世界たすけに向けての新たな展開の一つの節目がみられたが、そのなかでも、官憲の取り締まりは緩むことなく続いていた。

とはいとこにあたる。二人は明治23年12月7日（陰暦10月26日）に結婚する。

(40) 伊蔵一家は、当初、内蔵の二階に住んでいたが、御休息所普請の議が起こってからは、小二階の階下に移り住んでいた。

**明治16年ごろのおやしき**

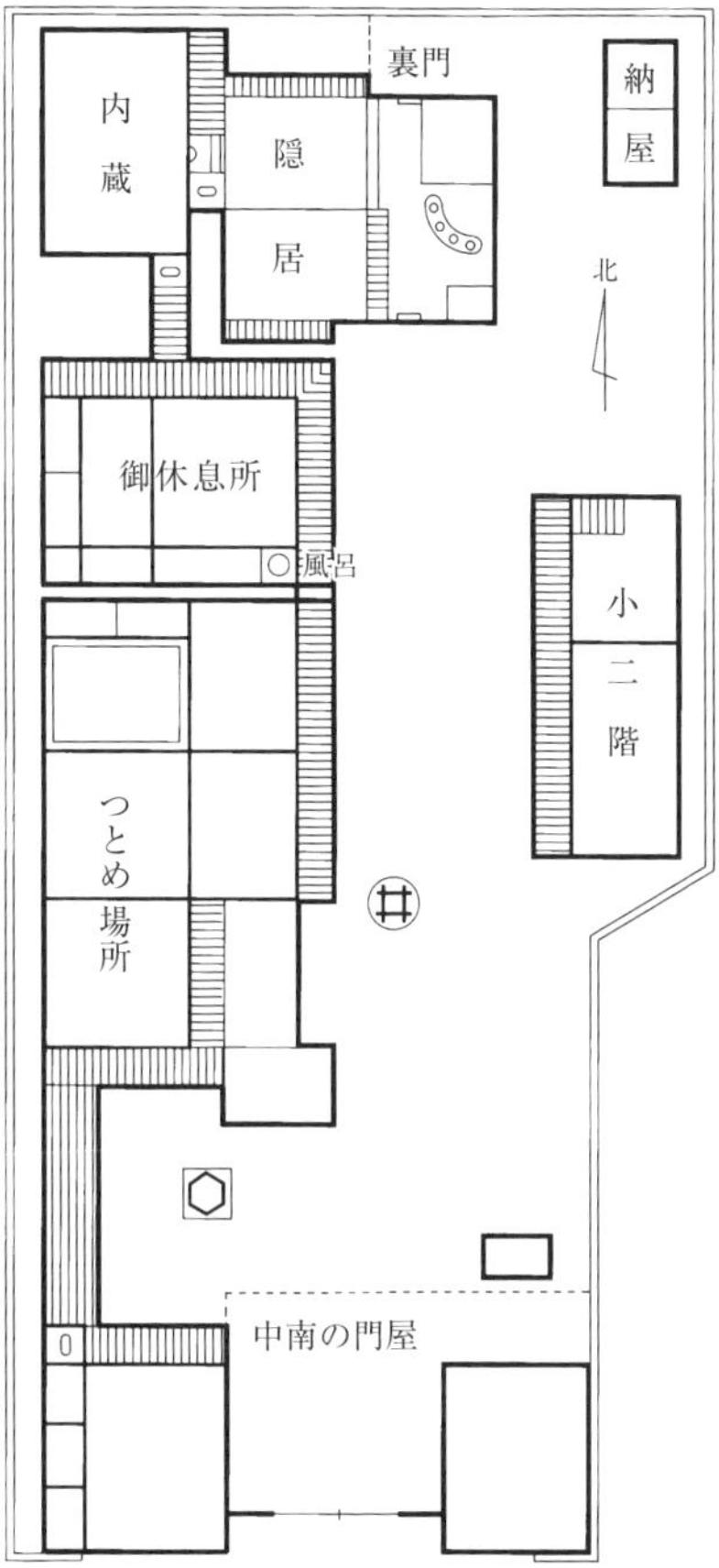


つとめ場所は元治元年、中南の門屋は明治８年、小二階は同12年、内蔵は同13年ごろ、そして御休息所は同16年に建てられた。

## 第十九章

# 御苦労……連れに来るのも

おやしきに詰める人々が、次々と引き寄せられ、教えの取次人として次第に成人していくなか、明治十六年、教祖は、中南の門屋から御休息所に移り住まわれた。その一方では、官憲による取り締まりが一段と厳しさを増し、教祖も、たびたび監獄署などへ御苦労くだされることになる。

**教祖は、八十の坂を越えてから、警察署や監獄署へ度々《たびたび》御苦労下された。しかも、罪科《つみとが》あっての事ではない。教祖が、世界たすけの道をお説きになる、ふしぎなたすけが挙がる、と言うては、いよいよ世間の反対が激しくなり、ますます取《と》締《しま》りが厳しくなった。**

（百四十一ページ）

そもそも、おやしきへの迫害干渉は、教えが近在の村々へと伸び広がるころから、すでに始まっており、その後も途絶えることはなかった。(1) そうしたなか、特に明治十四年（一八八一年）ごろからは、官憲による取り締まりが厳しくなっていった。

こうした事態については、明治七年五月から筆を執られたおふでさき第五号に、

（1）文久2年ごろ、おやしきの西方約10キロにある並松《なんまつ》村の稲荷《いなり》下《さ》げが金銭の無心に来たのが、記録に残る最初の干渉であろう。第7章「たすけに出る」参照。

みへるのもなにの事やらしれまいな
高い山からをふくハんのみち
このみちをつけよふとてにしこしらへ（五 57）
そばなるものハなにもしらすに
このとこへよびにくるのもで、くるも（五 58）
神のをもハくあるからの事（五 59）

と、すでに予告されている。

また、『稿本天理教教祖伝』にも、「いよいよ世界に向《むか》って、高い山から往還《おうかん》の道をつける。警察の召喚も出張も、悉《ことごと》くこれ高山たすけを急込《せきこ》む親神の思召に他《ほか》ならぬ、と、今後満十二年に亙《わた》り、約十八回に及ぶ御苦労を予言され、又、その中にこもる親神の思召の真実を宣《の》べ明かされた。今や将《まさ》に、教祖に対する留置投獄という形を以《もっ》て、高山布教が始まろうとしている」と記されてある。

やがて、明治七年陰暦十月の大和神社での神祇《じんぎ》問答を発端に、その迫害干渉は年を追って厳しくなっていく(2)。

教祖ご自身に及ぶ官憲の取り調べや拘留について、『稿本天理教教祖伝』では、特に「御苦労」と称されているが、そのほとんどが、明治十四年から十七年までの四年間に集中している（287ページ表参照）。

ここでは、当時の社会背景も踏まえながら、いわゆる御苦労の道すがらをたどってみることにする。

（2）第10章「山いかゝりて」参照。

## 「御苦労」と称されるわけ

『天理教教典』『稿本天理教教祖伝』編纂において、「御」という敬語の文字はことごとく使わないという方針があったようであるが（二代真柱著『天理教教典講話』）、教祖の監獄や警察への留置投獄に限り、あえて「御苦労」と称されている。

この点について、二代真柱のもとで編纂の中心的存在にあった上田嘉成氏による「御伝講話第九章御苦労」（『みちのとも』昭和35年1月号所収）には、「この〝御苦労〟という文字は、教典の編纂当時以来、教祖が監獄署、警察署へお出まし下された事を表わす文字として、この文字を使わせて頂こうという事に定まっている文字であります。勿論教祖御自身は、ちよつとも苦労とも何とも思うておられないのであります。人間の方がみて、さぞかし御苦労であつたとお偲《しの》びする、その意味においての〝苦労〟です」と述べてある。

なお、「こふき話」の中に「このはなしやどりこむのも月日さま　む《生》まれでるのも月日ごくろふ」（山澤本）とある。これは、月日親神が人間創造に際して、長の年限、心尽くしきられたことを、「ごくろふ」と表現されているものと悟れる。

## ●根比べ

明治十四年、かんろだいの石普請が始まって間もない六月と九月のふしの後(3)、十月七日には、「多数の人々を集めて迷わす」との理由から、教祖は丹波市《たんばいち》分署へ拘引され、科料に処せられた(4)。官憲の干渉が教祖の身に及んだのは、明治八年の御苦労以来、六年振りのことである。

（3）6月は巡査6人がやって来てまつゑ、さらには教祖に尋問説諭し、9月には止宿人届の手違いを理由にまつゑが呼び出されたが、不在のため山澤良治郎が呼び出され75銭の科料に処された。

明けて十五年、年の初めから、教祖は、

「合図立合《あいずたてあ》い、合図立合い」

とおおせになっているが、この年から一段と官憲の取り締まりが厳しくなる。

以降の官憲の一連の動きは、この年の一月に、新しい刑法が施行されたことと大きく関係するようである。従来の違式詿違《いしきかいい》条例が修正された違警罪のもと、その処断は警察の権力に委ねられていた（286ページコラム参照）。

そうした社会背景もあってか、明治十五年二月、「衆庶《しゅうしょ》を惑わす」(5)との理由により、教祖はじめ六人の人々が奈良警察署から呼び出され、科料の言い渡しを受けている。(6)

この時立ち合った警官が、

「本官がいか程やかましく取り締《しま》るとも、その方等《ら》は聞き入れない。その方等は根限り信仰致せ。その代《かわ》りには、本官も根限り止《と》める。根比《こん》べする」

と言明したという。その後の経過は、信仰する人々と、取り締まる警察側との、まさに根比べであったといえるのかもしれない。

人々の真実により二段までできていたかんろだいの石が、警察の手で没収されたのは、それから三カ月後の五月十二日のことであった。(7)かんろだいの石が取り払われてからは、官憲の取り締まりの対象は直接、教祖の身に及ぶことになる。

一方、このころには、おやしきばかりでなく、地方の信者たちの間においても、警察沙汰《ざた》になる事件が相次いでいた。大阪での我孫子《あびこ》事件や泉田《いずみた》事件(8)などが、それ

（4）ほかにまつゑ、小東政太郎、山澤良治郎、辻忠作、仲田儀三郎も拘引され、それぞれ50銭の科料に処された。

（5）『復元』第37号「明治十五年の迫害」参照。

（6）教祖に2円50銭、その他には1円25銭の科料。

（7）第16章「いちれつすまして」参照。

（8）我孫子《あびこ》事件は、明治15年9月中旬ごろ、和泉国豊中村我孫子（現・泉大津市）で、天理教の一信者がおたすけにあたった病人が死亡したため、刑事事件にまで発展した。結局は無罪となったが、9月30日付の「大阪朝日新聞」に報じられた。泉田事件は、同じ年の10月20日（陰暦9月9日）、天恵《てんえ》四番講元・泉田藤吉が熱心のあまり警官と激論した事件。

### 「大阪新報」の記事

「近頃奇怪《ききかい》なる一老婆こそ現れたり処《ところ》ハ大和国丹波市辺《あたり》に齢九十有余の老婆あり自から転輪王帝と号し昼間は何処《いずこ》へ潜伏なすものか更に影だに見せざるも毎夜十二時を過ぐる頃忽然《こつぜん》と現れ出で頭《かしら》にハ蓬々《ほうほう》たる霜髪《しらが》を振乱《ふりみだ》し身には皎々《こうこう》たる白衣を纏《まと》ひ諸所を徘徊《はいかい》しながら『万代《よろづよ》の世界一れつ見はらせば棟《むね》の分かれた物がないぞや』と妙音を発して口吟《こうぎん》し且《かつ》我《わが》宗門の徒《と》に帰するものは一百五十年の長命を授くべしとあられもなき妄言《ぼうげん》を吐くにぞ近郷の愚民等ハこれぞ天より降《くだ》り玉《たま》ひし神女ならねば山より出で玉ひし仙人なるべしと神仏は棚に上げ一心不乱に此《この》老婆を信仰する者現《げん》に該《その》地方には三百余名もありその影響は遠く我が本田《ほんでん》及び九条辺へも波及しこの邪説に惑わされ妄信者となりしものまた二百余名の多きに至りたる而巳《のみ》ならずその内五十余名は丹波市地方に出張し親志《したし》く老婆の体を拝み日夜これを守護するよしまた近々妄信者一同申志《もうし》合《あわ》せ甘露台と名づくる高さ三丈余の物を石にて造り老婆に奉納せんと協議中なるが世には愚民も多きものなりとの投書を得たり信憑《しんぴょう》ハもとより保証せざるも記して該地方の人に問ふ」（明治14年7月17日号＝第一〇七六号）

である。

ことに我孫子事件は、当時の「大阪朝日新聞」に取り上げられ、地方紙にまで報道されたようである。また、この事件が起きる前年七月の「大阪新報」にも、教祖を嘲弄《ちょうろう》するような記事が見られる（右コラム）。これが、本教関係記事が新聞に載った最初であろう。

我孫子事件の後、教祖は、人々の動揺を払拭《ふっしょく》するように、

「さあ海越え山越え〱〱、あっちもこっちも天理王命、響き渡るで響き渡るで」

（9）当時の奈良警察署は、猿沢池の南に位置する東寺林《ひがしてらばやし》町の旧柳生《やぎゅう》藩南都屋敷に設けられていた。なお、明治9年から13年までは、興福寺金堂内にあった。208ページの注（22）参照。

（10）警察のとがめもなかったが、最終日の10月26日は陰暦9月15日で、石上《いそのかみ》神宮の祭りに用いる餅米を炊き間違えたり、おつとめ中に琴につまずいたりしたので、人々は何か変わったことがなければよいがと案じてはいた（『ひとことは

とおおせになったというが、まさに、このお言葉どおりに、その御名が各地に響き渡ったわけである。しかしそれは、新たな取り締まりの火種ともなった。

この両事件が警察を刺激したらしく、大阪府からの指令を受けた奈良警察署の警(9)官が、おやしきへ取り調べにやって来たのは、泉田事件から一週間後の十月二十七日のことであった。奈良警察署は所轄の丹波市分署へ指令を出してもよかったのであろうが、直接取り調べに出張している点に、おやしきに対する目の光らせぐあいが察せられる。

あたかも、おやしきでは官憲の取り締まりに頓着《とんちゃく》なく、十月十二日から、その前日の二十六日まで、教祖自らお出ましになって、毎日おつとめがつとめられていた(10)が、取り調べの警官により、祭祀《さいし》用具一式が没収されてしまう。また、これを機に、曼陀羅《まんだら》などの転輪王《てんりんおう》講社の様式も一掃された(11)。

このことは、先の泉田事件と同じ時刻に、教祖は、

「さあ〳〵屋敷の中〳〵。むさくるしいてならん〳〵。すっきり神が取払《とりはら》ふで〳〵、さあ十分六だい何《なん》にも言ふ事ない、十分八方広がる程に。さあこの所より下へも下《お》りぬもの、何時何処《いつどこ》へ神がつれて出るや知れんで」

とおおせになっていたというが、そのお言葉どおりの展開になったことになる(12)。

さらに、「何時何処へ神がつれて出るや知れんで」とのお言葉どおり、翌十月二十八日夜、教祖はじめ五人に、奈良警察署から呼び出しが来た(13)。

「拘留」との申し渡しを聞いていた眞之亮たちは自宅謹慎ぐらいに思っていたが、

なし』参照)。

(11) 10月26日(陰暦9月15日)には大神楽《だいかぐら》の鑑札も受けていたが、翌日になって「神仏混合して、怪しき事をする」(『正文遺韻』)との理由で祭祀用具一式が没収された。また、高井猶吉談(『復元』第37号所収)には、「(警察が陰暦9月)十六日にやって来て上段の間に白い幄《まく》が張つてあつたのを開けよつた処《ところ》が中に星曼荼羅《ほしまんだら》があつたので、『神さんかと思たら仏教やないか』と言うて一切の道具を皆取つて了《しま》われた」とある。

(12) 『正文遺韻』には、「十分六台と仰せられたは、十六日の事かいな。六台はほんにはじまりや、十六日の事が起《おこ》ると云《い》ふ事を、おはなしあつたのやなあ」ともある。

(13) 翌29日未明、教祖は人力車で、山澤良治郎、辻忠作、仲田儀三郎、山本利三郎、森田清蔵は徒歩で奈良警察署へ向かった。

教祖ご一行はそのまま、警察署の北方にある監獄署に留置されてしまう。(14)

教祖拘留中、眞之亮たちは朝一番鶏の声とともに、おやしきを出て徒歩で奈良まで差し入れに行き、所用を済ませて帰路につくころは、いつも夜になっていたという。その他の人々からの差し入れも、毎日続いたようである。(15)

獄中での教祖は、監獄署から支給されるものは、水一滴も口にされなかったと伝えられる。心配した獄吏《ごくり》が、体力を確認しようと手を差し出したところ、獄吏の手が痛むほどの力で握り返されたという。(16) こうしたことは、たとえその身は獄舎の中にあっても、自らが「月日のやしろ」としてのお立場にあることを、あらためて周囲の人々に知らしめるためのご行動であったとの理解もできる。

十一月九日、教祖がお帰りの時は、お迎えの人力車が百五、六十台、人出は千数百人であったという。(17) 教祖は、「よし善《ぜん》」に寄られてから（291ページコラム参照）、それらの人力車のお供で、大勢の人々に迎えられておやしきへお帰りになっている。

この時、教祖と入れ代わるように、飯降伊蔵が、弟子音吉の寄留届《きりゅうとどけ》を怠ったという理由で、奈良監獄署に拘留されている。寄留届を怠っただけで十日間も留置されるとは、かなり厳しい処断であったとみられる。

奈良に護送される伊蔵と、おやしきへ向かう教祖お迎えの一行とが、奈良興福寺の文珠《もんじゅ》の前(18)で行き違った時、ご一行のなかにいた娘よしゑに向かって、伊蔵が「行ってくるで」と大声で呼びかけると、よしゑは「家《うち》の事は心配いらぬさかえ、ゆっくり行《い》てきなはれ」と見送ったという。この父娘のやり取りのなかに、厳しい取り

（14）監獄署は、現在の梅谷大教会の西側（西笹鉾町《にしささぼこ》）にあった。「大阪府統計書」によると、奈良警察署の明治15年の違警罪処断人員は拘留12人（うち女性1人）、科料134人（同9人）とある。

（15）明治15年の御苦労の際には、山田伊八郎が「チリ紙　壱折」の差し入れをしている。グラビア246ページ参照。

（16）力比べの逸話は、『稿本天理教教祖伝逸話篇』に「六八　先は永いで」「七五　これが天理や」「一一八　神の方には」「一三一　神の方には」「一五二　倍の力」「一七四　そっちで力をゆるめたら」など随所にみられる。

（17）『大和国町村誌集』によると、明治14年現在の各地の営業人力車数は、おやしきに近い櫟本《いちのもと》の30台をはじめ、奈良に259台、郡山142台、三輪28台があったようである。

締まりにも臆《おく》することなく、教祖への信頼感に支えられて通っている当時の人々のおおらかな心持ちと、どんな障害にも立ち向かって行こうとする意気込みが感じられる。

教祖が監獄署からお帰りになる前日、蒸風呂《むしぶろ》が廃業となり、(19)引き続いて、五日後の十一月十四日ごろには宿屋が廃業となっている。この様子を、『稿本天理教教祖伝』には、「(蒸風呂と宿屋の)取払《とりはら》いと同時に、今迄《いままで》ほこりを重ねて来た人々は皆、身上にお障《さわ》りを頂いた。それを見て、人々は、成程《なるほど》、これが合図立合《たてあ》いと、かねがね仰せられていた事であるなあ、屋敷の掃除とはこの事か。と、感じ入った」と記されている。

先の十月二十七日の取り調べで、転輪王講社の様式が取り払われたの(20)に続いて、蒸風呂と宿屋も廃業となるに至り、おやしきは、教祖の思召どおりの本来の姿に近づいていくことになる。

しかし、それは同時に、官憲の注視をまともに受けることにもなるが、教祖は、「何も、心配は要らんで。この屋敷は親神の仰せ通りにすればよいのや」とおおせられて、警察の干渉など、まったく意に介されなかったという。

## ●連れに来るのも

翌明治十六年になると、警察は、おやしきに人を寄せてはならぬとし、いっそう

(18) 興福寺金堂前の「花の松」と呼ばれる松の大木(現在あるのは2代目)あたりと伝えられる。

(19) 風呂へ薬袋を投入されたのを機に、11月8日廃業。『稿本天理教教祖伝』244～245ページ参照。

(20) 正式に地福寺との関係が断たれたのは、同年の12月14日。

厳しい圧迫を加えてきた。十六年といえば、教祖が御休息所へ移られる年であるが、この年の前半は、教祖ではなく、戸主である眞之亮が警察の取り調べに応じている点にも注目したい。

眞之亮は、三月のふしの際におふでさきが没収されかけた時も、「焼いて了《しま》いました」と答え、(21) 六月のふしの際も手続書をとられただけで、(22) なんとかその場は切り抜けてはいた。

しかし、八月十五日の雨乞いづとめで拘引された折には、「(丹波市)分署では、だんだんと取調《とりしら》べられたが、かぐらの理を説くには、教理を説かねばならず、教理を説くには、どうしても、教祖に教えて頂いたという事が出て来る」(23) というわけで、結局は、取り締まりの対象は教祖ということになり、その夜、教祖だけが、丹波市分署に留置されてしまう。(24)

この時の処罰の理由は、「近村へ降る雨まで皆、三島村へ降らせて了ったという理由により、水利妨害、又、街道傍《ばた》でつとめをしたから道路妨害」(25) という名目であったが、こじつけもはなはだしいといえよう。当時の法令では、警察で即決処分し、刑を科することが認められており(286ページコラム参照)、それに従ったのであろうが、「水利妨害」という名目は、雨乞いづとめの守護を、警察が認めたということにもなり、興味深い。

この年の近畿地方は干ばつが続いたらしく、(26) 先のふしから一週間も経っていない八月二十一日、今度は河内《かわち》の村人たちの懇請を受けて、人々は雨乞いづとめをして

(21) 3月24日、鴻田忠三郎がおふでさきを写していたところを巡査に見つかり、眞之亮はおふでさきと手続書を持参し出頭せよと命じられた。しかし、巡回の巡査から「焼いて了《しま》え」と言われたから、そう答えたのであった(『稿本天理教教祖伝』251～253ページ)。

(22) 6月1日(陰暦4月26日)、神前に供えてあった小餅に1銭銅貨が混じっていたのを口実に。眞之亮の手記によると、巡査は「神の社及び祖先の霊璽《れいじ》」を焼いたうえ、眞之亮に無理やり手続書を書かせたようである。

(23)『稿本天理教教祖伝』263ページ。

(24) 雨乞いづとめに参加した辻、仲田、高井らは62銭5厘、その他の人々は50銭、おまさは1円の科料に処され、深夜午前2時過ぎに釈放されたが、教祖だけは午前10時ごろまで留置された。

いる。(27)打ち続く厳しい取り締まりのなかであったが、たとえ、拘引されても説諭されても、それ以上に、当時の人々の信仰は勇み立っていたのであろう。

眞之亮の手記にも、「此《この》時分、多き旹《とき》ハ夜三度昼三度位《ぐらい》巡査の出張あり。……参《さん》詣《けい》の人あれバ、直ちニ警察へ連れ帰り、説諭を加へたり。然《しか》るニより、入口〳〵ニハ、参詣人御断《おことわ》り、の張札《はりふだ》をなしたるも、信徒の人参詣し、張札を破るもあり。参詣人来《きた》らざる日ハ一日もなし、巡査の来らざる日もなし」と記されており、厳しい干渉のなかをも、おやしきに帰らずにはおれない当時の人々の熱意のほどがしのばれる。

振り返ってみると、元治元年（一八六四年）のつとめ場所の普請の際、棟上げ直後の大和《おおやまと》神社のふしを機に、信仰の浅い人々は散ってしまい、真実の人だけが残ったことがあった。(28)そのころと比べると、この時期の迫害干渉は、一段と過酷な状況にあったと思われるが、これも同じく、当時の人々に課せられた親神の信仰的試練であったのではなかろうか。(29)教祖のいわゆる御苦労の思召も、一つはそこにあったと思われてならない。このころの人々は、教祖の御苦労のたびごとに、結束していった感がある。

それまで、逐次おやしきへ人々が引き寄せられていき、教祖が御休息所へ移られるころには、おつとめ勤修《ごんしゅう》の態勢づくりは、ほぼできていたとみられる。しかし、官憲の取り締まりが厳しくなるにつれて、おつとめをつとめることも、思うにまかせぬ状況となっていく。そこで、教祖が次の段階として人々に求められたものは、

(25)『稿本天理教教祖伝』264ページ。

(26)「明治十六年は七月から九月まで照《てり》がちで、添上郡大安寺村（現奈良市）の如きは最も甚しく二百石の田地にて籾《もみ》五石ぐらいしか出来なかったという大旱魃《かんばつ》であった」（『奈良県気象災害史』）

(27) 河内国刑部《おさかべ》村で、高井、桝井、辻、宮森、博多らがつとめたところ、高井だけが1円50銭の科料に処された。同じころ、山本利三郎も河内国法善《ほうぜん》寺村でつとめたが、こちらは無事であった。

(28) 第6章「つとめのばしょ」参照。

(29) 先の明治15年10月の御苦労の際、のちの本席・飯降伊蔵を通して、「何も案じる道やないで、よう〳〵金と銀と鉛としようもない金《かね》とふきわけたで」との刻限話があった（『ひとことはなし』）。

どんな状況下にあっても、思召どおり、おつとめをつとめるという、その精神であったのではなかろうか。

確かに、初代真柱の手記にも、「眞之亮ハ、十五、十六、十七ノ三ケ年位《くらい》、着物ヲ脱ガズ長椅子ニモタレテウツ〳〵ト眠ルノミ。夜トナク昼トナク取調《とりしら》ベニ来ル巡査ヲ、家ノ間毎《まごと》〳〵屋敷ノ角々迄《すみずみまで》案内スルカラデアル」と記されているように(30)、この時期は、一見、迫害史の様相を呈している。

しかし、このころと伝えられる教祖の逸話には、迫害史のかげりは認められない(31)。一れつ子供をたすけたいというお心だけが光って見える。

召喚に来る警官に対しても、教祖は、

「連れに来るのも親神なら、呼びに来るのも親神や。ふしから大きいなるのやで」

「この所に喧《やかま》しく止《と》めに来るのは、結構なる宝を土中《どちゅう》に埋めてあるのを、掘り出しに来るようなものである」

とおおせになって(32)、いそいそと応じられている。

教祖は、御苦労先の監獄署でも、病んでいる女性のおたすけをされており(33)、佐治登喜治良など、そのお姿を拝しただけで、言い知れぬ感動に打たれて入信を決意するに至った人もあったようである(34)。

一連の迫害干渉の御苦労は、言うならば、教祖が積極的にたすけ一条に徹せられるがゆえの迫害干渉であり、それとともに、人々の成人を促されるための御苦労であったのではなかろうか。それは、人間創造の元初まりにおいて、教えられた守護

(30)『稿本中山眞之亮伝』にも、「お爺《じ》い(飯降伊蔵のこと)に安楽椅子拵《こしら》えて貰《もろ》うて、そこで寝て居た。いつ巡査が来るか分からんからや」とある。

(31)『稿本天理教教祖伝逸話篇』には200の逸話があるが、そのうちの60余が、明治14年から17年ごろのおたすけ話である。

(32)『稿本天理教教祖伝』246ページ、『稿本天理教教祖伝逸話篇』「一五四　神が連れて帰るのや」参照。

(33)監獄署に3年も入っている女性が皮癬《ひぜん》(皮膚病の一種)を病んでいたので、教祖は息を吹きかけておたすけになったという(高井猶吉著「教祖御苦労の道」=『みちのとも』大正10年9月号所収)。

(34)『稿本天理教教祖伝逸話篇』「一四六　御苦労さん」参照。

の理を長の年限かけて、生まれかわりを重ねたように、ひたすら子供の成人を促すための、教祖の度重なる御苦労であったとも考えられる(276ページコラム参照)。

その後も、官憲の取り締まりは緩むことなく、明治十七年には、教祖は、毎月陰暦二十六日を中心に監獄署へ拘留されている。

そうしたなかでも、かねてから、

「ふしから芽が出る」

とおおせになっていたように、教祖が監獄署からのお帰りのたびごとに、お迎えの人々と人力車の数は増す一方であったという(35)。

しかし、おやしきの門まで来ると、警官の取り締まりが厳重なため、中へは一歩も入ることは許されず、人々は、ただ、教祖の後ろ姿を見送り、かんろだいのぢばを遥拝し、無量の感慨を抱いて、それぞれ国々へと引き揚げていくのが精いっぱいであった。

このころから人々の間には、これ以上、教祖に御苦労をおかけしては申し訳ない、なんとしても公認を取り付けたい、という思いが次第にわき起こっていく……。

(35)『稿本天理教教祖伝逸話篇』「一五三　お出ましの日」参照。

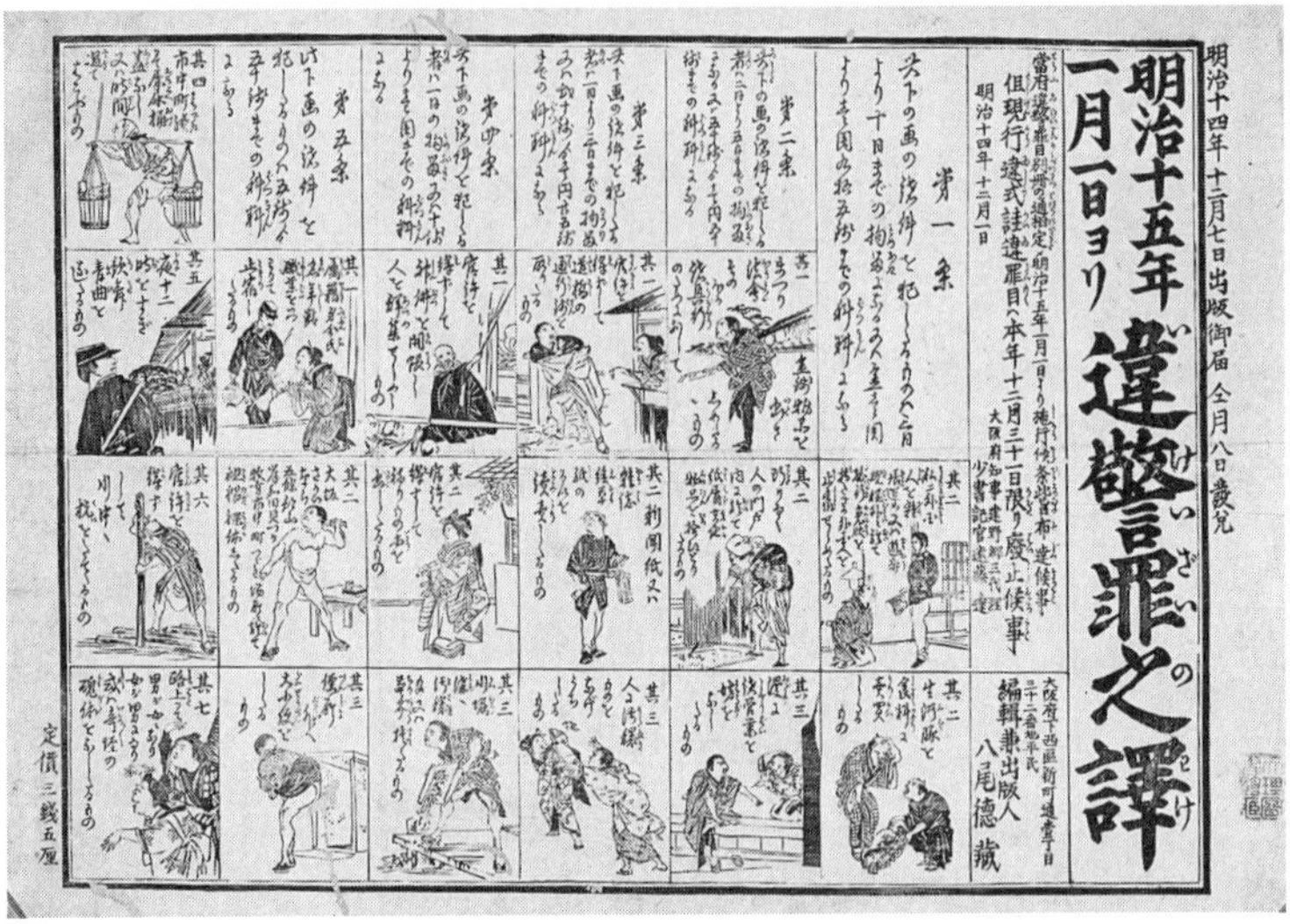


## 当時の法的背景

明治の刑法は明治十三年に発布され、十五年一月一日付で実施された。

この刑法では、犯罪は重罪・軽罪・違警罪に分けられており、教祖の場合は違警罪、つまり現在の軽犯罪で拘留または科料に処せられるというものであった。

刑法と同時に治罪法が制定され、処罰は治安裁判所の裁判の決定によっていたが、運営上の困難から十四年の太政官布告により、当分の間、警察署で裁判することとなっていた。これは治罪法施行後も効力を失わず、十八年の違警罪即決例に発展する。

上写真『違警罪之訳』（天理図書館蔵）は、明治十五年一月からの実施に向け、前年の十四年十二月に大阪で出版されたもので、処罰の内容がわかりやすく図示してある。

図中の「第四条其一」には、「官許を得ずして神仏を開帳し人を群集せしめしもの」には一日の拘留または五十銭から一円の科料を課す、とある。

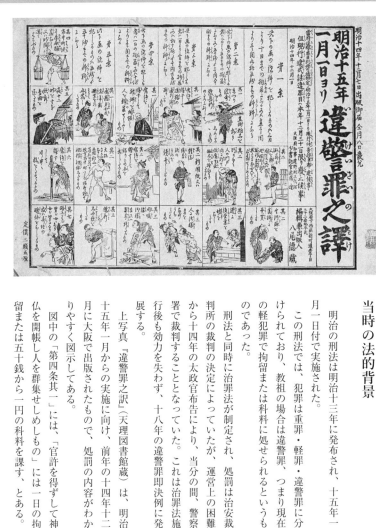

## 『稿本天理教教祖伝』にみられるおやしきへの官憲の迫害干渉

| 時　　期 | 該当官憲 | 処　罰　の　内　容 | ページ |
|---|---|---|---|
| 慶応2年のころ | 古市代官所 | 代官所へ呼び出し | 96〜97 |
| 明治7年　（陰暦10月） | 丹波市分署 | 神前の幣帛、鏡、簾、金灯籠など村役人預け | 118 |
| | 奈良県庁 | 仲田、松尾、辻を呼び出し | 118 |
| 12月23日（同11月15日） | 奈良県庁 | 教祖を山村御殿へ呼び出し（辻、仲田、松尾ら5人が同道） | 118〜119 |
| 12月25日（同11月17日） | 奈良中教院 | 辻、仲田、松尾を呼び出し、幣帛、鏡、簾など没収 | 121 |
| 8年9月25日（同8月26日） | 奈良県庁 | 教祖と秀司（辻が代理）を県庁へ呼び出し、留置（12月）教祖に25銭の科料 | 132〜134 |
| 10年5月14日（同4月2日） | 丹波市村事務所 | 神前のものを封印 | 137 |
| 21日（同4月9日） | 奈良警察署 | 秀司を呼び出し、40日間の留置と罰金 | 137 |
| 13年 | 丹波市分署 | 秀司と上田嘉治郎を1日留置 | 150 |
| 14年6月 | 巡　査 | まつゑを尋問のうえ、教祖にも尋問説諭 | 154 |
| 9月17日（同7月24日） | 警　察 | 山澤良治郎を呼び出し、手続書と75銭の科料 | 155〜156 |
| 10月7日（同8月15日） | 丹波市分署 | 教祖はじめ、まつゑ、小東、山澤、辻、仲田を拘引し、それぞれ手続書と50銭の科料 | 156 |
| 15年2月 | 奈良警察署 | 教祖はじめ、まつゑ、山澤、辻、仲田、桝井、山本を呼び出し、教祖に2円50銭の科料（まつゑらは1円25銭） | 234 |
| 5月12日（同3月25日） | 奈良警察署 | 2段までできていた「かんろだい」の石と、教祖の衣類など14点の物品没収 | 235 |
| 10月27日（同9月16日） | 奈良警察署 | 曼陀羅はじめ、祭祀用具一式没収、村総代預け | 242 |
| 29日（同9月18日） | 奈良警察署 | 教祖はじめ、山澤、辻、仲田、山本、森田を呼び出し、奈良監獄署に12日間の拘留 | 243〜244 |
| 11月8日（同9月28日） | 丹波市分署 | 飯降伊蔵を呼び出し、帯解の分署に1日留置のうえ、奈良監獄署に10日間の拘留 | 244〜245 |
| 16年3月25日（同2月17日） | 丹波市分署 | 眞之亮を分署へ呼び出し、手続書と一晩の留置 | 252〜255 |
| 6月1日（同4月26日） | 丹波市分署 | 眞之亮を分署へ呼び出し、手続書 | 255〜258 |
| 8月15日（同7月13日） | 丹波市分署 | 雨乞いづとめに参加した人々、および教祖とおまさを分署へ連行し、教祖のみ一晩の留置と2円40銭の科料（おまさは1円、辻、仲田、高井らは62銭5厘、他の人々は50銭） | 262〜264 |
| 10月16日（同9月16日） | 巡　査 | 教祖を引致、屏風と毛布を封印して戸長預け | 265〜266 |
| 17年3月24日（同2月27日） | 丹波市分署 | 教祖を分署へ拘引し、奈良監獄署に12日間の拘留（共に連行された鴻田は10日間） | 269〜271 |
| 4月19日（同3月25日） | 警　察 | 教祖を連行し、3日間の留置 | 273 |
| 5月19日（同4月25日） | 警　察 | 教祖を連行し、3日間の留置 | 273 |
| 6月18日（同5月25日） | 警　察 | 教祖を連行し、3日間の留置 | 273 |
| 8月18日（同6月28日） | 丹波市分署 | 教祖を分署へ拘引し、奈良監獄署に12日間の拘留 | 273 |
| 19年2月18日（同正月15日） | 櫟本分署 | 教祖と眞之亮、桝井と仲田を引致し、教祖は12日間の留置 | 282〜292 |

※「巡査」「警察」とあるのは丹波市分署、また「帯解の分署」とは今市分署のことであろう。

奈良警察署は当初興福寺内に設けられていたが、教祖が御苦労された明治15年ごろは旧柳生藩南都屋敷にあった（明治13～20年）。
「大阪府統計書」によると、明治15年当時の奈良警察署には警部１人、警部補４人、巡査22人、雇６人の計33人がおり、丹波市分署には警部補１人、巡査７人が配置されていた。

明治15年、奈良監獄署からお帰りの教祖のご一行と飯降伊蔵が行き違った「奈良の文珠の前」は、興福寺金堂前の「花の松」と呼ばれる松の大木（現在あるのは２代目）あたりと伝えられる。

左図は、それまで各府県まちまちであった警察官の制服が明治８年に全国的に統一されたもの。同年11月に定められた太政官達第一九五号によると、警部以上に帯剣を許し、巡査には棍棒を持たせていたが、15年12月の太政官達第六三号により、巡査にも帯剣が許されるようになった。

『和州奈良之絵図』（明治12年＝天理図書館蔵）

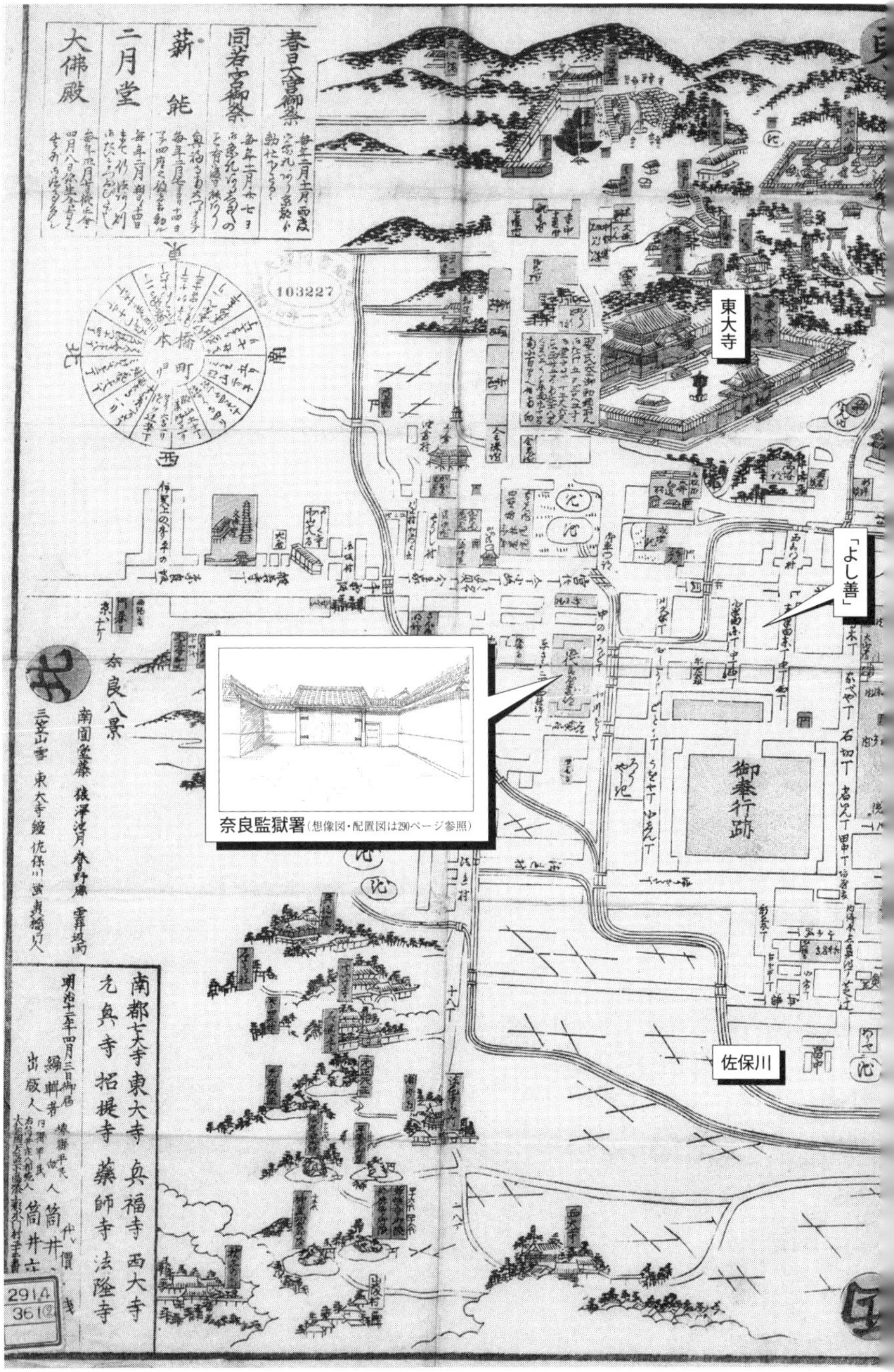
東大寺
「よし善」
奈良監獄署（想像図・配置図は290ページ参照）
佐保川
春日大宮御祭
同若宮御祭
薪能
二月堂
大佛殿
奈良八景
御奉行跡
南都七大寺 東大寺 興福寺 西大寺 元興寺 招提寺 薬師寺 法隆寺

# 奈良監獄署平面図（明治37年当時）

この図は、奈良少年刑務所所蔵のものを同所で昭和62年に筆写したもの。明治10年代の監獄署の施設はこれほど整ってはおらず、同23年に予算申請され、その後、逐次増築された模様。同刑務所の山口昭夫総務部長（昭和62年当時）によると、教祖は、下図北西の一角の部屋ではなかったかと推測する。のち同署跡地の東約３分の１が梅谷大教会の敷地となる。なお「死」は刑場のこと。

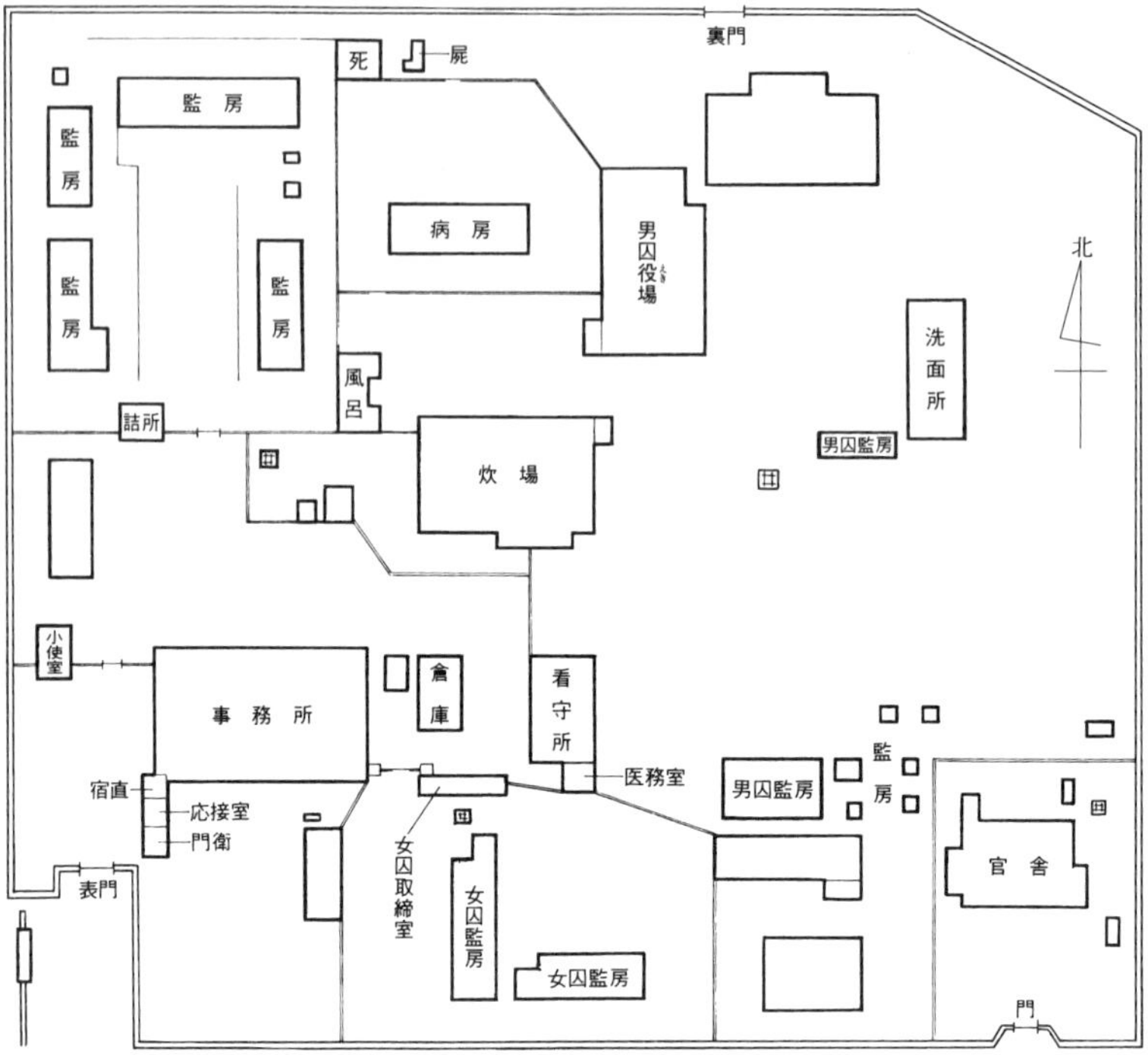


『奈良県警察史』によると、明治23年当時の奈良監獄署は添上郡奈良町大字西笹鉾（現奈良市）にあり、4,635坪５合の敷地内には、囚人監房４棟（房数21、建坪75坪）、拘置監房５棟（房数22、建坪116坪５合）、役場《えきば》４棟（総建坪110坪）、炊事場１棟（建坪52坪）などの施設があった。

# 「よし善」と「桝屋」のこと

『稿本天理教教祖伝』によると、教祖は、明治十五年の御苦労からお帰りの際、「よし善《ぜん》で休憩」されている。また明治十七年三月の御苦労の時も、「監獄署を出られた教祖は、定宿のよし善で入浴、昼飯を済まされ……」とある。「よし善」とは、旧奈良奉行所跡（現奈良女子大学）東方の半田横町に住む吉野屋（久保井）善一郎という人が営んでいた「郷宿《ごうやど》」の通称である。

郷宿について奈良の郷土史誌『藤田文庫』（奈良県立図書情報館蔵）によれば、「公事人ノミヲ止宿サシ公事人ノ訴訟文ヲ作製即チ現今ノ弁護士代書人兼宿屋ナリ」「普通ノ旅籠屋とは趣を異にし安逸の日を送りしが維新となり奉行所の廃止せられ其《その》客筋も自然に相違すれど奉行所ニ代《かわ》る県庁を訪ふ人々多く宿泊す」とあり、明治五年八月の記録では奉行所跡周辺に十七カ所の郷宿があった（上写真参照）。

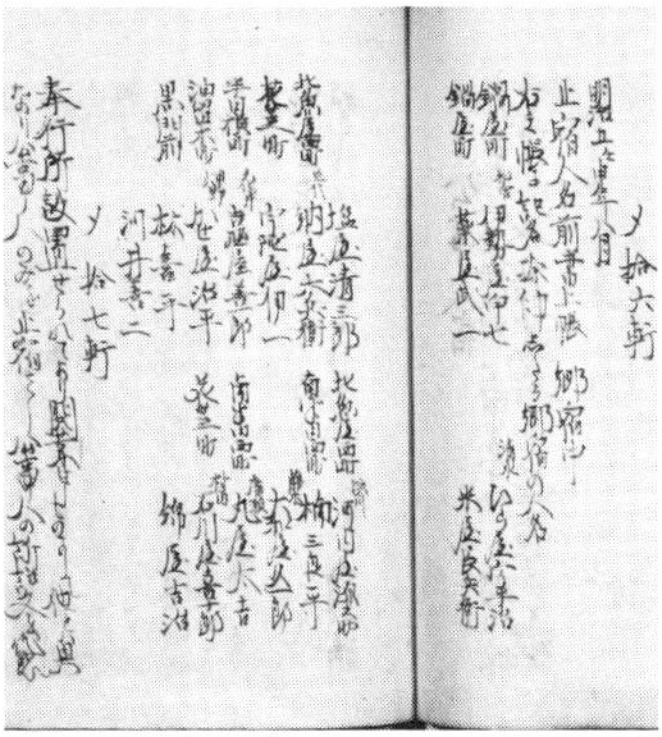

上段左に「半田横町　久保井吉野家善一郎」と記されてある

その後、「よし善」は明治四十三年ごろ、善一郎から長通《ながみち》の代に病院を開業したのを機に廃業となり、当時の建物は存在しない（その医院も昭和33年、長通没後廃業）。

明治八年の御苦労からお帰りの際にも、教祖は「堺虎《さかいとら》」という宿に立ち寄られている（『ひとことはなし』）。「堺虎」について、『正文遺韻』には「奈良三条の御宿、堺とら方」とあり、『天理教祖の実伝記』には「奈良阪の旅館」、『天理教祖之実伝之御噺《はな》し』には「奈良坂の旅館」、辻忠作述『ひながた』には「奈良阪井とら」などとある（『復元』第37号）。それでも、『ひとことはなし』には「堺虎といふ宿にて（ヨシ善といふ人もあり）……」と付記されているので、「堺虎」とは『稿本天理教教祖伝』でいう「よし善」と同一とも考えられる。

このほか、『稿本天理教教祖伝逸話篇』（「一四六　御苦労さん」）によると、明治十七年春の御苦労の際、教祖は「桝屋《ますや》」という旅館にも寄られている。現在、「桝屋」そのものは残っていない（隠居所のみ存在）が、猿沢池《さるさわのいけ》南方の今御門《いまみかど》町にあり、吉本伊平という人が営んでいたという。猿沢池周辺は、奈良行楽、伊勢や長谷参りの拠点となる旅館街で、土地の古老の話によると、その中でも「桝屋」は兵隊が宿営するなど、構えの大きい方だったようである。

「桝屋」で使用の杯

# 第二十章

# 芯に肉を巻いて……公認運動

慶応三年以来、公認の手立てがいろいろと講じられてきたが、いずれの場合も、教祖は、それらをよしとされなかった。しかし、明治十四年ごろから、官憲の取り締まりが厳しくなり、その迫害干渉が、高齢の教祖の身に及ぶようになると、なんとしても公認を得ようという動きが、急速に高まってくる。

**当時、人々の胸中には、教会が公認されていないばっかりに、高齢の教祖に御苦労をお掛けする事になる。……このままでは何としても申訳《もうしわけ》がない。どうしても教会設置の手続きをしたい、との堅い決心が湧《わ》き起《おこ》った。**

（二百七十四～五ページ）

一連の公認の動きは、慶応三年（一八六七年）の吉田神祇《じんぎ》管領の公許までさかのぼるが(1)、この時期の人々の間には、もっと切羽詰まった思いがあったようである。当局の干渉のため、おやしきに思うように参拝することもできず、それにもまして人々にとって忍び得ないのは、八十歳を過ぎる高齢の教祖が、警察署や監獄署に、

（1）第7章「たすけに出る」参照。

たびたび連行されるということであった。

教祖の御苦労が十数度に及び、奈良監獄署からおやしきへお帰りになるたびに、沿道にはお迎えの人力車が連なり、教祖のお姿を拝した人々は一斉に柏手《かしわで》を打って拝んだ。取り締まりの巡査が「人を以《もっ》て神とするは、警察の許さぬところである」と抜剣して制止したが、(2)それでも人々は、「命のないところを救《たす》けてもろうたら、拝まんといられるかい。たとい、(自分が)監獄署へ入れられても構わんから、拝むのや」と、なおも柏手を打って拝んだという。(3)

すでにそのころには、三十近くの講や組が結成されており、地域も遠江《とおとうみ》、東京、四国あたりにまで及んでいた。このように、教勢の伸展が顕著であったことが、当局に、ある種の脅威と映って、厳重な取り締まりの対象とされたのであろう。一部の新聞でも、人々に衝撃を与えるような記事が報じられてもいた。(4)

そうした状況下、なんとか教会の公認を取り付けたいという思いが次第に高まっていき、有志の人々によって、その運動が開始されることになる。

## ●公認運動

明治十四年(一八八一年)十二月、大阪明心組の梅谷四郎兵衛が真心組《しんじん》とも話し合ったうえ、(5)大阪阿弥陀池《あみだいけ》の和光寺へ、(6)初めて教会公認の手続書を提出している。

当時、和光寺には明治天皇の叔母にあたる尼宮がおり、その人を通して、公認への

(2) 各府県まちまちであった警察官の制服が明治8年11月13日の太政官達第195号で全国的に統一され、警部以上に帯剣を許し、巡査には棍棒を持たせることが規定されていたが、同15年12月2日の太政官達第63号により、巡査にも帯剣が許されるようになった。

(3)『稿本天理教教祖伝逸話篇』「一五三 お出ましの日」参照。

(4) 第19章「御苦労」参照。

(5) 明心組は船場大教会の前身。真心組は博多藤次郎を中心とする講で、撫養初代の土佐卯之助などもいた。

道を開けようという思惑があったようである。しかし、何の返答もなかった。
その後の経過は、『梅谷文書』によると、翌十五年五月二十日「阿弥陀池和光寺へ金五円也営繕寄付せらる。返答なし」、十六年十月「阿弥陀池和光寺に手続書一通、おふでさき三冊（三、四、五号）並《ならび》に古記一冊を献上せらるも目的を達せず」とある。(7)

和光寺への願い出に際して、教祖は、

「香《にお》ひはどこへでもかけなされ」

とおおせになっているが、

「入口まで来て名がかわったら、世界が迷ふで」

と、厳しく注意を促してもおられる。

教祖は、にをいがけとしての願い出はよいが、それがために神名までが変わったりなどすることに対しては、これを否定されている思召がうかがえる。

この時は結局、公認までには至らなかったが、

「一つには高処《たかいところ》への香《におい》かけ〳〵。たいていな事でなかったであろふ」

と、高山布教の動きに対しては、ねぎらいの言葉もかけておられる。(8)

それにしても、最初に願い出た明治十四年十二月の時点でのおやしきは、一方では、転輪王《てんりんおう》講社として金剛山地福寺の傘下にあったはずであるが、なぜそのうえに、和光寺に願い出たのであろうか。つまりは、転輪王講社の名目が、官憲に対しては無効力であったからなのであろう。

（6）現大阪市西区にある浄土宗系の寺。境内に阿弥陀池と呼ばれる池がある。

（7）和光寺への願い出のほかに、『梅谷文書』（船場大教会蔵）には、「（明治15）年始め頃より、得意先の旧肥後藩士鳥居某氏の介添にて、同藩士柴田某氏を通じて東京府へ教会公認の出願運動をせらるも、未提出のうちに終る」とある。

（8）いずれも『梅谷文書』所収「船場之起源」参照。

これ以前にも、秀司を中心とする主立った人々は、吉田神祇管領の公許を得て神道教会としての体裁をとったり、あるいは、おやしきを訪れる人々の便宜をはかるために風呂屋と宿屋の鑑札を受けるなど、多方面に働きかけてはいるが、そこには、一貫した方針はみつけにくい。しかし、それほどに、当時の人々の公認への思いが切実であったという証でもあろう。

明治十六年には、農事通信委員でもあった鴻田忠三郎(9)が、三月十五日付で、大蔵省宛に建言書《けんげんしょ》を提出し、公認の手掛かりを得ようと試みている。この時、忠三郎は、おふでさき第六号と第十号、それにみかぐらうたも添えたようである。提出した建言書文中に、「大坂府(10)ニ於《おい》テ天輪王命と云《いう》神者《は》無キ者と何等《なんら》之《これ》取調《とりしらべ》モ無クシテ」とあるように、大阪府にも何度か願い出たのであろうが、府は頭から問題にしないので、直接東京の大蔵省に願い出たのであろう。しかし、二カ月ほどしてから、文面不秩序との理由で却下されている。

和光寺のその筋の人に願い出ても、また、直接政府に建言書を提出しても、公認に至らないことを知った人々は、既成の組織を借りての公認活動を試み始める。

まず、明治十七年の四月十四日、おやしきから山本利三郎、仲田儀三郎が河内《かわち》の教興寺村へ行って、このことを相談している。同村には松村栄治郎がいた。栄治郎の妻サクは秀司の妻まつゑの姉にあたり、秀司とまつゑ亡きあとは、眞之亮をはじめとするおやしきの人々も、なにかと栄治郎夫婦を頼りにしていたのであろう。

この四日後の四月十八日、今度は大阪の西田佐兵衛宅で、眞之亮、山本利三郎、

(9) 秀司出直し後、山澤良治郎が後見役のように家事万端の取り締まりにあたっていたが、良治郎が出直す明治16年ごろからは、鴻田忠三郎がその任を受けていたようである。当時数え56歳。

(10) 当時、奈良県は大阪府の管轄下にあった。142ページの注(28)参照。

仲田儀三郎、松村栄治郎に、大阪明心組の梅谷四郎兵衛、京都の明誠組(11)の人々を加えて協議がなされている。しかし、結論は得られず、一度、おやしきへ帰って、教祖にもおうかがいし、よく相談してから、その方針を決めようということになった。

この時の協議に明誠組を加えたのは、当時、京都では明誠組が心学道話(12)を用いて、当局の迫害干渉の目を逃れていたので、それにならおうとしたからのようである。

それから間もない五月九日、梅谷四郎兵衛を社長として、「心学道話講究所天輪《てんりん》王社《おうしゃ》」の名義で出願したところ、大阪府知事から、五月十七日付で「書面願之趣《ねがいのおもむき》指令スベキ限《かぎり》ニ無之《これなく》依《よっ》テ却下候《そうろう》事」、ただし、願文《がんぶん》の次第は差し支えなしとの回答があった。つまり、認可をうんぬんするの事柄ではなく、心学道話を研究することは支障ないということであったので、大阪の順慶町に「天輪王社」の標札を出すことになる(13)。

また、これとは別に、同じ大阪の北炭屋《きたすみや》町でも、天恵《てんえ》組の信者である竹内未誉至《みよし》と森田清蔵が中心となって、「心学道話講究所」がつくられた(14)。

九月になると、竹内らは、さらに組織の拡大を意図して、「大日本天輪教会」の設立を計画。天恵組や真心組など、大阪の講元たちに呼びかけ、そのうえ、京都の明誠組、兵庫の真明組、遠江の真明組、阿波の真心組にも赴いて働きかけていたようである。

官憲の取り締まりの厳しい大和は避けて、大阪などの地に、教会を設置しようという計画であったようであるが、こうした動きは、おやしきにも影響しはじめる。

（11）奥六兵衛（幼名安之助）を講元とする明誠組は、明誠社とも呼ばれていた。のちに斯道《しどう》会（河原町大教会）を結成する深谷源次郎も入信初期は、これに属していた。

（12）心学道話は江戸中期に石田梅巌《ばいがん》が提唱した人生哲学の一種で、京都は梅巌の本拠地でもあり、広く庶民階級に普及していた。

（13）現在の船場大教会敷地内（大阪市中央区）にあたる。

（14）竹内未誉至についての詳細はわからないが、天恵組二番の信者で、元大阪府の刑事であったようである。

## ●芯に肉を巻いて

そのころのおやしきの状況は、道の伸展と立て合うようにして、官憲の迫害がますます激しくなり、それが教祖の身に及ぶようにまでなっていた。一刻も早く、教会の公認を得たいと焦る人々は、いよいよ、「豆腐屋」と呼ばれていた村田長平《ちょうべい》宅に「教会創立事務所」の看板を掲げるに至る。長平宅は、おやしきへ帰って来た人々の定宿になっており、警察の取り締まりの厳しいおやしきに比べると、なにかと活動がしやすかったのであろう。

明けて明治十八年になると、先の竹内らの計画は、次第に全国的な教会設置運動となり、三月七日には、村田長平宅の教会創立事務所で、眞之亮、藤村成勝、清水

明治21年当時のおやしき付近

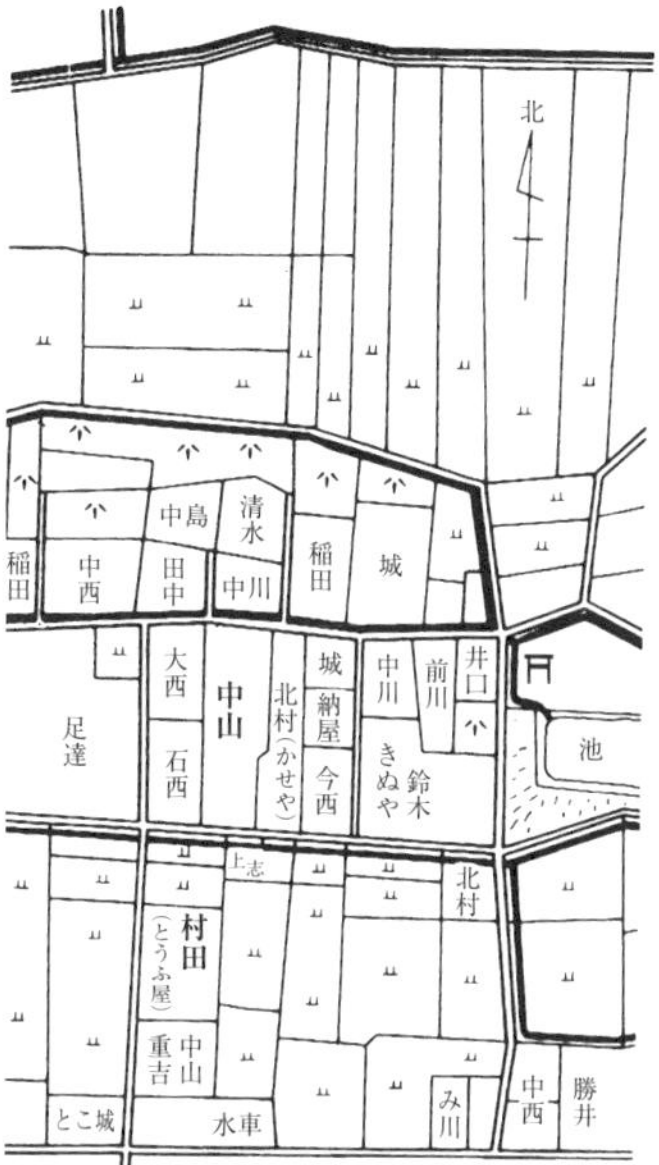


前栽《せんざい》村の村田幸右衛門・長平親子は、明治13年に三島村で豆腐屋を開業していたが、同14年末にはおやしきの南方に新築移転し、翌15年ごろから信者の定宿となっていた。同じころ、教祖の長女おまさの二男中山重吉も宿屋を営業していたようである。

明治18年、おやしき近くの村田豆腐屋に掲げられた「神道天理教会創立事務所」の看板
（『天理教百年史』から）

与之助、泉田藤吉、山本利三郎、北田嘉一郎、井筒梅治郎に、竹内と森田らが参集して会議が開かれている。

この時、議長を務めた藤村から、会長幹事の選出に投票を用いることの可否、同じく月給制度を採用することの可否などが提案された(15)。議論沸騰し、翌八日の晩にも再度協議されたようであるが、その席上、井筒が激しい腹痛を起こして倒れてしまう。

教祖にうかがったところ、

「さあ〳〵今なるしんばしらはほそいものやで、なれど肉の巻きよで、どんなゑらい者になるやわからんで」

とのおおせ。教祖のこの一言に、おやしきの人々は、ハッと目が覚める思いがした。竹内や藤村などと相談していては、とても思召に添い難いと気づいたのである。

こうしたこともあり、おやしきを中心とした独自の教会設置運動が、ようやく動き始める。三月から四月にかけて、大神《おおみわ》教会(16)の添書を得て、神道本局管長宛に、眞之亮以下十人の人々の教導職補命の手続きをとった(17)。

当時の宗教事情からすれば、和光寺に願い出ようが心学道話を講じようが、また、政府に建言書を提出しようが、公認に至らないのは無理なかった。公認の申請は、すでに公認されている既成教団所属の教会として願い出るのが筋であった。

明治十五年には神社と宗教との分離政策がとられ、それまで神社をはじめ神道系の諸講社をも事務的に束ねていた神道本局は、神社との制度的乖離《かいり》、有力講社の分

(15) 議長を務めた藤村は真明組の信者で、元は軍隊の軍曹であったという。この時に教会名についても相当論議されたようである。

(16) 明治5年に大神《おおみわ》神社（現桜井市三輪）に付設された小教院をもとに13年に大神神社大神教会講社を結成、15年には大神神社から分離独立、大神教会となる。神道事務局（神道本局）に属していた。

大神教会

離独立に伴って力をなくし、各地の神道系信仰集団を糾合《きゅうごう》しようとしていた時期であった。こうした事情もあって、眞之亮をはじめとするおやしきの人々も、当時、神道本局に所属していた大神教会と接触をもつようになったのであろう。(18)

神道本局への願い出と同時に、地方庁である大阪府にも、四月二十九日付で府知事宛に「天理教会結収御願」を提出しているが、(19)この時の願書に初めて「天理」の文字が見られる。おやしきを中心にした公認活動になってから、この文字が用いら

## 神道本局のこと

大教宣布《たいきょうせんぷ》運動の教化機関として中央に設置されていた大教院が、明治八年五月、神仏合同布教の廃止により解散することになるが、それに先立って、同年三月、政府内外の神道家は神道事務局を創設、神職、教導職を全国的に組織し、民間の神道系諸教会をも管轄した。それらの教会の中でも特に教勢があり、大教院時代に財政的に協力してきた神道黒住派（のちの黒住教）と神道修成派が、明治九年十月、それぞれ独立を認められた。

さらに明治十五年一月、神社と宗教との分離政策がとられ、神道事務局所属の神道神宮派（神宮教）・神道大社派（出雲大社教）・神道扶桑派（扶桑教）・神道実行派（実行教）・神道大成派（大成教）・神道神習派（神習教）・神道御嶽派（御嶽教）などの諸教会が相次いで独立を認められ、事務局より分離していった。

それに加えて、明治十七年八月には神仏教導職が全廃され、その結果、神道事務局は民間の一教派とならざるをえなくなり、同年十月、稲葉正邦を管長に教派神道として発足することになる。そのようなところから、当時、教団としては民間の教会・講社をより多く糾合しようと努力していた。

なお正式に一派として認められたのは明治十九年一月で、教団名を「神道」、その本部を「神道本局」と称した。昭和十五年、教団名を「神道大教」と改称、現在に至る。

(17)「辻忠作手記本教祖様御伝について」（『復元』第7号所収）によると、この時の誓約書には「藤村成勝、中山新次郎（新治郎＝眞之亮のこと）、飯降伊蔵、中（仲）田儀三郎、山本利三郎、辻忠作、高井直（猶）吉、桝井伊三郎、杉田三代蔵、岡田与之助（宮森与三郎）」が名を連ねている。

(18)一方、阿波の土佐卯之助らは、神道修成派に伝手《つて》を求めて補命の指令を得ていた。

(19)この時、十二下りのお歌1冊、おふでさき第4号および第10号、この世元初まりの話1冊、合わせて4冊のいわゆる教義書も添えている。

れるようになっていることに注目しておきたい（20）。

先の教導職補命の件は、五月二十二日付で眞之亮の補命が発令され（21）、続いて翌二十三日付で神道本局直轄の六等教会設置が許可された。しかし、これはあくまでも神道本局独自の許可であって、取り締まる側の官憲からの許しではないわけで、大阪府に願い出ていた教会設置の件は、六月十八日付で却下された。

それでも、神道本局の六等教会になったのであるからと、今園国映《いまぞのくにはえ》男爵などの名士の名を担任に連ねて（22）、七月三日、「神道天理教会設立御願」を大阪府知事宛に再度提出したが、十月二十八日付で前回同様、聞き届け難《がた》し、と却下されるに至った。

この時、教祖にうかがうと、

「しんは細いものである。真実の肉まけバふとくなるで」

とのお言葉があった。

慶応三年以来の公認運動や信者参拝のための便法など、いずれの場合にも、教祖は、それらをよしとはされなかった。しかし、ここにきて、「しんばしらの眞之亮」を芯として（23）、人々が真実の心を寄せ合うのならば、そこに新たに道が開けてくるということを、おおせになっているように思える。

教祖が、それまでよしとされなかったのは、一つには、公認さえ得たならば、すべてが安泰になるなどという安易な思いが、人々の心の中にあったからであり、いかなる状況下にあっても、神一条の精神をもって貫き通すという、その姿勢を求められたからではなかろうか。厳しい官憲の迫害干渉の道中も、人々を成人へ導くた

（20）神名の変遷については、早坂正章「親神称名私考」（『天理教学研究』第21号所収）参照。

（21）6月2日付で提出した補命指令の受書には「中山新次郎（新治郎）、鴻田忠三郎、飯降伊蔵、岡田与之助（宮森与三郎）、桝井伊三郎、高井直(猶)吉、山本利三郎、杉田三代蔵、辻忠作、中(仲)田儀三郎」の名が連ねてある。

（22）今園国映ほか、大神教会会長の小島盛可《もりよし》、同役員守屋秀雄（筑《ちく》前守《ぜんのかみ》の息子）、藤村成勝なども連署していた。なお、今園は、かつて明治5年に石上神宮の宮司を務めたこともあり、18年当時は大阪府道明寺村(現藤井寺市)土師《はじ》神社の神官でもあったようである。

（23）当時、眞之亮は数え21歳の若さであった。

めの仕込みであったと受け止められる。

振り返ってみると、それまで、秀司を中心とした人々が願い出るたびに、教祖から、それに対する新しいご教示があったように思えるが、どうであろう。

例えば、慶応三年に吉田神祇管領に願い出ているが、その動きが起こりはじめた前年の秋に、「あしきはらひ」のおつとめの歌と手振りとを教えられ、明治新政府に再三願い出ようとした明治二年からは、「おふでさき」のご執筆にかかられている。また、風呂屋と宿屋の鑑札を受けた明治九年の翌年には、琴、三味線、胡弓の鳴物を教示され、転輪王講社の開筵式が行われた明治十三年には、その鳴物を入れてのおつとめが初めてつとめられている。さらには、「こふき話」を取り次ぎの人々にお仕込みになられたのもこのころであった。

人間思案に基づく人々の行動に対して、そのたびごとに、教祖は、神一条のお仕込みをもって、正しい道のあり方を教示されているようにも思える。ある意味では、それも、教祖の教育法の一つであるのかもしれない。

ともあれ、「しんは細いものである。真実の肉まけバふとくなるで」との教祖のお言葉を受けて、いよいよ、「しんばしらの眞之亮」を中心にした教会公認運動が開始されるようになり、人々は、これによって、教祖がかねてからお急き込みのおつとめを、自由につとめることができるようになるとの強い期待感を抱いたであろう。しかし、その矢先、またもや警察が教祖を連行する。

いわゆる、最後の御苦労である。

## ●最後の御苦労

明治十九年二月十八日（陰暦正月十五日）、心勇講の人々がおやしきに参拝に来て、十二下りのおつとめをつとめたいと願い出たことが事の発端であるが、目下、警察の取り締まりが厳しいからと、おやしきではその申し出を断った。それでも、上村吉三郎講元ら一部の人々は、勇み切った勢いのまま、村田長平《ちょうべい》宅の二階で、てをどりを始めると、間もなくこのことを探知した櫟本《いちのもと》分署から巡査がやって来た。

櫟本分署は、それまでの丹波市分署と帯解《おびとけ》の今市分署が合併し、その年の二月十日に設置されたばかりであり、(24) おやしきは櫟本分署の管轄下にあった。

長平宅に居合わせた人々は解散させられ、巡査はそのままおやしきへ踏み込んで取り調べ、簞笥《たんす》のなかにあったお守《まも》りにする布切れに字を書いたものを証拠(25)に、教祖と眞之亮を引致し、仲田儀三郎と桝井伊三郎も、おやしきに居合わせたとの理由(26)で連行されてしまう。この時、教祖に外孫のひさが付き添っている（304ページコラム）。

当時、官憲の厳しい取り締まりや、それに対する公認運動が活発化するなかで、たすけられた人々のおやしきへの思慕や、教祖の急き込まれるおつとめの勤修《ごんしゅう》の動きは、激しさを増す一方であった。その一つが、この時の心勇講の一件であったといえよう。

長平宅からおやしきへ聞こえてくる人々の勇んだ唱和の歌声を耳にされた教祖は、

(24)「同村神田三郎兵衛方の油工場を借上げ設置」（『奈良県警察史』）。上街道（奈良街道）沿いにあった。櫟本は現天理市櫟本町。

(25) 明治16年9月5日に定められた大阪府改正違警罪の第1条第9項に、「神官僧侶ニアラズシテ他人ノ為メニ加持祈禱ヲナシ、又ハ守札ノ類ヲ配授シタル者」は「三日以上十日以下ノ拘留ニ処シ、又ハ一円以上一円九十五銭以下ノ科料ニ処ス」とあり、法的資格のない教祖がお守りや御供《ごく》を渡すことが処罰の対象とされた。

(26) 明治14年11月4日に出された寄留止宿人届に関する規制の第1条に、「府下各町村へ寄留スル者ハ、其《その》本籍ノ管内外ヲ問ハズ届書二通ヲ認《したた》メ、速《すみやか》ニ戸長役場へ差出スベシ」と定められていたが、桝井と仲田はその届け出をしなかったため。

「あれは心勇講の人たちやなあ、心勇講はいつも熱心や。心勇講は一の筆や」とおおせになったという。(27)

眞之亮は先に教導職の補命を受けていたので、一晩の取り調べで保釈されたが、教祖は十二日間、桝井と仲田は十日間、分署に留置となった(28)。

分署での教祖のご様子は『稿本天理教教祖伝』に詳しく、「この冬は、三十年来の寒さ(29)であったというのに、八十九歳の高齢の御身を以《もっ》て、冷《つめた》い板の間で、明るく暖かい月日の心一条《ひとすじ》に、勇んで御苦労下された。思うも涙、語るも涙の種ながら、憂世《うきよ》と言うているこの世が、本来の陽気ぐらしの世界へ立ち直る道を教えようとて、親なればこそ通られた、勿体《もったい》なくも又有難《ありがた》いひながたの足跡《あしあと》である」と記されてあり、ここでも終始一貫、たすけ一条、神一条のご姿勢を示されているのである。

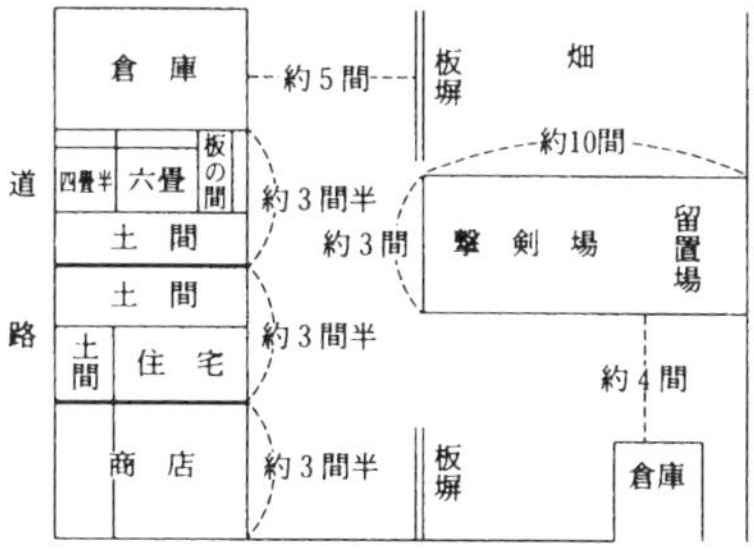

櫟本分署跡略図（上田嘉成氏作図）

そして、三月一日、教祖が分署からお帰りの時は、お迎えの人々が前年よりさらに増し、櫟本からおやしきまでの沿道に、人と人力車の行列が続いたという。しかし、おやしきの門前には、櫟本分署から巡査四人が来て張り番をしており、おやしきへは一歩も入ることができなかった。

それにしても、八十九歳もの高齢の教祖を留置す

(27) 敷島大教会編『山田伊八郎伝』『上村吉三郎伝』参照。心勇講は、山田伊八郎を中心に結ばれた講で、のちの敷島大教会。

(28) 桝井も仲田も教導職の補命を受けていたが、寄留届不提出のため、「一日以上十日以下ノ拘留ニ処シ、又ハ五銭以上一円九十銭以下ノ科料ニ処ス」との大阪府違警罪第6条が適用された模様。なお教祖は、「違警罪ノ刑ハ加ヘテ軽罪ニ入ル事ヲ得ス但《ただし》拘留ハ加ヘテ十二日に至ル事ヲ得減シテ一日以下ニ降ス事ヲ得ス……」（同72条）により、いわゆる再犯として12日間の拘留に処されたようである。第19章「御苦労」参照。

(29) 2月18日の大阪地方の最低気温は、氷点下4・2度を記録（大阪管区気象台調べ）。

## 分署での様子

「最初の三日間ほどは梶本の実家に食べに帰らせて貰《もら》つて居りましたが、或《あ》る時ハツタイ粉の御供《ごく》を懐中《ふところ》に入れて行つて、之《これ》を湯呑《ゆのみ》に入れて水と一所《いつしょ》に召上《めしあが》つて頂かうと思ひましたが、とう〳〵巡査に見附けられて酷《ひど》く叱られました。其後《そのご》は私も食事をしに出ることは禁じられることになりましたが、其《そ》の代《かわ》りに弁当と湯呑みとお湯（鉄瓶）とを毎日梶本の方《ほう》にと運んで来て差入《さしい》れて貰ふことが出来ました。……成るべく柔かに焚《た》いたものを入れて貰つて之と御教祖様の弁当とを取り替へやうとしましたが、それは勿論巡査が許して呉《く》れませんでした。……又私の弁当の中には常《いつ》も鉛筆と紙片《かみきれ》とを入れて置いて下されましたので、其の紙片に其の日〳〵の警察署内に於《お》ける御教祖様の御様子を書いて空の弁当箱に入れて御報《おしら》せすることが出来ました。……体抵《たいてい》便所に入つて書きましたので、幸ひ巡査には知れませんでした」（山澤〈当時梶本〉ひさ「思出の一端」＝『みちのとも』昭和4年4月20日号）

るとは尋常ではない。常識では考えられないことである。共に留置された仲田儀三郎は、それから間もない六月二十二日に五十六歳で出直している。『稿本天理教教祖伝逸話篇』によると、御苦労からお帰りになった教祖は、おやすみになることが多かった様子がうかがえる。しかし、お目通りにやって来た人々に対しては、かえって力強く仕込まれている(30)。

この年は、警察ばかりでなく、ほかの闖入者《ちんにゅう》もあったりしたが(31)、そうしたなか、五月二十八日、神道本局管長稲葉正邦《まさくに》の代理で権中教正《ごんちゅうきょうせい》古川豊彭《とよみち》、随行に権中教正内海正雄、大神《おおみわ》教会会長小島盛可《もりよし》の三人が、取り調べのためおやしきへ来ている(32)。

取り次ぎの人から教理を聞き、翌二十九日は、教祖にも直接質問した。諄々《じゅんじゅん》と

(30)『稿本天理教教祖伝逸話篇』「一八五　どこい働きに」参照。

(31) 8月25日（陰暦7月26日）の晩には三輪《みわ》の博徒《ばくと》、木屋天《きやてん》こと外島市太郎《としまいちたろう》らが乱入して来たが、平野楢蔵らがこれを組み伏せた。『稿本天理教教祖伝逸話篇』「一八八　屋敷の常詰」参照。

教えの理を説かれる教祖に接し、あとで古川は眞之亮に、「この人は、言わせるものがあって言われるのであるから、側《そば》に居るものが、法に触れぬよう、能《よ》く注意せんければならん」と言ったという。

この時、眞之亮をはじめ、飯降伊蔵、桝井伊三郎、山本利三郎、辻忠作、高井猶吉、鴻田忠三郎が連名で、神道本局宛に五カ条の請書《うけしょ》を提出している。(33)その中に、「人は万物の霊たり魚介の魂と混同すべからざる事」とあるところからして、それまで取り締まりの厳しいなかでも、人々は、教祖の教えどおりに、「元初まりの話」を説いていたということになろうか。

この後も、六月十六日には、櫟本分署長と外勤巡査が人力車でやって来て、教祖のお居間に踏み込んで取り調べたこともあったが、大事には至らなかった。

この年の七月二十一日の眞之亮の手記によると、教祖は、

「四方暗くなりて分《わか》りなき様《よう》になる、其《そ》のときつとめの手、曖昧《あいまい》なることにてはならんから、つとめの手、稽古《けいこ》せよ」

とおおせになっている。(34)

遠からず、容易ならぬ時の迫っていることを告げ、人々の心定めを促し、その日のために、おつとめの手を確かに覚えるように急き込まれたのである。

(32) これより先、眞之亮は3月30日(陰暦2月25日)、東京に出向いている(『復元』第38号所収「稿本中山眞之亮伝年譜表」参照)。

(33) 請書には、
「一 奉教主神は神道教規に依《よ》るべき事
一 創世の説は記紀の二典に依るべき事
一 人は万物の霊たり魚介の魂と混同すべからざる事
一 神命に托して医薬を妨ぐべからざる事
一 教職は中山新治郎の見込を以て神道管長へ具申すべき事但し地方庁の認可を得るの間は大神教会に属すべき事」
とある(『稿本天理教教祖伝』301〜302ページ参照)。

(34) 『稿本天理教教祖伝』294ページ参照。

# 第二十一章 扉開いて……命すてても

明治二十年正月二十六日、教祖は現身《うつしみ》をかくされる。百十五歳の定命を、二十五年縮めてまでも、扉開いて促されたものは何か。「正月二十六日」前後の経過をたどりながら、思案をめぐらしてみたい。

## ●「世界の動くしるしや」

このお言葉は、結果からみれば、教祖が現身《うつしみ》をおかくしになるということを予言されたものといえるが、同時にいまは、道も世界も互いに立て合うかのように、極めて不確実な時期にあるということを、暗に示されたのかもしれない。初代真柱の手記によると、この時、

「これが世界のひよろつき、これよ(世)のひながた」

---

### ドキュメント「扉開いて」

明治20年(一八八七年)

■1月1日(陰暦12月8日)

夕方、風呂場からお出ましの時、ふとよろめかれる。

**「これは、世界の動くしるしや」**

■2日(同9日)

ご気分よろしからず、ほどなく持ち直される。

■4日（同11日）

**急にお身上《みじょう》迫る。**

教祖のお居間の次の間で、飯降伊蔵を通してうかがい。(2)

**さあ〳〵もう十分詰み切った。これまで何よの事も聞かせ置いたが、すっきり分からん。何程言うても分かる者は無い。これが残念。疑《うたご》うて暮らし居るがよく思案せよ。さあ神が言う事嘘《うそ》なら、四十九年前《ぜん》より今までこの道続きはせまい。今までに言うた事見えてある。これで思《し》やんせよ。さあ、もうこのまゝ退《ひ》いて了《しま》うか、納まって了うか。**

**この時、息をせられなくなり、お身上急に冷たくなる。**

一同打ち驚き、お急き込みのおつとめを控えていたのが間違いであったと気づく。

---

ともおおせられたと伝えられる。

当時の人々が、どのように受け止めたのかは知るよしもないが、新暦の一月早々(1)のことでもあり、多少なりとも気に掛けていたことは確かであろう。

しかし、差し迫った重大な事態の前兆として受け止める人は、少なかったと思われる。

むしろ、明治十七、八年ごろから盛り上がってきていた教会設置運動以来、人々は外部との折衝に敏感になっていたので、それに対する何らかの世間の動きを示唆されたものと受け取る向きが強かったのではなかろうか。

## ●「すっきり分からん」

振り返れば、慶応三年の吉田神祇管領《じんぎかんりょう》の公許、明治九年の風呂屋と宿屋の鑑札、明治十三年の転輪王《てんりんおう》講社の結成などの際においても、みかぐらうたやおふでさきで、「むねがわからんざんねんな」「うそとついしよこれきらい」と厳しくおおせになっていた。(3)

(1) この日は新暦の太陽暦では明治20年1月1日、陰暦では明治19年12月8日であった。

(2) 飯降伊蔵は、明治15年におやしきに伏せ込むようになる以前から、扇と御幣のさづけ、さらには言上《ごんじょう》のうかがいを許されており、当時、人々は、教祖の指示で伊蔵に、身上・事情のうかがいをする場合もあった。その意味で、教祖お身上というこの重大な場面以降、伊蔵は非常に重要な役割を果たすことになる。なお、この時のお言葉から、「おさしづ」本は始まっている。

(3) 慶応3年にご教示のみかぐらうたに、「このたびまではいちれつに　むね

■5日（同12日）
鳴物不揃いのままながら、これより連日おわびのおつとめをするが、官憲をはばかって、夜中門戸を閉ざしてひそかに。

**いくらか持ち直されるが、依然何も召し上がらず。**

■8日（同15日）
居合わせた人々、夜通し相談のうえ、「世界並《なみ》の事二分《ぶ》、神様の事八分」「心を入れつとめをなす事」「こふき通りに十分《じゅうぶん》いたす事」と定める（9日午前5時）。

■9日（同16日）
朝からご気分よろしく、ご飯も少々召し上がられる。

**さあ〳〵年取って弱ったか、病で難《むつか》しいと思うか。病でもない、弱ったでもないで。だん〳〵説き尽《つく》してあるで。よう思《し》やんせよ。**


そして、なおこの時点でも、「すっきり分からん」「これが残念」とおおせになっているのは、応法《おうぼう》の道を歩もうとしている人々に対して、天保九年以来四十九年間、一貫して説いてこられた神一条の道への深い思案を求められたからであろう。

●

人々は一月五日から連日、おわびのおつとめをつとめる。前年の明治十九年二月に、てをどりをしたことがもとで、厳寒のなか教祖に御苦労をおかけした事実があり、高齢の教祖にもう二度と御苦労をおかけすることがあってはならないという強い思いから、それまでおつとめを控えていた。察するに、以降、この約一年間、おつとめは、ほとんどつとめられていなかったのではなかったろうか。だからこそ、前年七月の眞之亮の手記にもあるように、教祖は、

「四方暗くなりて分《わか》りなき様《よう》になる、其《そ》のときつとめの手、曖昧《あいまい》なることにてはならんから、つとめの手、稽古《けいこ》せよ」

とおおせになっていたのであろう。


がわからんざんねんな」（11下り目　九ッ）とあり、明治8年12月からご執筆のおふでさき第12号にも、「月日にハうそとついしよこれきらい　このさきなるわ月日しりぞく」（十二 113）とある。

■10日（同17日）

**ご気分、またまたすぐれず。**

午後3時ごろ、一同相談のうえ、「どうしたら教祖のお身上がよくなりましょうか」「夜だけでなく、昼もつとめさせていただきましょうか」と、次の間で、飯降伊蔵を通してうかがい。

**さあ〳〵これまで何よの事も皆説いてあるで。もう、どうこうせいとは言わんで。四十九年前《ぜん》よりの道の事、いかなる道も通りたであろう。分かりたるであろう。救《たす》かりたるもあろう。一時思《じ》やん〳〵する者無い。遠い近いも皆引き寄せてある。事情も分からん。もう、どうせいこうせいのさしづはしない。銘々心次第。もう何もさしづはしないで。**

一同(4)打ち驚き相談。「おつとめをしましょう」と眞之亮に申し出るが、「いずれ考えのうえ」との返事。

午後9時過ぎ、さらに一同相談(5)を重ね、眞之亮の返事を待つが、答えは出ず。

梶本松治郎と前川菊太郎(6)に進言し、二

---

この「四方暗くなりて」のお言葉も、「世界が動くしるしや」につながる予言と理解できよう。

●

一月八日の相談に居合わせた人々は、公然とおつとめがつとめられるようにという思いから、それまで教会設置の運動に尽くしてきた面々であった。

ここで、「世界並《なみ》の事二分《ぶ》」としているのは、目下取り組み中である教会設置運動が念頭にあってのことであろうし、「神様の事十分」ではなく、「八分」というところに、当時の人々の現況を見据えた精いっぱいの正直な心境がうかがえる。

二年前の明治十八年五月には神道本局直轄の六等教会設置が許可され、一年前の明治十九年五月には、神道本局に五カ条の請書《うけしょ》まで提出しており、いまさら教会設置運動を放棄することはできないという事情もあったのかもしれない。

また、「こふき通りに」とあるのは、教祖のおせどおりということであろうが、さらに言えば、教えられたとおりに「こふき話」の理を説かせていた

（4）前川菊太郎、梶本松治郎、桝井伊三郎、鴻田忠三郎、高井猶吉、辻忠作、梅谷四郎兵衛、増野正兵衛、清水与之助、諸井国三郎。

（5）鴻田忠三郎、桝井伊三郎、梅谷四郎兵衛、増野正兵衛、清水与之助、諸井国三郎、仲野秀信。

（6）梶本松治郎は眞之亮の実兄。前川菊太郎は眞之亮とは、またいとこの間柄で、教祖は、「しんばしらの眞之亮」に対して、「控《ひか》え柱《ばしら》」とおおせられていた。

人から眞之亮に、今晩、「徹夜《よどおし》でおつとめしよう」と提案するが、官憲気掛かりのため、結局、つとめるには至らず（11日未明になり一同休息）。

■11日（同18日）

**ご気分よろしく、床の上でお髪《ぐし》をくしけずられる。**

■12日（同19日）

夜、眞之亮の返事待つが、依然沈黙のまま。

■13日（同20日）

午前3時ごろ、眞之亮からいよいよ「おうかがいしよう」と返事あり。眞之亮に梶本と前川が付き添い、教祖の枕べに進んでうかがい。

**さあ〱いかなる処《ところ》、尋ねる処、分かり無くば知らそう。しっかり〱聞き分け。これ〱よう聞き分け。もうならん〱。前以《ぜんもつ》て伝えてある。難しい事を言い掛ける。一つの事に取って思やんせよ。一時《じ》の処どういう事情も聞き分け。**

---

だこうという、人々の決意も込められているのであろう。

## ●「もう何もさしづはしないで」――

一月十日の「もう何もさしづはしない」との、突き放すような厳しいおおせに、一同は真剣な相談に入らずにはおれなかったであろう。ここは何としてでも、教祖のおおせどおり、おつとめをさせていただこうということに相談はまとまり、その実行を眞之亮に申し出る。人々が眞之亮に最後の決断をゆだねるのは、眞之亮を芯にして真実の肉を巻いていくようにとの教祖のおおせ(7)に従ったからであろう。

しかし、眞之亮にすれば、それまでの官憲の弾圧ぶり、特に一年前の櫟本《いちのもと》分署への御苦労と、いまの教祖のご容体とを考えると、事は余りにも重大過ぎた。なお、このころ、眞之亮の実父にあたる櫟本の梶本惣治郎も身上に伏せっており(8)、数え二十二歳の眞之亮の心労は並大抵ではなかったと察せられる。

（7）明治18年、教会設置運動が盛り上がりを見せるころ、教祖は「さあ〱今なるしんばしらはほそいものやで、なれど肉の巻きよで、どんなゑらい者になるやわからんで」とおおせになっていた。

（8）『稿本中山眞之亮伝』に、「(2月)十七日には、櫟本では、生家の父、梶本惣治郎の身上すぐれず、眞之亮としては、前後に立て合う心労であった」とある。なお、惣治郎は3カ月後の5月19日に数え61歳で出直している。

眞之亮「前以《ぜんもつ》て伝えてあるとおおせられるのは、つとめのことでございますか。つとめするには難しい事情もございます」。

**さあ〳〵今一時に運んで難しいであろう。難しいというは真《しん》に治まる。長《なご》う〳〵四十九年以前から何も分からん。難しい事があるものか。**

眞之亮「法律があるゆえ、難《むつか》しゅうございます」。

**さあ〳〵答《こた》うる処、それ答うる処の事情、四十九年以前より誠という思案があろう、実《じつ》という処があろう。事情分かりが有るのか無いのか。**

眞之亮「親神のおおせと国の掟《おきて》(10)と、両方の道が立つように、お指図願います」。

**分からんであるまい。元々よりだん〳〵の道すがら。さあ〳〵今一時に通る処、どうでもこうでも仕切る事情いかん。たゞ一時ならん〳〵。さあ今という〳〵前《ぜん》の道を運ぶと一時々々。**

眞之亮「毎夜おつとめの稽古《けいこ》いたしま

## ●「誠という思案」「実という処」——

人々に求められている「誠という思案」「実という処」とは、どういうことであろうか。親神の思召に添いきろうとする思案であろうし、その思召をまっすぐに立てようとする努力なのであろう。

ある面では、教祖ひながたの道すがらは、人々にとって、世間一般の思案と神一条の道との葛藤《かっとう》場面であったともいえる。そこを教祖がどのように導かれ、何を教えられたのか(9)ということを、しっかり見据えて判断することが、誠という思案であり、実というところに立った努力なのであろう。この道は世界たすけの教えであり、どうでもこうでも、おつとめの勤修を促されるのも、単に眼前の事態を治めるためではなく、世界一れつをたすけたいとの、高い次元の思召によるものと悟ることができる。

●

ここで、眞之亮が「本づとめ即《すなわ》ち、かんろだいの

(9) 教祖ひながたの道について、おさしづには、「ひながたの道を通らねばひながた要らん。ひながたなおせばどうもなろうまい。……ひながたの道より道無いで」(明治22・11・7)とある。

(10) 当時、信教の自由を保障する法律はなく、のちの明治22年2月に発布された大日本帝国憲法の第28条にも、「日本臣民ハ安寧秩序ヲ妨ケス及臣民タルノ義務ニ背カサル限ニ於テ信教ノ自由ヲ有ス」とある。

して、しっかり手の揃うまで猶予をお願いいたします」。

**さあ〳〵一度の話を聞いて、きっと定め置かねばならん。又々の道がある。一つの道もいかなる処も聞き分けて。たゞ止《と》めるはいかん。順序の道〳〵。**

眞之亮「講習所(11)を立て、一時のところ、つとめのできるようにさせていただきたい」。

**安心が出《で》けんとならば、先《ま》ず今の処を、談示々々という処、さあ今と言う、今と言うたら今、抜き差しならぬで。承知か。**

眞之亮「抜き差しならぬとのおおせは、人の揃うこと即《すなわ》ち、人衆定めでありますか」「本づとめ即ち、かんろだいのつとめにかかることでありますか」。

**さあ〳〵それ〳〵の処、心定めの人衆定め。事情無ければ心が定まらん。胸次第心次第。心の得心出来るまでは尋ねるがよい。降りたと言うたら退《ひ》かんで。**

---

つとめにかかることでありますか」と確認をしているのは、数日前からつとめていたおわびのおつとめが、いわゆる本づとめではなかったということになるのではなかろうか。はたして、それまでのおつとめは、どのように行われていたのであろう。

その手順、内容についての詳細はわからないが、鳴物の音を控え(12)、夜中に門戸を閉ざして、ということであるから、ぢば・かんろだいを囲んでではなく、つとめ場所内でつとめられたのではなかろうか。

## ●「心定めの人衆定め」

この「心定めの人衆定め」とのお言葉は、いかなる状況下にあっても、おつとめをつとめるというその心が真に定まった者こそが、つとめ人衆であるということか(13)。そして、このことが、陰暦正月二十六日の「命捨てても」との心を定めた人々により、おつとめがつとめられることに展開されていくわけでもあろう。神一条の心を定めることは、今日、われ

(11) 教会設置を目しての講習所のことであろう。

(12) 当時数え30歳であった山澤為造の後日談には、「夜おそく鳴物なしでお勤めがありました」(『ひとことはなし　その二』)とある。なお、明治15年実施の「違警罪」では、夜12時過ぎに歌舞音曲をなす者は取り締まりの対象とされていた。

(13) みかぐらうたにも、「こゝでつとめをしてゐれど　むねのわかりたものハない」(9下り目　九ッ)とある。

押して願い(14)。

**さあ〳〵いかなる事情。尋ねる事情も、分かり無くば知らそ。しっかり聞き分け。これ〳〵よう聞き分け。もうならん〳〵〳〵。難しい事を言い掛ける。一つ心に取って思やんせ。一時の事情、どういう事情を聞き分け。長らく四十九年以前、何も分からん中に通り来た。今日の日は、世界々々成るよう。**

眞之亮「教会設置をお許しくだされたうえは、いかようにも、おおせどおりいたします」。

**さあ〳〵事情無くして一時定め出来難《がた》ない。さあ一時今それ〳〵、この三名の処で、きっと定め置かねばならん。何か願う処に委《まか》せ置く。必ず忘れぬようにせよ。**

眞之亮「ありがとうございます」。

**さあ〳〵一時今から今という心、三名の心しいかりと心合わせて返答せよ。**

われの信仰生活においても、常に問われていることである。

また、「降りたと言うたら退《ひ》かんで」とのおおせは、天保九年十月の状況(15)と重ね合わされる緊迫した場面でもある。納得しかねる厳しい状況を設定されながらも、あくまでも命令ではなく、人々の覚悟、心定めを促し、そこに、誠という思案を引き出そうとされているのである。

そして、押して願いのあとの「世界々々成るよう」とのお言葉も、冒頭の「世界の動くしるし」につながるところがあるのではなかろうか。結果からいえば、現身《うつしみ》をかくされることの暗示でもあり、一方では、教会公認についても何か新しい展開があらわれてくることを予告されたのかもしれない。

## ●「何か願う処に委せ置く」

この「三名の処」とは、眞之亮および、梶本松治郎と前川菊太郎のことで、三人の心を一つ心に定め

(14)「おさしづ」本の割《わり》書《がき》には、「明け方教祖御身上に付願」と注記してある。

(15) 天保9年10月には、「誰が来ても神は退《しりぞ》かぬ……」「元の神の思わく通りするのや、神の言う事承知せよ。聞き入れくれた事ならば、世界一列救《たす》けさそ。もし不承知とあらば、この家、粉《こ》も無いようにする」とのおおせがあった。第3章「顕現」参照。

眞之亮「このやしきに道具ひな型の魂生まれてあるとのおおせ、このやしきをさして無い人間無い世界をこしらえくだされたとのおおせ、上《かみ》もわれわれも同様の魂とのおおせ、この三カ条のお尋ねあれば、なんと答えたらよろしいのでしょうか。人間は法律にさからうことはかないません」。

**さあ〳〵月日がありてこの世界あり、世界ありてそれ〳〵あり、それ〳〵ありて身の内あり、身の内ありて律あり、律ありても心定めが第一やで。**

眞之亮「われわれの身の内のことは承知しましたが、教祖のお身上を心配いたします。差し迫った時には、われわれの心どおり踏ん張ってくださいましょうか」。

**さあ〳〵実《じつ》があれば実があるで。実と言えば知ろまい。真実というは火、水、風。**

押して願い。

**さあ〳〵実を買うのやで。価《あたい》を以《もつ》て**

るのなら、「何か願う処《ところ》に委《まか》せ置く」とおおせられたのであろう。決して積極的内容のお言葉ではないが、ここに教会設置の出願の許しが出たと理解した眞之亮は、「ありがとうございます」とお礼を申し述べている。

## ●「月日がありてこの世界あり」――

この「月日がありてこの世界あり……」とのおおせは、一連の問答の総括ともいえる重要な内容のお言葉である。一見わかりにくい表現であるが、「律」以前に「身の内」があり、「身の内」以前に「それ〳〵」があり、「それ〳〵」以前に「世界」があり、「世界」以前に「月日」がある、というふうに逆にたどると、あらゆる物事の存在の原則を、あらためてこのお言葉に確認できる。

そして、「律ありても心定めが第一やで」とおおせられ、ここでも神一条の心定めを求められているが、「心定めが第一」ということは、これも現在の

**実を買うのやで。**

この日から小康保たれ、身を起こし庭へもお降りになる。(16)

■18日（同25日）

この夜から、毎日おつとめ。(17) 人々は寒中にもかかわらず、連日水ごりをとり、教祖のお身上平癒《へいゆ》を祈る。

■24日（陰暦正月元旦）

ご気分たいそうよろしく、床から起き、髪をお上げになる。

**さあ〳〵十分《じゅうぶん》練った〳〵。このやしき始まってから、十分練った。十分受け取ってあるで。**

---

われわれの信仰生活のなかで、非常に大切な角目《かどめ》とされている一節である。天保九年の立教の時点でも、「みきを差し上げます」との善兵衛の心定めから始まっており、心定めがあってはじめて、新たな局面が展開されるのである。

●

一月十三日に長い問答があって五日後の十八日から、連日おつとめが繰り返されるが、この日は、陰暦の十二月二十五日であり、おつとめがつとめられる二十六日の前日であったから、この日の夜からつとめられたのであろう。以降、約一カ月の間、教祖のご容体もよく、人々もさらに勇んでつとめたことと察せられる。

## ●「十分練った」

一月二十四日は陰暦の正月元旦にあたり、年賀に集まった人々に対して、「さあ〳〵十分練った」とおおせられたのであろう。天保九年以来四十九年間

(16) この日、1月13日、播州から訪ねてきた紺谷久平に赤衣《あかき》を渡されている。『稿本天理教教祖伝逸話篇』「二〇〇　大切にするのやで」参照。

(17) この時のおつとめについて、「おさしづ」本の割書（2月18日午後）には、「おかぐらづとめ並びに十二下り」とある。

■2月13日（同21日）

このころご気分よろしく、下駄をはいて庭を歩かれる。

■17日（同25日）

夜、お身上よろしからず。飯降伊蔵を通してうかがい。

**さあ〳〵すっきりろくぢに踏み均《な》らすで。さあ〳〵扉を開いて〳〵、一列ろくぢ。さあろくぢに踏み出す。さあ〳〵扉を開いて地を均らそうか、扉を閉まりて地を均らそうか〳〵。**

一同「扉を開いて、ろくぢにならしくだされたい」と答えると、この時、うかがいの扇がさっと開く。

かけて、十分に練ってきたという意味にもとれるが、それよりも、四十九年前以来、今度ほど深く思案を練り重ねたことはなかったとおおせになっているのではなかろうか。それまで、厳しいお言葉で仕込まれ続けてきただけに、「十分受け取ってあるで」との、いかにも満足げなねぎらいのお言葉を耳にし、人々はあらためて深い親心を感じたにちがいない。

## ●「扉を開いて」

二月十七日のお言葉は、高低があるところを、すっきりとろっくの地《じ》(18)に均すように、世界たすけにかかられるというおおせであろう。「扉を開いて地を均《な》らそうか、扉を閉まりて地を均らそうか」の問いかけに、一同は「扉を開く方が陽気でよかろうとの思いから、扉を開いてろくぢにならし下されたい(19)」と返答しているが、そのお言葉に秘められた深い神意は理解しかねたことと察せられる。それでも、扉を開けたら正々堂々と信仰活動ができる、公認を

(18)「ろっくの地」は、大和地方の方言。ろくぢ。平らな地の意。

(19)『天理教教典』第5章「ひながた」参照。

**成る立てやい、どういう立てやい。いずれ〳〵引き寄せ、どういう事も引き寄せ、何《なん》でも彼《か》でも引き寄せる中、一列に扉を開く〳〵〳〵。ころりと変わるで。**

引き続き、「世界の事情運ばせてもらいたい」と願う。

**ならん〳〵。**

のちご気分よろしく、床の上で髪をお上げになる。

（1月18日からの毎夜のおつとめ、この夜も）

■18日（同26日）

早朝、26日のおつとめについて、うかがい。

**さあ〳〵いかなるも、よう聞き分けよ〳〵。さあ〳〵いかなるもどうも、さあ今一時、前々《ぜんぜん》より毎**

取り付けることができるという期待感を抱いて、人々は「扉を開いて」との選択に至ったのかもしれない。

●

引き続き、「世界の事情運ばせてもらいたい」との願いに対し、「ならん〳〵」と厳しくおおせになっている。教会設置うんぬん以前に、まず神一条の心を定めて、おつとめをすることを促し続けているのに、まだそのような目先のことにとらわれているのかと、厳しく戒められているのであろう。

おつとめの勤修は教会設置が成ってはじめて可能と考えるのは本末転倒であり、むしろおつとめ勤修に努力するところに、思召にかなった教会が設置されるわけで、教会そのものを否定されているのではなく、その順序を誤ることのないようにせよ、とおおせになっていると悟ることができる。

●

二月十八日、[20] つまり陰暦の正月二十六日。それまで一貫して急き込まれてきたおつとめを、教えどお

（20）この日の大阪地方の天気は快晴、平均気温は例年より若干高く4・8度（大阪管区気象台調べ）。

**夜々々々伝える処、今一つのこの事情早《はよ》うから、今からと言うたなあ。さあ、今という処諭してある。今から今掛かるという事を、前々に諭してある処、さあ今の今、早くの処急ぐ。さあという処、応分という処あろう。待つという処あろう。さあ〱一つの処、律が、律が怖《こ》わいか、神が怖わいか、律が怖わいか。この先どうでもこうでも成る事なら、仕方があるまい。前々より知らしてある。今という刻限《こくげん》、今の諭《さとし》じゃない。どういう処の道じゃな、尋ぬる道じゃない。これ一つで分かろう。**


正午ごろ、お身上いよいよ迫る。

眞之亮「おつとめの時、もし警察よりいかなる干渉あっても、命捨ててもという心の者のみ、おつとめせよ」。

午後1時ごろ、一同意を決し、下着を重ね足袋を重ねて、拘引覚悟のうえ、鳴物も入れて、おつとめにかかる。(21)

陽気な鳴物の音にご満足の様子。


---

りにつとめるには、またとない縁《ゆかり》の日柄である。

しかし、ちょうど一年前、てをどりをしたことがもとで、教祖に御苦労をおかけしたのも同じ二月十八日であった。眞之亮の脳裏には、一年前の出来事が鮮烈に思い出されたにちがいない。

官憲の目は厳しく、一つ間違えば、ご身上中で高齢の教祖がまたも拘引されかねない。同時に、数年来進めてきた教会設置運動が、ようやく実を結ぼうとしている時に、ここでおつとめをしたら、取り消しということにもなりかねない。一同は思案に暮れたことと思われる。

●

正午ごろ、教祖のお身上がいよいよ迫り「命捨てても」との心を定めた人々により、おつとめがつとめられるが、緊迫した状況のなかで、ぎりぎりの極限に至ってはじめて、事態が展開するという点で、天保九年十月の設定と重なるものが感じられる。

そして、その奥にある世界一れつたすけたいとの(22)共通の思召において、二十六日の理は一つというこ

(21) この時のおつとめについて、「おさしづ」本の割書には、「それよりかんろだいにておかぐらおつとめ、あとへ十二下りのてをどりあり」とある。役割については、左上表参照。

(22) おさしづに、「二十六日というは、始めた理と治まりた理と、理は一つである。……二十六日は夜に出て昼に治まりた理」（明治29・2・29）とある。

**明治20年正月26日の役割**

地方《じかた》　泉田藤吉　平野楢蔵
かぐら　眞之亮　前川菊太郎　飯降政甚
　　　　山本利三郎　高井猶吉
　　　　桝井伊三郎　辻忠作
　　　　鴻田忠三郎　上田いそ
　　　　宮森与三郎（岡田与之助）
手振り　清水与之助　山本利三郎
　　　　高井猶吉　桝井伊三郎
　　　　辻忠作　宮森与三郎
鳴物　　中山たまへ（琴）
　　　　飯降よしゑ（三味線）
　　　　橋本清（つづみ）
家事取り締まり　梅谷四郎兵衛
　　　　増野正兵衛　梶本松治郎
計19人

午後2時、無事、おつとめ終わる。**おつとめ終わるとともに、北枕で西向きのまま、眠るように現身《うつしみ》をおかくしになる。**

ともうなずけてくる。また、この時のおつとめは鳴物も不揃いであり、形のうえでは完全ではないが、人々の心構えのうえでは、最高のところまでのぼりつめていたといえるのではなかろうか。

　多くの人々が押し寄せ、竹の結界が砕けるくらいであったという。(23)それまで、長らく正式につとめられなかった「かぐらづとめ」でもあり、教祖のお身上平癒《へいゆ》を願う人々の、切なる思いのあらわれでもあろう。

●

　また、この時の教祖は、「北枕で西向き」であられたが、元初まりの話に、「東西とゆう、西東北南とゆうわやと《宿》しこみのとき、北まくらの西むきにねた人げんのほんしんわ目のことゆゑ、西むきを西とゆう」(24)、「『これまでに成人すれば、いずれ五尺の人間になるであろう』と仰せられ、につこり笑うて身を隠された」(25)という記述がある。元初まりの話と明治二十年のこの状況を重ね合わせて、何か悟れるところがあるのかもしれない。

(23) 当時数え27歳であった高井猶吉の後日談に、「その日は御命日であつたので沢山《たくさん》の参詣人《さんけい》があつたが、皆外へ出て参拝してゐた。それでもあとから〳〵と門からも押《おし》入つてくるので、竹で結界の様にしてあつたのが、押折られて了《しま》つた」とあり、また、同39歳の増野正兵衛が記した「増野日記」には、「参拝信徒数千人押合モミ合エンヤライヤ近傍ノ屋根一面ナリ……」とあるが、高井はじめ他の人々の話では、屋根には人は上っていなかったという（『ひとことはなし　その二』）。

(24) 『こふきの研究』所収「十六年本（桝井本）」参照。

(25) 『天理教教典』第3章「元の理」参照。

## ●「今からたすけするのやで」

振り返れば、この日、二月十八日は、教祖がふとよろめかれて、「世界の動くしるしや」とおおせになった一月一日から、四十九日目にあたる。問答のなかで、しばしば「四十九年以前より……」というお言葉がみられたが、四十九年前の天保九年から、教祖が教えられてきたことを、四十九日の間に凝縮して確認させ、仕込まれたという理解はできないであろうか。そして、四十九日目に、人々が「命捨てても」との、神一条の心を定めておつとめ勤修に努めたところに、予期せぬ事態ながらも、新しい事態の展開がみられた。まさに、「世界」が動いたと。

さらに振り返ってみると、明治七年一月から筆を執られたおふでさき第三号に、

十一に九がなくなりてしんわすれ
正月廿六日をまつ　(三　73)

としるされている。このおうたによると、すでにその時期に、明治二十年の正月二十六日に現身をかくされることを予告されていたことになる。このことは、のちのおさしづにも、あらためて念押しされている。(26)

明治七年といえば、六月に「かぐら面」が調達され、十二月からは赤衣《あかき》を召されるようになった年である。その段階で筆先に予告しておいて、翌年六月の「ぢば定め」、十年の琴、三味線、胡弓の女鳴物のご教示、十三年にはそれらの鳴物を入れ

(26)「さあ／＼正月二十六日と筆に付けて置いて、始め掛けた理を見よ。さあ／＼又正月二十六日より、やしろの扉を開き、世界ろくぢに踏み均しに出て始め掛けた理と、さあ／＼取り払うと言われてした理と、二つ合わして理を聞き分けば、さあ／＼理は鮮やかと分かるやろ」（明治22・3・10）

てのおつとめが初めてつとめられるなど、おつとめの段取りは順を追って整えられていった。さらに、おふでさき、みかぐらうた、こふき話と、教えの面でもまとまりをつけられ、そのうえ、厳しい官憲の迫害干渉という最後の仕込みの場面をも設定されたとみることができる。

ところで、教祖は、それまで人間の定命を百十五歳と定めたいと教えられていた(27)。だから、人々はそれを信じ、何よりも教祖がその姿を見せてくださるものと考えていたにちがいない。たとえ、身上危ないときがあったとしても、それは一時的なものであり、必ずや百十五歳までという思いが人々の心にはあったであろう。それなのに、この時点で現身をかくされたことは、人々にとって、まさに青天の霹靂《へきれき》以上の事態であり、動揺も大きかったと察せられる。

ここで注目されるのが、飯降伊蔵の存在である。この場に居合わせた人すべてが悲しみにくれ、感情的混乱をかくすことができなかったであろうに、教祖が現身をかくされた直後の内蔵《うちぐら》(28)の二階でのお言葉には、心の動揺はみじんも感じられず、実に格調高い。

**これまでに言うた事、実《じつ》の箱へ入れて置いたが、神が扉開いて出たから、子供可《か》愛《わ》い故《ゆえ》、をやの命を二十五年先の命を縮めて、今からたすけするのやで。しっかり見て居よ。今までとこれから先としっかり見て居よ。扉開いてろっくの地《じ》にしようか、扉閉めてろっくの地に。扉開いて、ろっくの地にしてくれ、と、言うたやないか。思うようにしてやった。さあ、これまで子供にやりたいものもあった。**

(27) おふでさきに、「このたすけ百十五才ぢよみよと　さだめつけたい神の一ぢよ」(三　100)とある。

(28) 内蔵は明治13年ごろ、おやしきの西北(乾《いぬい》)に建てられていた。明治15年、おやしきに伏せ込むようになった飯降伊蔵一家が、当初この2階に住んでいたとされる。273ページの注(40)参照。

**なれども、ようやらなんだ。又々これから先だん〳〵に理が渡そう。よう聞いて置け。**

人々は、「子供可愛い故、をやの命を二十五年先の命を縮めて、今からたすけするのやで」とのおおせに、子供かわいいのなら教祖に元気でいていただきたかったと思わずにおれなかったにちがいないが、それにしても、「今からたすけするのやで」とのおおせと、現身をかくされることが、どうして結び付くのか、理解に苦しんだことであろう。

しかし、そうしたなかでも、「今からたすけするのやで」とのおおせに、一条の光を見いだし、それに希望をつないだのではなかろうか。事実、おかくれから二日後の二月二十日に、梅谷四郎兵衛が妻たねに書き送った「これからハをやさまわ、せかい中かけ回るとの事なり」との書簡に、それが強く感じられる。

そして、「これから先だん〳〵に理が渡そう」とのおおせどおり、世界一れつたすけるために、ご存命のままおはたらきくだされ、その証として、人々に「おさづけの理」をわたされるようになる。

世界たすけの新しい局面が開かれたといえる——。

**教祖現身おかくし翌日(陰暦正月27日)のおやしきの人々**
眞之亮(写真中央)から、向かって右へ梶本松治郎と飯降伊蔵、向かって左前が飯降政甚、その横が前川菊太郎。

## ●参考年表

| 立教 | 西暦 | 年号 | 教祖年齢 | 教祖 | 社会（大和地方も含む） |
|---|---|---|---|---|---|
| | 一七九八 | 寛政10 | 1 | 4月18日、教祖、大和国山辺郡西三昧田村でご誕生。 | |
| | 一七九九 | 11 | 2 | | 大和の各地で百姓一揆、強訴起こる。 |
| | 一八〇二 | 享和2 | 5 | | 柳本藩領百姓、一揆起こす。 |
| | 一八〇三 | 3 | 6 | | アメリカ船、長崎に来航、通商を要求。 |
| | 一八〇四 | 文化1 | 7 | 父より読み書きの手ほどきを受けられる。 | ロシア使節、長崎に来航、通商を要求。 |
| | 一八〇六 | 3 | 9 | このころから寺子屋に通われる（11歳まで）。 | 米大凶作。 |
| | 一八〇七 | 4 | 10 | 母の唱える和讃を暗唱。 | |
| | 一八〇八 | 5 | 11 | | イギリス船、長崎に来航（フェートン号事件）。 |
| | 一八〇九 | 6 | 12 | 縞物の機を自ら組み立てて織り、裁縫も一人前に上達。<br>このころ尼を志望される。 | 伊勢大神宮正遷宮。 |
| | 一八一〇 | 7 | 13 | 9月15日、庄屋敷村中山家にご入嫁。夫善兵衛23歳。 | 米、綿大豊作。 |
| | 一八一一 | 8 | 14 | 正月、初めて里帰り。 | 6月15日、丹波市・櫟本大洪水。 |
| | 一八一二 | 9 | 15 | | 米、綿豊作。 |
| | 一八一三 | 10 | 16 | 姑きぬより所帯をまかされる。 | 仙洞御所御葬式、日限なしの鳴物停止。 |
| | 一八一四 | 11 | 17 | | 米豊作。 |
| | 一八一五 | 12 | 18 | | 6月6日、布留川決壊、完成直後の布留大橋流失。 |
| | 一八一六 | 13 | 19 | 3月15日、勾田村善福寺で五重相伝を受けられる。 | 丹波市の親殺しおよび御蔵米盗人打ち首の刑。 |
| | 一八一七 | 14 | 20 | 夫善兵衛、村の年寄役を務める。<br>女衆《おなごし》が毒害を企てたのはこのころと伝えられる。 | 仁孝天皇即位式。全国五万石以上の大名上京、大和よりも見物に参る。 |
| | 一八一八 | 文政1 | 21 | | 英人、浦賀に来航。吉野竜門郷に百姓一揆。 |
| | 一八一九 | 2 | 22 | | 8月12日、大地震。 |
| | 一八二〇 | 3 | 23 | 6月11日、舅善右衛門出直し（62歳）。 | 7月、油問屋不正騒動、三昧田の半七ら訴訟に勝つ。 |

| 立教 | 西暦 | 年号 | 教祖年齢 | 教祖 | 社会（大和地方も含む） |
|---|---|---|---|---|---|
| | 一八二一 | 文政4 | 24 | 7月24日、長男善右衛門（のちの秀司）出生。 | 米、綿不作。 |
| | 一八二二 | 5 | 25 | （怠け者改心の件、女こじきの件、米盗人《ぬすと》の件はこの前後の出来事と伝えられる。） | 8月からコレラ流行。 |
| | 一八二三 | 6 | 26 | | オランダのシーボルト来日。米大不作。 |
| | 一八二四 | 7 | 27 | | 三島の水論、和議成立（年寄役は善兵衛）。 |
| | 一八二五 | 8 | 28 | 4月8日、長女おまさ出生。 | 文政の異国船打払令。川原城に布留社鳥居建立。 |
| | 一八二六 | 9 | 29 | | 米大不作。 |
| | 一八二七 | 10 | 30 | 9月9日、二女おやす出生。 | 平野如来雨乞いに来る。大和より米二五〇石奉納。 |
| | 一八二八 | 11 | 31 | 4月8日、姑きぬ出直し。<br>このころ隣家の子の黒疱瘡《くろぼうそう》を神仏に祈願して助けられる。 | |
| | 一八三〇 | 天保1 | 33 | 二女おやす出直し（4歳）。 | 各地でおかげ参り流行（伊勢参宮四百万人）。 |
| | 一八三一 | 2 | 34 | 9月21日、三女おきみ（のちのおはる）出生。 | |
| | 一八三二 | 3 | 35 | このころ、夫善兵衛庄屋役を務める。 | 三島と豊井の水論和解。 |
| | 一八三三 | 4 | 36 | 11月7日、四女おつね出生。 | 天保の大飢饉始まる。 |
| | 一八三四 | 5 | 37 | | 大豊作。米価下がる。 |
| | 一八三五 | 6 | 38 | 四女おつね出直し（3歳）。 | 米不作。 |
| | 一八三七 | 8 | 40 | 10月26日、秀司畑仕事中に突然の足痛、長滝村の修験者中野市兵衛に祈禱依頼。<br>12月15日、五女こかん出生。 | 2月、大坂で大塩平八郎の乱。アメリカ船、浦賀入港。<br>米不作。麦大不作。 |
| 1 | 一八三八 | 9 | 41 | 10月23日、夜四ツ刻《どき》（午後10時）、秀司の足痛、善兵衛の眼痛、教祖の腰痛。夜明けを待ち祈禱。教祖加持台となる。<br>10月26日（陽暦12月12日）朝五ツ刻（午前8時）、教祖「月日のやしろ」に定まる（立教）。約3年、内蔵にこもられる。 | 1月、10年来の大雪。福知堂村で8寸7分（約26センチ）の積雪。<br>4月、諸国巡見使一行、丹波市泊。<br>天候不順。綿大不作。米価急騰。 |
| 2 | 一八三九 | 10 | 42 | | 九州、中国からの伊勢参宮にぎわう。 |

| | | | | | |
|---|---|---|---|---|---|
| 3 | 一八四〇 | 11 | 43 | この前後から「貧に落ち切れ」の神命により、嫁入りの荷物を手はじめに家財道具などを施される。 | 5月末、大雨、大洪水。6月末にも。光格上皇崩御。鳴物・普請停止。 |
| 4 | 一八四一 | 12 | 44 | をびやためしにかかられる。 | 大御所（11代将軍）徳川家斉死去。鳴物・普請停止。水野忠邦の天保の改革始まる。 |
| 5 | 一八四二 | 13 | 45 | （この前後、「家形取り払え」の神命があり、屋根の瓦をおろし、高塀《たかべい》を取り払われる。） | 倹約令により不景気。 |
| 6 | 一八四三 | 14 | 46 | | 江戸・大坂10里四方私領を収公(上知令)。 |
| 7 | 一八四四 | 弘化1 | 47 | | 閏9月、水野忠邦失脚、罷免される。 |
| 8 | 一八四五 | 2 | 48 | | 柳本藩、百姓夜なべ仕事奨励の仰出。 |
| 9 | 一八四六 | 3 | 49 | | この年、諸外国船来航、通商を求める。 |
| 10 | 一八四七 | 4 | 50 | | 4月17日、太陽二つ昇る。 |
| 11 | 一八四八 | 嘉永1 | 51 | （このころ、神命によりお針子をとり、裁縫を教えられる。秀司は村の子に読み書きを教える。） | 8月、大洪水。 |
| 12 | 一八四九 | 2 | 52 | | 8月、鍋島藩、オランダの種痘法施行。 |
| 13 | 一八五〇 | 3 | 53 | | 畿内5カ国、竹に花咲く。 |
| 14 | 一八五一 | 4 | 54 | | 5月、飢饉。行き倒れ続出。 |
| 15 | 一八五二 | 5 | 55 | おはる、櫟本村の梶本惣治郎に嫁ぐ。 | 6、7月、大洪水。布留大橋流失。 |
| 16 | 一八五三 | 6 | 56 | 2月22日、善兵衛出直し(66歳)。母屋《おもや》取りこぼち。<br>こかん、浪速へ神名流し。<br>このころ、おまさ、豊田村の福井治助に嫁ぐ。 | 6月3日、ペリー、軍艦4隻率いて浦賀に入港。<br>この年大凶作、以後、連年凶作続く。 |
| 17 | 一八五四 | 7 | 57 | 11月、おはるの初産で、をびや許しの始め。 | 6、11月、大地震。米・英・露との和親条約結ぶ。 |
| 18 | 一八五五 | 安政2 | 58 | 残った田地3町歩余を年切質に書き入れる。 | 江戸勘定奉行一行百余名(2月)、藤堂藩藩主(4月)丹波市で小憩。 |
| 19 | 一八五六 | 3 | 59 | 庄屋敷村足達重助の娘の足の病をたすけられる。 | 7月、アメリカ総領事ハリス来日。 |
| 20 | 一八五七 | 4 | 60 | このころ信者が初めて米4合を持ち寄る。 | |
| 21 | 一八五八 | 5 | 61 | 庄屋敷村清水惣助妻ゆきに、をびや許し。 | 4月、井伊直弼、大老に就任。日米修好通商条約。 |
| 22 | 一八五九 | 6 | 62 | ゆきに再度のをびや許し。 | 金光教開教。 |

| 立教 | 西暦 | 年号 | 教祖年齢 | 教祖 | 社会（大和地方も含む） |
|---|---|---|---|---|---|
| 23 | 一八六〇 | 万延1 | 63 | | 3月、井伊大老暗殺される。10月、天皇、条約破棄・攘夷実行を条件に皇妹和宮の降嫁を勅許。 |
| 24 | 一八六一 | 文久1 | 64 | このころ櫟枝村の西田伊三郎、信仰を始める。 | 5月末より干ばつ。綿、米不作。 |
| 25 | 一八六二 | 2 | 65 | 安堵村へ産後の患いのおたすけに赴かれる。このころ前栽村の村田幸右衛門、信仰を始める。 | 1月、老中安藤信行、攘夷派に襲撃される。3月、禁制の禊《みそぎ》教に所払いの判決。4月、寺田屋事件。 |
| 26 | 一八六三 | 3 | 66 | 豊田村の仲田儀三郎、辻忠作らが信仰を始める。安堵村の飯田宅へおたすけに出向かれる。 | 幕府、攘夷（鎖国）令布告。8月、天誅組挙兵。翌月、天誅組兵5名、福知堂で捕えられる。 |
| 27 | 一八六四 | 元治1 | 67 | 春ごろから、扇・肥のさづけを渡される。正月、安堵村へ出向かれ40日間ほど滞在、たすけにあたられる。大豆越村の山中忠七ら、信仰を始める。並松村の医者古川文吾、山伏らとおやしきへ論難に来る。5月、櫟本村の飯降伊蔵、初めておやしきへ帰る。9月13日、つとめ場所のちょんの始め。10月26日、同棟上げ。27日、大和神社のふし起こる。 | 5月から7月まで干ばつ。綿7分作。8月、山口村幾坂池に箱桶を伏せるにつき、三昧田村庄屋前川半兵衛、山口村と協約。9月、崇神御陵の濠（6町4反余）修築開始。延べ5万7千人動員。費用総額銀598貫余。11月、大洪水。米7分作。米価1石350匁。綿も約4倍に暴騰。 |
| 28 | 一八六五 | 慶応1 | 68 | 6月、僧侶らが弁難に来る。このころ、守屋筑前守も来訪。8月、大豆越村の山中宅へたすけに出られる。9月、約30日間、食を断たれる。10月、助造の妄説を説得に針ケ別所へ。 | 近衛内大臣が春日社、初瀬寺、多武峰、吉野、神武陵、その他の御陵、法隆寺を巡拝。お付き大名は薩摩・仙台・会津の藩主が務め、人足などは藤堂藩が調達。 |
| 29 | 一八六六 | 2 | 69 | 5月7日、「しんばしらの眞之亮」（梶本・三男）出生。秋、小泉村の不動院の山伏が乱入。「あしきはらひ」の歌と手振りを教えられる。 | 孝明天皇の病気につき七社七寺で祈禱。 |
| 30 | 一八六七 | 3 | 70 | 正月からみかぐらうた十二下りを教えられる（以降3年）。秀司、京都吉田神祇管領に公認出願、認可（7月23日付）。 | 長崎浦上のキリシタン68人捕えられる。神仏の御符降り、ええじゃないかの踊り。 |

| | | | | | |
|---|---|---|---|---|---|
| 31 | 一八六八 | 4 | 71 | 3月、お手振り稽古中、村民乱暴。 | 4月、神仏判然令発布、廃仏毀釈へ。 |
| 32 | 一八六九 | 明治2 | 72 | おふでさき第一号(正月)、第二号(3月)をしるされる。<br>4月末から38日間の断食。<br>この年、秀司(49歳)、小東まつゑ(19歳)と結婚。<br>このころすでにハッタイ粉を御供《ごく》として渡される。 | 2月、東京遷都。<br>6月、版籍奉還、旧藩主を藩知事に任命。 |
| 33 | 一八七〇 | 3 | 73 | 「ちよとはなし」と「よろづよ八首」を教えられる。 | 1月、大教宣布の詔勅発布。この年、種痘が普及。 |
| 34 | 一八七一 | 4 | 74 | | 7月、廃藩置県、大和全域奈良県となる。 |
| 35 | 一八七二 | 5 | 75 | 6月ごろから75日間の断食。この間、若井村へ赴かれる。<br>9月ごろから別火別鍋とおおせられる。<br>6月18日、梶本おはる出直し(42歳)。 | 5月、大区・小区制により奈良県内は15大区199小区に分けられる。<br>太陽暦採用(12月3日を6年1月1日に)。 |
| 36 | 一八七三 | 6 | 76 | 飯降伊蔵に命じて模型のかんろだいを制作。 | 2月、キリスト教解禁。<br>大教宣布運動盛ん。戸長秀司宅も説教会場となる。 |
| 37 | 一八七四 | 7 | 77 | 三昧田の前川宅にかぐら面を受け取りに出向かれる。<br>秋ごろ、大和神社神祇問答。<br>12月23日、奈良県庁の呼び出しに応じ山村御殿へ。25日、奈良中教院の干渉。<br>12月26日、赤衣を召される。 | 2月、佐賀の乱。<br>3月、奈良中教院設置。<br>6月、祈禱禁厭をもって医薬を妨げる者の取締令が出る。 |
| 38 | 一八七五 | 8 | 78 | 6月29日(陰暦5月26日)、ぢば定め。<br>9月25日、教祖ら奈良県庁に呼び出し。27日、こかん出直し(39歳)。<br>中南の門屋が竣工し移り住まわれる。<br>この年、「いちれつすますかんろだい」、をびやづとめなど11通りのつとめの手を教えられる。 | 大教院解散後、神道事務局が設置される。<br>政府の専制を非難し、自由民権運動盛ん。<br>新聞紙条例、讒謗律制定される。<br>内山永久寺の諸堂73円で払い下げ。 |
| 39 | 一八七六 | 9 | 79 | 秀司、信者参拝の便法として堺県から風呂屋と宿屋の鑑札を受ける。 | 4月、奈良県、堺県に合併。9月、違式詿違条令制定。11月、家伝と称して施薬することを禁ず。 |

| 立教 | 西暦 | 年号 | 教祖年齢 | 教祖 | 社会（大和地方も含む） |
| --- | --- | --- | --- | --- | --- |
| 40 | 一八七七 | 明治10 | 80 | 女鳴物の三曲を教えられる。<br>2月5日、たまへ（秀司長女）出生。<br>5月、秀司奈良警察より呼び出され、40日間の留置並びに罰金に処せられる。 | 2月、天皇、陸軍大演習のため畝傍に行幸。<br>5月、庄屋敷村・三島村合併し三島村に。<br>西南の役起こる。 |
| 41 | 一八七八 | 11 | 81 | 4月ごろ、秀司を講元に真明講を結成。<br>このころから金米糖を御供として渡される。 | 5月、大久保利通暗殺される。<br>6月、重臣暗殺計画発覚。 |
| 42 | 一八七九 | 12 | 82 | 小二階竣工。 | 5～10月、コレラ流行。 |
| 43 | 一八八〇 | 13 | 83 | 9月22日、転輪王講社の開筵式。30日（陰暦8月26日）、初めて鳴物を入れてのおつとめがつとめられる。<br>この年、眞之亮（15歳）がおやしきへ移り住む（14年中山家入籍、15年家督を相続）。内蔵（乾蔵）竣工。 | 4月、集会条例発布。<br>この前後数年、米価高騰、平年の倍に。 |
| 44 | 一八八一 | 14 | 84 | 4月8日、秀司出直し（61歳）。<br>5月、かんろだいの石普請始まる。<br>10月7日、教祖ら拘引される。 | 2月、堺県、大阪府に合併。<br>10月、神社寺院以外での葬儀・参拝を禁ず。 |
| 45 | 一八八二 | 15 | 85 | 3月26日、飯降伊蔵一家がおやしきに住み込む。<br>5月12日、かんろだいの石没収される。同時にみかぐらうたの一部改まる（「いちれつすまして」など）。<br>10月12～26日、毎日おつとめがつとめられる。<br>29日、教祖ら奈良監獄署に拘留される。<br>11月8日、風呂屋廃業（宿屋も14日ごろ）。<br>10日、まつゑ出直し（32歳）。<br>12月14日、転輪王講社解消。<br>この年、おふでさきの筆を擱《お》かれる（全一七一一首）。 | 1月、刑法・治罪法施行。軍人勅諭発布。神官の教導職兼補を廃す。<br>4月、自由党総理板垣退助岐阜で遭難。<br>5月、神道事務局より神宮ら6派独立。<br>9月、御嶽教独立。<br>11月、神道事務局が皇典講究所を設立。<br>コレラ流行、全国で死者3万余。 |

| | | | | | |
|---|---|---|---|---|---|
| 46 | 一八八三 | 16 | 86 | 3月24日、巡査巡回、眞之亮一夜拘留される。<br>6月1日、泥酔の巡査、お社・祖先霊璽を焼く。<br>8月15日、雨乞いづとめの後一同拘引。教祖も。<br>10月16日、巡査出張、教祖を引致する。<br>11月25日、御休息所が竣工し移り住まわれる。 | 3月15日、教会・講社結集、説教所設置条件緩和。<br>4月17日、石上大明神、神宮号復旧仰出される。<br>7月25日、岩倉具視国葬。国葬の始め。<br>大和干ばつ、石上神宮で雨乞い。 |
| 47 | 一八八四 | 17 | 87 | 3月24日、教祖、鴻田、奈良監獄署に拘留される。<br>4・5・6月の陰暦25~27日、警察署に留置される。<br>5月9日、京都明誠組、心学道話の名義で布教する。大阪梅谷四郎兵衛もこれにならい「天輪王社」の標札を出す。<br>8月18日、奈良監獄署に拘留。出獄の日、出迎えの人力車数百台に及ぶ。<br>大阪天恵組信者竹内未誉至「天輪教会」設立運動。おぢばに「教会創立事務所」を設置して種々画策する。 | 3月、各地に農民暴動、地租条例を定める。<br>5月、自由民権運動弾圧のため区町村会法を改正。群馬事件（5月）、秩父事件、名古屋事件（10月）。<br>5月17日大洪水、6月1日雹降り綿作被害、近来稀なる悪しき年柄（二階堂地区）。<br>大和神社境内の星山森林中に兵庫より新泉に通じる新道を開く。 |
| 48 | 一八八五 | 18 | 88 | 3月以降、眞之亮を中心として教会設立運動本格化する。<br>「しんに肉を」とおおせられる。<br>5月23日、神道本局直轄六等教会設置許可される。 | 6月17・18日大洪水、6月30日・7月1日、古今稀なる大洪水、領中残らず海の如し（二階堂地区）。<br>9月、違警罪即決例公布。 |
| 49 | 一八八六 | 19 | 89 | 2月18日、教祖、櫟本分署に12日間、仲田・桝井10日間留置。<br>3月30日、眞之亮、教会開設出願のため上京する。<br>5月28日、神道本局より調査のため来訪、眞之亮ら五カ条の請書を提出する。<br>「つとめの手を稽古せよ」とおおせられる。 | 6月、山梨県雨宮製糸工場の女工のストライキ。<br>前年からコレラ流行、死者10万余。米大豊作。<br>12月、東京で婦人矯風会発会式。この年の各種の婦人会は全国で22になる。 |
| 50 | 一八八七 | 20 | 90 | 1月1日、風呂から出てよろめかれる。以後49日間、最後のお仕込みをされる。<br>2月18日（陰暦正月26日）、現身をかくされる。 | 丹波市分署を廃し、櫟本・針ケ別所分署に分割。<br>9月、沖縄県尋常師範学校へ天皇皇后の御真影を下付。以後、府県立学校へ順次下付。<br>11月、奈良県再設置。 |

# あとがき

かつて『みちのとも』に連載された研究討議のまとめが、今回『ひながた紀行――天理教教祖伝細見』として刊行されることになった。

討議のために組んだメンバーは、石崎正雄、早坂正章、澤井義則、中島秀夫の四人である。石崎は歴史学の立場から、早坂は民俗学の角度で、澤井は貴重な大和《やまと》通《つう》として、中島は宗教学の視野に立って、という取り合わせであった。しかし、研究の主題が、ほかでもなく教祖伝の研究であったから、当然、信仰的関心は同質である。だから、研究上の話し合いが始まると、それぞれの境界線はすぐに破られた。そういう言い方が適切でないならば、それぞれの立場は直ちに「天理教学」に収斂《しゅうれん》されていったと言い換えたらよいのかもしれない。

お互いに、分もわきまえず、ひとかどの歴史学者になったり、民俗学や宗教学を語ったり、大和の地域研究の知見を披瀝したりした。その点で、相互に遠慮はなかった。連載中には記事にしなかった水面下の研究収穫も多かった。その意味では、いい勉強の場であったと思う。

白熱の討議の間、時として煙幕を張るという武器を使用する者もあったので、換気扇が大いに活躍していた。場所はたいてい旧道友社の狭い応接室であった。一回の所要時間も、考えてみれば、いたずらに長かった。だから、愚痴をこぼしたこともなかったとは言えない。けれども、みんな、万障繰り合わせて、飽くことなく付き合っていたのだから、たぶん、その話し合いは楽しかったのであろう。それに今より少しは若かった。

そんなわけで、とかく方向を見失って暴走する四台の車を、終始、冷静さを失わないで交通整理をしてくれたのが、道友社の笹倉紘さんである。われわれは、その整理の旗信号にさばかれて、いつのまにか暴走をやめて、まじめな話題に復帰するのであった。それと、もう一人の功労者について言及しなければならない。編集部の上原義史さんである。散らかし放題に散らかしたわれわれの話を、ていねいに拾い集めて文章の骨組を作ってくれたのである。最初のころ、われわれはその苦心の作を、心なくもあちこち敲《たた》いた。しかし、連載を重ね、終わりに近づくにつれて、「よくも、これまでまとめてくれたものだ」と、ひたすら感服したものである。

何しろ、二年間にわたる長丁場である。春が過ぎ、夏が来て、秋を迎え、そして冬である。それを、ほぼふた回りしたことになる。しかも、仕事は授業を終えて、夕方から始めることが多かったので、たいていは日が暮れた。そのことが研究会の印象を、いっそう深いものにしているような気がする。

帰路につく時には、明日の仕事を気にしながらも、夜風に吹かれて快い疲労感を味わったものである。そう言えば、お茶を入れたり、なにかと世話してくれた三上洋子さんにも、おそくまで付き合ってもらった。ご迷惑をかけたと思う。感謝のほかはない。

一冊にまとめられていく過程で校正刷りを見ていると、このように、いろいろな感慨がわいてくる。笹倉さんや上原さんのリードや骨折りがなかったならば、この小さな本の完成もなかったであろう。そう思い、改めてお礼申し上げる次第である。

（中島記）

## た



## な



## は



## ま



## や



## ■表・図版・写真の部■

# ひながた紀行索引

## ■用語の部■

### あ



### か



### さ



### た



### な

●**討議者紹介**（五十音順、肩書は1993年のもの）

石崎正雄（天理大学おやさと研究所嘱託教授）
澤井義則（天理大学人間学部助教授）
中島秀夫（天理大学人間学部教授）
早坂正章（天理大学人間学部教授）

ひながた紀行《きこう》——天理教教祖伝細見《てんりきょうきょうそでんさいけん》

立教156年（1993年） 5月1日 初版第1刷発行
立教182年（2019年） 4月18日 第2版第1刷発行
立教186年（2023年） 10月26日 第2版第2刷発行

編　者　天理教道友社

発行所　天理教道友社
〒632-8686 奈良県天理市三島町1番地1
電話 0743(62)5388
振替 00900-7-10367

TENRIKYO DOYUSHA

印刷所　株式会社天理時報社
〒632-0083 奈良県天理市稲葉町80番地



ISBN978-4-8073-0627-5
定価はカバーに表示